RENÉ GIRARD
DIÁLOGOS

É Realizações
Editora

Copyright © 2019 Maurício G. Righi
Copyright © 2019 É Realizações

Editor
Edson Manoel de Oliveira Filho

Coordenador da Biblioteca René Girard
João Cezar de Castro Rocha

Produção editorial
É Realizações Editora

Revisão
Mariana Cardoso

Design Gráfico
Alexandre Wollner
Alexandra Viude
Janeiro/Fevereiro 2011

Sobrecapa, capa diagramação e finalização
Nine Design | Mauricio Nisi Gonçalves

É Realizações Editora, Livraria e Distribuidora Ltda.
Rua França Pinto, 498 - 04016-002 - São Paulo, SP
Telefone: (5511) 5572 5363
e@erealizacoes.com.br
www.erealizacoes.com.br

Proibida toda e qualquer reprodução desta edição por qualquer meio ou forma, seja ela eletrônica ou mecânica, fotocópia, gravação ou qualquer outro meio de reprodução, sem permissão expressa do editor.

Este livro foi impresso pela Mundial gráfica em abril de 2020. Os tipos são da família Rotis Serif Std e Rotis Semi Sans Std. O papel do miolo é Lux Cream 70 g, da capa, Ningbo C1 250 g e da sobrecapa, couché fosco 150 g.

Dados Internacionais de Catalogação na Publicação (CIP) de acordo com ISBD

R571s

    Righi, Maurício G.
       Sou o primeiro e o último: estudo em teoria mimética / Maurício G. Righi. - São Paulo, SP : É Realizações Editora, 2019.
       504 p. ; 16cm x 23cm.

       Inclui índice e bibliografia.
       ISBN: 978-85-8033-397-8

       1. Ciências sociais. 2. Antropologia. 3. Teoria mimética. 4. Apocalipse. I. Título.

2019-2336   CDD 301
                                   CDU 572

Elaborado por Vagner Rodolfo da Silva - CRB-8/9410
Índice para catálogo sistemático:
1. Antropologia 301
2. Antropologia 572

RENÉ GIRARD
DIÁLOGOS

sou o primeiro e o último
estudo em teoria mimética e apocalipse

Maurício G. Righi

PRÊMIO CAPES DE TESE 2019
CIÊNCIAS DA RELIGIÃO
E TEOLOGIA

É Realizações
Editora

Esta edição teve o apoio da Fundação Imitatio.

INTEGRATING THE HUMAN SCIENCES

Imitatio foi concebida como uma força para levar adiante os resultados das interpretações mais pertinentes de René Girard sobre o comportamento humano e a cultura.

Eis nossos objetivos:

Promover a investigação e a fecundidade da Teoria Mimética nas ciências sociais e nas áreas críticas do comportamento humano.

Dar apoio técnico à educação e ao desenvolvimento das gerações futuras de estudiosos da Teoria Mimética.

Promover a divulgação, a tradução e a publicação de trabalhos fundamentais que dialoguem com a Teoria Mimética.

Ao historiador Ciro de Moura Ramos, amigo, professor,
mestre e aquele que soube chamar-me à vocação.

Pois onde estiver o princípio ali estará o fim.
Feliz daquele que toma o seu lugar no princípio:
ele conhecerá o fim, mas não a morte.
Evangelho de Tomé

sumário

13
agradecimentos

15
prefácio
James Alison

parte I
mimetismo
categorias primeiras – desejo mimético e metafísica do desejo

23
capítulo 1
preliminares de um grande encontro

37
capítulo 2
relatividade do eu: *mentira romântica e verdade romanesca*

67
capítulo 3
insight histórico: *dostoiévski – do duplo à unidade*

parte II
antropologia da conversão
categorias segundas – mecanismo vitimário e antropologia revelada

103
capítulo 4
fundação da cultura: *a violência e o sagrado*

151
capítulo 5
a sabedoria que vem da vítima: *coisas ocultas desde a fundação do mundo*

parte III
apocalipse
gênese e desenvolvimento

189
capítulo 6
depois e antes da apocalíptica

211
capítulo 7
apocalipse – bases históricas

243
capítulo 8
apocalipse – bases simbólicas

283
capítulo 9
apocalipse e cristianismo

parte IV
o processo revelador
espiral de escândalos e escalada aos extremos

319
capítulo 10
a boa nova: *eu via satanás cair do céu como um raio*

359
capítulo 11
apocalipse e violência – considerações necessárias

387
capítulo 12
o apocalipse de girard:
rematar clausewitz

425
conclusão
**novas possibilidades
de estudo em teoria
mimética**

431
posfácio
**tinha um apocalipse no
meio do caminho – e
também no princípio**
João Cezar de Castro
Rocha

439
posfácio
**a invasão (um ensaio
dramático)**
Martim Vasques da
Cunha

475
referências
bibliográficas

489
índice analítico

499
índice onomástico

agradecimentos

Bem como Paulo relacionou os diversos membros do corpo à unidade do Espírito, em exposição célebre encontrada em 1 Coríntios 12, este modesto trabalho também reúne, em sua pluralidade de membros ou contribuintes, a unidade de um pensamento. Todavia, antes do ingresso à unidade, o próprio miolo do livro, é obrigatório que falemos, brevemente, de alguns membros, cujo auxílio direto ou indireto, constante ou eventual, foi fundamental para que o trabalho tomasse a forma que tem, viabilizando-se. Livros são costumeiramente assinados por autores; porém, a autoria, quando tomada integralmente, constitui--se de muitos sujeitos – ao preço de longas cadeias auxiliadoras. Logo, apresento uma breve lista de coautores ocultos, embora absolutamente importantes para que o texto deste trabalho se reunisse num só corpo.

Agradeço ao meu orientador, o professor doutor João Décio Passos, cuja vigilância e conselho em muito contribuíram para que eu desse o meu melhor. Agradeço, e de modo especial, ao professor doutor Ênio da Costa Brito por sua reconhecida sapiência e generosidade no trato comigo, um recém-ingresso ainda desajeitado na aventura do conhecimento. Minha gratidão aos membros da banca examinadora, os professores doutores Pedro Lima Vasconcellos, do qual recebi uma arguição primorosa, Antonio Manzatto, que me fez perguntas difíceis, não obstante, preciosas, e Antonio Carlos Frizzo, cujo entusiasmo ajudou-me a seguir em frente. É preciso dizer que este livro tem sua base em meu doutorado, ainda que, agora, como material ao grande público, apresente algumas alterações significativas, enriquecimentos e correções. Nessa segunda fase de produção, o meu agradecimento ao professor doutor e amigo João Cézar de Castro Rocha, organizador competentíssimo desta coleção, um girardiano de primeiro time e scholar em estudos literários, o qual sempre insistiu para que eu prosseguisse em meus estudos formais. Agradeço ao professor doutor Fernando Torres-Londoño, verdadeiro mestre, conselheiro e amigo, em cujos conhecimentos larguíssimos no campo da história e antropologia absorvi matéria-prima da mais alta qualidade. Falando de amigos fundamentais, meu agradecimento especial ao Edson Filho, meu editor e companheiro de longas conversas, um irmão visionário de largas semeaduras e colheitas fecundas, notável desbravador do conhecimento, cuja aposta em meu trabalho vem me sustentando há tempos. Minha gratidão ao teólogo internacionalmente reconhecido por sua excelência, um ser humano de primeiríssima qualidade, James Alison, amigo estimado e combativo, sem o qual eu não teria metade de meus argumentos em teologia, e sem o qual, num ato de extrema generosidade, eu não teria conhecido Girard pessoalmente, uma das mentes mais brilhantes que já passaram por este extenso torrão de aprendizado em que habitamos e morremos. Agradeço também, com muita alegria, a um novo amigo e parceiro, vindo em tempos recentes e politicamente turbulentos, o brilhante Martim Vasques da Cunha, cujo inspirado posfácio contribuiu em muito com o livro. Minha gratidão infinita aos funcionários e colaboradores da É Realizações Editora o profissionalismo e polidez no trato. Na área mais íntima, agradeço à minha mãe, Cecília, os anos de confiança e torcida amorosa por meu trabalho; ao meu pai, Pedro, cuja reaproximação recente me enche de contentamento; Márcia Auricchio, amiga que sempre vem em auxílio nas escolhas difíceis; a doce Celinha, que tanto tem me ajudado a administrar meu caos pessoal; enfim, minha gratidão infinita à minha família, amigos e colegas, todos muito amados.

Não se produz nada sozinho, portanto, mesmo os mais temíveis adversários podem ser, quando vistos em perspectiva correta, preciosos auxiliadores. A eles meu agradecimento final.

São Paulo, novembro de 2019

prefácio
James Alison

O estranho caso do prêmio do profeta

Os evangelhos de Marcos e Mateus reproduzem em palavras levemente diferentes o mesmo sentir de uma frase de Jesus: aquele que dá um copo d'água a um profeta também receberá a recompensa do profeta. O assunto torna-se curioso se se imagina o profeta como alguém reconhecido e influente, uma pessoa cujas observações ou "insights" a respeito dos acontecimentos atuais e eventuais desfechos são tratadas com respeito pelos ouvintes. Pois por que teria de receber o prêmio do profeta aquele que, por exemplo, coloca uma garrafinha d'água na bancada do telejornal da noite para a disposição de um profeta?

O assunto fica mais realista se entendermos que a figura profética é uma que não é reconhecida, não é influente, não é convidada para entrevistas televisivas, pois as observações ou insights dela não só não seriam respeitados pelos ouvintes, mas, antes, é provável que levariam os ouvintes à fúria. A figura profética seria então alguém de uma vivência extremamente precária, alguém que tenha metido o dedo na ferida de algum problema contemporâneo, mostrando que aquilo que consensualmente parece bom é, pelo contrário, algum tipo de acobertamento de mentiras e falcatruas. Por apresentar assim um risco para os coniventes com o estado atual das coisas, o tal profeta é considerado um traidor, um inconveniente, e com toda probabilidade tem de se esconder, vivendo uma vida de fugitivo ou de exilado, por causa da ameaça que representa.

Nestas circunstâncias, fica claro por que aquele que dá um copo d'água a um destes irá receber o prêmio do profeta: por reconhecer a verdade daquilo que o profeta está dizendo, está se separando do mundo da mentira, o qual torna incompreensível a atitude do mesmo. Solidariza-se, e de maneira prática, com aquele que está em vias de ser expulso, ou caçado para calá-lo de maneira definitiva. Ou seja, o prêmio do profeta não será uma coisa extrínseca, como a que é entregue, por exemplo, a um bom caçador de talentos, o qual soube reconhecer, noutra pessoa, uma capacidade de atuar como modelo de algo que ele mesmo nunca poderia alcançar. Não, o prêmio lhe advém porque, ao oferecer o copo d'água, ele não só percebeu a verdade daquilo que estava dizendo o profeta, mas, ao se lhe solidarizar minimamente que seja, colocou-se em situação perigosa. Correrá o risco, ele mesmo, de ser associado com o "traidor". Estes dois "momentos", a percepção da verdade e o solidarizar-se com o fugitivo num momento de precariedade, significam que, de fato, o solidário está recebendo, ele próprio, o espírito do profeta. Certamente, vai receber o prêmio correspondente àquilo que é.

Desculpe-me tão longa introdução ao meu prefácio, mas queria sugerir, de antemão, algo da extraordinária riqueza que o livro de meu amigo Maurício G. Righi nos oferece. Pois o livro nos mostra a rota pela qual, desde vários séculos anteriores a Cristo, o imaginário apocalíptico constituiu-se como veio de ouro que possibilitou a compreensão, chegando até nós, de que a verdade nos é acessível não na suposta ausência da violência humana, mas em meio à violência, e por um processo por meio do qual se alcança uma racionalidade precária, a qual subverte aquela Violência – as violências – a partir de dentro.

De fato, este livro coloca de maneira brilhante o pensamento de Girard tanto em ação quanto em contexto. O livro mostra que, mesmo naquelas áreas do conhecimento que o próprio Girard nunca estudou, o seu *insight* não só abre um campo espetacularmente frutífero de investigação, mas também forma parte, como pensamento, de uma poderosa fonte histórica da vida intelectual humana: o veio apocalíptico. E de um modo que talvez nem mesmo Girard suspeitasse.

Que eu saiba, Maurício G. Righi é o primeiro a ter feito isso. Outros comentaristas da obra do Girard, como o Benoît Chantre, coautor com Girard em seu último livro, *Rematar Clausewitz*, têm notado algo importante: no pensamento de Girard, o elemento apocalíptico não é apenas uma dimensão tardia, mas está presente desde os inícios de seu pensamento maduro, uma vez que posto em *Mentira Romântica e Verdade Romanesca*. Mas aquilo que o nosso autor faz é ainda mais sutil. Maurício mostra que o pensamento de Girard não toca em temas apocalípticos, nem se refere especificamente à corrente apocalíptica, como se estivesse tratando de estudos sobre um objeto com base numa posição higiênica e exterior. Na verdade, Girard participa do mesmo gênio do pensamento apocalíptico, desde que essa corrente começou a florescer nos séculos anteriores ao cristianismo.

Dessa forma, Maurício oferece ao mesmo tempo uma das introduções mais completas que temos ao pensamento do Girard, propondo uma leitura profunda de seis dos textos mais importantes do autor, e, ao mesmo tempo, faz algo que só um historiador de excelência poderia fazer: dá à obra de um pensador que se formou como historiador, quando era jovem, uma solidez devidamente inserida num quadro de entendimento histórico.

Por exemplo, não contente em utilizar a palavra "apocalíptico", em sentido banal, o autor deu-se ao trabalho de estudar as raízes mesmas desse veio de pensamento nos conflitos ao redor do Templo de Jerusalém, supostamente livrados na época do rei Josias. Ou seja, fez o trabalho necessário para mostrar o relacionamento entre a tradição chamada de "profética" e a tradição "do Templo", especialmente como a última fora relembrada após o exílio babilônico, e como destes nasceu, entre os hebreus, aquele movimento de resistência a uma religião mais legalista, fortemente conectada com os que dominavam o cenário. O pensamento apocalíptico, nascendo de fontes mesopotâmicas muito antigas, chegou a se formalizar entre os opositores *internos* daquilo que depois será chamado de "judaísmo". O uso que Maurício faz das fontes que usa (Barker, Sacchi, Collins e outros) é digno de nota. Eu que sou teólogo nunca poderia ter feito o exercício de imaginação histórica que ele fez, com sua maneira de reuni-los e entende-los como fontes. Cheguei a compreender muita coisa melhor, após ler alguém com base tão forte nos conhecimentos da história antiga: são poucos que trazem à leitura bíblica ou teológica esse olhar enriquecedor.

Quase no final do livro, o autor nos resume o pensamento dele nesta frase lapidar:

> Todas as épocas são religiosas; a questão é entender como o sagrado violento faz o deslizamento, *glissement*, de seu repertório fatalmente acusatório e persecutório sob novas representações...

É aqui que gostaria de comentar algo do especial sabor deste livro. É muito frequente encontrarmos pensadores, ou comentaristas sobre outros pensadores, que se debruçam sobre os textos que estudam. No entanto, mesmo quando imaginamos que estão falando sobre coisas que irão fazer diferença em nossas vidas, o pensamento que promovem ou defendem não consegue "ficar de pé", por assim dizer. Os elementos que sustentam os comentários sobre o passado e presente, a maneira de abordar tanto o nosso conhecimento quanto a nossa inserção vital na atualidade, não chegam a coalhar, isto é, não se firmam.

Porém, neste caso, não se trata de um daqueles navios engarrafados, cujos mastros e aparelhamentos nunca ficaram em pé. Pois o Maurício entende que o pensamento apocalíptico é algo que se vive de forma diferente, mas com linhas de força idênticas, passadas de geração em geração. Desta maneira, o livro dele não é só informativo e acadêmico, e certamente é ambas as coisas, mas é também uma leitura espiritual. E não digo isso no sentido de algo vago e etéreo, que se ajunta ao escrito e formal. Não, é espiritual no sentido em que ajuda o leitor a se encontrar dentro do mundo de análise das violências e crimes que formam nosso entorno cotidiano, em maior e menor escala, como pessoa em vias de se formar para viver esta nossa realidade com dignidade humana. Ou seja, ajuda-nos a deixar de nos interessar pelos profetas televisivos dos jornais da noite para, finalmente, descobrir-nos como portadores de copos d'água destinados aos profetas de verdade.

Isto, diria, é algo muito raro. Pois, tipicamente, ao se tratar de temas de violência, de ameaças apocalípticas, do fim da ordem criada, existe uma tendência a ficar numa retórica que ultrapassa o meramente humano para se fixar em elementos perturbadoramente "sobrenaturais", pelo menos na aparência. Mas, não o nosso autor. Ele se mantém firme à mansidão da pequena voz do ser humano, que se doa e sofre, mas, que, ao percorrer os caminhos da expulsão, está em vias de chegar a ser algo de estonteante significado, um filho de Deus: algo muito maior e melhor do que todo o barulho e tempestade daquilo que parece ter significado, mas cujo sentido está sempre se desvanecendo em futilidade.

O verdadeiro humanismo é apocalíptico, eis aqui uma belíssima lâmpada para nos iluminar o caminho, numa vivência sã do mesmo.

Madri, novembro de 2019

parte I
mimetismo
categorias primeiras
– desejo mimético e
metafísica do desejo

capítulo 1
preliminares de um grande encontro

A redação deste estudo tem, obviamente, sua história de formação, uma gestação muito própria, em cujos recessos este autor estabeleceu longas estadas. Talvez um relato, ainda que conciso, dessa história auxilie o nosso leitor, assim principiando o esclarecimento de uma extensa narrativa a ser atravessada, ora encapelada, ora em mar de almirante e ora em remanso tedioso, a qual, por vezes, dobra-se, furiosa, sobre os recursos investigativos deste humilde faroleiro de textos. Pois, oceânico é o apocalipse em suas dimensões simbólicas e narrativas, muitas vezes insondável em seus tempos e medidas absolutamente descomunais, mas ao encontro do qual a teoria mimética vem se aventurando com surpreendente desembaraço. Faz-se necessário, todavia, iluminar a história desse encontro, boa nova aos navegantes do saber, no transcurso da qual este autor, impressionado com o que vê, vislumbra tesouros riquíssimos, mas aguardando visitação.

É preciso dizer, em primeiríssimo lugar, que apocalipse e teoria mimética, ambos, fixam moradas extraordinárias, decididamente insólitas aos que gostam do preto no branco, que se locupletam no pensamento binário. Refiro-me ao modo intransigente, obcecado, dos que ainda não se dão conta do todo por trás das partes, aos quais as ligaduras invisíveis não têm valor, justamente esses tesouros que nos reivindicam atenção permanente, mas que, com frequência, são sumariamente ignorados pelos que têm pressa de saber quem está certo. Falamos aqui de temas permanentes dos quais não escaparemos sem, antes, atravessá-los; na verdade, dos quais nunca escapamos, sobretudo, quando levamos o capuz ao rosto na esperança de conter a inundação de significados outrora perdidos, mas que hoje emergem das profundezas. Que o leitor se aproxime, então, deste tema permanente ainda que, por vezes arrevesado, reconhecendo-lhe a grande relevância, mas que o faça como quem saboreia um novo e necessário olhar. Isso não é pouca coisa, mas é o que se espera neste primeiro passo de nosso estudo em teoria mimética e apocalipse: um grande encontro ocorrerá, estabelecido, creio, num mútuo reconhecimento cosmológico, sublinhando a confluência orgânica e a interdependência estrutural entre duas hermenêuticas poderosíssimas. Iniciemos, então, o nosso estudo.

*

São numerosas as publicações em teoria mimética versadas em disciplinas distintas: economia, psicologia, sociologia, história, teologia, crítica literária, direito, estudos em religião, arqueologia, antropologia, etc. As possibilidades de aplicação são largas o suficiente para chamar a atenção, inclusive, de setores ligados às ciências biológicas e exatas. Com efeito, atualmente, diversos são os indivíduos e grupos que, espalhados mundo afora, estudam e aplicam a teoria mimética em seus campos. Isso não significa, todavia, que a teoria seja unanimidade entre intelectuais, cientistas e estudiosos – bem longe disso. O mundo acadêmico lhe faz objeções recorrentes e há mesmo os que a rejeitam por completo. Mas, como sabemos, esse é o percurso natural das teorias de longo alcance, ou mesmo de longuíssimo, como neste caso.

A teoria mimética completará, em pouco tempo, seus sessenta anos de exposição pública. Seu autor, falecido no final de 2015, um acadêmico de renome internacional, *immortel* da Academia Francesa, deixou-nos a tarefa de compreendê-la em sua real complexidade, exortando alunos e colaboradores para que explorassem outros caminhos para a teoria, abrindo, se possível, novas frentes de investigação e análise. Na verdade, essa exortação tornou-se realmente contundente à época de seu último trabalho de fôlego, *Rematar Clausewitz*, ao longo do qual Girard formalizou o que podemos chamar de uma teoria da história, a *sua* teoria da história, latente em toda a sua obra, mas, somente formalizada, e com o brio característico de seu autor, nesse trabalho de encerramento. A questão é simples: tratou-se de uma teoria da história inequivocamente apocalíptica. Girard, em seus últimos momentos como acadêmico de grande capacidade mental, durante o que podemos chamar de remate de sua obra, deixou-se simplesmente invadir pelos Evangelhos e, por conseguinte, pelo apocalipse. Seguindo então seus pedidos, seria necessário, creio, explorar esse novo território absolutamente fascinante, não obstante, bem cerrado e, por vezes, quase impenetrável que a teoria mimética nos legou.

Desde o início de sua vida acadêmica, o teórico francês foi visto, e com boa dose de razão, como um autor decididamente rebelde e polêmico, um intelectual "desgarrado" da modernidade. A crítica expressiva e mesmo devastadora que sua teoria e reflexões fazem, ainda que pontualmente, aos quatro maiores conjuntos teóricos da modernidade – a saber, liberalismo, materialismo histórico, relativismo e psicanálise –, deixou-o certamente sob o ataque dos mais variados campos das ciências sociais. De fato, Girard foi visto, não raras vezes, como um pensador impróprio ou mesmo perigoso e, por vezes, intolerável. Em retrospectiva, nada poderia soar mais apocalíptico.

A teoria mimética parece, por vezes, desgarrar-se da modernidade, mas isso ocorre no exato momento em que ela explica a última de maneira assombrosamente confiante e precisa, iluminando seus processos internos, esclarecendo seus veios e nervuras, enxergando suas mais recônditas vísceras. Seria o caso, então, de questionar como uma teoria abertamente avessa a muitos dos paradigmas da modernidade, em seus conjuntos intelectuais dominantes, tem tanto a dizer sobre essa modernidade, ou seja, sobre nós. Um princípio de resposta a esse questionamento motiva parte deste trabalho.

Minha trajetória com a teoria mimética ultrapassa, hoje, uma década, num percurso em que fiz bons amigos e conheci alguns homens e mulheres de sabedoria, entre eles, e de modo especialíssimo, o próprio Girard. O ambiente intelectual girardiano tornou-se, não obstante, face à sua proliferação no mundo das ideias, deveras diverso e, não raro, contraditório – o que por vezes tem me causado certa preocupação intelectual. Mas, não se desassossegue o leitor, uma vez que não cumpriremos aqui o papel de vigias caídos, guardiões de uma suposta ortodoxia girardiana. Exponho a questão no intuito de oferecer um brevíssimo panorama da miscelânea conceitual que hoje grassa entre muitos dos que usam a teoria. Uma observação primeira: a teoria mimética não é um sistema, como muitos tendem atualmente a vê-la: um conjunto de regras epistemologicamente fechado, de cuja aplicação correta resultados deduzíveis são obtidos, como se fosse ferramenta de engenharia social. Nada disso. Diferentemente, o que temos é um insight sobre a natureza mimética do desejo, uma apreensão que ilumina os fundamentos da sociabilidade humana, tanto em sua base quanto em sua orientação. Reforçar a natureza largamente intuitiva da teoria, salientando seu vínculo orgânico com um pensamento reflexivo, sutil e assombrosamente profundo, é outro elemento motivador deste trabalho, e que nos conduzirá de igual maneira ao apocalipse.

Sabemos que Girard sistematizou seu insight e teve de fazê-lo para que pudesse não só defender-se academicamente, mas também para que pudesse divulgá-lo ao grande público. Todavia, neste livro, acompanharemos o outro lado da moeda, notando de que modo, durante uma longa trajetória investigativa, o teórico francês foi dessistematizando suas reflexões, num retorno compassado, mas irreversível, à intuição primeira, ao frescor de um entendimento que o arrebatou no início de sua peregrinação investigativa.

A *antropologia religiosa* de Girard tem, portanto, fortíssima base intuitiva, e não exatamente etnográfica ou literária. Exímio leitor de textos e obras, o francês não era menos habilidoso em suas leituras dos homens por trás dos textos. Em sua antropologia há desde o início uma religiosidade latente, pela qual se expressa e se articula uma compreensão sui generis, pois científica do religioso, em seu sólido embasamento antropológico, mas sem desprezá-lo. Girard nunca se propôs a superar o religioso, muito menos a desautorizá-lo ou destruí-lo, pelo contrário. O objetivo foi melhor comunicar-se com ele. Diferentemente de seus precursores do final do século XIX e início do XX, e falamos de luminares como Tylor, Frazer, Harrison, Murray, etc., Girard desconstrói parte do religioso para medir seu valor inestimável, sua inteligibilidade única e indispensável, e não para esgotar os seus significados em supostas leis sociológicas. Há, entre elas, entre a antiga antropologia religiosa e a antropologia de Girard, uma distância significativa de sensibilidade. Um expressivo jubileu as separa. Os primeiros desprezavam a religião, bem como a religiosidade, estudando suas origens somente para poder melhor interpretar suas estruturas menores, na expectativa de assim decifrar seu aparecimento na cultura humana, determinando o ponto de sua "mutação social", reduzindo a Religião a uma lei sociológica. Sabemos que fracassaram miseravelmente, e a sua disciplina, a antropologia religiosa, desapareceu das buscas acadêmicas, não obstante, tenham brindado as ciências humanas com inestimáveis contribuições.

Por sua vez, o francês amava e temia a religiosidade, intuindo-a como geradora de nossa humanidade, como esteio primeiro da cultura. Girard apoiou-se nesses luminares, aos quais prestou inúmeros reconhecimentos, resgatando-lhes o projeto frustrado de uma antropologia religiosa de fato científica, valendo-se de estudos e descobertas, mas o fez com base num insight absolutamente estranho aos antigos condicionamentos conceituais dessa disciplina.

O seu ponto de partida, embora antropológico, deu-se por meio de uma categoria excêntrica ao cenário da antropologia cultural, enquanto disciplina acadêmica. Principiou-se com o conceito de *conversão*, em significação explicitamente religiosa e, importante, intimamente relacionada à existência do teórico. Girard experimentou, realmente, uma conversão. Como chegou a dizer inúmeras vezes, foi convertido em etapas, num primeiro momento pela própria obra em seu encontro com Dostoiévski, mas que, na sequência, passaria por imersões desabaladas frente à aproximação crescentemente intensa com as chamadas Escrituras, dando à sua obra sinais manifestos de um envolvimento além da mera intelectualidade, a saber, um envolvimento desejoso da própria linguagem e experiência religiosas.

Isso nos conduz ao centro nervoso deste livro: a orientação apocalíptico-escatológica da teoria mimética, hoje evidente. Conforme pretendemos defender, o pensamento desse teórico francês, nascido nas dependências do Castelo Papal de Avinhão, e justamente na noite de Natal, teve como destino hoje flagrante, embora aparentemente insuspeito, um alinhamento consciente com o apocalipse. De seu primeiro livro, *Mentira Romântica e Verdade Romanesca*, ao último, *Rematar Clausewitz*, há um extenso arco de pensamento integrado a um conjunto teórico, cujo percurso revela uma aproximação insistente com as categorias simbólicas e epistemológicas do apocalipse. Obra e pensamento de Girard, em seu progressivo alinhamento com o apocalipse, oferecem-nos, hoje, um novo e imenso campo de reflexão. A questão não se reduz à demonstração de que o teórico francês foi um autor articulado ao apocalipse, mas amplia-se na forma como teoria mimética e apocalipse revelam, igualmente, as estruturas do religioso e, consequentemente, da sociedade. As "mandalas" que compõem teoria mimética e apocalipse deslindam, por meios próprios, os caminhos de nosso psiquismo, não raro criptografados em simbologia poderosa, os quais, longe de uma representação arbitrária ou mesmo ensimesmada da história e cosmos, prestam testemunho de uma unidade cosmológica impressionante, a qual se faz universal, aberta à criação, absolutamente coesa e criativa em sua estruturação colossal.

Robert Hamerton-Kelly foi ao ponto quando disse que ao lidar conjuntamente com a história universal e a natureza humana, decodificando suas simbologias e narrativas, desconstruindo seus agregados de poder, a teoria mimética tornou-se eminentemente apocalíptica, acolhendo com gosto a possiblidade de uma genuína ciência historiográfica, uma que fosse, de fato, inteligível, com a qual pudéssemos afirmar a possibilidade de uma história que não fosse apenas "um conto anunciado por um idiota", uma frase que, embora em si mesma idiota – e aqui o pleonasmo foi proposital –, arrebata não poucos corações modernos, mas o faz por motivos absolutamente plausíveis; é preciso dizer pois a frase, ainda que idiota, isto é, ensimesmada em conceitos questionáveis, não é estúpida, muito pelo contrário. Vejamos.

Em seu despertar, durante rápido amadurecimento na modernidade, as ciências humanas enfrentaram uma questão particularmente penosa, não obstante, fundamental: existe inteligibilidade na história? Além das razões meramente circunstanciais, facilmente aferidas em relações próximas de causa e efeito, além dos jogos de interesse conjunturalmente verificáveis, seria possível entrever padrões de inteligibilidade aos processos históricos? Os ecos da descrença desfrutavam de alto pedigree literário-filosófico, no início de nossa modernidade, e foram expressos em veredictos célebres: "A vida [...] é um conto contado por um idiota, cheio de som e fúria". (SHAKESPEARE, *Macbeth*), ou ainda, "a história nada mais é que uma série de crimes e desgraças". (VOLTAIRE, *O Ingênuo*). Vozes poderosas que defendiam a ideia de que não há entendimento propositivo à história, pois esta estaria mentindo sempre que propusesse ares de inteligibilidade orgânica e mesmo plausibilidade aos processos humanos em relações mais largas e abrangentes com o meio social e natural.

Nessa ideia cíclica de história, vista como amontoado indiferenciado de delitos, os quais se repetiriam em infindáveis oscilações de sangue e lama com breves momentos de deleite, e raríssimos de paz, há, não obstante, um reconhecimento: no fundo, entende-se que a violência reina e que os arranjos humanos são precários na multiplicidade muitas vezes irracional e idiossincrática de nossos envolvimentos sociais. O caos está sempre à espreita neste mundo precariamente ordenado, um mundo de paixões. Trata-se de uma proposição que entende a violência como experiência de base, da qual seria possível retirar, em tese, um princípio de inteligibilidade, mesmo que necessariamente negativo. Logo, dizer que a história é, grosso modo, uma ode ao crime e à insensatez, não deixa de ser uma proposição filosófica com certa inteligibilidade histórica, e uma particularmente realista, uma vez que fundamentada na conhecida violência das paixões humanas.

Esse princípio pelo avesso fundamenta-se em traumas profundos, em grandes decepções coletivas, e dispõe de uma tradição intelectual bem documentada, a qual responde pelos mais antigos esforços de reflexão filosófica para além dos condicionamentos mitológicos. Trata-se de ato reflexivo intimamente associado tanto ao apocalipse quanto, em longa caminhada, à teoria mimética em sua inteligência romanesca, com a diferença de que estes últimos não se prendem ao caos, não se deixaram congelar por ele; melhor dizendo, não se deixaram estupidificar, antes atravessaram-no a fim de perscrutar suas origens e também um possível destino. Digo isso para preparar o leitor para uma reflexão deveras complexa, em que algo aparentemente contrário torna-se elemento constitutivo e mesmo essencial. O tecido narrativo do apocalipse, *aparentemente* binário ou dual, joga o tempo todo com esses dois campos antagônicos: destruição e inteligibilidade, dando-lhes, a cada qual, o momento certo em sua sinfonia celeste. Compreendê-lo com acuidade requer, portanto, a condição de ver além, de pensar além, o que significa entrar nas categorias ternárias ou relacionais de pensamento. Nem sempre é fácil. Faz-se necessário ouvir as duas melodias ao mesmo tempo, caos e inteligência, integrando-as numa melodia maior, exatamente como propunha a música de Bach. Mas, como fazê-lo diante de uma simbologia largamente estranha e, por vezes, impenetrável, fruto de imaginários e modalidades de outrora? Eis que, como um anjo que quebra um selo e desenrola seu pergaminho, a teoria mimética cumprirá sua missão mediadora entre nós, assim esperamos.

*

Há métodos de leitura, de levantamento de dados, de análise, escrita, interpretação, etc. Como explicitá-los, em poucas linhas, numa metodologia geral aplicada a este trabalho? Penso que uma resposta adequada caminhe na direção do essencial. Desconsiderando-se os métodos acessórios, os quais nem sempre são conscientemente utilizados, devemos preparar o leitor para uma metodologia eminentemente histórico-analítica, alinhada, em certa medida, à metodologia do próprio Girard. Sabendo disso, não teremos pressa com as definições, com as reduções conceituais e eventuais constrangimentos semânticos, visto que estes serão depreendidos, quando for o caso, no final de longas argumentações. Isso é muito importante ao nos mostrar um caminho de conhecimento, uma construção própria, uma identidade epistemológica nossa, a qual não tem início com as definições, mas com as descrições.

Um longo encadeamento descritivo, é isso que faremos, analisado em cada uma de suas etapas e retomado, livro a livro, contexto a contexto, tema a tema, conferindo-nos, em sucessão ininterrupta, a compreensão de nosso argumento, revelando-nos, assim esperamos, a sua coerência interna. Possíveis definições serão certamente formuladas e apresentadas ao longo desse caminho; no entanto, sempre provisórias, aguardando uma reelaboração na seção seguinte, um enriquecimento necessário. Imagine o leitor uma espiral alinhada a um eixo interno: este, o nosso objeto; aquela, o nosso método. À medida que o texto avança, o mesmo objeto é revisitado em nova perspectiva, em patamar diverso, dando-lhe nova e imprescindível configuração.

Todavia, da mesma forma que um aventureiro lúcido e experiente estima os mapas, bem sabemos o quanto um leitor analítico gosta das definições, sentindo-se seguro com elas. Afinal de contas, é preciso saber onde estamos pisando, mesmo quando se reconhece que os mapas, assim como as definições, pouco interferem na exposição real ao terreno desconhecido. Em nosso caso, teríamos de colocar à disposição uma enormidade de definições, não obstante provisórias, aos que se aventuram neste texto, pois, como dissemos, em nossa metodologia o conhecimento cresce juntamente com o texto, assumindo novos valores à medida que a análise avança. Há, no entanto, alguns conceitos-chave que podem ser, introdutoriamente, definidos em razão de sua centralidade temática; definições que podem ser vistas como espécie de manual do proprietário. Vejamos quatro conceitos a nós centrais em suas definições.

Desejo Mimético: o desejo segundo um Outro, singular ou plural, o qual designa ou sugestiona ao "desejante" o que é e o que não é desejável. No humano, o desejo é sempre mimético, pois compreende, necessariamente, um sistema prévio de relações sociais, de inter--relacionamentos, pelos quais os desejos circulam.

Mecanismo Vitimário: o sistema social primeiro de apaziguamento, de resolução interna de conflitos, via solução sacrificial, que se instala num grupo qualquer após um todos contra 1 bem-sucedido, cujo resultado compreende a sacralização de um *bode expiatório*, qual seja, uma pessoa ou animal considerado gravemente culpado pelos males sociais do grupo e transfigurado em divindade/poder sagrado.

Apocalipse: definimos apocalipse como corrente de pensamento que tem, na revelação celeste sobre o estado generalizado de falência/corrupção da sociedade/cosmos, seu princípio de interpretação histórico e meta-histórico, uma hermenêutica que esclarece, via Expiação e Julgamento, uma reparação/recriação cósmica irreversível.

Escatologia: definimos escatologia como o centro do apocalipse, sua inteligência reveladora, cuja irrupção voluntária e deliberada atinge tanto a História quanto a Natureza, anunciando o fim dos tempos, leia-se, a chegada da eternidade. Esse acontecimento se expressa por meio de um Julgamento/Discernimento que consagra o Reino Celeste, reatando assim os laços da Aliança Eterna.

*

Este trabalho foi dividido em quatro partes extensas, as quais, por sua vez, subdividem-se em capítulos, estes invariavelmente articulados ao tema principal da grande seção/parte à qual se inserem. A ideia foi tomar seis obras centrais do corpus girardiano: *Mentira Romântica e Verdade Romanesca*, *Dostoiévski*, *A Violência e o Sagrado*, *Coisas Ocultas desde a Fundação do Mundo*, *Eu Via Satanás Cair Como um Raio* e *Rematar Clausewitz*, exatamente nessa ordem, a fim de esmiuçar, em cada uma, as categorias, conceitos e reflexões de uma teoria viva e em processo de envolvimento contínuo com o apocalipse. Fizemos uso de parte expressiva da bibliografia de Girard, de modo que os seis livros em questão, analisados sequencialmente, funcionam como balizadores de um pensamento maior, toda uma obra, que se aproxima dos Evangelhos, ressignificando-se à medida que essa aproximação se intensifica.

Da primeira à última obra dessa lista, além de muitos outros livros de Girard usados, nota-se um despertar interno à teoria mimética, progressivamente envolvida com os temas bíblicos, especialmente os proféticos, por meio dos quais se ingressa no apocalipse. É óbvio que apresentamos aqui um simples esquema, sendo o desenvolvimento desse pensamento interno à obra algo bem mais difuso, complexo e sutil; não obstante, há em sua constituição, em sua elaboração interna, uma claríssima adoção apologética que se torna mais e mais irrestrita, ainda que matizada com o tempo, carregada de simbologia, linguagem e conceitos testamentários, especialmente os que têm as mais fortes implicações escatológicas, pois estabelecidos nos chamados "anúncios" escatológicos.

Essa caminhada silenciosa ainda que absolutamente resoluta aos Evangelhos, na obra e pensamento de Girard, consciente de si mesma à medida que seus livros se sucederam (estes são analisados em ordem cronológica de lançamento), obriga-nos, creio, uma imersão profunda no apocalipse, compreendendo-o em bases históricas e simbólicas, esmiuçando-o em suas origens e fundamentos teológico-litúrgicos e, não menos importante, político-ideológicos. Assim, entre as seis obras de Girard aqui detidamente analisadas, ou seja, entre um primeiro conjunto, mais orientado ao mítico e literário, e um segundo, mais bíblico, dedicamos, no meio de nossa argumentação, na terceira parte, longos capítulos à discussão do apocalipse, com os quais há uma quebra na exposição da teoria mimética, então retomada no último bloco, agora totalmente integrada ao apocalipse. Esta obra foi pensada como um longo argumento acerca de um *desenvolvimento interno* à teoria mimética, e que se confunde, inevitavelmente, com o amadurecimento espiritual de seu próprio autor, um teórico que, à contramão de sua época e geração, usou os Evangelhos para fazer ciência.

*

Em setembro de 2011, durante o aniversário de cinquenta anos da teoria mimética, participei de um seminário internacional, ministrado na cidade de São Paulo, que contemplava obra e pensamento de René Girard. Foi um encontro notável, no qual pude conversar com alguns dos mais prolíficos intelectuais dedicados aos estudos em teoria mimética. De certa forma, esta tese teve lá as suas "origens" primeiras, seu passado remoto, sobretudo, quando o já falecido biblista Robert Hamerton-Kelly, colega e amigo próximo de Girard, teólogo em Stanford, mencionou em sua palestra que este "sofrera um apocalipse pessoal", mais ou menos na mesma época em que elaborava *Mentira Romântica e Verdade Romanesca*. Recordo-me de que, em sua eloquência característica, Hamerton-Kelly revelava-nos esse fato da vida de seu amigo com o intuito de esclarecer algo aos que insistiam numa apropriação de insight absolutamente racionalista, imaginando ser possível dissociar completamente o homem, sua existência e dramas pessoais, do acadêmico e sua produção intelectual. Girard não teve o seu insight sobre a natureza mimética do desejo numa única e derradeira experiência, como se uma avalanche de conteúdos lhe invadisse a mente de uma só vez, enquanto cantarolava despreocupadamente debaixo do chuveiro. Nada disso ocorreu. Segundo Hamerton-Kelly, esse insight, suave, mas irresistível, como o sopro que Elias escutou após a tormenta, foi abrindo espaços em seu interior, no transcorrer de um momento particularmente difícil de sua existência, até que florescesse, finalmente, numa espécie de "conversão". Quanto mais atentamente leio a obra de Girard, esforçando-me por entrar em seu subtexto, em suas sutilezas – e o francês é um pensador decididamente sofisticado, não poucas vezes temido por seus adversários teóricos –, mais dou razão ao seu amigo teólogo e biblista.

Essa intervenção de Hamerton-Kelly, corroborada em entrevistas que o próprio Girard concedeu ao longo da carreira, solicita nossa atenção para algo fundamental: houve um processo contínuo de assimilação apocalíptica que invadiu o pensamento do teórico francês, processo iniciado desde o final dos anos 1950, conduzindo-o rumo a uma escatologia progressivamente conectada ao apocalipse dos Evangelhos e ao Apocalipse de João, elementos estes reconhecidamente ligados às admoestações de Jesus sobre a fundação mentirosa do mundo, justamente as coisas ocultas fundadas no "reino de Satanás".

Esse repertório estranho, deveras arcaico – não poucas vezes vetado aos cientistas que se levam a sério –, foi, não obstante, insinuando-se sobre a antropologia do teórico francês, o qual, a partir de certo ponto, dedicou-lhe exclusivamente suas reflexões. Com efeito, complementar ao cientista de gênio, o articulador do desejo mimético e seus embaraços no mecanismo vitimário, Girard, "o Darwin da cultura", referência esta particularmente querida a muitos girardianos, recebeu, igual e conjuntamente, outro axiônimo: "doutor da Igreja". Com franqueza, os que bem compreenderam o panegírico de Michel Serres, no discurso de posse da Academia Francesa, notam que a ênfase, ainda que sutil, recai sobre o "doutor da Igreja", e não sobre o "Darwin da cultura".

Assim sendo, convido o leitor para o interior da teoria mimética em seu encontro com o apocalipse. O tema é difícil, particularmente denso e repleto de entroncamentos com inúmeros ramos do conhecimento. Em seu diálogo caracteristicamente multidisciplinar, a teoria mimética discorre sobre conteúdos variados, tomando a sociedade, em sentido amplo, e o humano como objetos de análise. O apocalipse faz o mesmo e inclui, também, natureza e cosmos.

Portanto, que o leitor tenha em mente uma travessia exigente, por vezes revolta em suas demandas conceituais e amplitude temática. O horizonte temático deste trabalho é, de fato, bem largo, mas seu objeto, em cima do qual o cruzaremos, está, creio, bem definido. Encerro dizendo que a responsabilidade por eventuais deficiências e imperfeições é toda e exclusivamente minha, mas que, em relação aos eventuais êxitos e acertos, divido-os gratamente com muitos, colegas, mestres e amigos, sem os quais a execução deste trabalho seria impossível.

capítulo 2
relatividade do eu: mentira romântica e verdade romanesca

Semelhante à inteligência bíblica, o pensamento de Girard é histórico e trans-histórico, em vez de filosófico, pois tem nas movimentações humanas – na exploração sucessiva de seus dramas – seu modo dominante.[1] Essa afirmação de um pensamento que se dirige ao que "as histórias" revelam, tanto em sentido íntimo quanto extenso, integrado ao modo narrativo, solicita, naturalmente, explicações adicionais. Um primeiro levantamento revela-nos um traço fundamental: suas primeiras pesquisas foram de natureza historiográfica, imbricadas em temáticas que alinhavaram certas realidades psicossociais ao âmbito maior da cultura. Desde sua formação acadêmica, Girard orientou-se à história cultural, especializando-se como paleógrafo medieval pela École Nationale des Chartes nos anos 1940.[2] Em seu PhD: doutorado,[3] nos EUA, manteve esse foco. Em seus primeiros artigos sobre arte e literatura, é possível depreender um tom historiográfico distinto, em que se elaboram projetos ambiciosos em história da cultura, revelando cruzamentos fecundos entre ambientes sociais variados em tensão permanente com os

---

[1] HAMERTON-KELLY, "An Introductory Essay".
[2] *La Vie Privée à Avingnon dans la Seconde Moitié du XV Siècle*. Tese de Doutorado de Girard.
[3] "Nesse momento, em 1947, ele teve a oportunidade de passar um ano dos Estados Unidos [...]. Ele se matriculou na Indiana University em *história*, onde recebeu o seu PhD. Seu tema de dissertação foi 'An American Opinion of France, 1940-1943'". WILLIAMS, *The Girard Reader*, p. XII.

psiquismos dos autores. Eixo histórico e dramas interpessoais[4] se veem assim interligados, em Girard, desde o princípio.

Esses dois elementos de sua produção, o histórico e o psicológico, foram fundidos e, posteriormente, inseridos num amplo campo antropológico, cujo desenvolvimento encaminhou argumentos sobre a formação do ser humano em bases institucionais, incluindo o que seria a sua instituição primeira, a "Religião", tarefa que tomou toda sua carreira intelectual. Na formação de um corpo teórico transdisciplinar, Girard foi desenvolvendo uma antropologia de textos – a sua antropologia – e que se fundamenta, sobretudo, numa psicologia interdividual de alcance universal. Com efeito, lê-lo é sair em viagem, do particular, com destino a enfoques progressivamente mais amplos, conectando-se ao rio dos significados trans-históricos, conectando-se à caudalosa vazante do universal, presente tanto nas narrativas bíblicas quanto na grande literatura. Todavia, nessa travessia destemida, o teórico precisou adquirir uma embarcação robusta e ágil, universal e elegante, ou seja, um insight em cima do qual pudesse atravessar imensidões.

> A leitura que faz Girard dos grandes romancistas dos séculos XIX e XX, tanto em *Mentira Romântica e Verdade Romanesca* quanto em *Dostoiévski*, possibilitou-lhe formular uma *definição da natureza do desejo* e, a partir desta, a formulação de uma nova psicologia [...]. O autor articula explicitamente suas teorias

---

[4] Alguns exemplos: "L'homme et le Cosmos dans L'Espoir et *Les Noyers de l'Altenburg* d'André Malraux", *PMLA* 68, 1953, p. 49-55; "Les Réflections sur l'art dans le Romans de Malraux", *Modern Language Notes* 68, 1953, p. 544-46; "Le Règne Animal dans les Romans de Malraux", *French Review* 26, 1953, p. 261-67; "L'Histoire dans L'oeuvre de Saint-John Perse", *Romantic Review* 44, 1963, p. 47-55; "Saint-Simon et la Critique", *French Review* 29, 1956, p. 389-94; "Voltaire and Classical Historiography", *The American Magazine of the French Legion of Honor* 24.3, 1958, p. 151-60; dentre outros. Em português, a editora É Realizações publicou, em 2011, *A Conversão da Arte*, uma coletânea dos principais textos de Girard anteriores a *Mentira Romântica e Verdade Romanesca*.

psicológicas, as quais acabarão reunidas sob o
título de "psicologia interdividual".[5]

Em suma, como primeira aproximação, podemos dizer que o francês, historiador da cultura por formação, paleógrafo medieval, tornou-se progressivamente um pensador das questões humanas em seus fundamentos, especialmente das questões vinculadas aos chamados antecedentes formadores, os grandes temas estruturantes que nos constituem como seres culturais, e não só naturais. Conteúdos de ampla e irrestrita envergadura estrutural, por meio dos quais "as origens" passam a ser investigadas de modo racional, pois, agora, associadas a processos antropologicamente reduzíveis e deduzíveis.

Na segunda metade da década de 1950, período em que se estabelecera em definitivo nos EUA, Girard experimentou uma série de intuições acerca do funcionamento *mimético* do desejo,[6,7] num primeiro e fundamental conjunto de insights.[8] Nesse seu despertar sobre a natureza triangular do desejo, compreendida como metafísica do desejo e sintetizada como mímesis do desejo, Girard, que recebera treinamento em textos medievais, começou a se interessar, sobretudo, pelos romancistas e pela arte do Romance, iniciando estudos sistemáticos em literatura. Assim, concebeu os delineamentos de uma antropologia literária rigorosamente apresentada em *Mentira Romântica e Verdade Romanesca*, que o conduziria, na sequência, à antropologia religiosa concluída em *Coisas Ocultas*

---

[5] GOLSAN, *Mito e Teoria Mimética*, p. 49.
[6] "[Na época dessa descoberta] eu estava lecionando em Johns Hopkins, e fora convidado para dar um curso semanal em Bryn Mawr [sobre literatura francesa]." WILLIAMS, *The Girard Reader*, p. 284.
[7] Em entrevista gravada, Girard diz que suas primeiras intuições emergiram da leitura de Marcel Proust.
[8] Insight aqui entendido segundo os esclarecimentos de Bernard Lonergan, para o qual essa apreensão cognitiva corresponderia a um "ato superveniente de compreensão", na capacidade distinta de reunir todas as evidências em torno de uma única perspectiva explicativa, em que se superam as partes, o conhecimento fragmentário, integrando-o num único feixe de compreensão, num esclarecimento articulador. Cf. LONERGAN, Insight – *Um Estudo do Conhecimento Humano*.

desde a Fundação do Mundo. Esse percurso o firmou como acadêmico vocacionado às investigações humanas de alcance universal, um traço acentuado ao longo de sua carreira.

Na primeira fase dessa produção, durante o desenvolvimento de sua antropologia literária, pela qual foi reconhecido internacionalmente, deu-se esse direcionamento de uma só vez literário, histórico e psicológico, um legítimo *tour de force*. As movimentações históricas e o enredo das obras ficcionais em suas tensões, dramas e disputas específicos, foram interligados a uma teoria de longo alcance, cuja perspectiva antropológica sobre a natureza do Romance reconhecia-se hábil a decodificar não somente as obras, mas também a natureza do Romance em sua penetração no psiquismo, sinalizando, assim, a possibilidade de estudos aprofundados sobre as bases de mecanismos historicamente consagrados, e mesmo universais, presentes nas instituições e em redes formadoras. Com efeito, a partir da abertura teórica fundada nessa literatura específica, o Romance, seria possível penetrar nas regiões escuras da história e do psiquismo, elucidando os seus processos formativos.

> Por isso, num primeiro momento, Girard compara a obra do autor estudado com o problema comum a muitos escritores e artistas: o desejo mimético e suas consequências. No momento seguinte, contudo, e realizando um movimento no sentido contrário, Girard estuda a presença do tema mais geral – o desejo mimético – na obra específica de um autor determinado. Desse modo, concilia-se o próprio e o alheio, criando-se um método comparativo no qual se confronta as obras de um mesmo autor a partir de sua consciência em relação ao caráter mimético do desejo.[9]

---

[9] CASTRO ROCHA, "Estética e Ética: ou a Conversão da Arte", p. 13.

Esse direcionamento histórico, antropológico e psicológico de seu pensamento, colaborador de uma metodologia transdisciplinar, tornara-se, desde a década de 1950, uma tendência. Por exemplo, nessa época, o célebre antropólogo Edward Evan Evans-Pritchard, presidente do Royal Anthropological Institute, fez as seguintes observações durante uma palestra solene:

> Acredito que o valor de cada disciplina para com a outra será reconhecido quando os antropólogos começarem a dedicar-se mais aos estudos históricos, demonstrando como o conhecimento antropológico pode iluminar problemas históricos. A tese que lhes apresentei, de que a antropologia social é um tipo de historiografia [...], implica que a primeira estuda as sociedades como sistemas morais e não como sistemas naturais [...]. Espero que no futuro haja uma virada em direção às disciplinas humanas, especialmente em direção à história, em particular à história social ou história das instituições, das culturas e ideias.[10]

Não sabemos se o francês leu esse discurso, mas sim que, posteriormente, serviu-se dos estudos[11] de Evans-Pritchard durante a produção de *A Violência e o Sagrado*. Mais importante, o primeiro seguiu, em suas investigações, preceitos semelhantes aos anteriormente exortados pelo segundo. Importa notar que a despeito das diferenças teóricas entre ambos, entre Girard e Evans-Pritchard,[12] ocorreu-lhes um mesmo juízo de que história cultural e antropologia

---

[10] EDWARD EVAN EVANS-PRITCHARD, "Social Anthropology: Past and Present" p. 118-24.
[11] Principalmente dos seguintes: "The Meaning of Sacrifice among the Nuer". *Journal of the Royal Anthropological Institute* 84, 1954, p. 21-33; *Nuer Religion*. Oxford, Oxford University Press, 1956; "The Sacrificial Role of Cattle among the Nuer". *Africa* 23, 1953, p. 181-98; "Some Features and Forms of Nuer Sacrifice". *Africa* 21, 1951, p. 121.
[12] Para uma discussão sobre essas diferenças, ver GIRARD, "Generative Scapegoating".

social compreenderiam uma única realidade epistemológica, um mesmo campo e linguagem de investigação. Para o teórico francês, a literatura seria veículo sublime ao investigador que resolvesse penetrar nas camadas profundas do psiquismo coletivo e individual, geralmente, inacessíveis tanto à metodologia etnográfica quanto histórica. Assim, a literatura prestaria serviço indispensável à antropologia, de maneira semelhante que esta vinha prestando à história da cultura, a fim de enriquecer a compreensão sobre a cultura humana em seus processos constitutivos.

Realmente, há no tipo de orientação recomendada por Pritchard – historicamente governada e antropologicamente fundada – elementos condutores de trabalhos diversos em literatura, mitologia, ritualística, formação cultural e sociologia, a partir da segunda metade do século XX.

> Além disso, para a formulação de princípios de interação social, a sociologia vem dependendo, de forma crescente, da evidência fornecida pelos estudos antropológicos das sociedades tribais. O valor da evidência histórica para a sociologia é de tipo similar àquele fornecido pela antropologia [...]. Por intermédio de modelos que compreendem situações sociais e culturais concretas, tanto a antropologia quanto a história podem dar à sociologia uma visão mais clara e um entendimento mais acurado de seus próprios temas de estudo e métodos de procedimento.[13]

Trata-se de uma visão que sublinha, de modo contundente, similaridades de fundo compartilhado entre os agrupamentos humanos:

---

[13] MULLOY, "Posfácio – Continuidade e Desenvolvimento no Pensamento de Christopher Dawson," p. 568.

um background universal e formativo, mostrando-nos o auxílio insubstituível do arcaico – sociedades tribais – na compreensão do moderno. Ao mesmo tempo, faz-nos perceber a ilusão incutida na distinção estanque, atualmente datada, entre conceitos polarizados: civilizado *versus* primitivo. Divisão esta cara à antropologia religiosa da primeira metade do século XX, em que foram estabelecidos os conceitos de "civilizado", o histórico, e "primitivo", o antropológico.

Essas categorias conceituais impuseram graves impeditivos a uma compreensão conjunta dos processos humanos mais fundamentais, uma vez que "nenhum grande antropólogo – ou certamente apenas alguns poucos – admitirá a validade de se dividir o contínuo desenvolvimento das culturas humanas em duas grandes estratificações, em que a uma delas faltam, e totalmente, certas qualidades que caracterizam a outra".[14] A bem-vinda relativização entre categorias, tais como civilizado e primitivo, arcaico e moderno, etc., sua problematização, sempre foi esmiuçada pelo teórico francês, ao qual não faltam argumentos para mostrar-lhes a inaptidão antropológica. Nesse ponto, seu conterrâneo um pouco mais jovem, o antropólogo Pierre Clastres, elaborava, quase na mesma época, uma antropologia política para o primitivo, conferindo-lhe, falamos aqui do arcaico em sua lógica fundante,[15] ajustes internos próprios, sustentados na atividade ritual do *ethos* guerreiro e, concomitantemente, sacrificial: "Nenhuma teoria geral da sociedade primitiva pode deixar de levar em conta a guerra. Não apenas o discurso sobre a guerra faz parte do discurso sobre a sociedade, como também lhe dá sentido: a ideia da guerra serve de medida à sociedade".[16]

Temos assim um primeiro elemento importante à discussão. Faremos um delineamento de Girard como antropólogo e historiador da cultura alinhado a uma hermenêutica sobretudo literária, mas cujo alvo é antropológico, em cujas bases se esquadrinham os elementos

---

[14] KROEBER, "Letter to the Editor", p. 280.
[15] CLASTRES, *A Sociedade Contra o Estado*.
[16] CLASTRES, *Arqueologia da Violência*, p. 162.

de uma compreensão genética acerca das instituições e ideias. Bases solidamente antropológicas, de fato, associadas aos mecanismos institucionais dos povos: técnicas, símbolos, corporações e comportamentos. A distinção maior, em Girard, é o amparo extra ou mesmo vital da literatura, num empenho característico de integrar o gênio literário, suas intuições únicas acerca do comportamento humano, ao aparato antropológico maior, usando essa "sabedoria" literária, sobretudo, o que se reconhece por *intuição romanesca*, como subsídio interpretativo aos processos históricos.

Esse é um passo decisivo, creio, para compreender o pensamento que conduz à teoria mimética, embora raramente explicitado nos próprios escritos de Girard, ainda que, por vezes, ele o mencione:

> Vejo-me como um intérprete que combina explicações antropológicas, arqueológicas e etnológicas para construir uma teoria geral da cultura e de suas origens.[17]

Essa interdisciplinaridade consciente tem um ponto articulador, um centro definido: a natureza mimética do desejo em radical transitividade entre modelos espelhados, os quais são geradores de longuíssimas cadeias de admiração, rivalidade, emulação, competição e aprendizado. Temos, portanto, como ponto de partida da teoria, um ataque frontal à autonomia do desejo, uma suposição arraigada em muitas das hermenêuticas modernas, contra as quais Girard empreenderá parcela expressiva de seus esforços argumentativos. Trata-se de um desmascaramento intelectual. A teoria mimética propõe-se a desmascarar os estratagemas autorreferentes do desejo. Todavia, essa descoberta da natureza mimética do desejo, (melhor seria dizer sua constante redescoberta) coordena-se num ventre cognitivo específico, em cujas cavidades experimentam-se processos de conversão e, portanto, de renascimento reflexivo. A inteligência

---

[17] WILLIAMS, *The Girard Reader*, p. 165.

romanesca, particularmente capacitada a destacar-se dos estratagemas do desejo em busca por autonomia, é, segundo o francês, rebento de conversões legítimas, ainda que não necessariamente articuladas em simbologia e paradigmas religiosos.

> O que chamei de "conversão romanesca" está no cerne de meu percurso intelectual e espiritual. Comecei, há muitos anos, estudando literatura e mitologia, e em seguida voltei-me para a Bíblia e as Escrituras cristãs. Mas foi a literatura que me conduziu ao cristianismo. Esse percurso não tem nada de original. É feito todos os dias, e isso desde a aurora do cristianismo. Agostinho seguiu por ele, é óbvio, assim como um bom número de grandes santos, como Francisco de Assis e Teresa de Ávila que, tal qual Dom Quixote, foram inicialmente fascinados pelos romances de cavalaria.[18]

*

Lançado em 1961, *Mentira Romântica e Verdade Romanesca* notabilizou-se como trabalho sui generis em crítica literária; uma análise inovadora sobre a importância hermenêutica do Romance às ciências humanas, principalmente à sociologia e psicologia, no entendimento de que o gênero é informado por vozes metateóricas únicas, realmente dissonantes em relação às expectativas heroicas das personagens centrais.

Firmando um tom próprio de sua produção, Girard inicia seu ensaio monográfico em crítica literária sem quaisquer preliminares, indo diretamente ao ponto: "Dom Quixote não escolhe mais os objetos de seu desejo, é Amadis quem deve escolher por ele.

---

[18] GIRARD, *A Conversão da Arte*, p. 185.

O discípulo se lança em direção aos objetos que o modelo de toda a cavalaria lhe indica, ou lhe parece indicar".[19] Trata-se do primeiro parágrafo da segunda página desse livro. Há o anúncio, nessas primeiríssimas linhas de sua tese, dando-lhe na sequência do mesmo parágrafo um primeiro conceito-chave: "Chamaremos esse *modelo* [Amadis] de *mediador* do desejo".[20] Com efeito, *Mentira Romântica* compreenderá uma reflexão rigorosa sobre o *conceito de mediação* na literatura moderna; uma investigação realizada em recortes variados na defesa de um entendimento específico: o desejo segundo um Outro, um modelo ou mediador designador do que é (ou não é) desejável, uma relação que se inclina à constituição de um modelo que se torna rival. Há um desejo posto no sujeito, uma inclinação para o Outro, que se coloca em triangularidade irredutível com modelos e objetos, em dinâmicas imitativo-miméticas. Esclareçamos aos poucos esse insight.

Temos uma finalidade na formulação dessa apreensão: revelar a inadequação ou mesmo incorreção antropológica de pensar o desejo como sendo espontâneo (o desejo segundo os românticos), evidenciando, na sequência, alguns equívocos filosóficos da modernidade, quando esta justifica os comportamentos humanos em função dessa suposta espontaneidade. Esses equívocos seriam derivados ou estariam ligados a esse ocultamento sistemático do mediador, tão mais grave quanto mais desconhecido pelas ciências humanas. A ênfase na mediação dá ao desejo uma constituição absolutamente relacional e complexa, tornando-o espécie de elemento-chave das relações humanas:

> Subjetivismos e objetivismos, romantismos e realismos, individualismos e cientificismos, idealismos e positivismos se opõem em aparência, mas estão todos secretamente

---

[19] Idem, *Mentira Romântica e Verdade Romanesca*, p. 26.
[20] Ibidem, p. 26.

coligados para ocultar a presença do mediador. Todos esses dogmas são a tradução estética de visões de mundo próprias à *mediação interna*. São todos derivados, mais ou menos diretamente, dessa mentira que é o desejo espontâneo. São todos defensores de uma mesma ilusão de autonomia a que o homem moderno está apaixonadamente apegado.[21]

Num ensaio escrito mais tarde, em 1978,[22] retorna-se ao tema da literatura romanesca, inteligência que enxerga relacionalmente o desejo, funcionando como antídoto libertador ao que seria o equívoco da suposta autossuficiência do "Eu".[23] Tanto a crítica literária moderna quanto a psicanálise, ambas teoricamente interligadas, teriam insistido na ilusão do essencialismo-narcisismo,[24] que se instala sempre que se entende haver uma diferença absoluta, essencial, entre o Sujeito que deseja e os Outros: Eu e Tu, endossando um suposto Eu substancial, cioso de autonomia autoungida e tida como factível; em suma, um "Eu" que se pretende soberano de seus desejos, o Eu romântico. Trata-se, segundo Girard, de uma armadilha de uma só vez existencial e conceitual, inegável estratagema de sobrevivência do próprio desejo, lançado contra os que querem usurpar-lhe a hegemonia, do qual se propagam miragens de um desejo aparentemente genuíno, imagens multiplicadoras de objetos genuinamente desejáveis. Em tese, o desejo cria/forja – a fim de continuar desejando – a imagem de uma autonomia substancial, cujo

---

[21] Ibidem, p. 39-40.
[22] Ver "Proust e o Mito do Narcisismo". GIRARD, *Conversão da Arte*, p. 103-28.
[23] "O gênio romanesco começa com o desmoronamento das mentiras egotistas. O gênio romanesco se faz presente quando a verdade dos Outros se torna a verdade do herói, isto é, a verdade do próprio romancista." GIRARD, *Mentira Romântica e Verdade Romanesca*, p. 61.
[24] "O Narcisismo substancial de Freud funciona exatamente como o Eu puro valeriano, só que agora atribuído ao Outro, não ao Eu. É, contudo, sempre a mesma crença na possibilidade de se livrar do Outro de uma vez por todas: não estamos longe das armadilhas do nacionalismo." GIRARD, *Conversão da Arte*, p. 32.

sentido primeiro é reforçar a identidade forjada do desejo enquanto algo único. Em linguagem direta, o *desejo deseja desejar* com vigor e intensidade, reprovando intimamente quaisquer tentativas de esclarecimento de sua natureza como força autorreferente, muito embora relacionalmente constituída. Relacionalmente constituído, o desejo se percebe, não obstante, autônomo, forjando, a si mesmo, narrativas que justifiquem seu ideal prometeico, sua rebeldia inextinguível, chama imperecível de todas as paixões, alfa e ômega das ideologias. Isso significa que, em nós, o desejo é largamente apropriador. Há a ilusão de que aquilo que se deseja é substancialmente precioso em valor individualmente atribuído, apagando-se, assim, inevitavelmente, a orientação primeira e mais fundamental no *mediador*: o real designador do que é ou não é desejável, fonte primeira do desejo, uma vez que "o impulso em direção ao objeto é, no fundo, impulso na direção do mediador [...]".[25]

Vemos então como a teoria explicita a ilusão de óptica gerada no arco-íris do desejo, cuja primeira e fundamental fonte "de luz" é – em geral – ignorada. No plano literário, essa explicitação romanesca dirige-se ao Eu heroico em movimento desenfreado de apropriação, em sofrimento agônico na busca do pote sagrado do ser, suposta morada do objeto/conteúdo fundamental, cuja posse tornaria o seu portador heroico, o sujeito autojustificado em sua ardência passional, em sua busca solitária, idêntico ao modelo/rival adorado, o santo *graal* de todo vaidoso. Essa miragem é elucidada, segundo Girard, e com total propriedade antropológica, na literatura romanesca.

A divindade do Eu moderno é posta em xeque, quando tratado como relativo, pois "não pode ser absoluto".[26] Em suma, o homem moderno quer-se Deus, mas sabe que, para tal, terá de enfrentar todos os inúmeros Deuses que o acompanham: do trabalho ao clube, da igreja ao diretório do partido e, pior ainda, da adolescência à velhice. Nota-se,

---

[25] GIRARD, *Mentira Romântica e Verdade Romanesca*, p. 34.
[26] Idem, *Conversão da Arte*, p. 31.

na arquitetura romanesca, um esforço de desmistificação do Eu, quando visto como substância autogerada e radicalmente autônoma. Busca-se assim superar os esquemas explicativos tanto da crítica social iluminista quanto da psicanálise por meio de uma elucidação única a respeito do funcionamento e fundamento do desejo. Nesse entendimento, conceitos caros à modernidade são aproximados para sofrer, logo em seguida, uma desconstrução. Nesse momento, o leitor há de começar a perceber como a teoria mimética pede passagem – e de modo vigoroso – entre os grandes sistemas teóricos vigentes na modernidade, mostrando-lhes os dentes afiados, meticulosamente talhados para desfiar velhos esquemas mentais.

Com efeito, nesse ensaio de 1978, vemos um ataque frontal, devastador do ponto de vista teórico, ao conceito freudiano de narcisismo em sua concepção *quantitativa* de libido:

> É hábito suspeitar das falhas do modelo freudiano; aquilo que não damos conta, em compensação, é que sua crença persiste na realidade da autossuficiência, levando-o a crer num Eu substancial, que obriga Proust a optar por modelos similares. Essas *crenças* lembram a concepção primitiva do *maná*, ou energia sagrada. O eu substancial é uma cristalização de maná. É por isso que toda a energia libidinal que se despende no exterior e não volta ao Eu, como no esquema circular do narcisismo, constitui para o Eu um "empobrecimento".[27]

Redigidas dezessete anos após a publicação de *Mentira Romântica e Verdade Romanesca*, essas reflexões são preciosas por conta de sua explicitação complementar às questões de fundo desse primeiro livro. Podemos dizer que *Mentira Romântica* defende a

[27] Ibidem, p. 119.

tese de que os autores romanescos[28] superaram literariamente as armadilhas mitológicas da modernidade, suas ilusões, sua dogmática antropocêntrica, dando ao Romance a condição ímpar de desconstruir o caráter duvidosamente ilibado e falsamente rigoroso de alguns conceitos-chave à modernidade, como, por exemplo, o conceito de narcisismo. Essa desmistificação do Eu operada pelo Romance será fundamental à teoria mimética, em especial na derrubada que faz de conceitos imprecisos, não obstante, ainda protegidos pela tradição acadêmica:

> Não se pode, pois, excluir, a priori a possibilidade de que escritores tenham feito um trabalho tão bom quanto o de Freud – se não melhor que o dele [...]. Entre as intuições e os limites de uma teoria psicanalítica e de uma grande obra literária, há um hiato a ser preenchido.[29]

Por certo, Girard se colocou como o pensador a preencher esse hiato, principalmente no despertar de seus argumentos em *Mentira Romântica*.

Trata-se de uma reflexão detida e rigorosa sobre as mediações do desejo em progressiva aproximação interna na história da literatura moderna, junto ao reconhecimento de seu caráter intrinsecamente intersubjetivo, seu modo fundamentalmente relacional. A história do Romance[30] seria a história de como os romanescos foram intuindo e expressando esse caminhar interno, muitas vezes subterrâneo, do desejo na direção do mediador, a saber, na direção do rival em construção, num processo hermenêutico capaz de interpretar tanto a modernidade quanto a história em seu conjunto; enfim, uma assombrosa descoberta cognitiva semelhante a uma revelação em sentido profundo.

---

[28] Principalmente os seguintes: Cervantes, Flaubert, Stendhal, Proust e Dostoiévski.
[29] GIRARD, *Conversão da Arte*, p. 124.
[30] No sentido etimológico de literatura romanceada sob a forma de romance, de uma longa narrativa em prosa encadeada em capítulos e centrada num protagonista.

É preciso que se entenda a triangularidade do desejo segundo um Outro. O objeto está lá para ser potencialmente desejado (ou não), mas o faz, positiva ou negativamente, em função do mediador que o designou (ou não), mesmo quando a presença vital deste não é percebida. A proximidade menor ou maior entre sujeito e modelo – não exatamente a qualidade dos objetos em si – é o que determinará a intensidade do desejo.

À medida que o desejo se intensifica, a centralidade metafísica do mediador torna-se para o romancista de gênio mais aparente – *sacralizando* o objeto desejado e em estágios mais avançados – o próprio mediador. Notem como a terminologia da teoria mimética aproxima-se, desde o início, da terminologia religiosa em suas respostas às questões de idolatria.

*

A intuição romanesca nasce no século XVII, juntamente com o primeiro romance: *Dom Quixote de la Mancha*. De saída, abre-se a reflexão anunciando o tom mimético da paixão cavalheiresca de Dom Quixote, tomando-a como exortação sobre a natureza mimética ou metafísica do desejo, "por trás dos desejos do herói, está claramente sugerida a presença de um *terceiro*, o inventor de Amadis, o autor dos romances de cavalaria".[31] Todavia, como bem sabemos da ficção, Dom Quixote não conhece pessoalmente esse modelo máximo, Amadis de Gaula, apenas segue-o como modelo ideal de conduta, em cuja imitação o descarnado Cavaleiro da Triste Figura, personagem fascinante, pauta a sua vida. Estabelece-se, assim, uma diferença quase infinita entre os dois, pois ilimitadamente distantes. Dom Quixote não pode tocar o lendário Amadis, tampouco pode avaliar as últimas aventuras deste ou mesmo disputar-lhe as glórias, uma vez que Amadis está cristalizado no mundo celeste dos arquétipos, como se fosse um anjo intocável.

---

[31] GIRARD, *Mentira Romântica e Verdade Romanesca*, p. 27.

Em Cervantes, o mediador reina num céu inacessível e transmite ao fiel um pouco de sua serenidade. Em Stendhal, esse mesmo mediador baixou à terra. Distinguir claramente esses dois tipos de relacionamento entre mediador e sujeito é reconhecer a imensa distância espiritual que separa um Dom Quixote dos vaidosos mais inferiores dentre as personagens stendhalianas. A imagem do triângulo não pode nos reter de modo duradouro a não ser que permita essa distinção, a não ser que nos permita medir, num relance, essa distância. Para alcançar esse duplo objetivo, é suficiente que se faça variar, no triângulo, a distância que separa o mediador do sujeito desejante.[32]

Essa grande distância existencial, que separa Dom Quixote de Amadis, será chamada de mediação externa, em que se imita e admira abertamente um modelo máximo, seguramente distante, sem o receio de se ver impedido ou obstruído na imitação, sem muito risco de criar rivalidade com o modelo imitado, como se Quixote fosse uma criança absolutamente absorta por um modelo intransponível e benéfico. Nesse plano de mediação, o ser desejante não se sente ameaçado e, de fato, não o será por seu modelo. Não há como o modelo transformar-se facilmente em rival. O trecho também nos informa que na literatura de Stendhal, duzentos anos mais moderna, esse tipo de mediação sofrerá alterações dramáticas,[33] aproximando, irrevogavelmente, sujeito e mediador, "baixando" assim o relacionamento entre os dois vértices volitivos do triângulo mimético,

---

[32] Ibidem, p. 31-32.
[33] "Falaremos *de mediação externa* quando a distância é suficiente para que as duas esferas de *possíveis*, cujo centro está ocupado cada qual pelo mediador e pelo sujeito, não estejam em contato. Falaremos de *mediação interna* quando essa mesma distância está suficientemente reduzida para que as duas esferas penetrem com maior ou menor profundidade uma na outra." GIRARD, *Mentira Romântica e Verdade Romanesca*, p. 33.

tornando o cenário dos desejos, por conseguinte, mais violento e sagrado. Portanto, cria-se uma noção de *distância espiritual* entre sujeito e modelo, da qual deriva o equilíbrio e natureza da ligação do próprio desejo. Um modelo/mediador distante, "reinando num céu inacessível", implica uma modelação desimpedida, generosamente aberta ao objeto designado, uma relação abertamente devocional e de aprendizado irrestrito, quase como numa relação transcendente entre Pai e filho, por assim dizer; ao passo que, ao aproximarem-se em excesso, sujeito e modelo tenderão a estabelecer o inverso: obstrução do desejo por meio de sabotagens e sua concomitante intensificação no abismo de rivalidades crescentes. A modernidade, em sua rebeldia contra a metafísica de Dom Quixote, glorificará, ironia das ironias, a metafísica dos rivais. Obviamente, sem percebê-la com nitidez, exceto pela pena dos romancistas de gênio.

Conforme avança por novas expressões romanescas, integrando novos autores, Girard monta então seu relatório histórico-literário de uma progressiva aproximação moderna entre sujeitos e modelos, num encaminhamento mais e mais internalizado das mediações: "Nos romances de Cervantes e Flaubert, o mediador ficava exterior ao universo do herói; ele está agora [a partir de Stendhal] no interior desse mesmo universo".[34]

Temos assim um arco da mediação do desejo que sai de Cervantes, mediação mais externa, percorrendo sucessivas fases de aproximação em Flaubert, Stendhal e Proust, até alcançar a mediação mais interna, em Dostoiévski. Essa alteração impõe, simultaneamente, mudanças significativas na qualidade dos relacionamentos dos desejantes, entre os quais se verificam patamares crescentes de conflito: sujeitos-mediadores ou mediadores-sujeitos que vão baixando para formas progressivamente violentas e psicóticas de relacionamento, num acirramento de litígios internos e externos, "[...] Já que Flaubert, Stendhal, Proust e Dostoiévski formam uma cadeia

---

[34] Ibidem, p. 33.

ininterrupta de um Cervantes a outro".[35] Importante à nossa reflexão é perceber que esse acirramento de violências, interno e externo aos personagens, é visto como reflexo, como duplicação, do mesmo agravamento que se passa na sociedade em que vive o escritor.

A teoria mimética faz um estudo das sociedades e, sobretudo, da própria história por meio de seu reflexo na literatura romanesca; por meio desta, a teoria desvenda os mecanismos ocultos dos relacionamentos humanos. A literatura é reconhecida como contrapartida figural da sociedade em seus condicionamentos, dissimulações e sofrimentos, formando uma realidade estruturante para ambos os mundos, mas que só passa a ser conhecida na *revelação* do desejo mimético em conformação e funcionamento medulares.

Do ponto de vista sistêmico, o *apocalipse* faz, como veremos, a mesma associação e estabelece princípios semelhantes, mas agora na relação que faz entre o céu e a terra, sob a orientação geral de uma revelação escatológica.

O francês inicia e termina o primeiro capítulo em *Mentira Romântica e Verdade Romanesca* com Cervantes, explicitando como a obra-prima do castelhano contém, em genialidade típica, o percurso completo do desejo mimético, saindo da mediação externa, sob a tutela de uma relação benéfica com o mediador, portanto, não violenta, para então alcançar, em "O Curioso Impertinente", em *Dom Quixote*, a mediação interna. No entanto, apesar da antecipação de Cervantes, somente mais tarde ocorrerá, tanto do ponto de vista histórico quanto literário, o reconhecimento definitivo do que é a mediação interna em violência estrutural, momento em que as duas extremidades se fecham:[36] os sujeitos encontrar-se-ão

---

[35] Ibidem, p. 75.
[36] "O sentido da mediação fica especialmente claro nas duas "extremidades" do desejo. Dom Quixote nos grita a verdade de sua paixão. Pavel Pavlovitch [O Eterno Marido] não pode mais escondê-la de nós. O sujeito desejante quer tornar-se seu mediador, quer roubar-lhe seu ser de cavaleiro perfeito ou de sedutor irresistível." Ibidem, p. 78.

decididamente obcecados por seus mediadores, os quais, por sua vez, recusarão ofertar-lhes o que os primeiros desejam, gerando ambientes de frustração, ressentimento e hostilidade. No final desse arco de aprofundamento da crise, Dostoiévski estará à espera como o profeta romanesco da descida, uma espécie de anunciador escatológico da crise moderna, geradora, como sabemos, de totalitarismos genocidas, uma realidade gestada no ventre da "Besta" – *a própria mediação interna em escalada subterrânea.*

> Em Dostoiévski o ódio, por demais intenso, acaba por "explodir", revelando sua dupla natureza, ou melhor, o duplo papel de modelo e de obstáculo desempenhado pelo mediador. *Esse ódio que adora*, essa veneração que joga na lama e até mesmo no sangue é a forma paroxísmica do conflito engendrado na mediação interna. O herói dostoievskiano revela a todo momento, por gestos e palavras, uma verdade que continua sendo o segredo da consciência nos romances anteriores. Os sentimentos "contraditórios" são tão violentos que o herói não é mais capaz de dominá-los.[37]

Nesse triunfo da mediação interna – uma vitória da intersubjetividade apaixonada, cativa do fascínio imposto pela constante frustração do desejo – há um despertar vigoroso de conteúdos (emoções, pensamentos e linguagens) que podemos chamar de religiosos, embora sob o verniz pretensamente laico da modernidade. Não por acaso, o segundo capítulo de *Mentira Romântica e Verdade Romanesca* é intitulado de "Os Homens Serão Deuses uns para os Outros".

Essa intuição de uma religiosidade latente ao desejo humano depende do reconhecimento tanto de sua base quanto de seu percurso.

---

[37] Ibidem, p. 64-65.

Em sua base está o entendimento de que o objeto de desejo "constitui-se apenas num meio de alcançar o mediador, pois é o *ser* desse mediador que o desejo almeja".[38] Isso dá ao desejo uma orientação ao transcendente, um direcionamento invisível e altamente metafísico, por fim, um sentido abertamente religioso. Nesse cenário humano, vislumbra-se um ser, o *sapiens* – falamos de nós –, orientado não somente para as coisas em si mesmas, mas principalmente para o que estas *representam*, para os seus atributos invisíveis e variáveis,[39] seus valores social e simbolicamente construídos. Em seu percurso metafísico, descrito na literatura romanesca, essa religiosidade latente torna-se crescentemente voraz na multiplicação de ídolos, fetiches e divindades, uma força dominante e absolutamente hábil para escravizar sujeitos e nações, os quais se oferecem em sacrifício e sacrificam perante o "altar" do que seria, segundo a antropologia religiosa do teórico francês, uma *transcendência desviada*,[40] prostrando-se às monstruosidades psicológicas da modernidade. "[A descoberta da] divindade do mediador está no âmago do gênio romanesco."[41] Agora, tanto nesse nível quanto nos demais, nota-se uma aproximação significativa com o *apocalipse*, em estrutura metateórica e mensagem subliminar.

> À medida que o céu se despovoa o sagrado reflui sobre a terra; ele isola o indivíduo de todos os bens terrestres; cava, entre si e o cá embaixo, um abismo mais profundo que o antigo além. A superfície da terra onde habitam os Outros se transforma num inacessível paraíso.[42]

Esse percurso infernal, espécie de reverso das visões enóquico-joaninas, é esquematizado pela teoria mimética em patamares distintos de apuração, no transcorrer dos quais a violência das

---

[38] Ibidem, p. 77.
[39] "Nada é menos 'materialista' que o desejo triangular." Ibidem, p. 86.
[40] Ibidem, p. 86.
[41] Ibidem, p. 103.
[42] Ibidem, p. 87.

mediações agudiza-se com a diminuição da distância entre os sujeitos e seus mediadores, numa aproximação irreversível, tornando a constituição metafísica do desejo, em sua dependência estrutural de alteridades simbólicas, uma realidade progressivamente visível.[43] Em linguagem alegórica, há como dizer que a "transfiguração" do desejo, sua progressiva entrega ao *ser* em detrimento do objeto, numa orientação mais e mais devocional, rasga os "véus" que ocultam e protegem a divindade do mediador, atravessando os sete "círculos do inferno", expondo-o, o mediador, aos olhos cobiçosos dos "possessos", homens e mulheres fascinados uns pelos outros, numa escatologia reversa e complementar à do apocalipse.

> Quanto mais moderno for o romance [de Cervantes a Dostoiévski], mais nos encontramos nos círculos de um inferno que pode ser definido em termos teológicos, como em Dante, mas também em termos profanos [...]. Na medida em que nossos desejos são sempre miméticos, e mais ainda quando sonhamos em ser autônomos e autossuficientes, esses desejos nos transformam em rivais de nossos modelos, depois em modelos de nossos rivais, transformando assim nossas relações num emaranhado inextricável de desejos idênticos e antagônicos que nos leva a uma frustração sem-fim.[44]

Essas fases compreendem um arco que sai de Cervantes, na figura ingênua e apaixonada de Dom Quixote,[45] passando pelo romantis-

---

[43] "Quanto mais diminui a distância entre o mediador e o sujeito, mais a diferença decresce, mais o conhecimento se define, mais o ódio se intensifica [...]. O sujeito transforma o Outro numa divindade monstruosa. Todo conhecimento indignado do Outro é um conhecimento circular que se volta para vir golpear o sujeito sem que ele se dê conta disso." Ibidem, p. 98-99.
[44] GIRARD, *Conversão da Arte*, p. 186.
[45] "Os críticos românticos parabenizam Dom Quixote por ver numa simples bacia de barbear o elmo de Mambrino, mas é preciso acrescentar que não haveria ilusão se Dom Quixote não estivesse imitando Amadis." Idem, *Mentira Romântica e Verdade Romanesca*, p. 41.

mo fútil de Madame Bovary (Flaubert),[46] a vaidade de Julien Sorel (Stendhal),[47] o esnobismo de Legrandin (Proust)[48] para alcançar, enfim, a indiferença demoníaca de Stavróguin (Dostoiévski).[49] Essa sequência, ingenuidade apaixonada, futilidade, vaidade, esnobismo e psicopatia, é *reveladora* dos agravamentos sucessivos do desejo metafísico, encaminhando formas dolorosas de violência psíquica num universo histórico qualquer. Faz-se o retrato completo do ambiente mental moderno, em que o apelo irresistível de uma suposta liberdade político-econômica sem limites, paradigma fundador do iluminismo-liberalismo, acirrou em definitivo as disputas entre os homens em todos os níveis, numa atmosfera em que todos se pensam capazes de atingir o topo, levando-os a rivalizar com qualquer um que seja, o que conduzirá, com o tempo, aos portões infernais das políticas de massa e suas soluções totalitárias.

> Quanto mais a mediação se faz instável, mais o jugo se faz pesado. A mediação de *Dom Quixote* é uma monarquia feudal, às vezes mais simbólica do que real. A do homem do subsolo é uma série de ditaduras, tão ferozes quanto temporárias. As consequências desse estado convulsivo não ficam limitadas a uma região qualquer da existência, elas são *totalitárias*.[50]

---

[46] "Emma Bovary deseja através das heroínas românticas das quais sua imaginação está repleta. As obras medíocres que devorou na adolescência destruíram nela toda espontaneidade." Ibidem, p. 28.
[47] "O vaidoso quer tudo reduzir a si mesmo, tudo centralizar em seu Eu, mas nunca o consegue. Ele padece sempre de um "vazamento" em direção ao Outro, por onde se escoa a substância de seu ser." Ibidem, p. 89.
[48] "O esnobismo proustiano poderia se definir como uma caricatura da vaidade stendhaliana; ele poderia também se definir como uma exageração do bovarismo flaubertiano." Ibidem, p. 47.
[49] "É a Stavroguine que os Possessos devem suas ideias e seus desejos; é a Stavroguine que eles prestam um verdadeiro culto. Todos experimentam diante dele este misto de veneração e de ódio que caracteriza a mediação interna. Todos se quebram contra o muro de gelo de sua indiferença." Ibidem, p. 47.
[50] Ibidem, p. 119-20.

Esse arco exprime não somente um agravamento das mediações, também descortina os seus distintos enfoques. Empresta-se à questão da mediação uma conotação de motor oculto da história,[51] ainda que, em *Mentira Romântica e Verdade Romanesca*, esse entendimento não estivesse formalmente elaborado, como será feito mais tarde, em *Coisas Ocultas desde a Fundação do Mundo*, por meio de uma síntese abrangente entre o arcaico e o cristão. Todavia, já temos, em *Mentira Romântica*, uma análise trans-histórica com base nos diversos enquadramentos romanescos sobre a natureza das mediações, os quais vão se modulando em formatos psicossociais progressivamente tensionados, em que as partes envolvidas tornam-se vinculadas a um fascínio metafísico, tornando-se mais e mais dependentes de buscas que abandonem objetos para concentrarem-se, exclusivamente, à realidade que lhes empresta desejabilidade: o mediador. Nesse cadinho metafísico, inegavelmente apocalíptico, os homens apercebem-se que se querem deuses neste mundo. Por certo, em seus extremos, em suas expressões políticas mais agudas, a metafísica moderna embalsamará seus líderes, tornando-os onipresentes na arquitetura, simbologia e narrativa nacionais.

Trata-se de um caminhar ao mesmo tempo infernal e *revelador*; de uma só vez, provação e liberação, ou seja, apocalipse. Nesse reconhecimento, os objetos se transformam em mera projeção de uma força "divina" que os vivifica; é "ao mediador que a imaginação deve sua fecundidade".[52]

> Se a força do desejo fosse proporcional ao valor concreto do objeto, o esnobismo proustiano seria menos intenso que a vaidade

---

[51] "O ecletismo vazio, os entusiasmos passageiros, as modas cada vez mais fugazes, a sucessão cada vez mais rápida das teorias, sistemas e escolas, e essa "aceleração da história" que causa certa comoção hoje em dia são, para um Dostoiévski, os aspectos convergentes da evolução que acabamos de reconstituir." Idem, *A Voz Desconhecida do Real: Uma Teoria dos Mitos Arcaicos e Modernos*, p. 120.

[52] Idem, *Mentira Romântica e Verdade Romanesca*, p. 113.

stendhaliana. Ora é o contrário que é verdadeiro. Os esnobes de *Em Busca do Tempo Perdido* são muito mais angustiados do que os vaidosos de *O Vermelho e o Negro*. A passagem de um romancista ao outro bem pode, por conseguinte, ser definida como um progresso do metafísico às expensas do físico.[53]

Há mais, no entanto, uma vez que se aprecia não somente a intensidade, mas também a natureza das mediações. Essa variação de enfoque integra, num imenso quebra-cabeça, o âmbito cultural em sentido amplo: do particular ao coletivo, do nacional ao transnacional, do espiritual ao ideológico, do infantil ao adulto, etc., o que não seria possível caso o desejo, triangular por natureza, não se organizasse numa estrutura universal: a *mímesis* do desejo, surgindo "como estrutura dinâmica que se estende de um extremo ao outro da literatura romanesca".[54]

Os três grandes romancistas da mediação interna têm cada um seu âmbito privilegiado. Em Stendhal, é a vida pública e política que está minada pelo desejo de empréstimo. Em Proust, o mal se estende à vida privada, salvo, em regra geral, o círculo familial. Em Dostoiévski, esse círculo está ele próprio contaminado.[55]

Há, portanto, uma tipologia do desejo estruturada segundo os momentos e os enfoques de um imenso sistema de desejos em descida metafísica, crescentemente mundial e uniforme em suas interconexões, gerando um magnetismo tremendo nas relações humanas, agora consolidado em grandes feixes unificados, numa "descida" historicamente atestável, segundo Girard. Apreendem-se os seus

---

[53] Ibidem, p. 112.
[54] Ibidem, p. 121.
[55] Ibidem, p. 65.

momentos característicos, em cujos contornos percebe-se o direcionamento inevitável à servidão de sujeitos crescentemente fascinados por seus mediadores/rivais. Como veremos à exaustão, esse direcionamento ao subterrâneo das paixões, essa "queda" existencial, esse recrudescimento dos desejos violentos, têm implicações apocalípticas, modernamente apocalípticas.

Todavia, alguém pode perguntar como e por quais meios toma-se consciência dessa "descida", uma vez que seus participantes parecem estar completamente obcecados (cegos) pelas sugestões recíprocas que lançam entre si. Com efeito, uma consciência das regras que movem o jogo do desejo implica uma percepção capaz de decodificar as regras desse jogo, decodificando os seus anseios e colocando a consciência decodificadora para fora do jogo, mesmo que somente por instantes, o que pressupõe certo nível de libertação, algum conhecimento prévio advindo de fonte externa. Em linguagem teológica, o reconhecimento desse apocalipse do desejo pressupõe, portanto, uma escatologia: uma fonte externa de saber que se impõe, pela qual "o mal" é conhecido e decodificado. Essa externalidade da fonte reveladora desdobra-se, não obstante, de formas diversas, compreendendo o próprio saber histórico.

O primeiro passo de uma inteligência romanesca, identificadora da teia mimética, vem por meio do que Girard designa por memória afetiva, no sentido atribuído de uma lembrança tardia, desimpregnada dos laços mais fortes do desejo metafísico; uma memória que passa a refletir sobre os obstáculos contra os quais se chocara,[56] dando à consciência que dela se serve a condição de reconhecer os mecanismos de agrilhoamento do desejo metafísico e, assim, perdoar e perdoar-se. Trata-se de uma memória salvífica, uma memória convertida. "Perceber o desejo, na verdade, é perceber o mediador em seu duplo papel maléfico e sagrado. O êxtase da lembrança e a condenação do desejo estão implicados um no outro tal

---

[56] Ibidem, p. 106.

como o comprimento na largura ou o direito no avesso [...].
A memória é a salvação do escritor e do homem [...]."[57] Esse entendimento de uma memória afetiva que se eleva para a identificação de antigos aprisionamentos, com base em procedimentos libertadores ou esclarecedores, tem contato com certo conceito de maiêutica.

A rememoração afetiva que se atribui a Proust, em seu gênio romanesco, aproxima-se do conceito de maiêutica histórica, conforme formulado por Andrés Torres Queiruga em seu *Repensar a Revelação*, numa compreensão que se afasta da rigidez socrática em seu senso estrito de apreensões de raciocínio, ampliando-a na incorporação do movimento histórico em seu descobrir-se, rememorando e reinterpretando esses dramas à luz de uma consciência que, pela conversão, liberta-se de um jugo existencial, de uma armadilha mitológica, penetrando nos sentidos mais íntimos, até então ocultos, nos quais se opera uma experiência de desvelamento,[58] que não deixa de ser, em seu sentido mais importante, uma experiência de salvação, de retorno do cativeiro.

A teoria mimética diz algo semelhante, quando discorre, por exemplo, sobre como esse tipo de memória possibilitou a salvação do homem Proust, mesmo que este não a tenha caracterizado em linguagem especificamente religiosa. A abertura para a consciência romanesca compreende uma memória tardia que recebe nova e potente iluminação, uma memória devidamente esvaziada dos apelos do desejo, não raro, drenada em longos escoadouros de sofrimento, os quais se confundem com o crescimento literário e, sobretudo, psicológico do autor de gênio; calhas existenciais encharcadas de frustrações e

---

[57] Ibidem, p. 106-07.
[58] "Os fatos parecem consistir fundamentalmente – deixando de lado as ampliações da tradição – em que um homem, Moisés, vive e de algum modo promove os acontecimentos a partir de uma profunda experiência religiosa, interpreta-os à sua luz e consegue que, pouco a pouco, também outros os experimentem e interpretem da mesma maneira. Quando isto acontece, naquele pequeno grupo de pessoas se vive uma experiência de revelação." TORRES QUEIRUGA, *Repensar a Revelação – A Revelação Divina na Realização Humana*, p. 113.

arrependimentos, mas que, uma vez em operação, iluminam os processos idólatras, um a um, conferindo um discernimento libertador.

> A gama dos sentimentos que o narrador experimenta diante de seus ídolos sucessivos corresponde aos diversos aspectos de uma experiência religiosa onde o terror, o anátema e os tabus desempenhariam um papel crescente. As imagens e as metáforas retratam o mediador como o guardião implacável de um jardim fechado onde os eleitos gozam com exclusividade das beatitudes eternas. O narrador não se aproxima do [seu] deus [do mediador] senão com medo e tremor.[59]

Esse caminhar do desejo mimético para formas progressivamente representativas, um abandono do objeto em favor do modelo [o mediador] tem implicações severíssimas nos ordenamentos psicológico e social, disseminando-se em larga escala. De fato, é possível dizer que a sua dinâmica é "eminentemente contagiosa".[60] Portanto, a questão principal, na perspectiva de uma antropologia religiosa, *para a qual a teoria mimética se inclina,* volta-se para a seguinte formulação: sendo o desejo mimético uma realidade intransponível no humano, donde se subtende que este é um ser eminentemente vocacionado ao aprendizado, à modelagem de si, dos outros e do próprio meio, onde estariam então os melhores modelos? As respostas podem ser infinitas, mas, em nosso caso, há de se ressaltar uma elaboração com alcance universal, que dê conta dos perigos embutidos no desejo em intensidade humana. Nessa perspectiva, uma resposta adequada terá de caminhar na direção de modelos desprovidos – o máximo possível – de violências herdadas do meio, apartados do contágio violento das mediações sociais, ou seja, modelos

---

[59] GIRARD, *Mentira Romântica e Verdade Romanesca,* p. 103.
[60] Ibidem, p. 123.

transcendentes. Ao longo de sua trajetória intelectual, o que inclui toda a sua carreira, Girard formulou respostas que apontaram para essa problemática, levando-o continuamente à revelação cristã, em especial à Paixão de Cristo, como o ponto zero de todos os modelos. Apesar de nunca buscar deliberadamente uma ética, longe disso, a teoria mimética a encontra em trânsito na direção oposta, aproximando-se em velocidade espantosa.

> Compreender o fracasso real do desejo nos leva à sabedoria e, no final das contas, à religião. As grandes religiões e numerosas filosofias partilham essa sabedoria que a modernidade rejeita. A literatura, por não trapacear com o desejo, também compartilha dela. Ela prova que o desejo incontrolado se destina inevitavelmente ao fracasso. A grande e verdadeira literatura mostra que a realização de si pelo desejo é impossível. As obsessões miméticas são temíveis, nunca se pode triunfar de sua circularidade, mesmo quando se está consciente dela. Elas é que são a fonte de todas as dependências, desde as drogas até o álcool, a sexualidade obsessiva, etc.[61]

Em *Mentira Romântica e Verdade Romanesca*, o francês nos mostra[62] abertamente a orientação de seu pensamento para modelos que poderíamos chamar, em linguagem escatológico-apocalíptica, de celestes, e que ele chama de transcendência vertical, opondo-se à transcendência desviada dos modelos mundanos, a transcendência idólatra do sagrado violento.[63] Conforme veremos, a adoção

---

[61] Idem, *A Conversão da Arte*, p. 187-8.
[62] "É da suprema desordem que nasce a ordem sobrenatural". Idem, *Mentira Romântica e Verdade Romanesca*, p. 324.
[63] "Em vez de nos abandonar ao desejo mimético, o que fazemos seguindo a última moda e adorando o último ídolo, o cristianismo nos impele a imitar o Cristo, ou modelos não competitivos nele inspirados." Ibidem, p. 188.

de modelos celestes é a quintessência do pensamento ligado ao apocalipse. Nessa dimensão, o apocalipse constitui-se como resultado inabalável de um "Julgamento", resultado de abusos cósmicos percebidos como intoleráveis pelo plano celeste. Na escatologia, há sempre um modelo absolutamente superior, uma inteligência revelada, ou seja, um modelo sumamente superior que informa o apocalipse, descrevendo sua forma e conteúdo.

> Apreender a verdade metafísica do desejo é prever a conclusão catastrófica. Apocalipse significa desenvolvimento. O Apocalipse dostoievskiano é um desenvolvimento cujo fim é a destruição do desenvolvido. A estrutura metafísica, quer a examinemos em seu todo, quer isolemos alguma de suas partes, pode sempre ser definida como um apocalipse.[64]

[64] Ibidem, p. 320.

capítulo 3
insight histórico: dostoiévski – do duplo à unidade

Em 1963, Girard lança seu segundo livro, *Dostoiévski du Double à L'únité*,[1] no qual há análises sobre obra e vida de Dostoiévski. A teoria do desejo mimético, plenamente desenvolvida em seu primeiro livro, *Mensonge Romantique et Vérité Romanesque*,[2] uma introdução rigorosa dos principais conceitos da teoria mimética, recebe então o desafio de um estudo de caso absolutamente criterioso. Com efeito, em *Dostoiévski*, a teoria mimética estava desenvolvida, ensejando sua aplicação sem reservas num perfeito estudo pontual. Portanto, inexiste, nesse ensaio de 1963, a preocupação de fundamentar a teoria, trabalhada de modo formal em *Mentira Romântica e Verdade Romanesca*, de 1961, restando-lhe a tarefa, mais prazerosa e liberta, de explorá-la em alcance máximo por meio de um "caso" exemplar: a vida e obra de Fiódor Dostoiévski.

Temos uma argumentação dirigida ao subtexto e vida interior de um autor clássico, num encadeamento analítico disposto a retirar da obra e vida desse autor, Dostoiévski, a confirmação de

---

[1] Traduzido e publicado em língua portuguesa pela É Realizações com o título: *Dostoiévski: do Duplo à Unidade*. São Paulo, 2011. Pela editora Paz e Terra, o livro foi publicado como capítulo de uma coletânea em que foram traduzidos outros ensaios de Girard, uma obra que recebeu o título de *A Crítica do Subsolo*. São Paulo, 2011.
[2] Traduzido e publicado em língua portuguesa pela É Realizações com o título: *Mentira Romântica e Verdade Romanesca*. São Paulo, 2009.

um crescimento intelectual/autoral e moral, e que se assemelhou, segundo Girard, a uma conversão, donde se depreendem sínteses de livramento pessoal conquistadas em etapas:[3] da loucura à genialidade, da morte ao renascimento, do conflito à pacificação, do mito à história, etc. Isso ocorre em desdobramentos que desmistificam o autor, Dostoiévski, descortinando valores e referências herdados em sua obra, e que se revelam ao leitor, agora, à luz da teoria mimética, por meio de uma lucidez progressiva que o russo teve das bases miméticas e conflituosas da vida social (e ficcional), num processo que Girard denomina de conversão romanesca, chave de seu pensamento. Notem que a denominada conversão romanesca de Dostoiévski não se encerra em sua pessoa, na reclusão de uma experiência solitária, restrita ao âmbito privado; pelo contrário, pois ela esclarece por meio de uma obra literária grandiosa, embora em etapas, e necessariamente dessa forma, um período histórico; é isso, esse esclarecimento histórico-antropológico, que interessa a Girard. No entanto, há de se notar as fases desse grande esclarecimento.

O processo de conversão romanesca implica, em Dostoiévski, fases: uma "Descida aos Infernos", uma "Psicologia do Subsolo", uma "Metafísica do Subsolo" e, finalmente, uma "Ressurreição", sintagmas que intitulam os capítulos de *Dostoiévski*, legendas que descrevem as etapas/camadas de um psiquismo em conversão, uma história de conversão.

> Não é através de uma essência imóvel que se define o escritor, mas por esse *itinerário* exaltante que talvez seja a maior de suas obras-primas. Para encontrar suas etapas, é preciso opor as obras particulares umas às outras e destacar as visões sucessivas de Dostoiévski. As obras geniais repousam sobre a destruição

---

[3] Uma espécie de despojamento da personalidade, que se desnuda de atavios psicossociais que prendem o sujeito em relações viciosas.

de um passado sempre mais essencial, sempre mais original, quer dizer, sobre o apelo, nessas obras, a lembranças sempre mais distantes na ordem cronológica.[4]

Explicita-se um método de uma só vez histórico e psicológico. Ademais, indica-se uma dimensão crucial: atingir as profundezas e – se possível – as origens do que se estuda por meio de prováveis saltos reflexivos[5] identificados no autor estudado. A diferença maior é que nesse livro, em que a teoria do desejo mimético já fora desenvolvida, os dramas e corrupções do desejo surgem como auxiliadores indispensáveis à compreensão dos fundamentos da vida social em sentido amplo, abrangendo história pessoal e nacional, contexto histórico e produção ficcional em reflexos múltiplos, nos quais romancista, sociedade e obra se retroalimentam. Em *Dostoiévski*, realiza-se uma expressiva extrapolação da investigação em reflexos históricos amplos, no intuito de evidenciar psiquismos em construção/reconstrução, mas em sentido largo, trans-histórico, ultrapassando os limites da história pessoal do autor estudado. O francês passa a enxergar o escritor de gênio como vanguarda de uma consciência histórica única, embora não em sentido marxista, mas em chave apocalíptica, conforme veremos ao longo deste livro.

O francês inicia sua análise usando uma primeira categoria psicológica: a obsessão. No primeiro capítulo, "Descida aos Infernos", empreende-se uma descida à primeira fase de Dostoiévski, um recuo em sua história pessoal e literária. Essa abordagem retrospectiva, do mais antigo ao mais recente, indica a metodologia

---

[4] GIRARD, *Dostoiévski: Do Duplo à Unidade*, p. 22-23.
[5] Em Girard, temos certo direcionamento "anamnético" da consciência humana, em que se recuperam verdades soterradas pelo escândalo do desejo, ainda que tal recuperação (maiêutica) fundamente-se no processo interno de esgotamento do desejo que se abre a uma revelação, e não na rememoração de um conhecimento anterior à existência corpórea, como ocorre na origem conceitual dos termos com Platão.

inequivocamente histórica do francês, em que as crises pessoais do autor estudado são analisadas em sequência, e depois cruzadas em desenvolvimentos posteriores, compondo uma história de superação via aprofundamento da crise, uma história de agudização das questões centrais, mas que se resolve na conversão, qual seja, a intelecção amorosa da crise na derrocada do desejo. Nesse sentido, a história dessa crise central é revisitada, a cada nova etapa, em peregrinação social e *literária*, principalmente aquelas em cujos dolorosos reflexos o autor foi obrigado a reformular a condução narrativa de seus personagens.

Haveria, portanto, de dentro da crise, um despertar de consciência, uma conscientização para formas progressivamente refinadas de entendimento sobre a origem das obsessões que o autor experimenta e transfere em suas narrativas. Introduz-se assim um procedimento reflexivo originado nas dinâmicas internas às crises, como se o autor experimentasse pequenos apocalipses alocados em escala pessoal, ao retorno dos quais apareceriam discernimento e conhecimento revelados com base nos escombros, colapsos emocionais e morais, oferecendo-nos enquadramentos de falência pessoal e social seguidos de renascimento, semelhante ao que ocorre modelarmente, do ponto de vista bíblico, na história do profeta Jonas.

> A história de Jonas se enquadra, perfeitamente, no formato clássico de uma narrativa de morte e renascimento – ela é tão exemplar que sabemos que o próprio Jesus, certa ocasião, a utiliza como símbolo único daquilo que estava a dizer a seus interlocutores.[6]

Nessa primeira fase do escritor russo, a "descida", faz-se um exame de suas obras e cartas de maneira cronológica e temática,[7] em

---

[6] ALISON, *Fé Além do Ressentimento*, p. 147.
[7] Nessa primeira fase, os livros estudados são *Gente Pobre*; *O Duplo*; *Um Coração Fraco*; *Noites Brancas*; *A Senhoria*; *Humilhados e Ofendidos*.

que se adota uma arqueologia textual. Girard descobre um autor fundamentalmente romântico: "Dostoiévski embriaga-se de retórica romântica; felicita-se por sua vitória heroica sobre o egoísmo das paixões".[8,9]

Esse romântico situa seus primeiros dramas escritos, suas novelas, no universo dos pequenos funcionários da burocracia czarista. Impõe-se, nesse contexto, uma atmosfera de debilidade e frustração cotidianas, em que, forçosamente, sucessos efêmeros e alegrias passageiras percebem-se posteriormente esmagados pela força sempre maior do Outro. A associação orgânica entre esse universo ficcional aflitivo e a vida do autor, Dostoiévski, torna-se irrevogável. Em sua gênese, na vida do escritor, a literatura teria funcionado como "fuga criativa", como forma de exceder as tristes realidades de sua vida familiar e social, principalmente dos sofrimentos que o acometeram na dura Escola de Engenharia, em São Petersburgo, quando Dostoiévski, um homem sensível e intelectualizado, viu-se submetido a um ambiente militar indiferente, brutal e carreirista. Ao longo de sua existência, o russo seria confrontado por crises terríveis: o assassinato de seu pai pelos servos, o sucesso efêmero no círculo dos literatos, humilhações sofridas nas mãos dos dândis, o abandono de Bielínski e, finalmente, o ingresso no círculo Pietrachévski, do qual se seguiram prisão e exílio. Com efeito, alguém poderia dizer que Dostoiévski sofreu verdadeiros apocalipses.

É importante sublinhar que Girard não estabelece correspondências diretas entre vida pessoal e evolução como escritor, como se quisesse fixar relações supostamente precisas de causa e efeito entre traumas sofridos e aprofundamento da narrativa ficcional. A justaposição à qual recorre deve-se à metodologia adotada: *uma arqueologia do psiquismo em sua busca por antecedentes*

---

[8] GIRARD, *Dostoiévski: Do Duplo à Unidade*, p. 32.
[9] "Se o escritor [Dostoiévski] às vezes justifica sua conduta por razões táticas, não hesita, com frequência, em atribuir-se o melhor papel; admira a própria grandeza de alma; fala de si mesmo como falaria de um herói de Schiller ou de Jean-Jacques Rousseau." Ibidem, p. 31.

formadores. Para tal, vale-se de uma recuperação de carcaças, uma "exumação forense", da vida e obra de Dostoiévski, na qual vestígios indigestos são vistos como particularmente preciosos, buscando-se, em especial, as obsessões dolorosas e duradouras, parcialmente ocultas. Nesse ponto, o francês encaixa-se como típico filósofo da suspeita, um farejador de subtextos e ocultamentos. Seu objetivo é revelar, de uma só vez, um mecanismo invisível e seu campo psíquico de base, os quais ele conhece de antemão, donde sinaliza como estes poderão ser vistos como o fundo articulador das obsessões literárias (e pessoais) do autor estudado, o que vale, em tese, para qualquer autor que tenha alcançado profundidades semelhantes às de Dostoiévski.

Percebe-se, assim, como a teoria mimética preocupa-se menos com a literatura, em si mesma, e bem mais com os fundamentos da existência social e histórica, alicerces que podem ser ilustrados, literariamente, em excelência estética, dramática e psicológica, por um escritor de gênio. Mas qual seria a obsessão do escritor russo?

> **Na pessoa de Dostoiévski:** A presença do rival, o medo do fracasso e o obstáculo exercem sobre Dostoiévski, como em seus heróis, uma influência paralisante e ao mesmo tempo excitante.[10]

> **Na obra de Dostoiévski:** São obsessões das obras anteriores à prisão que reaparecem nesse romance, mais insistentes, mais importunas, mais intoleráveis do que nunca. Com o tempo, as linhas estruturais dessa obsessão acentuam-se, definem-se e simplificam-se como os traços de um rosto nas mãos de um caricaturista.[11]

---

[10] Ibidem, p. 34.
[11] Ibidem, p. 35.

Girard mostra ao seu leitor o desenvolvimento de um romancista crescentemente fascinado por um tema de fundo, existencialmente vinculado a uma obsessão: o *Outro*[12] e o obstáculo que este Outro representa e encarna. Esse duplo vínculo[13] cria antagonismos extremados, nos quais são cozinhadas relações azedas, ensopados ácidos que tendem a desenlaces violentos, num aferventamento crescente das paixões. Esse Outro, fantasma hegemônico, é a base geradora dos duplos encarnados nos heróis/anti-heróis que o escritor russo cria em facetas diversas e polarizadas, deformadas ou excelsas, diabólicas ou santificadas, taciturnas ou patéticas, generosas ou mesquinhas; enfim, o esfumaçado rosto de fundo dessa obsessão, verdadeiro espectro, o espelho escurecido, não obstante muito real, pelo qual se vislumbram incontáveis rivais miméticos. O percurso autoral e pessoal de Dostoiévski terá como sentido maior a limpeza e iluminação desse "espelho".

Dessa forma, utiliza-se obra e vida de Dostoiévski na proposição do que podemos chamar de uma antropologia da alma, em que explicações sobre o funcionamento de um mecanismo psicossocial – o fascínio pelos rivais – são concatenadas por uma teoria do desejo, anunciando elucidações válidas tanto para a literatura quanto para a história.

Sabemos de antemão que o teórico francês conhece o final do problema que investiga. Ele não domina apenas a obra do russo, pois tem acesso à vida pessoal do escritor, por meio dos arquivos de correspondência, estudos biográficos, críticas de época, entre outros recursos.[14] Mais importante, o pensador francês dispõe de uma teoria pronta e testada, a teoria do desejo mimético, por

---

[12] Girard grifa "Outro" com "O" maiúsculo no intuito de estabelecer um significado ao mesmo tempo coletivo, indefinido e transcendente ao(s) outro/outros, que pode representar muitos outros ou um outro absolutamente central ou, ainda, as duas coisas ao mesmo tempo.

[13] O "Outro", "obstáculo", "duplo vínculo" são categorias analíticas do pensamento de Girard.

[14] A recuperação biográfica que faz Girard inclui uma análise grafológica de Dostoiévski.

meio da qual relaciona o crescimento literário do romancista, sua maturação como "escritor de gênio", com um dolorido despertar psicológico e, importante, espiritual, a saber, sua "conversão romanesca", em cujo desfecho testemunha-se um trabalho de parto existencial,[15] um renascimento liberto do fascínio pelo mediador. Em suma, a teoria mimética julga revelar um mecanismo que Dostoiévski também teria intuído, ainda que nos termos de um romancista, não de um filósofo, e muito menos de um antropólogo, expressando essa intuição de modo progressivamente consciente em sua caminhada como escritor.[16]

No segundo capítulo, "Psicologia do Subsolo", os problemas pessoais de Dostoiévski são esmiuçados,[17] tanto os dramas privados quanto sua busca por aprimoramento e reconhecimento literários, sugerindo-nos uma "segunda" descida, ainda mais visceral ao universo psicológico dostoievskiano, a saber, o orgulho em sua tendência ao masoquismo. A teoria mimética desfia as obsessões do romancista nos termos próprios dos personagens que este cria, mostrando a vaidade que os prende (personagens e escritor) fanaticamente a seus rivais, e que, na prática, escraviza-os existencialmente. Os personagens de Dostoiévski tornam-se fascinados uns pelos outros, e, de modo crescentemente obsessivo, pelos obstáculos que seus rivais lhes arremessam. Isso ocorre em ambientes progressivamente abarrotados de humilhações de todos os tipos: físicas, financeiras, sexuais, intelectuais, sociais, artísticas, etc. Notem como a teoria vai amarrando uma categoria à outra (obsessão, outro rival, orgulho, masoquismo, desprezo, sadismo, etc.), na descrição de uma descida existencial, revelando, a cada etapa, certo descarrilamento do *ser* mimético, o *sapiens*, quando deixado ao sabor das seduções

---

[15] Não poucas vezes em sua obra, Girard fará menção ao processo revelador como dinâmica do *trabalho de parto*, em alusão direta às dores de parto (ōdinō) em *Gálatas*.
[16] "Não é o pensamento desencarnado que nos interessa, mas o pensamento encarnado nos romances [...]. O Dostoiévski genial é o Dostoiévski romancista." GIRARD, *Dostoiévski: Do Duplo à Unidade*, p. 50.
[17] "E talvez não houvesse outra saída para o Dostoiévski de 1863: a loucura ou o gênio." Ibidem, p. 39.

do mundo, mais e mais fascinado pelos ídolos que os outros ensejam. Ao adotar, fanaticamente, modelos de violência gestados em rivais, o homem cai. Faz desmoronar sua estrutura no lago seco das paixões violentas, sejam as políticas, sejam as sexuais, sejam ambas. Dostoiévski é utilizado para evocar, nos termos da alta literatura, a história de um fracasso gigantesco e irrevogável, cujo personagem principal é o homem moderno.

Há saltos nesse caminhar rumo à elucidação de sua obsessão, os quais são explicitados na qualificação crescente de sua obra, na progressiva excelência de sua arte. Segundo Girard, as respostas que o russo vai oferecendo aos dramas criados, delineados em obsessões cada vez mais essenciais e universais, tornam-no mais e mais consciente de um problema original que precisa ser devidamente revelado. Para o francês, o escritor russo faz de sua literatura um laboratório existencial, onde procura isolar o germe fatal, ponto zero de todas as doenças sociais, princípio de toda miséria psicológica. Nesse processo, percebe-se, no trabalho do russo, uma desmistificação sistemática dos personagens autojustificados da fase romântica. Dostoiévski, romântico em seu início, torna-se progressivamente romanesco, implicando que se torna mais e mais ciente da natureza mimética, portanto, conflituosa do desejo. Em nosso caso, podemos dizer que Girard reconhece, em Dostoiévski, um irmão intelectual e espiritual, alguém que também intuiu a presença oculta, embora absolutamente determinante, do mediador na formação do desejo, capacitando-o a "profetizar" os tempos modernos. Creio que o francês use Dostoiévski como espelho de suas próprias profecias, alinhando-se a este como outrora alinhavam-se os profetas e escribas hebraicos, partícipes de uma herança sapiencial comum, compartilhando a mesma simbologia, teologia e questões litúrgicas de fundo.

Exceto por uma queda na loucura ou um descaminho misterioso, Dostoiévski, uma vez ciente da força avassaladora da mímesis nas relações humanas, não poderia trilhar outro caminho, diz-nos o francês, a não ser o reconhecimento dos alicerces metafísicos do desejo. Uma vez revelada ao seu portador, a consciência romanesca determinará uma cosmovisão, independentemente do autor afetado, tornando-o particularmente apto a ler as dissimulações e falsificações que ocultam o mediador e fortalecem a mediação interna.

> É porque o orgulho é uma potência contraditória e cega que sempre suscita, mais cedo ou mais tarde, efeitos diametralmente opostos aos que procura. O mais fanático orgulho tende, ao menor fracasso, a descer muito baixo diante do outro; o que significa que parece, exteriormente, humildade. O egoísmo mais extremo faz de nós, à menor derrota, escravos voluntários; o que significa que parece, exteriormente, espírito de sacrifício. A retórica sentimental que triunfa em *Humilhados e Ofendidos* não revela esse paradoxo, mas joga com ele de forma a dissimular a presença do orgulho. A arte dostoievskiana do grande período *faz exatamente o contrário*. Espanta o orgulho e o egoísmo de seus esconderijos; denuncia sua presença nos comportamentos que têm aparência de humildade e altruísmo.[18]

Trata-se de uma passagem significativa. Há como notar uma tomada de consciência do escritor russo sobre a constante dissimulação do orgulho em exteriorizações forjadas, sua radical mistificação da vida. Dostoiévski, em seu crescimento pessoal e literário, teria intuído uma psicologia subterrânea, um mecanismo controlador de personagens literários e históricos, uma realidade que o assombrara a vida inteira e que era reproduzida em seus heróis românticos. Na descoberta madura desse mecanismo, ele pôde finalmente reconfigurar seus heróis ficcionais, mas agora nos termos de uma narrativa que os desmascarava como falsos heróis,[19] no desmascaramento

---

[18] Ibidem, p. 44.
[19] "O mais vivo sofrimento provém do fato de o herói não conseguir *distinguir-se* concretamente dos homens que o rodeiam. Pouco a pouco toma consciência do fracasso. Percebe

do próprio heroísmo romântico, o qual, outrora estabelecido como ideal narrativo, passou a ser exposto (e compreendido) em seus fracassos sucessivos.[20] Nascem assim romance e romancista *reveladores de um sistema universal*[21] *de domínio/aprisionamento*. É isso que interessa a Girard. Veremos, mais adiante, que a revelação integral desse sistema é o sentido exato de apocalipse.

A questão com o pensador francês, e não nos esqueçamos de sua formação como historiador, é a espreita que faz de um alvo maior: além de Dostoiévski e obra, o teórico busca apreender o desvendamento de um sistema que se fundamenta antropologicamente. O orgulho masoquista presente na obra do escritor russo, hegemônico nos enredos, dramas e personagens, é coletivamente estruturado e representa, afinal de contas, as movimentações de uma rede histórica e social, representando, em sentido amplo, a sociabilidade humana. Assim, para o teórico francês, a importância da literatura dostoievskiana *não* se limita à arte ficcional em contribuições estéticas, mas se espraia numa inteligência que interpreta a cultura humana, fazendo-o segundo uma hermenêutica que desmistifica o herói romântico, ídolo masoquista por excelência. Essa nova interpretação se funda na consciência romanesca, pela qual se reconhecem as muitas fraudes forjadas no orgulho, o pai e a mãe de toda e qualquer experiência sadomasoquista. De fato, a teoria mimética não se preocupa muito com a literatura *em si mesma* (seja lá o que isso signifique), pois se dedica, sobretudo, a deduzir uma possível inteligibilidade antropológica da cultura e mesmo do cosmos.

---

que está rodeado de pequenos funcionários que têm os mesmos desejos e sofrem as mesmas derrotas. Todos os indivíduos subterrâneos creem-se tanto mais 'únicos' quanto mais são, de fato, parecidos. O mecanismo dessa ilusão não é difícil de perceber." Ibidem, p. 51-52.

[20] "A obra romântica não pode, portanto, salvar o escritor; ela encerra-o no círculo de seu orgulho; perpetua o mecanismo de uma existência voltada ao fracasso e à fascinação." Ibidem, p. 57.

[21] "Se a dialética do orgulho e da humilhação não fosse tão comum como afirmará o Dostoiévski genial, não poderíamos compreender nem o sucesso das obras que a dissimulam, nem o gênio do escritor que nos revela sua universalidade." Ibidem, p. 63.

Ao longo de sua história, o individualismo ocidental assume pouco a pouco as prerrogativas que pertenciam a Deus na filosofia medieval. Não se trata de uma simples moda filosófica, de um interesse passageiro pelo subjetivo; não há, depois de Descartes, outro ponto de partida senão o *cogito ergo sum* [...]. O idealismo absoluto e o pensamento prometeico levarão o cartesianismo até suas consequências mais extremas.[22]

Em meio à discussão com Dostoiévski, Girard repreende o individualismo moderno, atribuindo-lhe a fantasia da autossuficiência do Eu: seu ideal de substituir o Deus da Bíblia.[23] Enfatiza-se que essa fantasia fez frutificar os utilitarismos, o positivismo, o individualismo, os heroísmos românticos e, em seu desfecho atroz, os idealismos totalitários, em ambos os espectros da política moderna. Há no caso uma primeira inflexão importante entre universo ficcional e movimentação histórica, que ocorre na tomada de consciência de uma metafísica cindida entre o Eu e o Outro, a *metafísica do subsolo*, otimamente representada na obra de Dostoiévski, em que inúmeros projetos de divinização do Eu, em detrimento da concorrência, os Outros,[24] entram na espiral incontornável dos dissabores violentos, expressando a típica competição moderna pelo topo, geradora de conflitos os mais diversos. Em configuração apocalíptica, isto é, na "Revelação" das forças estruturais que nos esmagam, expõe-se a supremacia moderna do Eu, de muitos Eu(s) em franca concorrência.

É no final do século XVIII que o cristianismo, simplesmente negado pelos filósofos, reaparece, invertido, no subterrâneo. É então que espalha-se, pela primeira vez, o "maniqueísmo"

---

[22] Ibidem, p. 89.
[23] Ibidem, p. 90.
[24] "A divindade não pode pertencer nem ao Eu, tampouco ao Outro; é perpetuamente disputada pelo Eu e pelo Outro." Ibidem, p. 90.

romanesco do qual somente os maiores escritores estarão isentos. A literatura torna-se "subjetiva" e "objetiva"; as duplicações subterrâneas multiplicam-se. Um pouco mais tarde, o próprio Duplo, cuja presença corresponde a um paroxismo do dilaceramento entre o Eu e o Outro, faz sua aparição entre os escritores mais angustiados. A literatura é mobilizada no conflito entre o Eu e o Outro; passa a desempenhar o papel justificador que conhecemos ainda em nossos dias.[25]

Introduz-se então uma "crítica no subsolo", que advém do perfil psicopatológico de um homem tomado por hostilidades, *Memórias do Subsolo*, caracterizando-o como modelo de um desequilíbrio mais amplo, o desequilíbrio moderno, simbolicamente articulado por Dostoiévski ao longo de sua trajetória, correspondendo ao que o francês toma como a feroz multiplicação dos "dramas subterrâneos" no palco da modernidade, cativeiro de orgulhos e sofrimentos partilhados por milhões de divindades minúsculas.

Haveria, assim, no desenvolvimento pessoal/literário desse escritor russo de gênio *a composição de uma inteligência "apocalíptica"*, um discernimento psicológico-social capacitado à identificação das profundas fissuras cosmológicas, o que, no caso, corresponderia à visão das fissuras do racionalismo cartesiano, reunidas em seus rebentos na filosofia moderna, num cenário prometeico de tecnificação da vida, de instalação de hábitos condicionados por maquinários: "Dostoiévski sente tudo isso: compreende que a descoberta subterrânea desfere um golpe fatal na utopia do 'palácio de cristal', pois revela o nada da visão metafísica e moral sobre a qual se pretende construí-lo".[26]

*

---

[25] Ibidem, p. 93.
[26] Ibidem, p. 49.

Novamente, o francês interpreta o escritor russo não como um esteta do romance, mas, sobretudo, como crítico social romanesco, como analista de psicopatologias que se agravam coletivamente. Esse agravamento de ambientes progressivamente saturados de violência (física, moral, sexual, profissional, doméstica, etc.) tipifica as formas subterrâneas do desejo, que são características de nosso tempo. O fascínio pelo irmão/rival, em escala supostamente universal, acirra os ânimos e animosidades, impulsionando competições que tendem ao comportamento bélico-sacrificial, em sistemas frios e crescentemente abarrotados de rivalidade mimética. A técnica, o cálculo e a utilidade oferecem, a esse sistema de violências, o verniz necessário ao seu desenvolvimento: "Não podemos mais ignorar os efeitos do envenenamento metafísico, pois eles agravam-se sem cessar. Esses efeitos podem ser sentidos, de forma oculta, mas reconhecível, bem antes dos séculos XX e XIX".[27]

Dostoiévski é realmente apresentado como "O Profeta" da modernidade, em cuja produção há uma plêiade de "Eu(s)" famintos de ser e em disputas ferozes, ambiente notadamente agônico, em que os partícipes, igualmente mutilados em seu psiquismo, tentam apropriar-se da divindade invencível que se atribui ao Outro, que parece neste encarnar-se. Sujeitos tomados pelo fascínio mimético, em franco descarrilamento metafísico, que tendem, por conseguinte, ao freio compulsório das mais terríveis formas de contenção pelo sacrifício. O niilismo e os totalitarismos vêm como pêndulo fantasmagórico desse controle que ensejará grandes expurgos e destruições em larga escala, revelador das rupturas mais marcantes do período moderno. Entretanto, perceba o leitor, os grandes expurgos, durante a vida de Dostoiévski, não se fazem – ainda – uma realidade histórica; todavia, lá estão encarnados no punho, boca e coração de personagens notáveis, criados num amplo repertório de tipos ideologizados. Em Dostoiévski, a literatura antecipa-se à história.

---

[27] Ibidem, p. 91.

Faz-se um levantamento interno do escritor russo. O objetivo é percorrer as fases de uma dialética oscilante, articulada no desejo, que vai do orgulho à humilhação, e vice-versa, em cuja síntese, sua superação romanesca, haveria uma solução para o modelo senhor/escravo hegeliano.[28] Sim, a teoria mimética usa o russo para desconstruir as bases do hegelianismo ou mesmo, talvez, superá-las. Há, nesse levantamento, a intenção de descrever não somente o processo de libertação pessoal e literário de Dostoiévski,[29] mas, principalmente, de relacioná-lo com o ambiente histórico circundante, este em aprisionamento estrutural. O escritor russo, profeta e anunciador "celeste", liberta-se pela graça da revelação *pessoalmente* recebida; o seu entorno, porém, e falamos da sociedade, avançará crise adentro. Tudo isso, conforme veremos, é muito apocalíptico em suas concepções. O célebre "exército dos eleitos", presente em muitos apocalipses, não é somente uma metáfora e, muito menos, uma discriminação ressentida, como tantos tendem a interpretar o termo; trata-se, contudo, de uma forma específica de caracterizar o processo de salvação. A libertação das cadeias miméticas aflitivas é um processo pessoal e intransferível, valendo de Abraão a Dostoiévski ou mesmo, e ainda melhor, creio, de Jacó a Israel, uma vez que não se alcança esse tipo libertação sem antes passar por uma luta interna terrível.

Nesse sentido, as ambivalências hiperbólicas do universo ficcional dostoievskiano refletiriam essas movimentações históricas em aspecto macro, *revelando* ambiguidades e paradoxos do próprio processo modernizador, considerado sinônimo do processo civilizatório (há, aqui, obviamente, ironia por parte de Girard). Essas são ambivalências refletidas na alma do próprio escritor.

---

[28] "A oposição Europa-Rússia liga-se à oposição do senhor e do escravo; e o Dostoiévski dessa época não percebe, como já o fez em outros domínios, a natureza dialética dessa oposição; pelo contrário, do fundo de si mesmo, a atribuir-lhe fixidez e rigidez de uma essência." Ibidem, p. 116. Veremos, no final deste trabalho, como Girard, em sua última obra, rematará essa discussão enfrentando diretamente a filosofia de Hegel.
[29] "À medida que Dostoiévski remonta a seu próprio passado, o caráter ilusório da metafísica subterrânea é cada vez mais explícito." Ibidem, p. 112.

Não se estabelece, contudo, relações diretas de causa e efeito entre história política e literatura. O que temos, não obstante, é um esforço intelectual que procura apreender, em suas diversas camadas, os nexos centrais de uma movimentação histórica abrangente, os quais se tornam particularmente visíveis na obra de um romancista de gênio, quando vocacionado para temas universais. Assim, usando o escritor russo como meio, o francês rascunha os primeiros laivos de uma teoria da história. Mas, qual seria a direção dessa prototeoria?

> Querendo divinizar-se sem o Cristo, o homem coloca-se a si mesmo na cruz. É a liberdade de Cristo, desviada, mas viva, que engendra o subterrâneo. Não há parcela da natureza humana que não esteja moída e triturada no conflito entre o Outro e o Eu. Em outras palavras, Satã, dividido contra si mesmo, expulsa Satã; os ídolos destroem os ídolos; o homem esgota pouco a pouco todas as ilusões [...]. A prodigiosa série de catástrofes históricas, a inverossímil catarata de impérios, de reinos, de sistemas sociais, filosóficos e políticos que denominamos civilização ocidental, esse círculo cada vez mais vasto e que esconde um abismo em cujo seio a história afunda-se com velocidade cada vez maior, tudo isto é a realização da redenção divina. Não aquela que o Cristo teria escolhido para o homem, se não tivesse respeitado sua liberdade, mas aquela que o próprio homem escolheu ao rejeitar o Cristo. A arte dostoievskiana é literalmente profética.[30]

Ao que poderíamos acrescentar – a crítica girardiana também o é. Nesse ponto, nota-se em que medida o pensador francês interage

---

[30] Ibidem, p. 50.

pessoalmente com o seu objeto de estudo: o escritor russo. Com efeito, um leitor monográfico terá, por vezes, dificuldade para saber em que ponto a voz de um começa e a do outro termina. Todavia, Girard não faz isso por distração, menos ainda por imperícia. Seu intuito é esse: alçar o romancista à condição de profeta moderno, caracterizando sua obra como instrumento hermenêutico primeiro para a compreensão (de nosso) mundo. Em outras palavras, o francês pretende inserir o escritor russo numa longa tradição profética, muito além dos limites da literatura, situando-o como crítico social sui generis, como se fosse o anunciador de um julgamento específico: o apocalipse moderno.

Temos aqui alusões claras a uma teoria que será organizada em bases eminentemente apocalípticas, destacando-se que as referências ao mundo arcaico e literatura e história correspondentes aparecerão posteriormente. Obra e vida de Dostoiévski tornam-se, assim, princípio de reflexão sobre a identidade moderna em sentido amplo. Há mais em jogo do que mero exercício em crítica literária ou mera análise histórico-literária. Com efeito, em *Dostoiévski*, Girard já ensaia os primeiros passos de sua teoria da história, uma teoria antropológica da história; esta condicionará, de modo crescente, parte central de suas produções.

Estabelece-se, em definitivo, uma relação entre *queda existencial* e *apocalipse*. Nessa configuração de uma só vez humana e sistêmica, uma composição psicossocial, projeta-se o entendimento de um círculo expansivo de violências e humilhações[31] que se agravam, ocasionando uma "queda existencial do autor", com o correspondente aniquilamento de suas ilusões românticas – o constrangimento

---

[31] "Assim como Vieltchâninov acabou entrando no jogo de Trussótzki, Bielínski e seus amigos comportaram-se como duplos e fecharam, em torno de Dostoiévski, o círculo do fracasso. Fecharam-lhe a saída que poderia ter sido uma carreira de honra, e mesmo brilhante, na literatura. Ajudam a matar o germe do escritor de talento que ele poderia ter sido. As obras posteriores a O Duplo justificam, por sua mediocridade, a condenação sem apelo lançada por Bielínski. Restam abertos somente dois caminhos para Dostoiévski: a alienação completa ou o gênio; a alienação primeiro; depois, o gênio." Ibidem, p. 64.

extremo de uma vaidade intensa, embora juvenil, que entra em colapso total. Das ruínas desse aniquilamento, o autor de talento poderá, nos diz Girard, caso escape da depressão e/ou do enlouquecimento, reconstruir-se em outras bases, mas não antes de desmistificar a si mesmo e, principalmente, seus antigos heróis ficcionais, os quais passam a ser vistos como cúmplices de um mecanismo psicológico-social perverso, fundamentado na autojustificativa de mentalidades forjadas no orgulho. Propõe-se uma radical experiência de desmistificação, cujo sucesso revelará a medida de uma conversão. Trata-se de um argumento que defende a ideia de um apocalipse pessoal na vida e obra de um autor romântico, cujo Julgamento (um novo discernimento) leva-o a rever composição e justificativa de seus antigos personagens.

De modo didático, em entrevista a James G. Williams, Girard explicou o raciocínio por trás desse encadeamento que aqui chamamos de apocalipse pessoal.

> Uma experiência de desmistificação, caso seja radical o suficiente, é muito próxima a uma experiência de conversão. Penso que isso tenha se dado com um grande número de escritores. As primeiras concepções que fizeram de suas obras foram bem diferentes daquilo que as obras de fato se tornaram [...]. O seu projeto [inicial] fracassa. A autojustificativa que o romancista intencionara em sua distinção entre o bem e o mal não se sustentará diante de um autoexame. O romancista vem a perceber que ele foi o fantoche de seu próprio demônio. Ele e o seu inimigo são verdadeiramente indistinguíveis. O romancista de gênio então se torna capaz de descrever a maldade do outro a partir de si mesmo [...]. Essa experiência despedaça a vaidade e o orgulho do autor. Trata-se de uma queda existencial. Com muita frequência essa

queda é descrita, simbolicamente, como doença grave ou morte na conclusão do romance.[32]

Temos dois elementos indispensáveis à discussão. Primeiro, há um método implicado, pois fica claro, novamente, que o teórico analisa a literatura como um historiador/antropólogo, debruçando-se sobre o desenvolvimento histórico de seu objeto, a literatura, donde conclui haver diferenças significativas entre o ponto de partida e de chegada. Em segundo, ao dizer que o romancista "foi o fantoche de seu próprio demônio", Girard usa linguagem religiosa para ilustrar, não obstante, um processo de descoberta associado a autores modernos. Nessa entrevista, ele não se refere, exclusivamente, a Dostoiévski, é importante destacar, mas sim a todo o conjunto "romanesco", incluindo aqueles autores que jamais adotaram esse tipo de alegoria ou referência religioso-apocalíptica, ao contrário do russo. Portanto, o teórico francês estende o imaginário dostoievskiano sobre a literatura romanesca, em seu todo, tornando-a subsidiária de uma hermenêutica que dessacraliza não somente obras e personagens, mas principalmente o zeitgeist de um largo período histórico, desconstruindo suas idolatrias próprias, o que vale dizer, seus conjuntos ideológicos mais prezados, suas paixões mais insistentes, seus afetos mais intensos. No caso da literatura romanesca, essa desconstrução tem alvo específico: a modernidade tecnicista e seu "esforço supremo em criar uma perfeição puramente humana e individualista".[33] Esse esforço, não obstante, alguns progressos técnicos e pontuais, gera doses ampliadas de violência entre adversários produzidos em massa, rivais fascinados ou possuídos por obstáculos progressivamente intransponíveis.[34]

---

[32] WILLIAMS, *The Girard Reader*, p. 283.
[33] GIRARD, *Dostoiévski: Do Duplo à Unidade*, p. 75.
[34] "Sendo próprio do ídolo contrapor-se a seus adoradores e resistir-lhes, nenhum contato com ele pode se dar sem sofrimento. Masoquismo e sadismo constituem os sacramentos da mística do subsolo. O sofrimento padecido revela ao masoquista a proximidade do carrasco divino; o sofrimento infligido dá ao sádico a ilusão de encarnar esse mesmo carrasco no exercício de seu poder sagrado." Ibidem, 84.

A partir da segunda metade de *Dostoiévski*, a par e passo com o desenvolvimento ficcional do autor que estuda, Girard incorpora, e o faz de modo deliberado, linguagem abertamente religiosa, representativa do caráter sacralizado dos enredamentos subterrâneos: "Por trás da retórica passional que utiliza desde as primeiras obras, Dostoiévski descobre, agora, toda uma profundidade idolátrica; com um mesmo movimento, penetra a verdade metafísica de seu próprio destino e retorna às fontes profundas do mistério poético ocidental".[35] Com efeito, o francês apropria-se do imaginário dostoievskiano, dedicado às grandes questões, na proposição de uma criptoteologia na obra do russo, reveladora, principalmente nas obras finais, de aspectos da mística/espiritualidade cristã.

*

O livro *Os Demônios*, escrito por Dostoiévski entre 1870 e 1872, recebeu, em algumas traduções, o título de *Os Possessos*. Esse trânsito, essa identidade orgânica entre o demoníaco e o possuído nos será didática. Nesse ponto, Girard e Dostoiévski realmente espelham[36] a ideia de uma imagem dupla nos recessos das paixões ("eu" e aquilo que me impede que eu seja, aquilo que me sabota – "o outro"), donde são formadas duplicidades infinitas, zelosamente violentas e tributárias de um desejo universal de se fazer divindade, o que implica com frequência, embora não necessariamente, deixar-se possuir por um modelo demoníaco, um mediador "obstaculizador" que o sujeito, devidamente fascinado na violência, tem como divino, mesmo que não o admita de imediato. O demônio seria então o duplo erguido dos possessos, o chefe/mestre de uma Legião qualquer, autoungido na soberba de uma coletividade histérica, metafisicamente agregada num campo qualquer de violência sagrada, um campo propagador de linchamentos constantes, purificações e

---

[35] Ibidem, p. 85.
[36] Suspeito que Girard tenha provocado deliberadamente esse espelhamento, e fez de sua análise teórica um exemplo vivo da impossibilidade de se abster da mediação mimética.

expurgos violentos, como tão bem caracterizado nos movimentos políticos da modernidade, tanto à esquerda quanto à direita.

Embora referido metaforicamente em simbologia religiosa, o fenômeno demoníaco é tratado como real, antropologicamente válido, quando há a presença concreta de um rival ao mesmo tempo odiado e adorado, um obstáculo intransponível que se expressa, e de modo absolutamente preciso, em simbologias religiosas: "Stavróguin e os Possessos que arrasta atrás de si estão todos em busca de uma redenção às avessas, cujo nome teológico é danação".[37]

> O romancista não acrescenta nada e não retira nada; o rigor que demonstra é o do fenomenólogo que abstrai a essência, ou a razão, de toda uma série de fenômenos. Não podemos dizer que interpreta: é a reunião desses fenômenos que revela a sua identidade profunda, que fixa de súbito mil pressupostos esparsos em uma só e fulgurante evidência.[38]

Faz-se, acima, uma definição de insight. Haveria, explícito em Girard e implícito em Dostoiévski, um experimento em fenomenologia religiosa, e com base num insight poderoso, deveras revelador, em razão do qual o primeiro afirmará que o segundo antecipou, em seus personagens, enredos e desfechos, o dilema hodierno do super-homem.[39] Esse drama exibe um embaraço religioso que se estabelece num ansiado, embora frustrado e sempre renovado, desejo de autorrealização do homem moderno. "É possível escapar do subsolo pelo domínio de si?" Pergunta Girard. Esta seria a pergunta subjacente à fenomenologia literária de Dostoiévski. O francês

---

[37] GIRARD, *Dostoiévski: Do Duplo à Unidade*, p. 85.
[38] Ibidem, p. 86.
[39] "[...] em poucos anos, irá igualar e ultrapassar todo mundo, pois terá rejeitado o mito do super-homem antes mesmo que este tomasse conta das imaginações ocidentais." Ibidem, p. 96-97.

recupera e exibe os experimentos fenomênicos do escritor russo em seu "esforço supremo por criar uma perfeição puramente humana e individualista",[40] dizendo-nos que Dostoiévski, como bom fenomenólogo, realizou esse tipo de experimentos com seus personagens, levando-os às últimas consequências existenciais, para que então pusessem à prova o dilema número 1 da modernidade: o confronto com as redes intersubjetivas. Nessa perspectiva, há dois sentidos iniciais de super-homem, ambos religiosamente orientados, ainda que com sinais trocados.

Ao criar personagens como Míshkin, *O Idiota* (1868), e Stavróguin, *Os Demônios* (1872), o romancista russo responde à pergunta do super-homem em seus dois sinais, positivo e negativo, levando cada um dos dois personagens aos extremos da ingenuidade e perversidade, respectivamente, perscrutando se a suposta indiferença que nutrem por rivais impotentes, o Outro possesso, no domínio psicológico que exercem sobre o seu meio social, possibilitaria a concepção de um super-homem em bases puramente humanas. A questão é a indiferença que Míshkin e Stavróguin parecem nutrir sobre aqueles que os cercam e os adoram, tolos fascinados pela autonomia existencial que exala desses rivais formidáveis, ou mesmo invencíveis.

> Os dois personagens encarnam respostas contraditórias, porque hipotéticas, a uma só e mesma questão sobre o significado espiritual da indiferença [...]. Isso não quer dizer que Dostoiévski tenha se tomado sucessivamente, ou alternativamente, por Míshkin e Stavróguin, mas esses dois personagens constituem o desenvolvimento ficcional de dois pontos de vista opostos entre os quais hesita o escritor quando reflete sobre o valor moral de suas próprias condutas.[41]

[40] Ibidem, p. 75.
[41] Ibidem, p. 77-79.

Nesses dois polos antagônicos, Míshkin e Stavróguin, *sanctus* e *sacer*, respectivamente, adianta-se uma investigação sobre as potencialidades ligadas à soberania pessoal do super-homem moderno, pretensamente indestrutível, sob cuja ação posições intermediárias estão descartadas. Nesses extremos, vislumbram-se anseios de divinização neste mundo, seja na criação de um modelo supremo em ingenuidade, um Míshkin,[42] seja na criação de sua contrapartida em perversidade, um Stavróguin.[43] Em ambos, temos a claríssima exposição de um *obstáculo intransponível*, realizável por meio de um sujeito absolutamente excepcional, cujo perfeito domínio de si, de seus talentos, sugere uma condição divinizada, como a de um super-homem, alguém que soube apropriar-se de saberes/técnicas celestes ou demoníacas. Porém, segundo a teoria mimética, essa polaridade é dialética, portanto, mutuamente condicionada.

> É preciso compreender que a diferença entre Míshkin e Stavróguin é, ao mesmo tempo, imensa e minúscula. Reduz-se, em última instância, a uma questão de perspectiva [...]. É, portanto, possível perguntar se Míshkin não é Stavróguin e, reciprocamente, se Stavróguin não é Míshkin.[44]

Adentramos, desta feita, em território apocalíptico, qual seja, em imensos campos simbólicos constituídos por imagens duplicadas nas relações entre o céu e o abismo, visões celestes e infernais em correspondência direta. Trata-se de narrativas que denunciam as idolatrias dos super-homens e seus invejosos adoradores, sintoma grave de uma corrupção contra a criação, gerador de reversos que se inspiram na violência em todas as suas formas, incluindo a indiferença frente o mais fraco ou vulnerável. Essa imagem duplicada impõe, escatologicamente, a *unidade* de uma perspectiva universal: "O universo do ódio parodia, nos menores detalhes, o universo do

---

[42] Ver *O Idiota*.
[43] Ver *Demônios*.
[44] GIRARD, *Dostoiévski: Do Duplo à Unidade*, p. 78-79.

amor divino".[45] Sim, o maligno parodia o bem-aventurado, seja para ridicularizar, seja para confundir.

A bem da verdade, Girard não deixa de perseguir os rastros do orgulho prometeico em suas infinitas duplicações, especialmente as modernas, seus disfarces ideológicos, seus matizes e contextos aparentemente antagônicos. Ele os persegue incansavelmente na obra de Dostoiévski como um perdigueiro no encalço de uma raposa, cujo esconderijo derradeiro se conhece, assim identificando, no meio do caminho, todos os rastros subterrâneos das falsas promessas: liberais, eslavófilas, revolucionárias, positivistas e românticas; enfim, percorrendo os vários entroncamentos desse descampado histórico-literário, até chegar ao esconderijo final e inevitável: o niilismo.[46] Com efeito, intui-se uma unidade capturada em narrativas cada vez mais conscientes desse drama de fundo, dessa escolha espiritual entre idolatria[47] e liberdade,[48] na tensão imorredoura entre desejo e renúncia. Na mente do autor romanesco, esse embate se torna consciente de si por meio de sua orientação escatológica – sua abertura à eternidade, ao transcendente –, e isso ocorre tanto na ficção de Dostoiévski quanto na reflexão de Girard.

Há, inegavelmente, uma conspiração em direção à unidade e os dois "romanescos", o russo e francês, tornam-se, praticamente, indiscerníveis; tornam-se irmãos gêmeos. Das duplicidades à unidade (e isso é escatologia), na qual ambos comungam uma *realidade integrada*, uma imensidão hierarquizada no amor, e que passa a dominar tanto o espectro literário quanto o analítico.

*

---

[45] Ibidem, p. 85.
[46] "O niilismo é a fonte de todas as ideologias, pois é a fonte de todas as divisões e de todas as oposições subterrâneas." Ibidem, p. 100.
[47] "O homem que se revolta contra Deus para adorar-se a si mesmo acaba sempre adorando o Outro – Stavróguin." Ibidem, p. 86.
[48] "Temos que seguir, em seu caminho para Cristo, o progresso dessa consciência religiosa exigente, que não se pode satisfazer com meias-medidas, tampouco com falsas aparências." Ibidem, p. 99.

Há um ponto específico e central dessa duplicação em Dostoiévski, merecedor de máxima atenção, pois aí se anuncia, embora de modo um pouco rudimentar, o segundo grande salto teórico de Girard, quando este estabelece diálogo com outro tema de importância maior em seu pensamento: o *parricídio*.

> A rivalidade do pai e do filho implica uma estreita semelhança. O filho deseja o que o pai deseja. O orgulho do pai opõe-se ao filho e, assim, fortifica-lhe o orgulho. O parricídio, crime do filho-escravo cometido contra um pai tirano, surge então como tragédia subterrânea por excelência. Porque o pai e o filho são, em certo sentido, idênticos, o parricídio é ao mesmo tempo assassinato e suicídio; os dois crimes, na origem, não se diferenciam. Todos os assassinos e todos os suicidas dentre os heróis criados anteriormente unem-se nesse horror fundamental. O escritor está na fonte de todos os seus pesadelos.[49]

O trecho nos diz que as crises ideológicas de Dostoiévski, representadas em seus personagens e enredos, refletem, no final das contas, esse drama de fundo, espelhando essa duplicação do orgulho, "o primeiro Dostoiévski precipita-se no ocidentalismo para esquecer o pai e a herança paterna. A atitude ocidentalista é associada ao parricídio".[50] Há um aprofundamento da questão das duplicações, replicações violentas do orgulho, no reconhecimento inevitável de nosso comportamento homicida, revelando o homicídio como primeiro motor das relações humanas. Um passo nada menos que decisivo para o desenvolvimento posterior da teoria mimética.

---

[49] Ibidem, p. 113-14.
[50] Ibidem, p. 114.

> Meditar sobre as relações entre pai e filho significa meditar, uma vez mais, sobre a estrutura subterrânea, sobre as relações com o rival odiado que é igualmente venerado, isto é, trata-se de apreender essa estrutura em nível verdadeiramente original.[51]

Essa inflexão às profundezas dos dramas humanos pressupõe uma hermenêutica, e o teórico francês tem-na desenvolvida. O tema do parricídio é investigado em suas bases conflituosas, iluminando as relações necessariamente problemáticas entre os próximos, no caso, os mais próximos, e que ocorrem, obviamente, no âmbito familiar ou derivado, e que independe da conformação particular de "família" em questão, se consanguínea ou não. Os nossos modelos primeiros, por conseguinte, psicologicamente estruturantes, são justamente os espécimes familiares em conformação nuclear conosco: "dessacralizar o pai é verdadeiramente superar, desta vez, todas as formas de revolta, é superar, por conseguinte, a falsa superação constituída pela histeria eslavófila e pela exaltação reacionária".[52] Notem como a reflexão proposta pelo francês busca a gênese do conflito, intuindo sua configuração essencial, seu antecedente mais comum. Não é o caso de endossar Freud, mas sim de mostrar como algumas questões levantadas em gênios como Dostoiévski e Freud já apontavam, embora de modo nascente, ao assassinato fundador e sua resolução no mecanismo vitimário. Prossigamos.

Girard principia então a análise do que seria a obra-prima do universo dostoievskiano, *Os Irmãos Karamázov*.[53] Faz-se, concomitantemente, a exposição de uma teologia antropológica, em Dostoiévski, que tem no fascínio/rivalidade que o Outro provoca, por meio de sua proximidade, o seu ponto de partida. A apreensão

---

[51] Ibidem, p. 108.
[52] Ibidem, p. 118.
[53] Nessa obra, o tema do parricídio, o assassinato de Fiódor Pavilovitch Karamázov, é central.

dessa verdade antropológica é fundamental para uma superação pacífica de todas as ideologias: "Tudo indica que ele [Dostoiévski] se dispõe a superar os modos de reflexão ideológicos".[54] Esse apaziguamento romanesco das paixões eróticas, políticas, familiares, profissionais, etc., recebe o galardão de um discernimento amplo, com base no qual se discorrerá sobre o tema da irreversibilidade da liberdade e, consequentemente, da responsabilidade *verdadeiramente* humana (leia-se, angélica em terminologia apocalíptica) – o potencial infinito de inteligência dos que superam, em definitivo, o reino animal. Como veremos, essa é uma das mensagens basilares ou mesmo a matriz do "apocalipse".

É importante notar como Girard encerra o seu argumento em *Dostoiévski*, como fizera em *Mentira Romântica e Verdade Romanesca*, concluindo-o com o apocalipse. Nesse final, nessa síntese pessoal, conducente da Revelação, ele se apoia no conto do grande inquisidor, "A Lenda", que compreende uma das seções de *Os Irmãos Karamázov*.

A irreversibilidade do caminho para a responsabilidade se traduz nos termos históricos de um mundo onde as soluções totalitárias/sacrificiais tornam-se não só injustificáveis, mas, sobretudo, impotentes. De modo complementar, essa crise agora permanente das soluções sacrificiais, a crise que gera a "boa" violência, em sentido arcaico, outrora vista como remédio social, tende a exacerbar reações violentas e estridentes.

> A ideia central da Lenda, a do risco que traz aos homens o aumento de liberdade, ou de graça, conferido pelo Cristo, risco que o Inquisidor recusa-se a correr [...]. Por trás do negro pessimismo do Grande Inquisidor desenha-se uma visão escatológica da história

---

[54] GIRARD, *Do Duplo à Unidade*, p. 119.

> que responde à questão que *Os Possessos* tinha deixado em suspenso. Por ter previsto a rebelião do homem, Cristo previu os sofrimentos e divisões que causariam sua vinda [...]. A recrudescência de Satã não impede que seja vencido. Tudo, no fim das contas, deve convergir para o bem, mesmo a idolatria.[55]

Nesse enquadramento nada menos que apocalíptico de Dostoiévski, o francês aproxima os elementos em oposição, mostrando ao leitor como a narrativa dostoievskiana justapõe, mesmo que aos poucos, os contrários, a fim de revelar a unidade de uma verdade insuperável, fonte das duplicações mais diversas: *o desejo mimético em caráter apropriador*, portanto, condutor de rivalidade. Essa intuição tornou-se possível ao escritor por meio de uma "meditação religiosa chegada, enfim, à maturidade".[56]

A arte literalmente profética de Dostoiévski encerra uma compreensão aguda sobre a natureza humana, sobretudo, em seu drama moderno, "moída e triturada no conflito entre o Outro e o Eu".[57] Esse recrudescimento e essa inevitabilidade dos antagonismos que o Outro provoca foi passo decididamente moderno, anunciando o esgotamento de todas as ilusões, de todos os ídolos. Todavia, essa foi uma anunciação problemática, igualmente fomentadora de crises profundas.

> O homem é carregado em um turbilhão cada vez maior, seu universo sempre mais frenético e mentiroso revela de forma evidente a ausência e a necessidade de Deus. A prodigiosa série de catástrofes, a inverossímil catarata de impérios, de reinos, de sistemas sociais, filosóficos e

---

[55] Ibidem, p. 128.
[56] Ibidem, p. 119.
[57] Ibidem, p. 128.

políticos que denominamos civilização ocidental, esse círculo cada vez mais vasto e que esconde um abismo em cujo seio a história afunda-se com velocidade cada vez maior, tudo isso é a realização da redenção divina. Não aquela que o Cristo teria escolhido para o homem, se não tivesse respeitado a sua liberdade, mas aquela que o próprio homem escolheu ao rejeitar o Cristo.[58]

Girard e Dostoiévski tornam-se, na adoção desse apocalipse moderno, indiscerníveis, igualmente orientados por uma escatologia romanesca, essa chave hermenêutica que redescobriu, no Romance, na literatura moderna, as chaves proféticas do apocalipsee. Com efeito, ambos adotam uma leitura dos "sinais dos tempos". Domina, em ambos, o entendimento de que a modernidade tem propagado, em escala industrial, obstáculos os mais diversos, produzindo uma espécie de democratização universal de rivais. Esse é o sentido subliminar dos pequenos burocratas e pequenos burgueses em Dostoiévski, "homenzinhos" ressentidos por qualquer coisa, todos igualmente fascinados por rivais de baixa estatura.

Assim, o teórico propõe em seus dois primeiros livros os rudimentos de uma teoria da história com amplo pedigree apocalíptico, a qual será paulatinamente desenvolvida em sua obra, esmiuçando mais e mais o princípio da *reciprocidade* mimética, cujas consequências se fazem universais na relação assimétrica entre indiferentes (os senhores) e possessos (os escravos): "o mundo [da modernidade] em que estamos demasiado perto ou demasiado longe uns dos outros".[59]

A gênese dessa reciprocidade desenfreada, a modernidade, a qual se pensa liberta de antigos condicionamentos rituais e mitológicos,

---

[58] Op. cit, p. 128-29.
[59] Ibidem, p. 106.

pensando-se, assim, desimpedida do arcaico, do *sacer*, será então reavaliada pela teoria mimética. Com efeito, a literatura romanesca será a chave de compreensão da modernidade, sublinhando os não poucos arrebatamentos miméticos desta, alguns dos quais absolutamente violentos e temíveis. Quem há de esquecer que o século XX produziu coisas horrendas como os *Reichsparteitag*, em Nuremberg, os Comícios/Reuniões do Partido e equivalentes? Onde se arregimentaram massas contra massas, desumanizando-as, arrebatando-as no fascínio de déspotas demoníacos. Uma ironia, porque situado no palco de uma mentalidade, a nossa, que se pensa transgressora de preconceitos irracionais, mas que vem incitando, deveras irracionalmente, um jogo visivelmente perverso: o do sucesso material a qualquer custo, em que todos são estimulados a *triunfar*. Eis um termo interessante, biblicamente citado com ironia,[60] mas seriamente explorado pelos propagandistas do sucesso – trabalhem estes para o governo ou mercado. Ver-se como o número "um", em cortejo triunfante sobre adversários vencidos, no momento em que se adentra à cobiçada alameda do alto consumo e estrelato, eis a nossa visão de paraíso, em que todos se tornam rivais por motivos fúteis. Há aqui a eliminação sistemática e, de certo modo, inevitável de antigas formas de contenção institucional e moral, "num universo em que vão se apagando, pouco a pouco, as diferenças entre os homens".[61]

A inteligência romanesca, uma inteligência apocalíptica, abre ao homem moderno a possibilidade de enxergar suas perigosas e prementes contradições, maliciosamente apagadas pelos poderes que governam o mundo.

> O que Stendhal descobre, na verdade, está muito próximo de Tocqueville. Este último explica, grosso modo, que, no momento em que se dá a Revolução, milhares de jovens pensaram que,

---

[60] O "triunfo da Cruz", presente nas epístolas paulinas, é – e de modo bem visível – uma colocação irônica frente ao triunfo militar dos romanos, origem do termo.
[61] GIRARD, *Mentira Romântica e Verdade Romanesca*, p. 38.

> ao abater o rei, eliminavam o obstáculo que os impedia de "ser" aquele que havia tomado seu lugar. Eles acreditavam então que todos iam "ser" e não se davam conta de que esse obstáculo único, longínquo, relativamente insignificante, seria substituído por todos os pequenos obstáculos que cada um representaria dali por diante para todos os outros [...]. A Revolução [Francesa] é o nascimento do mundo balzaquiano, onde cada qual é o rival do outro. *Há aí uma descoberta profunda que alimentou todo o meu trabalho* [grifo meu].[62]

Nesse texto, um dos últimos escritos por Girard,[63] temos a indicação precisa de um pensamento que intuiu um *padrão* para a modernidade, não exatamente como recorrência, mas como sentido.

Os reinos do mundo, suas fases e crises, estão estruturalmente divididos contra si mesmos sob a égide do orgulho, sob o peso da vaidade, no jugo da violência em tendências atávicas à idolatria. Entretanto, esse quadro histórico, universalmente presente nas mais distintas culturas, sofre a pressão de uma consciência – de uma Boa Nova – pela qual se revela a natureza falida desse mecanismo inviável e fadado ao fracasso, mas sempre pronto para disparar processos expiatórios. Para o francês, a literatura de Dostoiévski representa esse despertar, uma conversão no âmbito de uma consciência que sofre agudamente, mas que, ao mesmo tempo, apropria-se de uma inteligência religiosa capaz de libertá-la do círculo escravizador das idolatrias. Em suma, uma inteligência cujas raízes são proféticas.

> Essa arte que traz à luz do dia as divisões e as duplicações do orgulho idólatra é também

---

[62] Idem, *A Conversão da Arte*, p. 28.
[63] Introdução ao *A Conversão da Arte*, escrito em 2008.

> ela mesma desdobrada. Dizer que ela revela o bem e o mal como escolha pura, é dizer que nela não subsiste nenhum maniqueísmo [...]. No fundo de todas as coisas está sempre ou o orgulho humano ou Deus, quer dizer as duas formas de liberdade [...]. Tomar consciência do orgulho e de sua dialética é renunciar aos recortes da realidade, é superar a divisão dos conhecimentos particulares para a unidade de uma visão religiosa, a única universal.[64]

Assim, vemos nesse ensaio um intelectual convencido de sua descoberta antropológica. Ele avança numa análise com um propósito derradeiro: verificar na modernidade a multiplicação incessante de obstáculos e o faz valendo-se de um romancista capaz de expressar essa multiplicação, tanto em vida quanto em obra, descrevendo-a em suas dinâmicas internas e externas, no âmbito psicológico e ideológico.

Não haveria como realizar essa operação hermenêutica caso o analista não dispusesse de antemão de uma chave interpretativa que lhe desse a condição de compreender, a partir de dentro, o apocalipse pessoal do autor estudado. De fato sabemos que, em *Dostoiévski*, a teoria mimética fora formulada – e alguém até poderia sugerir que esse pequeno ensaio seria capaz de compreender um ou dois capítulos finais do livro realmente seminal do ponto de vista teórico: *Mentira Romântica e Verdade Romanesca*, com o qual iniciamos. Há em *Dostoiévski* o uso desembaraçado de uma visão apocalíptica, atribuída não somente ao escritor analisado, mas adotada como interpretação da vida social e movimento histórico.

Esse modelo dado busca elaborar, por meio da história do romance, uma história do desejo, no sentido mais fundamental da própria

---

[64] GIRARD, *Dostoiévski: Do Duplo à Unidade*, p. 139-41.

História. Trata-se de um projeto intelectual decididamente ambicioso, não obstante, problemático, desenvolvido ao longo de uma carreira intelectual de mais de meio século, que teve como ponto 'mimético do desejo. Contudo, a partir de certo momento, Girard começou a olhar para a modernidade buscando algo que a ultrapassasse, algo que fosse mais fundamental e que, afinal de contas, a subentendesse: *o arcaico*.

parte II
antropologia da conversão
categorias segundas – mecanismo vitimário e antropologia revelada

capítulo 4
fundação da cultura: a violência e o sagrado

A obra de Girard mais repercutida no mundo acadêmico foi e ainda é *A Violência e o Sagrado*, publicada em 1972. Do mesmo modo que em *Mentira Romântica e Verdade Romanesca*, o argumento principal é lançado nas primeiras páginas, na exposição paulatina, embora densa, de uma tese particularmente complexa: a do mecanismo fundador do bode expiatório. O processo de redação exigiu mais de dez anos de investigações em áreas diversas, período em que Girard dedicou-se ao escrutínio sistemático dos mitos greco--romanos, dos clássicos da antropologia e etnografia, em especial os autores britânicos, e dos estudos em psicanálise, psicologia comportamental e literatura. Houve também um sensível aprofundamento dos estudos bíblicos, com base nos quais se pretendia concluir o livro,[1] mas esse tema foi apenas pinçado, devidamente tratado em outro momento, com a publicação de *Coisas Ocultas desde a Fundação do Mundo*, de 1978.

Engana-se o leitor mais intelectualizado que, ao percorrer o índice bibliográfico de *A Violência e o Sagrado*, e lá encontrando uma lista modesta de autores, conclua que a seção represente a totalidade das leituras de Girard. Por certo, alguns acadêmicos se surpreendem

---

[1] Girard diz, em entrevista, que, ao término de *A Violência e o Sagrado*, estava mental e intelectualmente esgotado para que incorporasse, nesse mesmo material, suas reflexões complementares versadas em material bíblico.

com a assimetria entre a erudição necessária para a discussão apresentada pelo autor francês e a visível parcimônia das referências bibliográficas e notas de rodapé. Com efeito, a obra diz muito aparentemente com pouco. Essa aparência se deve ao privilégio das fontes primárias: mitologia, tragédia, etnografia, literatura, profecia, mas que nem sempre são citadas, nem sequer referendadas. Vamos a um exemplo, dentre inúmeros.

> Há sociedades nas quais algumas doenças, a varíola, por exemplo, têm seu deus particular. Durante todo o período da doença, os doentes são consagrados a esse deus, isolados da comunidade e confiados à guarda de um "iniciado", ou, se quisermos, de um sacerdote do deus, ou seja, de um homem que, tendo contraído outrora a doença, sobreviveu a ela. A partir de então, este homem participa do poder do deus, encontrando-se imunizado contra os efeitos de sua violência.[2]

A passagem acima, riquíssima em implicações antropológicas, não informa sobre as fontes utilizadas, embora saibamos, caso decidamos buscá-las por conta própria, que são verídicas. Com efeito, comparado a outros autores recentes, especialmente aos advindos do academicismo anglo-saxão, o repertório bibliográfico disponibilizado aos leitores é notadamente enxuto, um dado significativo em nossa investigação, mostrando-nos um autor bem mais reflexivo que informativo, um acadêmico voltado ao pensamento, que não se esconde na elaboração de terceiros, parafraseando volumes; enfim, alguém que se debruça sobre textos, fontes ou documentos extraindo deles o máximo possível, examinando principalmente as implicações do subtexto, as quais passam despercebidas de leitores apressados e escritores preocupados em mostrar serviço.

---

[2] GIRARD, *A Violência e o Sagrado*, p. 43.

Aí reside, creio, parte expressiva da força das análises de Girard, refletindo tanto o seu treinamento acadêmico como paleógrafo, um treinamento em documentos, quanto sua característica própria de "ruminador" de textos. Com efeito, nota-se, em sua obra, pouca ou nenhuma disposição para exibir erudição.

Não fazemos essa observação, todavia, no intuito de elogiar gratuitamente Girard, como se quiséssemos destacar uma alegada naturalidade autossuficiente como pensador de gênio, o que seria uma caracterização romântica. Sublinhamos, não obstante, certo temperamento intelectual: em sua metodologia de estudo, produção e identidade intelectual, o francês comporta-se, não poucas vezes, como um "homem de religião", alguém visceralmente envolvido pela mensagem que tem a transmitir, o insight que pretende discutir e propagar, distanciando-se, assim, do acadêmico padrão. Podemos dizer que seu perfil foi se tornando notadamente monástico,[3] conforme discutiremos ao longo deste trabalho. Trata-se de uma consideração importante em nossa análise, iluminadora de uma personalidade mais profética que acadêmica.

De regra, o francês aproxima-se de um texto de modo semelhante a um etnólogo frente aos comportamentos e atividades que pretende capturar e analisar, numa inclinação para relacionar-se diretamente com o objeto de estudo, evitando intermediários em excesso. Isso aponta para seu método de pesquisa, alinhado, não por acaso, com a antropologia de campo, com a observação aguda de todo um campo cultural, mesmo quando se analisa um só indivíduo. Em *A Violência e o Sagrado*, privilegia-se, na maior parte das vezes,[4] uma discussão aberta, porém íntima, com antropólogos renomados, sem a preocupação de referendá-los a todo o momento. Assim, a

---

[3] "Em Paris [no ambiente intelectual parisiense], senti-me terrivelmente deslocado, diminuído e incapaz de me desenvolver de verdade [...]. Eu me sentia um perfeito estranho no ninho." GIRARD, *A Conversão da Arte*, p. 223.
[4] A exceção mais significativa é o seu diálogo com Freud, o qual, não obstante, valeu-se extensivamente, em seus estudos, da antropologia britânica, sobretudo, do pensamento de Frazer.

obra beneficia-se de um diálogo generoso com os grandes nomes da antropologia de campo.[5] Girard favorece de modo explícito o poder argumentativo de seu novo insight, o seu segundo, para o qual as fontes são levadas e incansavelmente amassadas, liberando a seiva de uma tese ambiciosa: o mecanismo vitimário como fundamento primeiro da ordenação social.

*

Como mencionado, a obra principia-se pelo assunto cardinal, em que se introduz, de cara, a discussão com o *sacrifício*, suas formas e conteúdos. Em primeiríssimo lugar, há a preocupação de ressaltá-lo, o sacrifício, como agente de violência, embora de tipo bem específico: um operador (da violência) que afasta as outras violências, quando em movimento tentacular e socialmente destrutivo, canalizando-as, impedindo-as de fugir ao controle, ludibriando-as de algum modo, "fornecendo-lhes uma válvula de escape, algo para devorar".[6] " A sociedade procura desviar para uma vítima relativamente indiferente, uma vítima 'sacrificiável', uma violência que talvez golpeasse seus próprios membros, que ela pretende proteger a qualquer custo."[7]

O sacrifício do outro, uma vítima relativamente dispensável, no sentido específico de uma incapacidade de retaliar à altura, oferece a hipótese do sacrifício substituto, em cuja prática instala-se um ardil primoroso, um mecanismo de transferência que engana a violência socialmente contagiosa, potencialmente descontrolada e absolutamente ameaçadora à comunidade, evitando, assim, surtos indesejados de desordem social em larga escala. O sacrifício evita o risco de uma violência generalizada, transferindo-a para um único alvo: a vítima. Esse ardil, um engodo fundador, implica, não obstante, um desconhecimento [*méconnaissance*] das bases contagiosas

---

[5] Principalmente, em suas discussões com Lowie, Malinowski, Jules Henry, Lévi-Strauss, Radcliffe-Brown e Victor Turner.
[6] GIRARD, *A Violência e o Sagrado*, p. 15.
[7] Ibidem, p. 14.

do próprio mecanismo de proteção que ele estabelece. Essa transferência aleatória, sua origem contagiosa, tem de permanecer oculta para que a prática de contenção da violência *pela* violência mantenha-se em perfeito funcionamento.

Entre a comunidade e o perigo de desordem generalizada, realidade esta absolutamente presente em ambientes arcaicos, estabelece-se uma interposição desempenhada por uma pessoa ou animal, assinalando, assim, um ente, o sacrificado, *incapaz* de retribuir a violência que se organiza contra ele, absorvendo-a pois em si mesmo, uma vez que "se deve escolher para o sacrifício uma vítima que não seja ela mesma operadora de vingança".[8] Esse ente sacrificável, interposto entre elementos potencialmente em conflito, obstrui o desencadeamento de violência entre estes, atraindo sobre si próprio o conjunto de paixões disperso na comunidade, ou seja, canalizando a violência dispersa a um único elemento. "Se relacionarmos as duas cenas – a do Gênesis e da *Odisseia* – a interpretação sacrificial de ambas torna-se mais verossímil. Nos dois casos, no momento crucial, o animal é interposto entre a violência e o ser humano por esta visado."[9] Assim, o sacrifício atrai, sobre um único alvo, todo um conjunto anteriormente disperso de violências.

Desde o início, *A Violência e o Sagrado* vale-se do imaginário mitológico, principalmente hebraico e grego, na confirmação de dados etnográficos. O procedimento de vincular fontes mitológicas a dados antropológicos não é utilizado como mera exemplificação de argumentos, mas como ponto de partida para uma investigação sobre a própria estrutura do mito, nela esmiuçando uma teologia do sacrifício. Esse entendimento do sacrifício, visto como transferência coletiva, mecanismo apaziguador número 1 das tensões internas, não era, entretanto, uma novidade de Girard, como o próprio livro deixa claro. Tratava-se, à época, de uma conclusão mais ou menos

---

[8] ANSPACH, *Anatomia da Vingança*, p. 33.
[9] GIRARD, *A Violência e o Sagrado*, p.17.

aceita e relativamente esclarecida entre alguns luminares da antropologia, como no caso de Victor Turner.[10] A diferença significativa, que traz *A Violência e o Sagrado*, se dá na conexão indissolúvel que a obra estabelece entre a instituição universal do sacrifício e a violência socialmente articulada e justificada nas matrizes culturais, leis e interditos, ressaltando a importância do aparato religioso (rito, mito e tabu) na organização da sociabilidade humana, o que viabilizou o desenvolvimento de todas as sociedades. Nesse enfoque formativo, genético, o sacrifício passa a ser visto não como mais um mecanismo institucional, ainda que importante, mas como a própria gênese das instituições humanas.

> Há um denominador comum da eficácia sacrificial, tão mais visível e preponderante quanto mais viva for a instituição. Este denominador é a violência intestina: as desavenças, as rivalidades, os ciúmes, as disputas entre próximos, que o sacrifício pretende inicialmente eliminar; a harmonia da comunidade que ele restaura, a unidade social que ele reforça. *Todo resto decorre disto.*[11]

Assim, a mitologia será repassada, pela teoria mimética, como expressão simbólica e narrativa de motivações sacrificiais de base, ainda que nem sempre aparentes; não obstante, formadoras do repertório institucional e normativo das sociedades arcaicas. Em sentido fundante, os mitos refletem preocupações rituais, multiplicando, pela oralidade, as redes de normatização, e desse modo reforçando e justificando o aparato sacrificial, sem o qual comunidades arcaicas tendem a se perder em conflitos intestinos e catastróficos. Nessa perspectiva, rito e mito são elementos formativamente integrados, mesmo que isso nem sempre esteja evidenciado

---

[10] "A interpretação do sacrifício como violência alternativa aparece na reflexão recente, ligada a observações de campo, Godfrey Lienhardt, em *Divinity and Experience*, e Victor Turner, em várias de suas obras, especialmente *The Drums of Affliction*." Ibidem, p. 19.
[11] Ibidem, p. 19-20.

em seus respectivos conteúdos, sobretudo, quando a cultura envelhece, assim apagando seus registros sacrificiais mais evidentes.

Seguindo essa linha, seria possível, em tese, identificar uma unidade fundamental entre rito e mito, aparentemente perdida na imensa pluralidade de manifestações rituais e mitológicas. Isso seria possível quando se atenta para certa uniformidade entre vítimas rituais e justificativas mitológicas. Do mesmo modo que ocorre com as vítimas que são selecionadas para o sacrifício, as quais, em geral, sobressaem-se "por cima" ou "por baixo" frente aos padrões comuns de uma comunidade qualquer, as justificativas mitológicas e trágicas também atribuem ao herói – um sujeito que teve um favorecimento inicial, mas que posteriormente foi desfavorecido, sofrendo a "ira dos deuses" – características de excepcionalidade, pelas quais se justifica seu destino venturoso-desventurado, normalmente nessa ordem. Aqui está uma das novidades teóricas dispostas em *A Violência e o Sagrado*. Pelo sacrifício, por meio de sua lógica, depreendem-se os aspectos medulares dos ritos, mitos e tabus. Estes se organizariam, em primeira instância, como apêndices da mentalidade sacrificial, sem a qual deixam de ser antropologicamente inteligíveis.

Haveria, portanto, uma correspondência genética, de fato, estruturante, entre procedimentos rituais e enredos mitológicos, na perspectiva de imensos repertórios cujas semânticas de sacrifício têm fundo muito antigo, estas articuladoras de unanimidades que justificam perseguições; melhor dizendo, que depois as apagam – enquanto perseguições – na geração de narrativas que incutem culpabilidade à vítima. Na base dos mitos, em sua estrutura formadora, reside, portanto, a necessidade de justificar o grupo em seu caráter persecutório, em sua disposição, em seu dever de linchar um "culpado".

Vítima e herói são as duas faces da mesma moeda sacrificial. A excepcionalidade da vítima, em *defeitos* ou *qualidades*, a depender das circunstâncias, faz dela um bode expiatório em sentido corrente – aquele contra o qual serão imputados os males/desavenças que se abateram sobre uma comunidade. O bode expiatório será o ponto fora da curva, por assim dizer, sobre o qual são despejadas as hostilidades socialmente presentes ou latentes. Essa capacidade, que tem de absorver em si a violência dispersa, precisa envolver necessariamente condições especiais, a fim de torná-lo maximamente proveitoso enquanto elemento que atrai, em si mesmo, violências anteriormente alheias ou dispersas. Desse modo, o bode expiatório terá de reter proximidade suficiente com a comunidade que se organiza para culpá-lo de males iminentes ou reais, presentes ou pretéritos,[12] ou seja, terá de participar da vida da coletividade, tornando-o capaz de contrair responsabilidade, leia-se, os males, sobre o presente estado de coisas; mas, por outro lado, essa proximidade não poderá ser excessiva, pois não poderá torná-lo exatamente igual aos outros; na verdade, terá de ser rigorosamente balanceada entre o outsider e o insider, sob o risco de torná-lo indistinto dos que se organizam para matá-lo, o que revelaria, caso a indistinção se tornasse clara, o ardil coletivo. Isso significa que tudo o que o sistema vitimário não quer é atribuição equânime de responsabilidades: há de se encontrar *o* culpado, ou seja, há de se criar consenso expiatório.

Essas ambiguidades, em contradições aparentemente irracionais, são indispensáveis à compreensão dos enredos trágicos e mitológicos.

Com efeito, tanto o rito quanto o mito encontram-se na fixação de uma consciência social que se unifica (e se justifica) à custa de uma ameaça que será ritualmente expulsa, mitologicamente tratada e interditamente controlada. Temos então o funcionamento medular do arcaico, sua lógica de fundo, tão mais eficiente quanto mais desconhecida for.

*

---

[12] "Caso ocorra uma ruptura exagerada entre a vítima e a comunidade, ela não mais atrairá sobre si a violência; o sacrifício deixará de ser "um bom condutor", no sentido em que um metal é considerado um bom condutor de eletricidade. Se, pelo contrário, houver continuidade demais, a violência circulará com excessiva facilidade, tanto de um lado quanto do outro." Ibidem, p. 55-56.

A lógica do sacrifício, contenção da violência pela violência, impõe-se como engrenagem universal, base construtiva do que veio a ser a sociabilidade em seus mecanismos institucionais. Em sua lógica, a "boa" violência, em posse de uma comunidade ritual qualquer, pois sempre dispensada ritualmente, uma violência atribuída à divindade ou a uma concepção qualquer de transcendência, estabelece-se como poder sagrado que debela a "má" violência, aquela em descontrole, porque está fora dos parâmetros autorizados pelo rito. O conhecimento socialmente embutido nesse estratagema arcaico de resolução de conflitos, inconsciente de seu engodo, uma vez que indiferente às transferências unilaterais de responsabilidade que faz e reconhece, não obstante, o perigo que há no alastramento incontrolável dos processos de vingança. Daí sua enorme importância social.

> [...] O sacrifício faz convergir as tendências agressivas para vítimas reais ou ideais, animadas ou inanimadas, mas sempre susceptíveis de não serem vingadas, sempre uniformemente neutras e estéreis no plano da vingança [...].
> O sacrifício impede o desenvolvimento dos germes da violência, auxiliando os homens no controle da vingança. Nas sociedades sacrificiais, qualquer situação crítica recebe uma resposta por meio do sacrifício.[13]

Com isso, estabelece-se uma fortíssima associação entre o religioso e a violência. A teoria mimética expõe assim os primeiros segmentos de uma tese maior, um novo entendimento fundamentado de "religião", pois esta passa a ser vista como sistema primeiro e absolutamente indispensável de contenção da violência[14] nos formatos socialmente explosivos de culturas banhadas de sangue, o que, em tese, compreende toda e qualquer cultura ministrada pelo

[13] Ibidem, p. 30.
[14] Ibidem, p. 30-31.

sapiens, desde os períodos paleolíticos. Logo, depreende-se que não haveria humanidade sem religião, sem a instalação dos mais variados sistemas vitimários no centro de inúmeros centros sagrados. Essa estrutura fundante, um maquinário de holocaustos sem-fim, fundamentalmente corrompida aos olhos da teoria mimética, ainda que indiscutivelmente necessária na consolidação das primeiras sociedades humanas, será igualmente interpretada como sistema corrompido e perverso nos termos do apocalipse: uma degeneração do cosmos – sua corrupção estrutural por meio da ação insensata de seres de largos saberes, mas caídos, os filhos corruptores em Isaías, מַשְׁחִיתִם [*mašhîtîm*], sacrificadores pervertidos, sacerdotes ímpios que abandonaram a misericórdia de Javé. A sabedoria profética identificará, nesses senhores, agentes das piores corrupções, numa elaboração visivelmente racional das responsabilidades implicadas àqueles que detêm o que chamamos de monopólio do conhecimento, e que, por decorrência, detêm também o controle da violência.

Visando uma apreensão mais acurada do arcaico, o livro faz oportuna comparação entre o sistema judiciário moderno e os procedimentos arcaicos. Estes, na carência que têm de uma instituição possuidora do monopólio da vingança,[15] como se dá em nosso sistema judiciário moderno, fazem justiça por *remediação*, qual seja, por meios preventivos, o meio preventivo do sacrifício, e não por reparação, quando se responsabiliza judicialmente um agressor/criminoso. Aliás, o criminoso, autor real de uma violência, perpetrador de uma agressão, logo, ritualmente impuro, pois "sujo de sangue", contaminado pela violência, não pode ser ritualmente sacrificado.[16] Com efeito, a instituição

---

[15] "Na verdade, nosso sistema [moderno] parece ser mais racional por se conformar mais estritamente ao princípio da vingança. A [nossa] insistência no castigo do culpado não tem outro sentido. Esta racionalização da violência não tem nada a ver com um enraizamento comunitário mais direto ou profundo; pelo contrário, baseia-se na independência soberana da autoridade judiciária, outorgada de uma vez por todas, e cujas decisões não podem, pelo menos em princípio, ser contestadas por nenhum grupo, nem mesmo pela coletividade unânime." Ibidem, p. 35-36.

[16] "Como qualquer imolação sacrificial ou castigo legal, trata-se aqui de impedir um ciclo de vingança. Matando um dos seus, os chuckchi tomam a dianteira: oferecem uma vítima

do sacrifício surge como anteparo preventivo contra possíveis escaladas de vingança, contra o seu descontrole, forma primeira de impedir propagações intestinas de violência, estabelecendo-se, assim, como oferenda de sangue,[17] e *não* como aparelho de justiça, como hoje se entende modernamente a questão. Aliás, a lenta substituição do sacrifício pela pena, em sentido moderno, conforme explicitado por Milton G. Vasconcelos em seu *Do Sacrifício à Pena dos Modernos*, não ocorreu antes de uma exigente transição medieval, durante a qual Talião e ordálios, modelos sacrificiais típicos de reparação de danos, foram substituídos pela pena moderna.

Isso nos é importantíssimo, pois, como veremos, o apocalipse hebraico nasceu como corrente de pensamento destinada a exortar – por meios escatológicos – a possibilidade de justiça reta, uma justiça verdadeira. O seu imaginário foi organizado, sobretudo, como Reino de Justiça, pelo qual tanto os sacrificadores quanto seu sistema instalado, o cosmos, seriam julgados por um "Juiz", cujo poder e entendimento lhes escapavam, pois detentor de outro senso de justiça, dono de outro discernimento e, importante, de um poder infinitamente maior.

O jogo paradoxal da violência, "ora multiplicando loucamente suas devastações, ora espalhando ao seu redor os benefícios do sacrifício",[18] instalou toda sorte de costumes aparentemente irracionais ao nosso ponto de vista, mas que faz muito sentido quando se atenta para o medo atávico que grassa em sociedades destituídas de poderes político-jurídicos genuinamente autônomos, cuja autonomia institucional transcende consensos e interesses grupais. Há nestes um sentido de urgência: evitar/remediar/prevenir

---

a seus adversários potenciais, convidando-os a não se vingar, a não cometer um ato que, por sua vez, deveria ser vingado. Este elemento de expiação possui uma semelhança com o sacrifício, reforçado, é claro, pela escolha da vítima, que não é o culpado." Ibidem, p. 38-39. Aqui, Girard discute uma passagem de *Primitive Society*, de Lowie, ressaltando que não se trata de uma imolação propriamente ritual, mas sim de uma oferenda que ecoa a mesma lógica do sacrifício.
[17] ANSPACH, *Anatomia da Vingança*, p. 33.
[18] GIRARD, *A Violência e o Sagrado*, p. 53.

escaladas incontroláveis de retaliação. Por vezes, as escaladas, quando ocorrem, e uma vez fora do controle, criam contextos homicidas, altamente autodestrutivos, como foi, por exemplo, observado pelo antropólogo Jules Henry em seu estudo sobre o genocídio intertribal entre os caingangues, no Sul do Brasil.

> Uma das fontes de agressão vinha do acúmulo de ressentimento gerado por casos de adultério e deserção de parentes. Vinganças e incursões contra os brasileiros funcionavam como válvula de escape a esses ressentimentos, ao mesmo tempo que, ao projetar a agressão para fora, funcionavam para proteger a família estendida de prováveis fraturas internas. Um fator poderoso na perpetuação desses processos intermináveis de vingança, é o fato de os caingangues sentirem que uma vez que uma força foi disparada, nunca mais poderá ser contida [...]. [Assim], é fácil perceber o motivo pelo qual as coisas tomaram o caminho que tomaram: uma vez que o homicídio passe a ser visto como atributo não somente de indivíduos, mas também de grupos inteiros, estes passam a se vigiar – e se matar – um ao outro, eternamente.[19]

Para Girard, os caingangues são exemplo típico de sociedade em plena crise sacrificial, em aguda crise de indiferenciação – cuja incapacidade de reativar o mecanismo sacrificial, refundando-o num grande consenso expiatório do qual toda uma sociedade participe, recriando, assim, unanimidade religiosa – conduz seus membros ao extermínio mútuo ou à dispersão e desaparecimento enquanto cultura. Isso significa que, em muitos casos históricos, o mecanismo vitimário deixou de funcionar a contento, precipitando sociedades

---

[19] HENRY, *Jungle People*, p. 108.

inteiras ao desastre. A memória mesmo que difusa desses grandes desastres, verdadeiros dilúvios existenciais, é que mantém inalterados os parâmetros rígidos de tabus e ritos, em sua característica intolerância aos menores desvios. O arcaico conhece o custo social de uma perda generalizada de controle do *blood feud*. Esse medo atávico, absolutamente justificável, embora moralmente inaceitável em nossos tempos, explicaria, segundo a teoria mimética, a aparente irracionalidade de tantos tabus.

*

As determinações complexas e muitas vezes (a nós) absurdas de pureza e impureza advêm dessa exigência de fundo. Haveria, portanto, segundo a teoria mimética, juízos lúcidos, antropologicamente inteligíveis, por trás de tabus aparentemente incompreensíveis, como, por exemplo, aqueles que envolvem a impureza associada à menstruação feminina e o perigo associado aos gêmeos, dois exemplos clássicos. Sabemos que esses dois tabus estão aclimatados, com variações locais, nos quatro cantos do mundo, cuja violação é tratada, em regra, com a mais extrema violência. Em *A Violência e o Sagrado*, o francês os explica, e o faz organicamente, valendo-se de uma teoria fundamentada na insofismável realidade antropológica da violência. Assim, os tabus são integrados ao sistema ritual e mitológico, concluindo, assim, o tripé arcaico.

A questão de fundo é sempre o medo latente, ou mesmo atávico, de haver um descarrilamento mimético de proporções coletivas, iniludível criador de caos social, assombro oceânico das emoções humanas, condutor provável de uma espécie de "zumbificação" generalizada de um agrupamento qualquer, em processo súbito e devastador de perda das hierarquias e diferenças sociais, contagiando um ou mais agrupamentos. Aliás, é possível pensar que o medo imorredouro de zumbis, aparente fantasia adolescente de nossos tempos, e sua constante exploração pela indústria do entretenimento, seja sinal de uma sabedoria inconsciente, resquício de folclore de aldeia, mas que ainda dispara alertas contra a possibilidade de crises sacrificiais em descontrole.

Portanto, tendo-se o drama da violência como pano de fundo, sua universalidade, sua pressão constante sobre as comunidades humanas, há como destrinchar o sentido supostamente incompreensível de determinados tabus. Isso significa, sem dúvida, um ganho de discernimento.

> Em muitas sociedades primitivas, os gêmeos inspiram um temor extraordinário. Por vezes, um deles é morto ou ainda, com mais frequência, ambos são suprimidos. Existe aqui um enigma que desafia há muito tempo a sagacidade dos etnólogos [...].
>
> Onde a diferença está ausente, é a violência que ameaça. Assim que a diferença entra em crise, estabelece-se uma confusão entre os gêmeos biológicos e sociológicos, que começam a pulular. Não há nada de surpreendente no fato de que os gêmeos deem medo: eles evocam e parecem anunciar o perigo maior de qualquer sociedade primitiva, a *violência indiferenciada*.[20]

O alastramento de processos de indiferenciação entre agentes modelados na violência durante as crises sacrificiais, tendeu a impor, em sociedades arcaicas dominadas pelo sagrado violento, uma sabedoria social inventora de restrições minuciosas frente a todo e qualquer elemento que pudesse sinalizar um desencadeamento de violência. O sangue menstrual e a presença de gêmeos, por exemplo, seriam evocadores típicos de violências indiferenciadas; precisaram ser regulados e afastados para que não houvesse "contágio". A linguagem da pureza/impureza deriva, portanto, desse temor frente à indiferenciação contagiosa da violência, uma vez fora de

---

[20] GIRARD, *A Violência e o Sagrado*, p. 77.

controle. No universo primitivo do sacrifício, "a impureza ritual está ligada à dissolução das diferenças".[21] No caso, inexiste separação entre universo biológico e social, uma vez que a violência – o perigo de seu contágio – é percebida como poder único e divinizado, ora evitado a todo custo, ora perseguido fanaticamente.

A violência impõe-se sobre linguagem, absorvendo-a em seu magnetismo sagrado, regulando todas as relações, todas as apreensões, águas tempestuosas que subentendem e justificam o cosmos. Essa linguagem da contaminação social com reflexo do que, hoje, chamamos de biológico estará igual e forçosamente presente nas literaturas profética e apocalíptica, mostrando-nos um mesmo fluxo em desenvolvimento.

*

O livro principia um delineamento do sagrado, caracterizando-o, sobretudo, como um campo disposto a absorver/ocultar a violência dos homens, a violência constitutiva de suas agremiações, que é deslocada para fora da sociedade, expulsa, enfim, *anatematizada*. Com efeito, uma questão que já estava dada em seu primeiro livro, *Mentira Romântica e Verdade Romanesca*. Constata-se uma vez mais o drama incontornável da rivalidade no seio das relações humanas, a questão da mímesis apropriadora, realidade psicossocial de base que produz anseios violentos e buscas apaixonadas, ambos, modelados em mediadores/rivais que despertam, no sujeito que deseja, ou seja, em todos nós, *contágios* miméticos.

Nesse drama particularmente humano, a figura mítica dos irmãos gêmeos, inimigos duplicados, torna-se, por certo, absolutamente icônica. Quando a mentalidade arcaica, fortemente plástica, fluida e permeável,[22] vê um corpo que se indiferencia de outro, como aparentemente no caso de gêmeos, ela imediatamente sente a força

---

[21] Ibidem, p. 76.
[22] CLOTTES, *What is Paleolithic Art?*

irresistível da indiferenciação por trás do corpo – subentendendo-o –, sente seu domínio sobre aquele corpo e, potencialmente, sobre os demais. A mitologia, tragédia e ritualística trabalham esse tema-realidade. A coisa gira em torno da manutenção arcaica da sociabilidade, dependente que foi, desde o princípio, de ardis que se dispõem a ludibriar as muitas violências por meio de uma que seja inteligente, a qual, por conseguinte, tornou-se sistêmica. De modo semelhante à teoria mimética, o apocalipse denuncia esse sistema corrompido em sua base, mas socialmente inteligente, senhor absoluto em sua fortaleza, nosso mundo.

Nesse jogo de luz e sombra que é o sagrado, as sugestões mitológicas reforçam a narrativa do anátema, da proteção/contenção que se estabelece em detrimento de um culpado; proteção sistêmica que elege alguém, o "bode", o qual responde integralmente pela crise sacrificial. Trata-se, sem dúvida, de uma visão retrospectiva, mitologicamente orientada, que "recorda" (na verdade, cria a memória) o papel desagregador de uma exceção monstruosa, vista como integralmente maligna, portanto, totalmente culpada, cuja aniquilação foi tida como vital para o surgimento da ordem.

> O monstruoso está presente em toda mitologia. Conclui-se daí que a mitologia fala constantemente da crise sacrificial, mas somente para mascará-la. É possível supor que os mitos jorrem de crises sacrificiais, e que constituam sua transfiguração retrospectiva, sua releitura à luz da ordem cultural surgida desta crise.[23]

Nesse momento de reflexão sobre a natureza íntima do mito, em sua falsificação que salvaguarda a falsa inocência da comunidade a despeito da vítima, Girard faz uma breveríssima digressão acerca das narrativas proféticas do Antigo Testamento. O tema é central, apesar,

---

[23] GIRARD, *A Violência e o Sagrado*, p. 86.

por ora, da brevidade em que é tratado, revelador que é, como clarão em noite escura, das tendências apocalípticas de seu pensamento:

> Os grandes textos do Antigo Testamento enraízam-se em crises sacrificiais, umas distintas das outras e até separadas por longos intervalos de tempo, mas todas análogas, pelo menos sob certos aspectos. Assim, as primeiras crises são reinterpretadas à luz das seguintes. Reciprocamente, o testemunho das crises anteriores fornece à meditação das posteriores um suporte que nunca deixa de ser válido [...]. Assim como a própria tragédia, a reflexão profética é um retorno à reciprocidade violenta; desta forma, ela é na verdade uma *desconstrução* muito mais completa das diferenças míticas que a desconstrução trágica; mas este é um assunto que merece ser tratado separadamente.[24]

Essa conclusão, que nos conduzirá ao olho do apocalipse, é feita antes de o francês dar início às análises das tragédias gregas, principalmente *Édipo Rei*. Com efeito, haverá uma reinterpretação do material trágico à luz dos pressupostos da teoria mimética, em que se fará uma reavaliação da culpabilidade questionável do herói trágico. Mas, ao citar, embora brevemente, um gênero ainda mais habilitado para a desconstrução do mito, no caso a literatura profética, mas sem, contudo, utilizá-lo, Girard sinaliza sua chave primeira de leitura, embora não no sentido temporal, mas epistêmico. Em *A Violência e o Sagrado*, ele reconhece, plenamente, a superioridade hermenêutica do profetismo sobre as demais literaturas, no tocante ao esclarecimento do sagrado, o *sacer* primitivo, avaliando seu papel fundante e força modeladora. Aquilo que a tragédia executa, parcialmente – a revelação do sistema vitimário –,

---

[24] Ibidem, p. 99.

a tradição profética o fez integralmente, em reflexões genuinamente antissacrificiais sobre os processos de reciprocidade que se impõem sobre a humanidade.

> Os crimes de Édipo significam a dissolução de toda diferença; mas justamente por serem atribuídos a um indivíduo particular, transformam-se em uma nova diferença, a monstruosidade de Édipo. Embora devessem se relacionar a todos ou a ninguém, eles se tornam o problema de um só indivíduo.[25]

O sentido é claro: ainda que a literatura trágica narre o processo de indiferenciação invadindo uma comunidade helênica em plena crise sacrificial, revelando as muitas simetrias dos pares violentos, ela o faz ainda sob o domínio ideológico do mito, preservando, embora de modo um pouco desajeitado, a culpabilidade absoluta do herói transformado em monstro.[26] Por outro lado, na profecia hebraica, temos elucidações muito mais completas, acumuladas ao longo de antiquíssimas correntes religiosas, em que "as primeiras crises são reinterpretadas à luz das seguintes", como se fosse um saber meta-histórico em construção ininterrupta, em edificação para o alto, no qual, em reflexão crítica, foram se organizando chaves interpretativas dos dramas humanos em sentido macro, cujo olhar reparador recai, sobretudo, para o excluído, o sofredor, o pobre, ou seja, sobre as vítimas.

Não há como afirmar em que medida, enquanto escrevia *A Violência e o Sagrado*, Girard apropriou-se conscientemente de uma hermenêutica escatológica, usando-a como fio condutor determinante, embora ainda sóbrio, de seu pensamento. Parece-me que esse fio

---

[25] Ibidem, p. 101.
[26] "Trata-se sempre de imputar a responsabilidade pelo desastre a um indivíduo em particular, de responder à questão mítica por excelência: 'Quem começou?' Toda a enquete é uma caça ao bode expiatório [...]." Ibidem, p. 103.

condutor tornou-se consciente de si mesmo mais tarde, na última fase de sua carreira. O caminho teórico percorrido em *A Violência e o Sagrado* é eminentemente derivado da antropologia e análise literárias, mas no qual se impõe, embora de modo introvertido, uma sabedoria religiosa na elucidação da *Religio*. Ao confirmar a superioridade hermenêutica do profetismo, na elucidação não só da mitologia como também da tragédia, indica-se, ainda que sutilmente, um modelo máximo de interpretação.

Trata-se de dado fundamental em nosso estudo. Na sugestão que se faz da superioridade interpretativa do profetismo hebraico frente à tragédia, há o reconhecimento de um primado: a existência de uma *antropologia bíblica*, uma antropologia da conversão superior aos demais modelos narrativos no quesito decodificação dos mecanismos ocultos de contenção da violência pela violência, e superior, igualmente, aos modelos modernos, dentre os quais a psicanálise, o positivismo, o materialismo histórico, o liberalismo, o racionalismo, etc. Posteriormente, em seu pensamento, o francês defenderá "com unhas e dentes" a adoção dessa antropologia vislumbrada nos Evangelhos. Creio que a redação de *Coisas Ocultas desde a Fundação do Mundo*, que analisaremos na sequência, teve o propósito primeiro de explicitar os fundamentos dessa antropologia bíblica já intuída em *A Violência e o Sagrado*. Dela, desdobram-se análises extrabíblicas e bíblicas desse fenômeno de unanimidade que conduz ao bode expiatório, desembocando, ritualmente, na resolução sacrificial, instalação e posterior manutenção do mecanismo vitimário.[27]

O contágio mimético entre sujeitos que se assemelham, numa uniformidade progressivamente integrada de ressentimentos e hostilidades exasperadas, gera o cenário social para o apagamento das diferenças (hierarquias, contenções, etc.), o que, por sua vez,

---

[27] "Ali onde duas, três mil acusações simétricas e inversas se entrecruzavam, uma única irá triunfar, e tudo se cala em torno dela. O antagonismo de todos contra todos dá lugar à união de todos contra um único." Ibidem, p. 104.

"exacerba os ódios, tornando-os perfeitamente intercambiáveis, assim constituindo a condição necessária e suficiente para a unanimidade violenta".[28] Trata-se de aplicação lógica às modelações do desejo mimético, que se articula ora para adorar, ora para repudiar, numa complementaridade capaz de unir os membros de uma comunidade tanto na inclusão quanto na expulsão, amor e ódio: "Se a violência uniformiza realmente os homens, se cada um se torna o duplo ou o "gêmeo" de seu antagonista, se todos os duplos são os mesmos, então qualquer um deles pode se transformar, em qualquer momento, no duplo de todos os outros, ou seja, no objeto de uma fascinação e de um ódio universais."[29]

Tamanha elaboração expõe um pensamento que julga ser capaz de apreender o funcionamento das engrenagens do mecanismo social na administração de conflitos. Girard não propõe apenas leituras específicas dos desequilíbrios e reequilíbrios internos desta ou daquela sociedade, mas de qualquer uma, em qualquer época, conferindo à teoria mimética alcance genuinamente universal. Há nessa reflexão a confirmação de uma lei de longuíssimo alcance, em cuja base aprecia-se um elemento trans-histórico, o próprio desejo mimético, responsável primeiro pelos desarranjos e arranjos sociais, verdadeiro alfa e ômega da sociabilidade humana.

*

Em nosso caso, é altamente significativa a apreensão de que se faz da sociabilidade humana como realidade que se instala e se regula por meio de julgamentos expiatórios. A definição de um bode expiatório se principia no solo fertilizado por rivalidades duplicadas que se agravam. A primeira vítima foi eleita espontaneamente pelo fluxo mimético, foi irrefletidamente linchada, durante uma explosão de fúria canalizada num alvo. As demais vítimas serão

---

[28] Ibidem, p. 105.
[29] Ibidem, p. 104.

ritualmente tratadas, com o objetivo de reproduzir – o mais fielmente possível – esse cenário fundador responsável pela pacificação social. Os dejetos do desejo, represados em câmara coletiva de pressão emocional, serão reciclados, por meio da expiação, numa comunidade outrora fraturada por desavenças,[30] sempre que reorganizados sob o poder unificador da vítima, instauradora e reparadora da ordem. É bom que o leitor perceba como o primeiro linchamento, *quasi* natural, induz sua própria reprodução cultural em linchamentos ritualmente dispostos. Trata-se do nascimento da cultura tipicamente humana em irmandade conjugada ao religioso, em "consanguinidade" moral com o religioso. Cultura e *religio* nascem juntas. Em sentido mais fino, o contágio (consenso) de todos em detrimento de um pressupõe, embora de modo absolutamente formativo, uma espécie de "julgamento", ainda que este se realize de modo *quasi* espontâneo e que seja – importante notar – injusto, ao menos frente à nossa sensibilidade contemporânea. Decerto, essa protoescatologia das primeiras comunidades humanas, em configuração tipicamente arcaica, pode ser vista como inverso da escatologia cristã, sua imagem ainda deformada ou em desconhecimento, seu eco surdo. Isso significa que o autossacrifício do Cristo – em chave escatológico-apocalítica – é cosmologicamente prioritário e anterior a qualquer forma de sacrifício, especialmente, frente às formas de sacrifício do outro, ainda que estas sejam estruturantes do ponto de vista histórico. Vejamos com calma esse assunto tão complexo.

Falamos de um julgamento que desconhece a inocência fundamental de um culpado expiatório, um grande culpado, o qual se preste a responder pelos males de um grupo qualquer. Isso ocorre por conta do desconhecimento de suas bases miméticas. Há um consenso contagioso que se lança de bom grado na caça ao bode expiatório, fornecendo, ao grupo, uma espécie de redenção a baixo custo. Isso

---

[30] "Para que a ordem possa renascer, é preciso inicialmente que a desordem chegue ao extremo; para que os mitos possam se recompor, é preciso inicialmente que eles sejam decompostos." Ibidem, p. 105.

significa que, na avaliação que faz sobre a formação do sistema vitimário, a teoria mimética inverte o sentido de julgamento divino, conforme apresentado no pensamento profético-sapiencial, mostrando o seu reverso em estágio pré ou protoprofético, como se a "justiça" dos homens, em sentido formativo no linchamento espontâneo de um inocente, expressasse a versão deformada do que se concebe, teologicamente, por "Justiça de Deus".

> Fomos levados a perguntar se neste mesmo mecanismo [vitimário] não residiria a energia estruturante de qualquer mitologia. E isto não é tudo: algo diferente e ainda mais essencial está em jogo se a produção do próprio sagrado e a transcendência que *o* caracteriza provêm de unanimidade violenta, da unidade social feita e refeita por meio da "expulsão" da vítima expiatória. Se é isto que ocorre, o que está em causa aqui não são somente os mitos, mas os rituais e o religioso em sua totalidade.[31]

Com efeito, Girard parece convidar o seu leitor a nada menos que um Julgamento da Religião e Cultura. Em *A Violência e o Sagrado*, esse convite se torna inequívoco. Com efeito, a inversão propositadamente simétrica com o Julgamento divino – como se o sistema vitimário exprimisse a sua contrapartida corrompida –, seu sinal trocado – no âmbito cultural e histórico, domínio do lento aprendizado humano – brinda a teoria com um esqueleto conceitual que contempla história e cosmos em sua unidade, uma que se estabelece na descoberta da inocência da vítima e na correspondente responsabilidade dos sacrificadores, quais sejam, a comunidade humana em seu todo, incluindo, principalmente, os nossos sistemas de contenção e punição. Uma unidade que revela, portanto, o estado de falência crônica tanto do cosmos, com

---

[31] Ibidem, p. 114.

seus deuses/heróis, como dos homens, com suas leis e costumes. Realmente não haveria como divisar um quadro conceitual mais próximo ao que chamaremos de apocalipse. Todavia, essa unidade se expressa, em A *Violência e o Sagrado*, em termos absolutamente antropológicos, "o sacrifício é uma história de homens, e é em termos humanos que ele deve ser interpretado".[32] Sua contrapartida teológica, aqui antecipada, será paulatina mas fatalmente incorporada ao pensamento de Girard.

A simetria é tão marcante que alguém há de dizer que Girard "antropologizou" a escatologia, aterrissando os seus pressupostos celestes, os quais foram reconfigurados, em seu insight, na realidade terrena de violências endêmicas. No entanto, ainda que os preceitos expiatórios estejam invertidos em dois sinais de sacrifício, as duas escatologias, celeste e terrena, permanecem unidas em seu sinal fundante: o sacrifício. Isso significa que o sacrifício – a expiação – é sinal da criação, ou seja, criador de toda ordem, tanto antropológica como teologicamente, "se Criação e Expiação são a mesma coisa (e isso está pressuposto nos textos do Novo Testamento, quando estes se referem a Jesus como Criador, assim como no relato de Paulo sobre a 'criação submetida à vaidade', até que seus filhos possam ser revelados), então a expiação seria a coisa mais próxima que temos como analogia para criação".[33]

Em clave antropológica, o sacrifício é progenitor das divindades, pai e mãe dos deuses e suas instituições.[34] Isso nos dá certamente uma teoria que ambiciona uma visão unificada de cultura e religião, integrando-as em um só campo originário, uma teoria que pretende explicar a cultura pelo religioso, e este pelo sacrifício.[35]

---

[32] Ibidem, p. 118.
[33] ALISON, "Criação Consumada e o Livro do Apocalipse".
[34] "Se os deuses *só* são engendrados ao termo de uma longa repetição dos sacrifícios, como explicar esta própria repetição?" Ibidem, p. 118.
[35] "Aqui, o sacrifício aparece como a origem de todo o religioso." Ibidem, p. 117. Nessa passagem, Girard não apenas referenda a obra de Hubert e Mauss, mas a extrapola no questionamento sobre as origens do sacrifício.

> A presença do religioso na origem de todas as sociedades humanas é indubitável e fundamental. De todas as instituições sociais, o religioso é a única à qual a ciência nunca conseguiu atribuir um objeto real, uma verdadeira função. Afirmamos, portanto, que o religioso possui como objeto o mecanismo da vítima expiatória; sua função é perpetuar ou renovar os efeitos desse mecanismo, ou seja, manter a violência fora da comunidade.[36]

Temos, assim, o percurso completo de um raciocínio, o qual se inicia na mímesis do desejo e termina, em parâmetros eminentemente humanos, na resolução sacrificial. Todavia, a teologia já espreita a teoria, mesmo sem o consentimento expresso de seu autor, e podemos antever expiação e julgamento, centrais ao apocalipse, insinuando-se sobre o pensamento do francês.

Essa busca pela questão das origens da religião, numa suposta unidade dos ritos e mitos,[37] ambos integrados ao mecanismo fundador do bode expiatório, faz da experiência humana um drama viciado por sistemas de ordem fundamentalmente persecutórios, portanto, injustos. Na resolução humana dos conflitos, o sinal escatológico é invertido na imolação de inocentes estruturais (eventualmente, os milhões de culpados no calor dos acontecimentos). Não por acaso, esse é o ponto de partida do apocalipse mais antigo que se tem notícia: o *Livro dos Vigias*.

Todo o imaginário mítico terá na engrenagem sacrificial, nesse regime de holocaustos, o seu esteio primeiro de referências. "O assassinato coletivo mostra-se como a fonte de toda fertilidade;

---

[36] Ibidem, p. 121.
[37] "É exatamente isso o que afirmam, sob uma forma velada, transfigurada, todos os mitos de origem que se referem ao assassinato de uma criatura mítica por outras criaturas míticas." Ibidem, p. 122.

a ele é atribuído o princípio da procriação; as plantas úteis ao homem e todos os produtos comestíveis jorram do corpo da vítima primordial."[38] Essa transferência coletiva de responsabilidades implica, ao mesmo tempo, *desconhecimento* e ardil.

O arcabouço mítico se estabeleceu como narrativa paradigmática desse enorme esquema de transferência de hostilidades, recolhendo uma violência potencialmente incontrolável para despejá-la sobre um ponto específico: "A metamorfose da violência recíproca em violência unilateral é explicitamente figurada e revivida no rito".[39] Logo, rito, mito e interdições darão as mãos para garantir que o sistema sacrificial funcione exemplarmente, obedecendo à lógica do sacrifício como mecanismo de *contenção*.

> Eles [os sacrificadores] querem reproduzir tão perfeitamente quanto possível o modelo de uma crise anterior, que teve um desfecho feliz graças ao mecanismo da vítima expiatória [...]. O rito é a repetição de um primeiro linchamento espontâneo que trouxe a ordem de volta na comunidade, por ter refeito, contra a vítima expiatória e em torno dela, a unidade perdida na violência recíproca.[40]

No arcaico, a natureza, em seus ritmos, ciclos e características, é concebida segundo parâmetros de ordem e desordem experimentados socialmente. Esse é um dado significativo, uma vez que não é incomum, entre estudiosos e acadêmicos,[41] incorrer no equívoco de

---

[38] Ibidem, p. 123.
[39] Ibidem, p. 127.
[40] Ibidem, p. 124.
[41] Em nosso caso, Girard critica diretamente a escola dos *Cambridge ritualists*, para os quais as mudanças sazonais seriam um modelo de organização ritual. "Aliás, os *Cambridge ritualists* e seus discípulos baseiam sua interpretação do *pharmakós* na ideia de que as mudanças sazonais, a 'morte' e a 'ressurreição' da natureza, constituem o modelo original do rito, seu domínio significativo essencial. Na verdade, não há nada na natureza que possa ditar ou

naturalizar as religiões arcaicas, tornando-as "crentes" de manifestações naturais. A concepção de natureza, enquanto tal, como sistema autônomo, uma realidade regida por leis próprias, é entendimento relativamente recente na história do pensamento. No arcaico, a natureza é vista, embora de modo relativamente inarticulado e inconsciente, como reflexo da comunidade, o seu duplo. Nesse ambiente, é a cultura que se organiza como primeira chave de leitura do universo circundante, não o contrário, embora, trate-se de um circuito em *feedback*, em que as duas partes se retroalimentam.

> A natureza vem somente depois. O pensamento ritual acredita reconhecer nos ritmos da natureza uma alternância análoga à da ordem e da desordem na comunidade. O jogo da violência, ora recíproco e maléfico, ora unânime e benéfico, torna-se o jogo de todo o universo.[42]

O presumível caráter conflituoso do universo (cosmos) é avaliado segundo os conflitos gerados no seio das relações humanas. Seja em forma humana ou animal, o transgressor das leis cósmicas, profanador da ordem e violador do sagrado, será devidamente colocado no centro expiatório, donde desordem e ordem emanam e transfiguram não apenas a comunidade, mas todo o universo. Os benefícios obtidos pela imolação ritual serão mitologicamente explicados e consagrados. Trata-se, não obstante, de um sistema de controle muito delicado, dependente de um desconhecimento fundamental: a inocência real da vítima tida como culpada pelo caos, a vítima demonizada.

Será preciso liberar ritualmente a violência, mas não muito, dentro de contextos rigorosamente fixados. Esse controle será interpretado como exigência de deuses e potestades, como fator exógeno aos

---

mesmo sugerir um tipo de imolação ritual tão cruel quanto a do *pharmakós*. Em nossa opinião, a crise sacrificial e sua resolução constituem o único modelo possível." Ibidem, p. 125.
[42] Ibidem, p. 125.

pressupostos internos do sistema montado. Isso significa que mecanismo de sobrevivência (manutenção da ordem) e engodo (expiação de inocentes) atuam lado a lado na montagem de uma instituição fundadora – a *religio* – que reproduzirá, à custa de vítimas, milhões delas, os efeitos benéficos da experiência primeira, espontânea e absolutamente eficaz de um linchamento instaurador/restaurador da paz interna de um grupo.

> O ritual *sparagmós* repete e imita com uma exatidão escrupulosa a cena do linchamento que acaba com a agitação e a desordem. A comunidade deseja apoderar-se dos gestos que trouxeram a salvação. Assim, é a espontaneidade absoluta que o rito tenta paradoxalmente fixar.[43]

Alguém há de dizer que se está diante de um esquema mental, emocional e físico que exige unanimidade, contra o qual não é possível o dissenso em sentido aberto. Sem dúvida que sim. Como disse o antropólogo Donald Tuzin,[44] as sociedades tribais não toleram profetas. Quando o fazem, fragmentam-se. Em nosso caso, a profecia coloca-se na formação de um pensamento que denunciará, paulatinamente, esse regime de injustiças e holocaustos, um pensamento que será matriz do que designaremos por apocalipse. As reflexões da teoria mimética e do mecanismo do bode expiatório podem ser avaliadas, creio, como representantes contemporâneos dessa elucidação, como profecia moderna, pois denunciam o que tende a ocultar-se, e que de fato se oculta nas decisões unânimes de religiões e ideologias. Há, em todos os casos, um desconhecimento acerca dessa transferência sacrificial sobre uma vítima transformada em ponto de fuga coletivo. A contrapartida moral desse desconhecimento será a certeza da culpabilidade da vítima, de sua "real" monstruosidade, sua iminente periculosidade.

---

[43] Ibidem, p. 168.
[44] TUZIN, *The Voice of the Tambaran: Truth and Illusion in Ilahita Arapesh Religion*, p. 198.

> Se a imitação ritual não sabe exatamente o que imita, e se o segredo do acontecimento primordial escapa-lhe, então o rito envolve uma forma de desconhecimento que o pensamento subsequente nunca dissipou e cuja fórmula não encontraremos em parte alguma, ou pelo menos não ali onde há alguma chance de irmos buscá-la.[45]

*

As "forças maléficas" são deslocadas para o centro expiatório, ao qual será imputado, retrospectivamente, a origem dessas mesmas forças. Trata-se, ao mesmo tempo, de ardil e desconhecimento. A teoria mimética defende que a profecia percebeu, ao longo de uma trajetória histórica de muitos séculos, o equívoco fundamental desse esquema, tomando ciência de sua injustiça latente, de sua incompatibilidade com a verdade, tornando-a manancial de reflexões antissacrificiais: "Que me importam os vossos inúmeros sacrifícios? Estou farto de holocaustos [...]".[46] Ou "porque é amor que eu quero e não sacrifício".[47] O teórico francês não apenas se valeu, intelectualmente, dessa nascente de pensamento, mas dela participou ativamente, tornando-a o sentido primeiro de sua produção intelectual. Contudo, nesse mesmo scholar, a sabedoria profética se expressa em termos eminentemente acadêmicos, na formulação de um corpus ambicioso: "Estamos delineando aqui uma teoria dos mitos e dos rituais, ou seja do religioso em sua totalidade".[48]

Esse desconhecimento é parte fundamental do que Girard chama de "religioso", sua espinha dorsal. As encenações rituais buscam apropriar-se rotineiramente dos efeitos benéficos de uma manifestação

---

[45] GIRARD, *A Violência e o Sagrado*, p. 137.
[46] Isaías 1,11.
[47] Oseias 6,6.
[48] GIRARD, *A Violência e o Sagrado*, p. 134.

espontânea de violência coletiva contra uma primeira vítima, da qual se obteve, melhor dizendo, *pensou-se* obter uma pacificação extraordinária da vida social. O que chamamos de religião – em sentido originário – constituiu-se, formativamente, como campo de movimentação contínua dessa realidade expiatória, que pensa afastar a comunidade de sua própria violência, uma operação que se dá em detrimento da vítima, ignorando-se o conhecimento de sua inocência: proteger-se/redimir-se por meio de uma vítima expiatória implica proteger-se/redimir-se por desconhecimento.

Em torno desse ardil,[49] definível, grosso modo, como "religião", surgiram os meios em que a sociabilidade humana foi se organizando em formas rigorosamente determinadas pelo tripé arcaico: rito, mito e tabu. Todavia, há o cuidado de propor a tese do sistema vitimário, ponto zero da cultura, na perspectiva de algo que foi se formando ao longo de inúmeras etapas e prováveis fracassos, estes não menos numerosos. Como sempre ocorre, a perspectiva histórica é fundamental à teoria mimética.

> Afirmamos que a violência fundadora é a matriz de todas as significações míticas e rituais. Isto só pode ser verdadeiro, à *la lettre*, a respeito de uma violência, por assim dizer, absoluta, perfeita e perfeitamente espontânea que constitui um caso limite. Entre esta originalidade perfeita e, no outro extremo, a repetição perfeita do rito, é possível imaginar uma gama literalmente infinita de experiências coletivas *intermediárias*.[50]

---

[49] "A violência vem em primeiro lugar e não tem razão. A explicação sacrificial vem em seguida: ela é realmente sacrificial pois dissimula a falta de razão da violência, seu elemento propriamente insustentável. A explicação sacrificial enraíza-se na violência terminal, na violência que se revela, no final das contas, como sacrificial, pois consegue terminar com a disputa. Pode-se falar aqui de elaboração mítica mínima [...]. O assassinato torna-se sacrifício." Ibidem, p. 159.
[50] Ibidem, p. 146.

Isso nos é importante porque oferece uma visão histórica dos mais variados sistemas vitimários, em suas respectivas particularidades e desenvolvimentos específicos. Todavia, há uma "genética" comum a todas essas experiências potencialmente infinitas em suas variações rituais e míticas: a criação espontânea de vítimas no seio de acirramentos miméticos produtores de linchamento.[51] Não houve coletividade humana que não fosse condicionada em ritos expiatórios, dependente de narrativas que justificassem a manutenção de cadeias de sacrifício do outro. A teoria mimética, em seu segundo salto teórico, na descoberta universal do mecanismo do bode expiatório, diz encontrar a unidade desse universo plural, e o faz indicando o linchamento gregário e gerador do sistema vitimário.

*

Estabelecidos os fundamentos teóricos na antropologia, Girard inicia então uma longa reflexão com a psicanálise, em discussão com a qual o francês avança, ora por contraste, ora por alinhamento, a sua antropologia religiosa. No aprofundamento dos temas do parricídio e incesto, icônicos à tragédia e inseridos em relatos etnográficos e narrativas míticas, ocorre, nos termos da teoria mimética, um notável aprofundamento de questões lançadas pela psicanálise. Com efeito, endossa-se e impugna-se, de uma só vez, num grande movimento de síntese, o pensamento de Freud, mostrando, simultaneamente, seu insight (houve um campo primeiro de sociabilidade

---

[51] Recentemente no Brasil, houve o caso absolutamente estarrecedor do linchamento de uma mulher no Guarujá, SP, Fabiane Maria de Jesus, de 33 anos, que foi coletivamente espancada até a morte ao ser "identificada", por membros da comunidade em que vivia, como bruxa sequestradora de crianças para rituais de magia negra. O crime brutal aliado à inocência da vítima tomou as páginas de muitos jornais. Alguns dos envolvidos no linchamento disseram, em entrevista que lhes encobria a identidade, que foram tomados pela certeza de que estavam "fazendo justiça", tomados por uma fúria "incontrolável". A inserção de Fabiane numa sociedade moderna sob a vigência do estado de direito impossibilitou desdobramentos outros no sistema de crença local em que vivia, sendo a ação investigada pela polícia e prontamente caracterizada como crime hediondo. Para uma análise preciosa do caso do ponto de vista da teoria mimética, ver FRANCK JUNIOR e FURTADO, "O Linchamento de Guarujá e a Violência Mimética de René Girard", p. 107-34.

baseado num homicídio, organizador preliminar tanto do psiquismo quanto da sociedade) e sua alienação (formou-se, na sexualidade reprimida e incestuosa do desejo, a matéria primeira dessa ocultação).

> Freud pressentia, por trás do parricídio e do incesto do mito edipiano, algo essencial para toda cultura humana [...].
>
> O fundamento oculto do mito não é a sexualidade. A sexualidade não é o verdadeiro fundamento, pois é revelada. A sexualidade faz parte do fundamento por compartilhar algo com a violência, fornecendo-lhe mil ocasiões para se desencadear.[52]

Desta feita, a teoria mimética afirmará, sem rodeios, que a solução freudiana também é mítica, ainda que menos mítica, quando comparada aos esquemas arcaicos de justificação/explicitação.[53]

Após ter passado pelo rito e mito, abre-se com Freud a discussão do último membro do tripé arcaico, em aparente desvio: as transgressões. Seguindo a mesma linha argumentativa, as transgressões festivas serão igualmente avaliadas pela perspectiva da crise sacrificial, isto é, como apêndice do mecanismo expiatório.[54] A teoria mimética trata tanto a licenciosidade festiva quanto sua contrapartida, a constrição antifestiva, que se dispõe a rematá-la, como mecanismos de harmonização constituídos no âmbito dos ritos expiatórios. Nesse cenário, as festas e sua licenciosidade controlada servem, igualmente, de anteparo aos piores desvios, estimulando uma

---

[52] GIRARD, *A Violência e o Sagrado*, p. 150-1.
[53] "Freud é menos 'mítico' que seus predecessores; a vida sexual está mais envolvida com a violência humana que o relâmpago ou o terremoto, mais próxima do fundamento oculto do que qualquer elaboração mítica. A sexualidade 'nua', 'pura', encontra-se em continuidade com a violência: ela constitui, portanto, a última máscara com que esta se recobre e ao mesmo tempo o início de sua revelação." Ibidem, p. 152.
[54] "A função da festa não é diferente da dos outros ritos sacrificiais." Ibidem, p. 155.

permissividade amparada no rito, portanto, ciente do perigo da violência indiferenciada. Também por meio de festas, tenta-se dominar o deus da violência. O desaparecimento controlado das diferenças e mesmo a eventual inversão temporária dos papéis e hierarquias, durante certas festas, expressam o pensamento religioso – leia-se o pensamento que rege a ordem – em todo vigor, enfatizando sua atribuição de controlador primeiro das reciprocidades, reproduzindo formas domesticadas ou mesmo divertidas de violência controlada, as transgressões permitidas, fonte de prazer, alegria e – mais importante – paz social. Trata-se do mesmo raciocínio embutido no rito, em sua lógica fundante: é preciso ora descontrolar um pouco, ora controlar um bocado, ora apertar, ora soltar, a fim de manter a violência indiferenciada, socialmente desagregadora, financiadora do caos e custeadora da desordem em constante vigilância.

Na análise que se faz de *As Bacantes*, a divindade em questão, Dionísio, é desconstruída. Uma operação que revela o caráter profundamente ambíguo da divindade, não obstante, compreensível à luz do mecanismo vitimário. Girard chega mesmo a dizer que "Dionísio é o deus do linchamento bem-sucedido".[55] Ao fazê-lo, está dizendo que Dionísio funda uma religião. Este é um dado significativo. Coloca-se, na invenção de um deus como Dionísio, um sinal escatológico, embora invertido do ponto de vista hebraico e cristão. A questão é, de uma só vez, moral e cosmológica: o deus invertido, no caso Dionísio, não é somente violento e libidinoso, mas, sobretudo, um *constructo* humano, um ídolo. Nessa construção, o religioso organiza as bases humanas, reflexo potencializado e idealizado das paixões, mas isso só pode ser feito com o apoio de uma "transcendência" que lhe é própria e formalizada numa ameaça invisível, numa força irresistível – o próprio sagrado que ora precisa ser evitado, ora adorado. A violência que ele contém é, de fato, transcendente do ponto de vista humano, pois ultrapassa todos e quaisquer meios isolados da comunidade. Nada e ninguém

---

[55] Ibidem, p. 170.

é mais forte/poderoso que a violência contida no *sacer*.[56] Esse caráter ambíguo das divindades arcaicas é um velho conhecido entre antropólogos, mitólogos e cientistas da religião, mas, é somente com a teoria mimética que ele parece alcançar uma compreensão genuinamente antropológica e, ao mesmo tempo, intimamente associada ao religioso.

> Pensar religiosamente é pensar o destino da cidade em virtude desta violência que domina o homem ainda mais implacavelmente pelo fato dele se julgar capaz de dominá-la.
> É, portanto, considerar esta violência como algo sobre-humano, para mantê-la à distância e renunciar a ela.
>
> Os homens não conseguiriam colocar sua violência fora deles mesmos, em uma entidade separada, soberana e redentora, se não houvesse uma vítima expiatória, se a própria violência não lhes fornecesse uma trégua, que é também um novo começo, o início de um ciclo ritual após o ciclo da violência.[57]

Propõe-se, acima, uma relação antitética entre Religião e Verdade. O ardil montado pelos mais variados sistemas sagrados de contenção da violência, a constituição mesma da *Religio*, em sua origem, erguida ao longo de processos longínquos, certamente, pré-históricos, de canalização da violência indiferenciada, domesticando-a no aparato expiatório das instituições,[58] só se mantém à custa de um desconhecimento fatal: a designação arbitrária de vítimas.

---

[56] É interessante notar, por exemplo, como, na literatura apocalíptica, o príncipe dos anjos caídos, Azazel, uma divindade, significa, em hebraico, "o Forte".
[57] GIRARD, *A Violência e o Sagrado*, p. 172.
[58] "A violência (recíproca) destrói tudo aquilo que a violência (unânime) havia edificado." Ibidem, p. 181.

A gênese de uma divindade realiza-se na irmandade de sangue, em sua última transfiguração interna, principiada no todos contra um, na psicose coletiva de escândalos, e que é finalmente concluída no todos a favor de um, assim que transmudados pelo poder venturoso que os protege contra si mesmos: "O círculo vicioso da violência recíproca, totalmente destrutiva, é então substituído pelo círculo vicioso da violência ritual, criativa e protetora".[59] Esse mecanismo de unanimidade, essa voz suprapartidária de fundo, a própria sociedade em seu subterrâneo, precisará ser mantido em desconhecimento. Aqui, a teoria mimética aproxima-se de Durkheim,[60] ampliando, não obstante, a profundidade formativa do religioso, seu papel absolutamente decisivo na criação de uma sociedade qualquer. Há uma voz soterrada pelas pedras, divinizada, mas, ao mesmo tempo, completamente ignorada, cujo silêncio – o mistério dos mistérios – é sagrado, cuja revelação levaria o sistema à destruição. Não é por menos que os profetas foram vistos – em sua época – como elementos altamente perigosos, sabotadores da ordem e agentes do mal, havendo justificativas plausíveis, ainda que perversas, para calá-los e mesmo matá-los. Jesus inicia seu ministério tocando, exatamente, nessa ferida aberta. Ele faz uma leitura, em que cita Isaías 6,1:

> [...] enviou-me para proclamar a remissão aos presos,
> e aos cegos a recuperação da vista,
> Para restituir a liberdade aos oprimidos [...].[61]

Não se engane o leitor. No caso, Jesus não está falando genericamente – abstratamente – de presos, pobres e oprimidos, mas está se valendo do imaginário profético-apocalíptico para indicar, concretamente, quem irá combater e quem irá defender. A remissão de presos e restituição da liberdade de oprimidos tinham, ambas, endereço certo, conforme veremos, detidamente, na sequência deste trabalho.

---

[59] Ibidem, p. 183.
[60] HAMERTON-KELLY, *Violência Sagrada: Paulo e a Hermenêutica da Cruz*.
[61] Lucas 4,18.

Ademais, em terminologia apocalíptica, a cegueira associava-se ao domínio do mal. Portanto, recuperar aos cegos a vista tinha implicações para muito além do mero restabelecimento de uma capacidade física. Curar um cego significava, além do milagre em si, a restituição da visão de uma pessoa, iluminar um ponto anteriormente dominado pelas trevas, ou seja, havia implicações teológicas e políticas, pois o conflito com o mal era parte central dos processos de cura, ao menos quando falamos do ministério de Jesus em seus dois polos – anunciar o Reino e curar os aflitos, ou seja, ensinamento e exorcismo.

Voltando à teoria mimética, cujo envolvimento visceral com o apocalipse será aqui posteriormente analisado, o silêncio em relação à inocência fundamental da vítima é quesito primeiro da manutenção de qualquer sistema sacrificial. Esse silêncio foi desafiado aos poucos, em momentos diversos, por povos e culturas múltiplas, mas foi no profetismo hebraico que encontrou seu grande delator.

A tragédia e, de modo mais completo, o profetismo hebraico encontrou brechas nesse desconhecimento do sagrado, intuindo sua arbitrariedade perversa, revelando, em graus variados, a facciosidade do mecanismo em sua lógica de fundo. Tratou-se do surgimento de um pensamento genuinamente ético, e nos termos em que hoje compreendemos a ética. Defendemos, no entanto, que Girard envolve-se pessoalmente nessa compreensão, nessa desconstrução mitológica de proporções cósmicas, atingindo sua expressão máxima no que chamamos aqui de *apocalipse-revelação*.

> Tentando desemboscar o monstro de seu último abrigo, corre-se o risco de enlouquecê-lo para sempre. Dissipando a ignorância dos homens, corre-se o risco de expô-los a um perigo amplificado, privando-os de uma proteção que não é nada além do que o desconhecimento, destruindo-se o único freio capaz de conter a violência humana. De fato, a crise sacrificial coincide com um saber que aumenta à medida que a violência

> recíproca se exacerba, mas que nunca revela a verdade por completo; é esta verdade da violência, juntamente com a própria violência, que a expulsão sempre rejeita para o "além".[62]

No reconhecimento de uma verdade absolutamente traumática, não apenas inconveniente, portadora de potencialidades destrutivas por meio da revelação de um grande engodo, não obstante, responsável pela pacificação social, o pensamento de Girard se dispõe, em entendimento apocalíptico, a rasgar o que seria o último véu de ignorância frente aos sistemas persecutórios, exprimindo em linguagem religiosa (propriamente bíblica) "a revelação das coisas ocultas desde a fundação do mundo".

Esse desmantelamento do religioso arcaico por meio do apocalipse, na derrocada do último refúgio contrário à consciência que revela o segredo do *sacer* primitivo – revelação esta que, não obstante, ameaça a manutenção dos padrões tradicionais de sociabilidade (e falamos de contenção da violência) –, conduz nossa reflexão, como igualmente proposta na teoria mimética, para tons visivelmente catastróficos. Esses tons dominarão crescentemente as preocupações reflexivas de Girard. Catástrofe e esperança, situações polarizadas no campo comum da história pós-Paixão, exprimem o que poderíamos chamar de "essência" de um psiquismo apocalíptico.

Cabe aqui, creio, um esclarecimento, cujo sentido deslinda as elaborações da teoria mimética, conforme apresentadas formalmente nos dois primeiros livros examinados: *Dostoiévski* e *Mentira Romântica e Verdade Romanesca*. É de suma importância perceber que Girard não defende a ideia de um impulso para a violência, uma pulsão ou "instinto de violência" por trás do desejo. Para ele, a violência se desdobra *potencialmente* – não *inevitavelmente* – na dinâmica do desejo em caráter apropriador, em sua natural inclinação a forjar

---

[62] GIRARD, *A Violência e o Sagrado*, p. 184.

comparação e competição, em que se geram rivalidades na transformação não acidental,[63] mas relacionalmente constituída, do modelo em rival. O modelo que se torna rival poderia não sê-lo, a depender de como a relação se estabelecesse e, sobretudo, se encaminhasse. Só a história da própria relação, especialmente em suas implicações ocultas, é que dirá se esta se dirigiu à inveja ou à admiração recíprocas. Há sempre a possibilidade de se admirar um modelo, assim como também há sempre a possibilidade de ser generoso doando o que se tem de valioso. Sim, em vez de rivalidade, pode haver admiração, reconhecimento, aprendizado e entrega/doação. A questão de fundo é sapiencial: escolher modelos fomentadores de rivalidade ou escolher os que nos libertam dela.

> A ideia de um instinto – ou se quisermos, de uma pulsão – que arrastaria o homem para violência ou para a morte – o famoso instinto, ou pulsão, de morte, de Freud – não passa de uma posição *mítica* [grifo meu] de recuo, um combate de retaguarda da ilusão ancestral que impulsiona os homens a colocar a sua violência fora deles mesmos, transformando-a em um deus, um destino, ou um *instinto*, pelo qual eles não são mais os responsáveis e que os governa de fora. Trata-se, mais uma vez, de não encarar a violência, de encontrar uma nova escapatória, de arranjar, em circunstâncias cada vez mais aleatórias, uma solução sacrificial alternativa.[64]

*

---

[63] "A rivalidade não é o fruto da convergência acidental de dois desejos para o mesmo objeto. *O sujeito deseja o objeto porque o próprio rival o deseja*. Desejando tal ou tal objeto, o rival designa-o ao sujeito como desejável. O rival é o modelo do sujeito, não tanto no plano superficial das maneiras de ser, das ideias, etc., quanto no plano mais essencial do desejo." Ibidem, p. 184.
[64] Ibidem, p. 183.

Seguindo à risca o pensamento moral da apocalíptica, as corrupções estruturais são tratadas, pela teoria mimética, e falamos, obviamente, de violências institucionais, com o máximo cuidado. Muito antes do pecado, individualmente considerado, contempla-se o que poderíamos chamar de "mecanismo" ou "rede" em descarrilamento existencial. O sofrimento que chega aos céus, no *Livro dos Vigias*, não é o sofrimento de um, dois ou três indivíduos, considerados isoladamente, mas as lágrimas e gemidos de uma humanidade oprimida, intensivamente escravizada e trucidada pelos muito fortes, gigantes do saber. Há um sistema perverso há muito instalado, coluna vertebral dos mais variados poderes, em cujo domínio universal se reproduz monstruosidades. A violência que escraviza/oprime o mais fraco, o desejo de escravizar/escravizar-se, incluindo um extenso corolário de corrupções, é a própria identidade dessa rede caída. A teoria mimética reproduz – em linguagem e metodologia distintas – esse mesmo entendimento, particularmente alinhado ao apocalipse, sem nunca perder de vista a natureza estrutural dos piores desvios e do próprio mal.

A reflexão que a teoria mimética faz sobre o que chamaríamos de mal, suas origens e sentidos, ocorre, por enquanto, em termos eminentemente antropológicos, ainda sem sinal de contágio na terminologia piedosa. Com efeito, a crítica devastadora que faz à psicanálise tem o propósito de denunciá-la como mais um desvio sob a orientação insidiosa da "piedade" sacrificial, tomando-a (a psicanálise) como mais um subterfúgio para colocar a violência, sua realidade orgânica, fora dos homens e mulheres, transferindo-a para uma divindade qualquer, dotada de simbologia e conceituação arcaica ou moderna.

Ao caracterizar a teoria do inconsciente como forma moderna de contratransferência mitológica, a teoria mimética radicaliza as obrigações de responsabilidade, encarregando-nos da educação/conversão do desejo. Não há mais uma "pulsão", sobre a qual possamos transferir nossas violências. Nessa perspectiva, não se culpam os objetos pelos desregramentos que conduzem à violência, mesmo que intimamente associados ao próprio desejo. Assim como no apocalipse, radicaliza-se a responsabilidade de resistir às seduções que conduzem à violência, numa espécie de exortação à retidão.

Em sua dinâmica inequivocamente mimética, é o desejo que cria as identidades, não os objetos. Coisas que representam sexo, riqueza, poder, prestígio, etc., são relativizadas frente uma categoria fundamental: o desejo de apropriar-se do Outro – o modelo sagrado pelo qual se é verdadeiramente. No caso, o leitor atento há de perceber que se trata de uma apropriação largamente religiosa, esta dominada por graus altíssimos de intersubjetividade, de contratransferência de valores socialmente criados. Trata-se de identificar, na concupiscência, a raiz dos dramas humanos, embora Girard não use essa categoria como meio de análise.[65]

A visão do ser em estado relacional, em estado intrinsecamente mimético, impõe um vazio ontológico como algo inseparável da existência na história, determinando as relações humanas em configurações de tipo religioso. A mímesis do desejo conduz o humano ao conflito ao mesmo tempo que o conduz à sacralização dos objetos/ modelos imantados ora de repulsa, ora de fascínio. Em seus estágios mais agudos de mediação, a própria rivalidade será sacralizada,[66] um dado importantíssimo, pois criador do campo especialmente monstruoso das disputas ideológicas, algo notável na modernidade.

Girard diz em ocasiões distintas, usando construções também distintas, que uma compreensão mínima do real, referindo-se ao

---

[65] Muitos de seus seguidores e continuadores intelectuais, no entanto, o farão. O padre teólogo James Alison conduz, em seu *O Pecado Original à Luz da Ressurreição*, uma aproximação bem-feita entre as duas categorias, desejo de apropriação e concupiscência, revelando que ambas partilham, em seus principais contornos, a mesma identidade antropológica.

[66] "Há aqui um processo que se alimenta de si mesmo e que se exacerba e simplifica incessantemente. Sempre que o discípulo acredita encontrar o ser diante dele, esforça-se por atingi-lo, desejando o que o outro lhe designa, e inexoravelmente ele encontra a violência do desejo adverso. Por um processo de abreviação ao mesmo tempo lógico e demente, ele se convence rapidamente de que a própria violência é o signo mais seguro do ser que sempre se esquiva. A partir de então, violência e desejo permanecem ligados. O sujeito não pode sofrer a primeira sem que o segundo desperte." GIRARD, *A Violência e o Sagrado*, p. 187.

campo da história, solicita a apreensão de sua estrutura religiosa de fundo, ou seja, sua intersubjetividade constitutiva. Nesse enfoque mais preciso, não há individual e coletivo, vistos como categorias existencialmente díspares, mas sim interdividualidades com alcances variados. História e relações miméticas passam a ser vistas, nessa chave de pensamento, como realidades intercambiáveis. O tecido histórico, em suas incontáveis dobraduras, é então pespontado por relações interdividuais, compreendendo os seus mais variados modos: pessoal, familiar, institucional, nacional, profissional, etc.

A percepção da rivalidade como ponto cego do desejo, sua quase natural condução ao drama expiatório, um dado universal dos processos miméticos, tem seríssimas implicações apocalípticas: nesse cenário, historicamente disseminado, em que "a violência torna-se o significante do desejável absoluto",[67] há a inevitável constituição de sistemas impregnados de violência. A cultura humana, em sua formação, é decodificada como depositária de poderes incorrigíveis, viciados no ardil persecutório, nos quais o psiquismo do *sapiens* foi conduzido à formatação de procedimentos institucionais condicionados pela violência dos mais violentos, ora para afastá-la, ora para canalizá-la e potencializá-la – sacrifício e guerra combinados.

> O desejo liga-se à violência triunfante; ele se esforça desesperadamente por dominar e encarnar essa violência irresistível. E se o desejo segue a violência como sua sombra, é porque ela significa o *ser* e a *divindade*. A violência unânime, ou seja, a violência que elimina a si própria, é considerada fundadora, pois todas as significações que fixa, todas as diferenças que estabiliza, já estão aglutinadas a ela e oscilam com ela [...]. Aquilo que uma primeira violência

[67] Ibidem, p. 187.

acredita fundar, uma segunda vai subverter, para fundar novamente. Enquanto a violência permanece presente entre os homens e enquanto constitui um objeto de disputa ao mesmo tempo total e nulo, nada poderá imobilizá-la.[68]

Percebam. Não é o caso de a violência estar somente misturada aos desejos, mas sim de condicioná-los em sua maioria, cujo resultado é a formação de agregados institucionais que se estabilizam pela violência, como distintas Torres de Babel ou Babilônias, as quais tendem, universalmente, ao colapso, apesar de sua aparência inexpugnável. Essas estruturas enfrentam, mais cedo ou mais tarde, no inevitável esgotamento de sua eficácia ritual,[69] crises sacrificiais profundas, em cujo desenlace instala-se uma nova ordem, que se dirá portadora da "verdadeira" divindade, apropriando-se, uma vez mais, dos antigos mecanismos de sacrifício, ainda que em nome da renovação ou mudança. Na verdade, "renova-se" para manter o sistema sacrificial intacto. Logo, aos olhos da teoria mimética, a história política deste mundo tem seus principais contornos expressos nesse esquema.

Trata-se, sem dúvida, de uma repetição que tem em seu pensamento mitológico, em seu desconhecimento, uma chave reconhecível e inegavelmente eficaz de controle da sociabilidade. No entanto, sabemos que teoria mimética e seu desdobramento na apreensão do mecanismo do bode expiatório não se dedica a justificar o ardil vitimário, senhor inconteste da ordem social neste mundo, pelo contrário: o que se faz é uma denúncia devastadora aos sistemas institucionais vinculados às mais variadas histórias de ordem mediante sacrifícios. Sem dúvida, a teoria mimética vem reforçar o

---

[68] Ibidem, p. 190.
[69] "Interpretação originária da violência fundadora, o rito instaura, entre os elementos recíprocos, entre as duas faces, a maléfica e a benéfica, do sagrado, um pequeno desequilíbrio que pouco a pouco vai se acentuar, refletindo-se e multiplicando-se à medida que ocorre o afastamento do mistério fundador." Ibidem, p. 381.

célebre anúncio em Mateus 23,⁷⁰ interrogando os fundamentos de toda a cultura humana.

Considerando as implicações dessa teoria em progressão apocalíptica, subtende-se uma angústia em relação às movimentações humanas, incluindo, é bom frisar, certa angústia no tocante a um colapso em certa medida inevitável. Aliás, o trecho de Mateus utilizado tem, em sua conclusão, uma repercussão explicitamente apocalíptica.[71]

> Serpentes! Raça de víboras! Como haveis de escapar do julgamento de Geena? Por isso vos envio profetas, sábios e escribas. A uns matareis e crucificareis, a outros açoitareis em vossas sinagogas e perseguireis de cidade em cidade. E assim cairá sobre vós todo o sangue dos justos derramado sobre a terra, desde o sangue do justo Abel até o sangue de Zacarias, filho de Baraquias, que matastes entre o santuário e o altar. Em verdade vos digo, tudo isso sobrevirá a esta geração.[72]

De modo nada surpreendente, Mateus 23 será um dos trechos mais problematizados nas análises bíblicas de Girard, principalmente a

---

[70] "[...] Ai de vós, escribas e fariseus, hipócritas, que limpais o exterior do corpo e do prato, mas por dentro estais cheio de rapina e de intemperança! Fariseu cego, limpa primeiro o interior do corpo para que também o exterior fique limpo!"
"Ai de vós, escribas e fariseus, hipócritas! Sois semelhantes a sepulcros caiados, que por fora parecem bonitos, mas por dentro estão cheios de ossos de mortos e de toda podridão. Assim também vós: por fora pareceis justos aos homens, mas por dentro estais cheios de hipocrisia e de iniquidade."
"Ai de vós, escribas e fariseus, hipócritas, que edificais os túmulos dos profetas e enfeitais os sepulcros dos justos e dizeis: 'Se estivéssemos vivos nos dias de nossos pais, não teríamos sido cúmplices seus no derramar o sangue dos profetas'. Com isso testificais contra vós, que sois filhos daqueles que mataram os profetas. Completai, pois, a medida dos vossos pais!" (Mateus 23,25-32).
[71] Girard utilizará esse trecho, e inúmeras vezes, em *Coisas Ocultas desde a Fundação do Mundo*.
[72] Mateus 23,33-36.

partir de *Coisas Ocultas desde a Fundação do Mundo*. Nesse trecho, em que Mateus ou sua escola atribui uma profecia a Jesus, a saber, a destruição não só do templo como da comunidade judaica em Jerusalém, faz-se alusão direta aos fundamentos *sacrificais* de toda uma cultura religiosa e política, sublinhando um arco que sai do primeiro profeta assassinado, Abel, e que chega ao último, Zacarias (no caso, provavelmente, o pai de João Batista). Esse arco de sacrifícios acumulados na história israelita encontrará, segundo o trecho nos sugere, um esgotamento, em decorrência do qual a própria cultura ficará esgotada, precipitando-se no colapso.

É importante notar que Jesus não invoca, em Mateus 23, a ira divina ou qualquer outra fonte de violência sobre-humana contra fariseus, saduceus, escribas e *tutti quanti*, da maneira a qual algumas leituras tendem a caracterizar a passagem, como se o profeta galileu pretendesse arregimentar poderes vingativos do Pai, todo misericordioso, contra seus violadores. É justamente o contrário que ocorre: na passagem, anuncia-se esse sistema de violência sacrificial, fundamento da própria cultura – responsável pela morte de incontáveis inocentes –, reforçando a ideia de um arco extenso, cujo esgotamento recairia, em breve, contra os seus criadores, contra seus últimos representantes, precipitando-os à ruína. Isso significa que o sistema tornar-se-ia, em breve, dentro de uma geração, vítima de si mesmo.

Nesse caso, o Julgamento Final pode ser compreendido como dispositivo ingênito, atrelado ao mecanismo expiatório ao seu inevitável esfacelamento. Seu esgotamento intensifica-se à medida que se torna, progressivamente, consciente de seus métodos ardilosos e homicidas, tornando-o, consequentemente, uma vez que não busque reformar-se, mais e mais fundamentalista, portanto, sujeito às soluções extremistas, inevitavelmente belicosas e mesmo suicidas. Sem dúvida, a Judeia que se rebelou contra o poder de Roma, em 66 E.C., tomou-se de facciosismo fundamentalista, o que a levou a uma ruptura radical e absolutamente desastrosa, como a história é testemunha.

Em síntese literária: a crise sacrificial instala, simbolicamente em Abel, o sistema expiatório; em Zacarias, o sistema já se encontra cristalizado, plenamente montado como máquina de moer/escravizar pessoas e animais, organizando-se como monarquia teocrática, expulsando violenta e arbitrariamente os não alinhados, descontentes, impuros e hereges, principalmente os que levantam a voz contra as injustiças desse enorme aparato. Realmente, há em Mateus 23 um Julgamento devastador aos senhores da Lei, senhores de sacrifícios, tributos e apedrejamentos; mas esse é realizado não para dizimá-los com mais violência, arremessando-lhes, sobre os ombros culpados, a suposta cólera divina; pelo contrário, exorta-se uma profecia derradeira, um último aviso da boca de mais um profeta, o qual será fatalmente condenado: "Jerusalém, Jerusalém, que matas os profetas e apedrejas os que te são enviados, quantas vezes quis eu ajuntar os teus filhos, como a galinha recolhe os seus pintinhos debaixo das suas asas, e não quiseste!"[73]

Por mais bem montado que seja um sistema sacrificial qualquer, este sofrerá crises sucessivas e perderá a condição de gerar catarse à medida que o processo histórico avança. No caso de uma cultura religiosa muitíssimo sofisticada, como a judaica do século I E.C., essa perda de qualidade na geração de bodes expiatórios convincentes foi imediatamente sentida, afetando diretamente a coesão político-religiosa de toda sociedade, criando-se, assim, em substituição caótica, um campo repleto de facções fundamentalistas. Ou bem se recriava a/uma divindade violenta, restauradora da ordem sacrificial, ou bem se esperava pelo apocalipse. A bem da verdade, a cultura religiosa judaica já avançara demais em seus largos saberes teológicos para que pudesse retroceder a níveis arcaicos de resolução expiatória, de modo que a crise sacrificial, uma vez instalada, só pôde produzir o que realmente produziu: um desastre político medonho.

---

[73] Mateus 23,37-38.

A diferença significativa dos Evangelhos, como se explicita em Mateus 23, está em sua censura de toda a ordem cultural, desde os fundamentos. Não se diz, em Mateus, que é preciso recuperar a pureza dos primeiros pais, o heroísmo dos fundadores, as virtudes perdidas dos primeiros tempos, mas, sim, que é preciso reconsiderar a base mesma da cultura, revendo as suas fundações sacrificiais, reorientando-a para um centro de significado radicalmente distinto em seus pressupostos: um centro escatológico, que no caso é chamado de Reino Celeste.

> Para que os homens façam descobertas sobre sua cultura, é necessário que a rigidez dos rituais dê lugar à agilidade de um pensamento que utiliza os mesmos mecanismos que o religioso, com uma flexibilidade ignorada por ele. É preciso que a ordem cultural comece a se desfazer, que o excesso de diferenças seja reabsorvido, sem que essa reabsorção ocasione uma violência de uma intensidade tal que um novo paroxismo diferenciador se produza.[74]

Esse pensamento ágil ao qual Girard se refere, que utiliza os mesmos mecanismos que o religioso, mas com flexibilidade ignorada por este, advém, em desenvolvimento histórico, das correntes profética e sapiencial. Em seu desenrolar muito próprio e de certo modo inédito na história das ideias, tratou-se de um discernimento dirigido a uma autocrítica cultural severa, gerador de uma nova hermenêutica, por meio da qual a responsabilidade pela violência, outrora sempre transferida para o exterior, para uma imanência divinizada, uma transcendência forjada, é finalmente internalizada: "tudo isso sobrevirá a esta geração".

Foi um processo que dessensibilizou a autoridade religioso-política das antigas potestades, ressignificando o próprio religioso, na

---

[74] GIRARD, *A Violência e o Sagrado*, p. 293.

verdade subvertendo-o por completo a partir de dentro com a plena revelação da violência humana: verdade[75] imemorialmente sufocada pelo ardil expiatório, mas agora anunciada do alto dos telhados. Em suma, um pensamento que identificou o jogo completo da violência: da rivalidade ao linchamento, deste à sua ritualização, desta às instituições e suas leis; da crise generalizada à ordem; do assassinato ao mito salvífico; enfim, do maléfico ao benéfico, na reunião elucidativa dos contrários. A rigor, a dialética histórica à luz de seu motor oculto e determinante: o desejo mimético. Essa abertura para fora do sagrado violento, com o esclarecimento progressivo de suas formas de contenção, implicou um esvaziamento de parte do arsenal religioso, desmobilizando justificativas tradicionais, deslizando-as para interpretações mais antropológicas, históricas e teológicas da vida social, menos dependentes do mito, o que, ao mesmo tempo, instalou uma espécie de crise permanente na sociedade,[76] agora racionalmente fortalecida no esfacelamento parcial do mitológico.

> O Ocidente está *sempre em crise*, e esta nunca deixa de ampliar-se e aprofundar-se. Ele se torna cada vez mais ele mesmo à medida que sua essência etnológica se desagrega. Ele sempre teve uma vocação antropológica no sentido amplo, mesmo nas sociedades que precederam a nossa. E esta vocação faz-se cada vez mais imperiosa à medida que se exacerba em nós e em redor de nós o elemento hipercrítico do moderno.[77]

A vocação antropológica do Ocidente recolhe os frutos das categorias de pensamento lançados pelo apocalipse. Girard não os discute,

---

[75] "[...] Uma função essencial da violência fundadora é expulsar a verdade, colocando-a fora da humanidade." Ibidem, p. 345.
[76] "O caráter eminentemente instável das sociedades 'históricas' poderia se refletir nesta interiorização real das diferenças, que permite à tragédia, pouco a pouco, fazer do rei expiatório o protótipo de uma humanidade fadada à vacilação das diferenças, em uma crise que se torna permanente." Ibidem, p. 384.
[77] Ibidem, p. 294.

em sua nomenclatura específica, em *A Violência e o Sagrado*. Todavia, ainda que a discussão se enderece aos autores modernos como Claude Lévi-Strauss, Sigmund Freud, Victor Turner e James Frazer, tomando-lhes o vocabulário conceitual da antropologia e psicanálise, a teoria mimética os reconstrói com base num entendimento que podemos chamar de apocalíptico, na medida em que articula um reconhecimento do valor decisivo do que Girard chama de sagrado, em dimensão formativa, termo tomado da fenomenologia, mas que, ao contrário desta, esvazia o sagrado de substâncias próprias, autônomas, tornando-o um complexo absolutamente valorativo, completamente dependente daqueles que o representam ou geram. No apocalipse, esse complexo será chamado de "queda". Sim, Girard usa o sagrado dos românticos a fim de subvertê-lo, revelando-lhe a face original: a mentira que esconde a violência do grupo, falsificando inocência, mascarando justiça. A diferença é que o teórico francês por enquanto não se alinha à teologia e menos ainda ao esoterismo. Ele se vê convocado a criar uma antropologia religiosa que ouse perscrutar as estruturas menores da cultura, esmiuçando, na análise sistemática dos fundamentos rito-mitológicos, nossas inclinações universais.

> Sabemos agora que o sagrado reina sozinho ali onde a ordem cultural nunca funcionou, onde não começou a funcionar ou deixou de funcionar. Também reina sobre a estrutura: ele a engendra, ordena, vigia, perpetua ou, ao contrário, desarranja-a, decompõe, metamorfoseia ou destrói, segundo seus menores caprichos; mas ele não está presente na estrutura, no sentido em que se encontra presente em todas as outras partes.[78]

Trata-se de uma proposta conceitual ousada, heterodoxa em termos acadêmicos. O encadeamento da cultura com o religioso, deste com

---

[78] Ibidem, p. 302.

o sagrado e do último com a vítima expiatória estabelece uma inteligibilidade histórica sem precedentes nas ciências humanas, equiparável ao esforço teórico marxista, mas com a vantagem de ser mais facilmente verificável em termos antropológicos e históricos. No entanto, como já mencionado, o esforço intelectual de Girard em *A Violência e o Sagrado* foi concebido, num primeiro momento, para incluir uma segunda e conclusiva seção, em que se discutiria essa unidade cultural de fundo, por meio de uma inteligência antropológica específica, fielmente presente no repertório narrativo de textos hebraicos e cristãos. Na impossibilidade de executar tamanha tarefa numa única obra,[79] esse passo foi dado no livro seguinte, *Coisas Ocultas desde a Fundação do Mundo*, lançado em 1978, ao qual nos dirigiremos agora.

---

[79] "Quando escrevi a *Violência e o Sagrado*, pretendia que fosse um livro em duas partes: uma sobre cultura arcaica e a outra sobre cristianismo, mas talvez me desfizesse da parte sobre o cristianismo – mesmo já dispondo de vasto material sobre o assunto. O problema foi que levei tanto tempo para concluir o livro, que decidi publicar apenas a parte sobre religião primitiva. Assim, quase dois terços de *A Violência e o Sagrado* estavam escritos, e eu buscava aprimorar a sua organização." GIRARD; ANTONELLO; CASTRO ROCHA, 2011, p. 68-69.

capítulo 5
a sabedoria que vem da vítima: coisas ocultas desde a fundação do mundo

Com a publicação do best-seller *Coisas Ocultas desde a Fundação do Mundo*, lançado em 1978, obra e pensamento de Girard internacionalizaram-se em sentido amplo, alcançando um público fora da academia. Diferentemente de seus livros até então lançados, *Coisas Ocultas* não foi produzido como ensaio monográfico, mas sim como reflexão informal, pois arranjado numa longa entrevista acadêmica, um triálogo,[1] ainda que parte expressiva de seu conteúdo estivesse previamente desenvolvida em anos de pesquisa e coleta de dados.[2] Nessa obra de impacto, conclui-se o eixo de sua argumentação teórica, principiada em *Mentira Romântica e Verdade Romanesca*.

---

[1] "Nesse período, recebi uma carta de Jean-Michel Oughourlian convidando-me para participar de sua banca de doutorado [...]. Depois ele veio a Baltimore com o propósito de entrevistar-me. Fizemos a entrevista, mas julguei inviável sua publicação em livro. Acabei propondo que compuséssemos uma espécie de diálogo (ou triálogo), utilizando os dois terços do texto que eu já tinha [...]. Compor esse diálogo permitiu dar ao livro uma conclusão, dividindo em perguntas e respostas o material já redigido por mim. Esse livro não foi escrito com o mesmo cuidado que o anterior; mas também não é uma entrevista improvisada." GIRARD; ANTONELLO; CASTRO ROCHA, *Evolução e Conversão: Diálogos Sobre a Origem da Cultura*, p. 70.

[2] "Comecei a escrever *Coisas Ocultas desde a Fundação do Mundo* imediatamente, em 1971, antes mesmo de publicar *A Violência e o Sagrado*. Nunca deixei de trabalhar um só dia. Para mim, era a continuação de um projeto, porque ainda estava elaborando a mesma teoria." Ibidem, p. 70.

O livro se inicia na discussão do mecanismo vitimário e sua relação com o aparecimento da sociabilidade tipicamente humana. Retoma-se a discussão de *A Violência e o Sagrado*, esclarecendo-a em ângulos diversos aos seus dois interlocutores franceses: os psiquiatras Jean-Michel Oughourlian e Guy Lefort. Nota-se nesse trabalho, no entanto, um empenho deliberado de propor uma teoria do religioso, uma teoria em antropologia religiosa, capaz de dar conta de extensíssimo repertório de materiais etnográficos, mitológicos e psicológicos. Nesse momento de sua jornada, Girard, agora absolutamente engajado com seu projeto investigativo, autor devidamente lido, comentado e resenhado, em escala internacional, confronta[3] seus principais opositores teóricos, o que o leva a reforçar as linhas de defesa de seus argumentos.

Em primeiro lugar, confirma-se sua apreciação favorável às "grandes questões", criticando a renúncia estruturalista e pós-estruturalista aos temas das origens em significados formadores. Todavia, a teoria mimética não apenas retoma questões abandonadas pela antropologia estruturalista, questões ligadas à velha antropologia religiosa de um Frazer,[4] um Durkheim,[5] um Tylor,[6] uma Harrison,[7] dentre outros nomes, pois há um sentido de renovação de perspectivas, lembrando que nessa fase da discussão o pensamento do francês abraça, integralmente, o significado cristão de revelação, postura impensável aos autores acima citados. *Coisas Ocultas desde a Fundação do Mundo* é uma obra abertamente escatológica, deveras submersa nos

---

[3] "O período que *agora chega ao seu término* tem sido dominado pelo estruturalismo. Creio que para se entender o estruturalismo é necessário que se leve em consideração o clima de ceticismo intelectual gerado pelo fracasso da teorização de longo alcance." (GIRARD, *Things Hidden Since the Foundation of the World*, p. 5). No caso, embora tenhamos uma tradução em língua portuguesa para *Coisas Ocultas desde a Fundação do Mundo*, ao nela encontrar muitos saltos e imprecisões, decidi por usar a versão em língua inglesa, cotejando-a com a versão primeira, em francês.
[4] FRAZER, *The Golden Bough* – 12 volumes.
[5] DURKHEIM, *As Formas Elementares da Vida Religiosa*.
[6] TYLOR, *Primitive Culture*.
[7] HARRISON, *Prolegomena to the Study of Greek Religion*.

significados existenciais e históricos da Paixão de Jesus Nazareno, seus desdobramentos na vida apostólica e, principalmente, sua radical subversão aos parâmetros do arcaico, aos condicionamentos imemoriais do sagrado violento.

O assunto se inicia com a necessidade de investigar o processo de hominização. Podemos dizer que daí depreende-se uma ideia subliminar à obra, e que se expressa da seguinte forma: uma reflexão que se estende da hominização à humanização completa, processo tornado inteligível por meio da hermenêutica viabilizada na leitura apostólica da Paixão. Com efeito, a essa altura, Girard tem os delineamentos do que podemos chamar de uma teoria da história baseada nas dinâmicas do desejo mimético, encorpada e elucidada no bode expiatório, base institucional e narrativa das sociedades, e, agora, concluída numa "antropologia da Cruz", uma antropologia da conversão. Com efeito, vislumbra-se um arco que sai da besta – o proto-humano – e que chega ao homem em sentido teológico, ao humano, num longuíssimo processo de aprendizado moral e simbólico.

> E, não obstante, não há nada, ou quase nada, no comportamento humano que não derive de um aprendizado, e todo aprendizado baseia-se em imitação. Se, de repente, os humanos cessassem de imitar, todas as formas de cultura desapareceriam. Os neurologistas nos lembram com frequência de que o cérebro humano é uma gigantesca máquina de imitação. A fim de desenvolvermos uma *ciência do homem* é necessário comparar a imitação humana com a mímica dos animais, especificando as modalidades propriamente humanas de comportamento mimético, caso de fato existam.[8]

[8] GIRARD, *Things Hidden*, p. 5.

Temos então, nessa proposta, um empenho de recuperação do sentido mais ousado de uma ciência humana, absolutamente aberta às múltiplas disciplinas relacionadas às humanidades.

O inegável aspecto gregário da humanidade, em sua vocação para viver culturalmente, edificando toda sorte de coisas, de casas a linguagens, normas e ferramentas, impõe, segundo a teoria mimética, o desenvolvimento de uma ciência dedicada a investigar os processos formativos desse estrondoso cenário técnico-representativo, o qual compreende o campo existencial particularmente humano. A investigação sobre prováveis estruturas genuinamente humanas/pré-humanas de desenvolvimento social já foram disponibilizadas, ainda que parcialmente, em *Mentira Romântica e Verdade Romanesca* e *A Violência e o Sagrado*; consequentemente, em *Coisas Ocultas desde a Fundação do Mundo*, realiza-se uma junção entre os trabalhos, acrescentando novos dados e concluindo todo corpo teórico numa visão propriamente revelada sobre o humano, suas instituições, ideias e histórias. Os temas tratados nos dois primeiros livros são justapostos e aperfeiçoados em *Coisas Ocultas*. Como primeiro ponto de discussão, realiza-se uma sobreposição do tema da mímesis em apropriação, geradora de conflito, *Mentira Romântica*, ao tema das proibições/interdições, *A Violência e o Sagrado*.

A ideia/entendimento da imitação como matriz do social é antiga na história do pensamento; com efeito, o livro inicia sua argumentação com Platão e Aristóteles, pensadores que anteviram a dimensão matricial da mímesis, mas que, não obstante, relegaram-na ao aspecto meramente representativo, deixando de lado[9] o mais importante: a mímesis quando vista como força apropriadora, como

---

[9] "O que está faltando no relato de Platão sobre a imitação é uma referência qualquer aos tipos de comportamento envolvendo apropriação [...]. Foi Platão que determinou, de uma vez por todas, o significado cultural da imitação, mas, com ele, esse significado está truncado, privado da dimensão essencial ligada aos comportamentos de apropriação, que responde pela dimensão do conflito." GIRARD, *Coisas Ocultas desde a Fundação do Mundo*, p. 8.

matriz antropológica dos mais variados antagonismos. Isso significa que a discussão, em *Coisas Ocultas desde a Fundação do Mundo*, sublinhará o valor estruturante das formas primeiras de contenção de violência, entendendo-as, obviamente, como base da sociabilidade: "não há cultura que não proíba a violência entre aqueles que vivem juntos".[10] Isso quer dizer, em outras palavras, que não haveria cultura possível de se firmar sem religião.

A relação indissociável entre mímesis e violência é tratada como fundamento para que se entenda a unidade orgânica entre proibições e ritos, entre estes e os mitos, num contraponto em relação ao estruturalismo. Chega-se mesmo a enunciar que o entendimento moderno sobre as bases da violência, sobretudo, em sua natureza contagiosa é visivelmente inferior[11] ao das sociedades arcaicas, as quais, por razões claras e ligadas à sobrevivência diária, nunca deixam de enfatizar a reciprocidade latente dos conflitos, em sua tendência a escalar, a sair do controle. A teoria mimética nos mostra como a modernidade tende a individualizar os conflitos, caracterizando-os como desvios sociais, como anomalias de uma estrutura em bom funcionamento. Ora, os cenários historicamente acessíveis nos dizem bem o contrário, falam-nos de um medo atávico de escalada, de um crescimento das hostilidades: o temor de que a violência contagie a todos e "escale".[12] Essa é a preocupação constante do arcaico. Esse medo, o qual responde pela origem tanto da prudência como da piedade, é o motivador oculto das interdições, com as quais se procura evitar qualquer risco de deterioração aguda das relações humanas, cujo descontrole compromete a sobrevivência de uma pequena comunidade. Nesse caso, os sistemas religiosos são vistos, sobretudo, como constructos de contenção de escaladas:

---

[10] Ibidem, p. 10.
[11] "A visão moderna de competição e conflito é a visão incomum e excepcional, e nossa incompreensão é, talvez, mais problemática do que o fenômeno da proibição primitiva." Ibidem, p. 11.
[12] Não nos esqueçamos de que *Coisas Ocultas desde a Fundação do Mundo* foi escrito no auge da Guerra Fria, justamente no momento máximo da lógica da escalada nuclear, pela qual a paz seria supostamente garantida na certeza de uma destruição mútua.

instituições aptas a dispor da violência, controlando-a por antecipação, remediando possíveis eclosões generalizadas.

> Até o momento, os pensadores sempre centralizaram o sistema religioso aos efeitos relativos às ameaças externas e catástrofes naturais, ou na explicação de fenômenos naturais ou cósmicos. Em minha opinião, a violência mimética está no coração do sistema. Precisamos ver quais resultados podem ser obtidos caso suponhamos que tal violência é, de fato, o motor do sistema religioso. Poucos esforços foram feitos nessa direção; não obstante, os resultados que temos são surpreendentes.[13]

Apesar de repetida, pois devidamente esmiuçada em *A Violência e o Sagrado*, essa é uma passagem a nós significativa ao mostrar, novamente, o direcionamento apocalíptico desse pensamento. Com efeito, o francês segue os antigos profetas na indicação que faz de antecedentes humanos e sistêmicos das tragédias coletivas, provocadas historicamente, pois meta-historicamente gestadas, descartando, como princípio ativador, hipóteses individualistas ou casualistas, formas correntes de exteriorização dos males na identificação de *um* grande culpado: o capitalismo, o socialismo, a igreja, a ciência, o clima, Hitler, Stalin, Mao, Bush, etc., a depender do gosto ideológico do freguês, a depender do alvo específico de seu ressentimento pessoal. Isso não significa que profetismo e apocalipse não levem em conta esses elementos, mas sim que, neles, estes são tratados como "sinais", em cujo conjunto vislumbra-se uma corrupção maior, uma queda originária e estrutural. A teoria mimética pensará do mesmo modo: *estruturalmente*. Com isso, não queremos dizer que os antigos profetas de Israel partilhassem conosco da mesma linguagem, valendo-se das mesmas categorias; mas a associação

---

[13] Ibidem, p. 13.

que faziam entre tragédia/destruição/carestia, de um lado, e violação/corrupção/profanação,[14] de outro, compreendia um campo de referência que é comum aos fundamentos da teoria mimética, conforme ainda esmiuçaremos, embora em linguagem diversa.

O pensamento ritual & mitológico identifica e incrimina a violação de tabus, denunciando um estado de impureza que precisará ser reparado. O apocalipse, cujas raízes alcançam o mesmo manancial narrativo, também responsabilizará as transgressões, mas com base numa perspectiva singularmente ética, não somente ritual. Há no apocalipse uma clara predisposição pelas transgressões universais, simbolicamente situadas nas profanações do Templo, em sucessivos estados coletivos de desordem, e não, exatamente, na transgressão particular de um indivíduo ou seu clã. Nota-se um sentido primeiro de violação contra o Senhor, contra a glória de sua Santidade, donde decorrem todos os males. Nessa clave, um indivíduo que viola um tabu, que comete uma profanação, caindo na sugestão de modelos perversos, é pálido reflexo de violações estruturais que o antecedem em muito – das quais ele se torna cativo. Desvios inseridos num sistema fundamentalmente corrompido: os reinos dos anjos caídos, seus pastores e servos.

Antes de alcançar um indivíduo, um povo em particular ou mesmo uma ideologia, a corrupção já se inseriu no cosmos, em seus pilares, via profanação da santidade. Ora, usando terminologia e bases epistemológicas distintas, a teoria mimética diz quase a mesma coisa. Há em ambos os casos uma visão que investiga as origens do mal, dessensibilizando a inteligência de que exista *um* culpado, um único e originário pecador. A questão é ressignificada em termos

---

[14] "O fato de dilúvios e epidemias servirem de metáforas para a violência mimética não significa que dilúvios e epidemias reais não sejam objetos de interpretação religiosa, mas que são percebidos, fundamentalmente, como resultado da transgressão das proibições contrárias ao comportamento mimético, seja o de seres humanos ou das divindades, as quais podem também transgredir, geralmente a fim de punir os seres humanos por terem sido os primeiros a fazê-lo." Ibidem, p. 13.

complexos, integrando o mal a uma extensa rede de violações – às comunidades e seus pactos por poder.

As sucessivas violações ou tentativas de profanação às quais o Segundo Templo foi submetido (p. ex. em 169 AEC, com Antíoco IV Epifânio; em 63 AEC, Pompeu; em 4 AEC, Herodes; em 40 EC, Calígula) oferecem-nos a ambientação do enredo apocalíptico, em sua tipologia versada em corruptores sistêmicos. Compreendidos assim, parte da profecia, Isaías, sobretudo, e o apocalipse, em geral, tornam-se teologias da história pautadas numa crítica devastadora aos poderes do mundo, condenando os que deveriam ensinar, proteger e assegurar, mas que, ao contrário do jumento e do boi, a saber, dos manos e humildes, corrompem a palavra, rebelando-se contra as determinações do Altíssimo. Falamos de modelos que atraem e sugestionam multidões, mas que, longe de fomentar a santidade, conforme designado pelo Primeiro modelo, prosperam na discórdia, quais sejam, modelos satânicos.

Por mais incrível que possa parecer ao leigo, contrariamente ao que o senso comum avalia, o apocalipse, visto aqui como corrente de pensamento, confere uma leitura de esperança radical, pela qual se afirma que o pior já passou, pois o grande fardo e suas culpas foram definitivamente aliviados,[15] na revelação de que a culpa, o pecado, não era exatamente de ninguém. Os anjos caídos e suas hostes, bestas que geram bestas, representam uma cadeia incomensurável de agravamentos, corrupções e desvios cuja exata medida somente a transcendência, exclusivamente, pode avaliar, numa hierarquia que se expressa no Senhor, em seus quatro arcanjos e nas hostes subsequentes. O apocalipse nos ensina acerca da inutilidade de cercar o mal sem a ajuda do alto, alertando-nos para a tentativa vã de controlá-lo se valendo de recursos exclusivamente humanos, o que sempre nos prende em sua ótica, tornando-o o

---

[15] É difícil compreender as palavras de Jesus em Mateus 11,28-30, "pois o meu jugo é suave e meu fardo é leve", desconsiderando esse embasamento.

nosso parâmetro de ação. Isso significa que pensando debelá-lo, adotamos a sua lógica, o que invariavelmente nos leva ao fracasso. Nessa teologia, os sistemas institucionais, mesmo quando supostamente bem intencionados, apenas agravam deformações que os ultrapassam, uma vez fechados em leis e rigores ancestrais. É preciso abrir-se para o alto, para um modelo que verdadeiramente nos ultrapasse, abrir-se a uma eternidade já à disposição, caso contrário, entramos, fatalmente, no curso entrópico da cultura humana, cuja força sistêmica nos arrasta sempre para o mesmo caminho: a saber, à velha rota dos homens perversos, "que está sempre espiralando vaidosamente para baixo".[16] Essas duas realidades – esses dois tempos – compreendem, simultaneamente, o apocalipse.

Tanto na teoria mimética quanto no apocalipse, grassa uma inteligência que internaliza, em dimensão metafísica, a formação orgânica e sistêmica de nossas mazelas. Nesse campo, não há possibilidade de imputar uma grande desventura ao que chamaríamos de acaso ou acidente, uma vez que o conceito de acaso torna-se inoperante, válido somente quando conectado a um desconhecimento daquilo que causa. Ancorados no dilema primeiro entre o desejo e a liberdade, dubiedade fundamental do *ser*, os fluxos sistêmicos resultam do "jogo entre divindades" as mais variadas, grandes modelos, polos de fascínio coletivo em relações variáveis com o cosmos. Nessa guerra de titãs, não há nada que se furte ao sagrado: os mais distintos comportamentos, modos de vida e escolhas pagam-lhe tributo.
É claro que Girard caracterizará esse sagrado de forma distinta aos hebreus, o que lhe trará tensões conceituais significativas à medida que seu pensamento foi "se profetizando"; tensões essas que, ao longo de sua carreira, sofreram ajustes relativos, mas importantes, na direção de um entendimento mais próximo do apocalipse.

O mais fascinante, entretanto, é notar como esse pensamento percorre o mesmo processo de dessacralização e posterior

---

[16] ALISON, "Criação Consumada e o Livro do Apocalipse".

ressacralização em bases renovadas, como se exprimisse, no campo mental, o trânsito do antigo para o novo Reino. Em alguns momentos, especialmente quando solicitado a fazer uma autocrítica a seu trabalho, Girard nos sugere essa tensão antropológica que sofreu, fazendo-o admitir uma inevitável dessacralização seguida de uma não menos inevitável ressacralização da sociabilidade humana, mas, agora, em outros termos. Com efeito, ele percebeu que, semelhante ao desejo mimético, seria impossível abrir mão do apocalipse.

Em sua obra, essa tensão atinge seu nível máximo justamente em *Coisas Ocultas desde a Fundação do Mundo*, representando, em termos teóricos, o ápice da dessacralização conceitual do cosmológico arcaico. Ele a sentiu – a dessacralização – de modo tão agudo que se negou a usar o conceito de "sacrifício" como expressão apropriada para descrever a experiência expiatória cristã.

> O que havia de verdadeiramente novo no livro [*Coisas Ocultas*] era a seção central sobre o cristianismo. A maioria de minhas ideias se acha lá, porém com *dois graves erros* que só pude emendar nos dois livros posteriores, *Eu Via Satanás Cair como um Raio* e *Aquele por Quem o Escândalo Vem*. O primeiro [erro] consiste na rejeição da palavra "sacrifício" no caso do cristianismo. O segundo reside no descarte precipitado e teimoso da Epístola aos Hebreus.[17]

Ao rejeitar, à época, o conceito de sacrifício, associado a uma compreensão teológica do que foi a experiência da Paixão, juntamente com o descarte da Epístola aos Hebreus, a mais mística das epístolas, nota-se um pensamento fraturado entre a necessidade de desconstruir o sagrado, na revelação de sua constituição violenta em papel fundador, e a inevitabilidade de pensar um despertar hermenêutico

---

[17] GIRARD; ANTONELLO; CASTRO ROCHA, *Evolução e Conversão*, p. 71.

proveniente do sacrifício de Jesus Nazareno. De certo modo, e as sugestões são do próprio Girard, num primeiro momento, ele parece ter se escandalizado com parte da teologia cristã, grosso modo, a teologia anselmista, forçando uma expulsão apressada, embora meramente conceitual, de toda e qualquer terminologia associada a um "sacrifício" cristão, preocupando-se com a formulação de um "sagrado" cristão impregnado de mentalidade sacrificial, ou seja, nessa fase de seu pensamento, não seria possível libertar-se do *sacer* primitivo sem – ao mesmo tempo – rejeitar o *facere sacer*, a saber, o sacrifício. Isso nos mostra o modo orgânico como o francês, pensando em bases antropológicas, incorporou em etapas o que chamamos de apocalipse, desconfiando num primeiro momento de sua linguagem totalmente sacralizada. Longe de indicar uma falha, "um grave erro", essa aproximação, em etapas, foi, creio, bastante salutar: aproximar-se do apocalipse por meios estritamente intelectuais – como foi o caso do teórico francês e como também é o nosso – requer cuidados especiais, a fim de não deixar-se fascinar, ingenuamente, por sua simbologia altamente evocativa.

*

Embora em fase de gestação, uma interpretação apocalíptica da história agudiza-se em *Coisas Ocultas desde a Fundação do Mundo*. Nesse momento, Girard identifica nas justificativas filosóficas e políticas da pólis um tremendo fracasso intelectual; pólis essa entendida como símbolo máximo do ser social vocacionado à razão e ao belo. A teoria mimética percebe então na filosofia e outras construções intelectuais da cidade dos homens retomadas absconsas do ardil expiatório, em termos progressivamente sutis e sofisticados. Como o leitor há de perceber, ao rejeitar as luzes de Atenas, o francês não se volta exatamente para Jerusalém, mas para aqueles que Jerusalém persegue. Sua saída é para o deserto, junto aos profetas perseguidos e aos desvalidos. Portanto, a única saída real para fora do sagrado violento vem, em tese, da própria religião, com base numa reinterpretação que o religioso faz de si mesmo, criticando seus fundamentos sacrificiais, "devemos compreender a religião a fim de compreender a filosofia. Uma vez que a tentativa de compreender a religião com base na filosofia fracassou; devemos, então, tentar o método reverso, lendo a filosofia à luz da religião".[18]

Trata-se de uma afirmação absolutamente escandalosa à sensibilidade intelectual moderna, e Girard sabe disso como ninguém, expressando-a, desafiadoramente, a fim de reforçar os seus inúmeros litígios contra o positivismo e outros "ismos" do cientificismo moderno. Sem dúvida, estamos diante de um pensador polêmico em desabrochar apocalíptico, ainda que isso nos exija maiores esclarecimentos.

Seu primeiro confronto em *Coisas Ocultas desde a Fundação do Mundo* destina-se ao esclarecimento das bases inegavelmente antropológicas da mímesis conflituosa, denunciando o caráter potencialmente violento do desejo. Esse esclarecimento, todavia, coloca o autor de *Coisas Ocultas* em rota de colisão não só com o platonismo, mas, sobretudo, com tentativas modernas mais afiadas de explicação da cultura em bases fundadoras, principalmente psicanálise e marxismo, duas das principais correntes filosóficas do pensamento contemporâneo.

> O ceticismo concernente à religião não abole a perspectiva teológica. Somos forçados a reinterpretar todos os esquemas religiosos nos termos de uma divindade qualquer, uma vez que ainda não estamos cientes do papel da vítima substitutiva. Se alguém de fato examinar atentamente tanto a psicanálise quanto o marxismo ficará evidente que a teologia é indispensável a ambos. Na verdade, ela continua sendo indispensável a todos os modos do pensamento contemporâneo.[19]

---

[18] GIRARD, *Things Hidden*, p. 15.
[19] Ibidem, p. 57.

Como lhe é característico, o pensador francês usa as armas corriqueiras de seus inimigos teóricos para atacá-los; melhor dizendo, usa-as para reprová-los em seus próprios termos, sublinhando as circularidades do pensamento filosófico.[20] Ele não sugere, porém, uma impossibilidade da razão, mas o contrário: uma razão minimamente sólida, cientificamente válida, tem de estar habilitada a relacionar-se abertamente com o campo do religioso, esmiuçando a sua base antropológica. O problema é que ao negar ao religioso a voz fundante, ocultando seu papel formativo, minimizando seu valor matricial, a filosofia impõe-se a árdua tarefa de substituí-lo por simulacros supostamente racionais: a velha questão de substituir um mito por outro mito. A racionalidade política da pólis pouco tem de verdadeiramente racional, na medida em que, semelhante à religião, instala uma ordenação social fundada na violência e violentamente administrada, como todos sabemos. Não por acaso, esse universo implodiu-se em guerras fratricidas devastadoras, e o "milagre" grego foi logo varrido por sucessivas ventanias políticas.

Para a teoria mimética, o mecanismo de sacralização da vida social continua presente entre nós, em nossas relações pós-modernas, um cenário onde se faz ainda mais dominante, porque ocultado pelo manto mitológico do racionalismo secularista. Todavia, o leitor astuto poderá dizer que, ao dar esse passo, esse pensamento pode desconstruir-se a si mesmo, revelando sofrer do mesmo problema que pensa denunciar nos sistemas filosóficos, qual seja, a suposição de encontrar *um* argumento absolutamente racional (irredutível) que explique as bases do humano. Um questionamento válido e frequentemente colocado. Em sua defesa, Girard, e ele certamente pensou no assunto,[21] entrega-se definitiva e deliberadamente às

---

[20] "Nosso ponto de partida é o objeto; não podemos sublinhar isso suficientemente, mesmo assim ninguém entende, aparentemente. Todavia, esse ponto precisa ser compreendido para que fique claro que *não* estamos *filosofando*." Ibidem, p. 16.

[21] Lembro-me de Hamerton-Kelly, colega e amigo de Girard em Stanford, dizendo-nos que, por vezes, Girard, privadamente, troçava de si mesmo como teórico de grande envergadura. De fato, eu mesmo tive o privilégio de testemunhar o bom humor fácil desse francês mediterrânico, absolutamente à vontade com o conhecimento.

Escrituras, deixando-as no comando de sua teoria, nelas reconhecendo as bases de seu argumento. Nesse momento a teoria mimética libera suas velas em novos mares. Essa transferência do ônus da prova para as Escrituras é, no entanto, problemática e, de certo modo, relativa em seu pensamento; mas, por outro lado, é inegável que, a partir de *Coisas Ocultas desde a Fundação do Mundo*, a teoria mimética encaminha-se para um envolvimento integral com o espírito das Escrituras, deixando-se absorver pelas "verdades reveladas".

Quem conhece sua obra como um todo – cerca de trinta livros – nota um autor acentuadamente racionalista em seus primeiros trabalhos e com laivos marcadamente místicos nos últimos, embora jamais abandone o encadeamento lógico de seu corpo teórico. Em suma, o teórico francês não desiste da razão, antes a entrega aos cuidados da inteligência evangélica, no reconhecimento paulatino de que seu racionalismo vulnerável, embora precioso, é herdeiro de uma Razão que ultrapassa as razões político-religiosas da pólis, uma razão mais alta, que se faz conhecer e que revela outro tipo de inteligência.

Com efeito, a base estritamente antropológica de sua teoria busca um restabelecimento mais apropriado – atualizado – dos problemas levantados pela antropologia religiosa do início do século XX, mas, agora, sem os equívocos do funcionalismo, psicanálise e materialismo histórico. Como estamos vendo, o autor francês não abre mão de uma ciência do homem com envergadura suficiente para discutir as "grandes questões", daí sua crítica tanto ao estruturalismo[22] quanto ao pós-estruturalismo.[23] Por outro lado, parece haver, num

---

[22] "De minha parte, penso que uma ciência que não se empenhe pela questão das origens não será digna do nome; uma ciência puramente classificatória e descritiva, como os estruturalistas se tornaram, é uma ciência que se rendeu." GIRARD, "Generative Scapegoating", p. 225.

[23] "O ataque de Girard à desconstrução e às noções modernas errôneas que a orientam colocou-o em desacordo com várias tendências críticas contemporâneas e com o pós-estruturalismo em geral. Essa divergência explica tanto as críticas tecidas contra a abordagem que ele dá à literatura quanto a condenação dos pressupostos ideológicos que

primeiro momento e num esforço nitidamente presente em *Coisas Ocultas desde a Fundação do Mundo*, uma compulsão para que se estabeleçam fundamentos ainda mais racionais do que os argumentos de seus predecessores. Com efeito, a teoria mimética chama a si a responsabilidade de propor um argumento verdadeiramente racional[24] sobre as bases da religião e cultura, mas ao mesmo tempo que se antagoniza, e não poucas vezes, com o racionalismo oitocentista dos patronos das ciências humanas.[25]

*

Esse empenho alcança o seu clímax teórico, em sua explicitação mais totalizante, em *Coisas Ocultas desde a Fundação do Mundo*. Esse clímax correspondeu, no entanto, a uma contrapartida: uma guinada para a escatologia. No choque inevitável entre ciência e escatologia, o teórico francês penderá ora para uma, ora para outra, suspenso no limiar de uma hermenêutica que se vale, crescentemente, dos saberes provenientes dos Evangelhos. Em *Coisas Ocultas*, essa tensão está descaradamente presente na consciência do autor, o qual decide retirar-se do paradoxo doloroso por meio de um descarte, demovendo o sacrifício da existência cristã, afirmando, assim, sua impossibilidade numa "consciência" cristã. Tratou-se, no entanto, de retirada circunstancial, uma vez que haverá uma reconsideração desse ponto, conforme já descrito.

Tendo-se em mente o trânsito para o apocalíptico da teoria mimética como hipótese, é preciso destacar como *Coisas Ocultas* sublinha a necessidade de uma "antropologia fundamental". Busca-se exatamente isso, uma antropologia que possa esclarecer

---

supostamente dão forma às suas teorias." GOLSAN, *Mito e Teoria Mimética*, p. 155-56.
[24] Como estamos vendo, Girard está a conceber uma razão acima da razão, ou seja, a inteligência escatológica que vem da vítima. Trata-se de um conceito em fase de montagem em *Coisas Ocultas desde a Fundação do Mundo*.
[25] De fato, parece haver duas correntes de racionalismo para Girard: a que ele rejeita, filosófica, e a que ele acolhe, antropológica.

as bases religiosas da cultura humana; mais ainda, uma vez que o livro discute o aspecto universal das sociedades pré-históricas, todas amparadas em religiões/religiosidades[26] em meio a contextos altamente miméticos, consequentemente conflituosos, de primatas e hominídeos.

> Compreender a cultura humana pressupõe a concessão de que somente os represamentos das forças miméticas por meio de *interditos* e *desvios* dessas forças, na direção do ritual, são capazes de difundir e perpetuar o efeito reconciliador da vítima substitutiva. Religião não é nada além do que esse imenso esforço de manter a paz. *O sagrado é violência*, mas se o homem religioso cultua a violência é tão somente porque espera que esse culto promova a paz; religião é uma realidade inteiramente relacionada com a paz, mas os meios que tem de provocá-la nunca são livres da violência sacrificial. Ver na minha teoria algum tipo de "culto à violência", uma aprovação do sacrifício, ou, do lado oposto, uma condenação indiscriminada da cultura humana, é perder, por completo, o meu ponto.[27]

Há duas colocações centrais nesse parágrafo, mostrando-nos o caráter ao mesmo tempo conclusivo e complementar da primeira parte de *Coisas Ocultas desde a Fundação do Mundo*. Em primeiro lugar, o autor está respondendo abertamente a alguns críticos desonestos,

---

[26] "Nossa hipótese não explica somente por que interdições e rituais existem em toda parte, mas também por que todas as culturas atribuem as suas fundações a poderes sobrenaturais, dos quais, como se acredita, se exige respeito pelas regras que eles mesmos transgridem, sancionando essas transgressões com as mais terríveis punições." GIRARD, *Things Hidden*, p. 41.
[27] Ibidem, p. 32.

não obstante célebres, que lhe imputaram, com base em *A Violência e o Sagrado*, a finalidade de tentar reconsiderar o bom funcionamento do sagrado violento, como se a sua obra, semelhante aos trabalhos de Nietzsche, advogasse a instalação de uma sociedade moderna arcaizante, nos moldes de uma sociedade nazista. Foi exatamente essa ilação, embora suavizada pela retórica, que Girard recebeu de Hayden White,[28] ainda que posteriormente este tenha se desculpado pelo despropósito. Aliás, o que se faz em sua obra é justamente o contrário.[29] Ele também aproveita para criticar quem lhe imputa uma rejeição totalizante das bases da cultura humana, como se ele as considerasse fadadas, irremediavelmente, ao crime, como se visse toda e qualquer tradição como um monumento à mentira, como realidade incorrigível. Em suma, Girard critica seus desafetos intelectuais à extrema-esquerda e extrema-direita, respectivamente,[30] os quais nunca o toleraram. Em segundo lugar, está-se a dizer que interditos e ritos, a base mesma da *religio* arcaica, instituem-se como tecnologia social, como meio de assegurar e perpetuar a paz consagrada pelo bode expiatório; ritos e interditos têm, em seu fim, a mesma orientação fundamental estabelecida no campo do sagrado: um pacto de violência que contém a violência. Postula-se, assim, um entendimento muito específico sobre o que seria o sagrado: "a soma das suposições humanas resultantes das transferências coletivas focadas numa vítima reconciliadora, na conclusão de uma crise mimética".[31] Um campo cuja apreensão

---

[28] WHITE, "Ethnological 'Lie' and Mythical 'Truth'", p. 8.
[29] "Fundamentadas em sua leitura de *A Violência e o Sagrado*, as observações de White trazem uma séria deturpação das ideias de Girard, o qual jamais defende o uso de bodes expiatórios como forma de assegurar a harmonia social. Ele privilegia os textos bíblicos precisamente porque tais textos denunciam essas práticas de maneira inequívoca." GOLSAN, *Mito e Teoria Mimética*, p. 158.
[30] "O problema desses temas está em que eles suscitam, em muitos, respostas intensamente ideológicas, as quais nada mais são do que respostas simetricamente contrárias. Leitores 'progressistas' veem meu interesse pela crise como prova de que partilho do medo da desordem que caracteriza o 'espírito arcaico'. Leitores conservadores se deixam convencer, de modo igualmente fácil, de que meu viés é antes o oposto. Eles acham que devo saborear a desintegração cultural sobre a qual estou sempre escrevendo." Ibidem, p. 202.
[31] GIRARD, *Things Hidden*, p. 42.

ultrapassa os limites da linguagem, na medida em que nele – por meio dele – principiou-se a gestação/geração da própria linguagem, segundo os desdobramentos lógicos da própria teoria mimética.

Essa definição comporta um entendimento do sagrado em bases estritamente humanas, como apreensão de uma força designada, em primeira instância, pela unanimidade de homens e mulheres escandalizados, uma força psíquica que produz uma vítima sacralizada, uma realidade social cuja origem é puramente humana. Teríamos então, em tese, numa primeira reflexão, uma apreensão de sagrado profundamente antissobrenaturalista, fatalmente antiescatológica em sentido apocalíptico, numa espécie de contramão do que se defende aqui. Há, no entanto, três leituras importantes a se fazer, todas elas presentes em *Coisas Ocultas desde a Fundação do Mundo*. O "antissobrenaturalismo" da teoria mimética constitui-se em bases semelhantes, ainda que não idênticas, ao anti-idolatrismo vinculado às Escrituras, principalmente ao anti-idolatrismo do Novo Testamento, o que a coloca não exatamente fora de todo e qualquer sobrenaturalismo, mas somente daquele que conjura as forças do mundo pensando em suplicar para o além-mundo. Como ocorre nos Evangelhos, a escatologia de Girard é ao mesmo tempo mística e antropológica, no sentido de negar autoridade moral e soberania – essência – às duplicidades advindas das divindades arcaicas,[32] negando-lhes autoridade axiológica, desconstruindo suas "substâncias" aparentemente reais. Isso obrigou o pensador francês a estabelecer uma diferença bem marcada entre o que designa de *Logos*, de Heráclito, *versus Logos*, de João, diferenciando ambos tanto conceitual quanto historicamente. Essa diferença mostrará, por contraste, o verdadeiro sobrenatural, o qual vem do Pai e que o Filho imita à

---

[32] "Nenhuma divindade pode ser responsável por isso [pela violência humana]; a prática imemorial e inconsciente de tornar a divindade responsável por todos os males que podem afligir a humanidade é então explicitamente repudiada [nos Evangelhos]. Os Evangelhos privam Deus de seu papel mais essencial nas religiões primitivas [...]. É precisamente pelo fato de esse papel ser abandonado que os Evangelhos podem passar por ter estabelecido certo tipo de ateísmo prático." Ibidem, p. 183.

perfeição. Sim, nesse momento, a teoria mimética deixa-se absorver pela ortodoxia cristã.

> Se o Pai é como o Filho o descreve, o Verbo do Filho é, de fato, o Verbo do Pai. Não se trata de mera representação, pois descreve o ser mesmo do Pai, convidando-nos a nos tornar como o Pai, comportando-nos como ele se comporta. O Verbo do Pai, que é idêntico com o Pai, consiste em dizer à humanidade o que o Pai é, de modo que as pessoas possam imitá-lo: "ame seus inimigos, ore pelos que o perseguem, de modo que possam ser filhos do Pai".[33]

Portanto, longe de descartar "o para lá e então" escatológico, a teoria singulariza sua presença, sua estranheza diante do mundo, tornando-o radicalmente alheio à cultura humana em bases fundantes, radicalmente alheio à cidade humana, totalmente distinto de Babilônia. Nesse ponto, Girard chega a inverter o sentido adâmico de expulsão do jardim. Na leitura que faz do Prólogo de João, o teórico intui o reverso, relendo *Gênesis* à luz desse Evangelho, pelo qual concebe uma expulsão do Logos do Pai perpetrada pela comunidade humana.[34] É a cultura humana que expulsa o Deus verdadeiro do "templo", não o contrário: "Ele estava no mundo e o mundo foi feito por meio dele, mas o mundo não o reconheceu".[35] Nada poderia estar temática e estruturalmente mais alinhado ao apocalipse, o qual, aliás, se contrapõe, em quesitos fundamentais, à história adâmica da expulsão do Jardim. No apocalipse, o eleito, transfigurado em homem, é incluído/recebido no Paraíso, e não expulso.

---

[33] Ibidem, p. 269.
[34] "O Logos joanino é estranho a qualquer tipo de violência; ele é, portanto, eternamente expulso, um Logos ausente que nunca teve nenhuma influência direta ou determinante sobre as culturas humanas. Essas culturas baseiam-se no Logos de Heráclito, o Logos da expulsão, o Logos da violência, o qual, se não for reconhecido, pode fornecer a fundação de uma cultura." Ibidem, p. 271.
[35] João 1,10.

O propósito desmistificador dos Evangelhos, especialmente no tocante às narrativas da Paixão, reforça sobremaneira a humanidade de Jesus Nazareno, sublinhando o caráter humanizador de seu ministério no amor radical que encarna pelo próximo, seu irmão, mas num sentido que o torna, em sua excepcionalidade amorosa, sensivelmente sobre-humano, tornando a nossa humanidade culturalmente sedimentada, por contraste, em nossos fortíssimos condicionamentos gregários, o Logos de Heráclito, uma realidade que pode ser vista, ao menos conceitualmente, como semi-humana, ou seja, ainda precisando humanizar-se, quando comparamo-la com a humanidade de um Jesus Nazareno.

Nessa perspectiva, um humano verdadeiramente constituído em sua humanidade assumiria conotações, a nós, indiscutivelmente divinas,[36] ao menos do ponto de vista teológico. Nesse quadro simbólico, consagrado no apocalipse, há um entendimento bem particular de ser humano, o qual só se realiza, completamente, ao divinizar-se,[37] ao sofrer *theosis*/ser ressuscitado/erguido, rompendo com o ciclo animalesco de violências culturalmente herdadas em seus valores sacrificiais e guerreiros. A necessidade teológica de um Jesus sem pai biológico conecta-se diretamente a essa simbologia. Por exemplo, as fábulas animais dos apocalipses hebreus não se restringiam ao ato de dissimular, em figurações zoomórficas, nomes conhecidos de poderosos e/ou rebeldes, protegendo o texto contra prováveis perseguições dos poderosos denunciados em código, como se fosse mera versão antiga do *roman à clef*. Havia uma teologia por trás dessas fábulas, pois estas se inseriam na ritualística da época, esta ligada a doutrinas específicas. Os animais ritualmente puros, como os touros, cordeiros, etc., representavam os seguidores

---

[36] "Se o Filho do Homem e o Filho de Deus são um só e o mesmo, é porque Jesus é a única pessoa a alcançar a humanidade em sua forma perfeita, de modo a tornar-se um com a divindade." GIRARD, *Things Hidden*, p. 216.

[37] "[...] uma totalidade em humanidade que também implique uma totalidade em divindade faz sentido num contexto que é ao mesmo tempo 'humanista' e 'religioso'." Ibidem, p. 216.

do Senhor, ao passo que os impuros representavam, por óbvio, seus inimigos. Todavia, nos apocalipses, um seguidor do Senhor, ainda que retratado, alegoricamente, como animal ritualmente puro, ligado a um clã e/ou uma função, só recebia o título de homem – durante uma revelação – após ser ungido pelo alto, após ser levantado, no exato momento que se tornava um anjo. Desse modo, um "homem", qual seja, um ungido, estava conceitualmente próximo do divino, ao passo que indivíduos não ungidos, a saber, bestas/animais/feras, estavam distantes do conceito de homem, "Decodificado, isso significa que Noé, Moisés e Elias principiaram suas vidas como mortais [identificados como animais], mas alcançaram *status* de anjo [quando passam a ser chamados de homens]".[38] Nessa terminologia, um "homem" era alguém que sofrera *theosis*.

Muito mais do que esconder-se por trás dos animais, havia uma compreensão teológica do que seria preciso para tornar-se verdadeiramente humano. Aliás, esse é um dos sentidos possíveis de ressurreição nos termos da teologia mística do Primeiro Templo.

O desvendamento do sistema vitimário tem origem no próprio aglomerado religioso; isso ocorre por meio de leituras progressivamente não sacrificiais alocadas numa determinada religião, as quais são aperfeiçoadas, sobretudo, pela tradição profética, em cujo desenrolar foram feitos os ajustes para uma compreensão *não* sacrificial do divino, elevando a responsabilidade humana sobre suas violências intestinas. Essa transferência de responsabilidade, externa para interna, um julgamento, teve fortíssimas reverberações na escatologia de hebreus e cristãos.

> Longe de eliminar a transcendência divina, a leitura não sacrificial mostra-nos como essa transcendência está longe de nós, em sua proximidade mesma. Invariavelmente, foi

---

[38] BARKER, *The Lost Prophet*, p. 30.

> ocultada e encoberta pela *violência transcendente* – por todos os poderes e principados com os quais estupidamente nos identificamos, ao menos em certa medida. A fim de nos livrarmos dessa confusão, detectando o amor transcendente – o qual permanece invisível para além da violência transcendente que está no meio – temos de aceitar a ideia de que a violência humana é uma visão de mundo enganosa, reconhecendo como operam as formas de mal-entendido que dela surgem.[39]

Nesse parágrafo, de importância capital, há uma concepção não só religiosa, mas também histórica da questão moral primeira: a origem ou origens do mal, sua força perturbadora e a necessidade de reorientação no bem. Ao conceber duas transcendências, uma falsa e outra genuína, esta originada no/pelo amor agapaico, aquela principiada na violência/fascínio que emana da vítima sacralizada, *Coisas Ocultas desde a Fundação do Mundo* enuncia uma visão sistêmica de compreensão do mal, fazendo-o de forma alinhada com a apocalíptica cristã. O sistema vitimário, em constituição socialmente genética, organizador primeiro da sociabilidade humana, dá à teoria mimética um entendimento sistêmico do "mal", e este passa a ser visto com uma inverdade muitíssimo bem-sucedida, historicamente: um engodo trans-histórico, portanto estruturante, responsável pelo estado quase ininterrupto, no âmbito histórico, de sistemas de violência que se pretendem pacificadores, institucionalmente presentes em nossas relações em quase todos os níveis, sobretudo, na forma como essas violências se impõem como agente controlador primeiro das sociedades e relacionamentos, em qualquer tempo e lugar.

Uma aproximação é estabelecida com o que chamamos, em conceituação eminentemente teológica, de escatologia apocalíptica:

---

[39] GIRARD, *Things Hidden*, p. 217.

uma inteligência reveladora e verdadeiramente autônoma frente aos condicionamentos culturais, cujos porta-vozes, agentes visionários, afirmam haver uma fratura irremissível em nossa base social. Falamos de uma inteligência que revela uma "queda angélica" decisiva (leia-se, um drama nas estruturas do cosmos), solicitante de julgamento (leia-se, um novo discernimento) para a condução de reparos no âmbito macro, denunciando uma transgressão que só poderá ser revertida mediante uma intervenção estrangeira aos parâmetros do mundo: um apocalipse, em sentido original.

*

A revelação do mecanismo irremissível de contenção da violência pela violência ocorreu, mediante os Evangelhos,[40] como mensagem publicamente anunciada. Deu-se então uma subversão completa da ordem do sacrifício, o que significa uma subversão dos substratos mitológicos. *Na revelação do mecanismo vitimário, na denúncia de sua injustiça estrutural, a mitologia deu espaço à apocalíptica.* Nos Evangelhos, a humanidade será impedida de recolher dividendos em celeiros expiatórios e câmaras sacrificiais, nos quais se semeia e forja toda sorte de divindades ambivalentes,[41] verdadeiros altares da "prostituição" em terminologia profética. Contudo, a revelação (apocalipse) de um Deus absolutamente estranho às formas de resolução da violência, como consumada nos Evangelhos, foi sendo preparada ao longo do

---

[40] "Os Evangelhos falam de sacrifícios a fim de rejeitá-los e negar-lhes qualquer validade. Jesus contrapõe o ritualismo dos fariseus com uma citação antissacrificial de Oseias: 'Ide, pois, e aprendei o que significa: Misericórdia é que eu quero, e não sacrifício'. Com efeito, eu não vim chamar justos, mas pecadores (Mateus 9,13)." Ibidem, p. 180.
[41] "[...] A prática imemorial e inconsciente de tornar a divindade responsável por todos os males que podem afligir a humanidade é dessa forma explicitamente repudiada [nos Evangelhos]. Os Evangelhos privam Deus de sua atribuição mais essencial nas religiões primitivas – polarizar tudo o que a humanidade não consegue dominar, particularmente nos relacionamentos [conflituosos] entre indivíduos." Ibidem, p. 184. "A noção de uma violência divina não tem qualquer lugar na inspiração dos Evangelhos." op. cit., p. 189.

Antigo Testamento,[42] principalmente pelas literaturas profética e sapiencial, as quais respondem pela base do apocalipse.

Haveria, então, no anúncio do Reino, uma reconciliação entre humano e divino, mas uma absolutamente desprovida da necessidade do sacrifício, de qualquer sacrifício, segundo Girard. Em *Coisas Ocultas desde a Fundação do Mundo*, defende-se uma visão radicalmente antissacrificial dos Evangelhos, uma interpretação das Escrituras que singulariza a não violência definitiva, ou seja, antissacrificial, do "Pai de Jesus", estabelecendo-o como Transcendente Real, verdadeiramente distinto do universo cultural, colocado numa distância infinita – imensurável – em relação aos nossos esquemas de organização social. A revelação cristã afrouxou, em muito, as engrenagens dos esquemas arcaicos de contenção, inviabilizando cronicamente seu perfeito funcionamento no longo prazo. Essa decomposição do mecanismo sacrificial, a perda constante de sua eficácia, promoveu uma série de antagonismos no interior da pólis, abrindo caminho para a desorientação generalizada do ordenamento arcaico, o que levou as sociedades a crises sucessivas, progressivamente prolongadas. As soluções sacrificiais perderam eficácia à medida que essa revelação começou a integrar as mais variadas formas institucionais.[43]

De fato, é preciso dar razão a Girard quando, por exemplo, comparamos, historicamente, a impressionante longevidade e, sobretudo, estabilidade das civilizações arcaicas, organizadas com base naquilo que a teoria mimética chama de violência sagrada, como foi o caso da civilização egípcia, largamente monolítica, ameaçada, exclusivamente, por inimigos externos, com as civilizações

---

[42] "[...] uma concepção cujos traços podem ser encontrados diretamente na parte final do Antigo Testamento." Ibidem, p. 182.
[43] "O Cristo não está 'fazendo ameaças' quando afirma essas coisas [apocalípticas]; ele está apenas elucidando as consequências advindas, no longo prazo, da perda da proteção sacrificial. Os deuses de violência são desvalorizados. A máquina está quebrada, e o mecanismo de expulsão não mais funcionará [a contento]." Ibidem, p. 194.

modernas, recorrente e incessantemente tomadas por crises internas e necessidade de reformas.

Disso não resulta, todavia – esse ponto é esclarecido inúmeras vezes –, uma necessária diminuição numérica da violência social nos universos tocados por essa revelação, pois o que ocorre é uma perda irreversível de eficiência sacrificial, conduzindo a cultura em sentido amplo, temporalmente indefinível, caso as exortações do Reino não sejam adotadas, aos desdobramentos progressivamente agudos de violência apocalíptica.[44] Assim, pode ser o caso de ocorrer o contrário, a saber, um aumento da violência social, uma vez que, agora, desamparada das antigas formas de contenção, cujo desempenho torna-se mais e mais sofrível.

Ao dividir a mensagem dos Evangelhos em duas grandes seções, exortação do Reino e vaticínio apocalíptico, *Coisas Ocultas desde a Fundação do Mundo* nos oferece uma teoria da liberdade e do discernimento nos moldes próximos ao apocalipse. Trata-se de uma exortação ao mesmo tempo ética e teológica, em que a *livre escolha* oferecida à criação – ao plano da existência – recebe uma nova consciência, na possibilidade de um remodelamento radical. Afinal de contas, o Julgamento, tornado inevitável, singulariza a liberdade de escolha. Propõe-se, no aprendizado que vem do Reino, a realização profunda de uma (nova) consciência humana, em nível histórico e cósmico, uma que não pode ser desfeita, muito menos revertida.

> O tema do *Apocalipse Cristão* envolve terror humano, mas não terror divino [...]. Sabemos que estamos por nós mesmos, sem nenhum pai no céu para nos punir e interferir em nossos pequenos negócios. De modo que não

---

[44] "Uma vez que o mecanismo fundador esteja ausente [o mecanismo vitimário], *o princípio de violência que governa a humanidade experimentará um recrudescimento aterrorizante* [grifo meu], no momento em que entra em agonia." Ibidem, p. 195.

> podemos mais olhar para trás, mas para frente; devemos mostrar do que o homem é capaz. Os escritos apocalípticos realmente importantes não dizem nada, exceto *que o homem é responsável por sua história* [...]. A punição divina é desmistificada pelos Evangelhos; o único lugar que hoje lhe restou é na imaginação mítica, à qual o ceticismo moderno permanece estranhamente ligado.[45]

Defende-se uma escatologia antropologicamente orientada, por meio da qual se faz um julgamento das violências reguladoras, presentes em todas as formas culturais, justamente aquelas vistas como positivas, institucionalmente aprovadas e sancionadas pelos poderes. Na base dessa antropologia revelada, descerra-se o mecanismo fundador, o mecanismo do bode expiatório, de cujas engrenagens foram estabelecidos os primeiros alicerces narrativos e jurídicos propriamente humanos. A universalidade do mecanismo expiatório é identificada na etnografia, na história das religiões e nos textos sagrados.[46] Ao solapar de modo irrevogável a legitimidade espiritual/moral desse mecanismo, os Evangelhos teriam "acelerado" e "retardado" a história de uma só vez, impulsionado as venturas sociais dos povos e nações para frente, retirando-os do eterno retorno mitológico, promovendo desenvolvimentos impressionantes em todas as áreas do saber; mas, ao mesmo tempo, instalando uma crise que nunca passa, gerando tensões que não podem mais ser resolvidas ao custo de vítimas sacrificadas. Esse tremendo impasse histórico, *katechon* em linguagem apocalíptica, seria o ponto médio, ainda indefinido, entre Pregação do Reino e Apocalipse. Em *Coisas Ocultas desde a Fundação do Mundo*, há a adoção ipsis litteris desse repertório narrativo e doutrinal.

---

[45] Ibidem, p. 195.
[46] "A confiança que todas as religiões sacrificiais mostram na natureza fundamentalmente positiva da violência assenta-se inevitavelmente no mecanismo fundador." Ibidem, p. 195.

Entretanto, o teórico percebe-se obrigado a explicar os temas apocalípticos da teologia cristã em termos eminentemente antissacrificiais. Tarefa árdua ou mesmo impossível, caso levemos em conta todas as referências apocalíptico-sacrificiais inseridas nos textos cristãos,[47] tanto no sentido de oferecer-se a si mesmo quanto na aparição de alguém que se oferece em ato expiatório de reparação[48] A questão de fundo, o humanismo cristão liberal avesso aos apocalipsismos e dominante na teologia cristã dos séculos XIX e início do XX *versus* um entendimento medieval e sacrificial de apocalipse, é tratada em *Coisas Ocultas desde a Fundação do Mundo* como dois equívocos complementares, ambos gerados pelo não reconhecimento do mecanismo fundador.

O sinal escatológico da Paixão, em seu perdão incondicional e renúncia às formas de retribuição violenta, sem o qual não se compreende, corretamente, a apocalíptica cristã, tem de ser compreendido como a revelação de um abandono universal da violência,[49] incluindo as formas de violência tidas como benéficas ou necessárias, o que vale dizer que se trata de uma renúncia que consagra modelos intrinsecamente pacificadores, promotores de uma paz desconhecida, estranha ao mundo dos homens, uma que não se baseia no armistício, mas sim numa esperança amorosa, numa longanimidade.[50]

---

[47] No final da carreira, como já adiantado, Girard rendeu-se e incorporou o entendimento de sacrifício à literatura cristã, obviamente na forma de autodoação no amor, sacrifício como sinal irrestrito desse amor – doação de si mesmo – em ambientes saturados de violência.

[48] Como notoriamente em Mateus 26,28: "pois este é o meu sangue, o sangue da Aliança, que é derramado por muitos para a remissão dos pecados". No caso, Jesus assume explicitamente a função de sumo sacerdote, oferecendo-se como expiação dos pecados do povo. Ele se doa, em sacrifício, para a remissão dos pecados.

[49] "A fim de deixar a violência para trás, faz-se necessário renunciar a ideia de retribuição; portanto, torna-se necessário renunciar a todas as formas de conduta que sempre parecerem ser naturais ou legítimas." GIRARD, *Things Hidden*, p. 198.

[50] Como a paz presente no conceito de *Makrothymía* das cartas de Paulo. Para uma análise mais cuidadosa do tema, ver RIGHI, "Makrothymía e Anochēs – Comentários sobre (in)tolerância em perspectiva mimética", p. 43-58.

Jesus convida mulheres e homens para que se dediquem ao seu projeto de libertarem-se integralmente da violência, um empenho concebido como antídoto à natureza conflituosa das relações humanas.

> A Violência é a escravidão de uma mentira insidiosa, impondo aos homens uma visão falsificada não somente de Deus, mas de todo o mais. É por isso que é um reino fechado. Escapar da violência é escapar desse reino para outro reino, cuja existência a maioria das pessoas nem sequer suspeita. Esse é o Reino do amor, que também é o domínio do Deus verdadeiro, o Pai de Jesus, sobre o qual os prisioneiros da violência não podem nem sequer conceber.[51]

A questão se volta para a aceitação ou não do Reino de Deus, conforme exortada por Jesus. Desse modo, frente à negação do Reino, ocorrida por meio da perseguição, condenação e execução de Jesus, restaria à humanidade enfrentar o apocalipse – que nada mais é do que o condicionamento terrestre para a realidade do Reino em prazo indefinido. Essa tensão de uma realidade presente, mas ainda não disponibilizada, admite perturbações agravadas, as quais não se originam na fúria homicida de uma divindade vingativa, pronta para punir criaturas desobedientes, sedenta por fazê-las sofrer danações inomináveis; pelo contrário, do esfacelamento interno do imemorial sistema sacrificial é que se originam desordenamentos, aparentemente, intermináveis, numa espécie de revelação definitiva do caráter insidioso, ardiloso e injusto das soluções institucionais arcaicas.[52] Ao mesmo tempo, houve uma abertura radical de discer-

---

[51] GIRARD, *Things Hidden*, p. 197.
[52] "Com Jesus, temos a mesma crise [sacrificial] e a mesma mensagem [dos profetas], exceto pelo fato de que, segundo os Evangelhos, ali se alcançou o paroxismo final. Todos os aspectos do dilema são transmitidos com clareza. Uma vez que os recursos do sacrifício foram finalmente exauridos e uma vez que a violência chegou ao ponto de ser francamente exposta, não haverá mais possibilidade de compromisso [com a solução pelo sacrifício], não haverá mais saída." Ibidem, p. 200.

nimento nas décadas seguintes à Paixão de Jesus Nazareno, período em que a comunidade apostólica nos legou, em produção reflexiva, os Evangelhos. A teoria mimética avalia os Evangelhos como reflexão absolutamente legítima sobre a constituição sacrificial das relações humanas, em todos os seus níveis, oferecendo uma real possibilidade de dissolução na aceitação do Reino, conforme pregado por Jesus.

A absurdidade da execução de Jesus, sua flagrante injustiça, reforçada na amorosidade deliberada desse profeta galileu, destacou, como nunca antes nas sociedades arcaicas, a centralidade transfiguradora da vítima, sua carga semântica criadora, ponto basilar de significados, responsável pelo ordenamento social, verdadeira pedra angular da *oikoumenē*. Na Paixão, o sinal da vítima torna-se escatológico, reificando o sinal conciliador da vítima universal, para onde se dirigiu toda a violência e de onde – agora – emana todo o perdão. Nessa revelação extrema, absolutamente desconcertante, destino final de todo um projeto espiritual, surge um novo entendimento sobre a natureza das relações humanas, o que vale dizer uma novíssima hermenêutica, conhecida como Boa Nova.

> Jesus é o último e maior dos profetas, aquele que resume todos os outros e que os supera. Ele é o profeta da última, mas também da melhor chance. Com ele, ocorre uma mudança que é ao mesmo tempo diminuta e gigantesca – uma mudança que é diretamente tributária do Antigo Testamento, mas que, ao mesmo tempo, constitui um rompimento decisivo. Trata-se da completa eliminação do sacrificial pela primeira vez – o término da violência divina *e a revelação explícita de tudo o que ocorreu antes* [grifo meu].[53]

---

[53] Ibidem, p. 200.

"A revelação explícita de tudo o que ocorre antes" é nada menos que a conscientização dos procedimentos de ocultação mitológica, manipulação ritual e constrangimento legal na edificação de cosmos mantidos por tremendos aparatos sacrificiais, tornados, pela Paixão, monumentos de injustiça. Seriam essas as coisas ocultas desde a fundação do mundo. Tratou-se do despertar definitivo de uma consciência, historicamente atenta às formas violentas de reciprocidade que nos dominam,[54] escravizando a humanidade no garrote do sagrado violento, onde se faz o jogo e a troca de favores ao preço de sangue, (não nos esqueçamos de que, à época, todas as sociedades, sem exceção, eram escravistas). Segundo Girard, a interpretação que fazem os Evangelhos da Paixão alterou, por completo, a referência comportamental dos sujeitos influenciados por essa mensagem libertadora.

Porém, a aceitação do Reino foi muito problemática. A tragédia pessoal de Jesus[55] no desfecho violentíssimo de seu ministério foi o sinal, segundo *Coisas Ocultas desde a Fundação do Mundo*, para que o apocalipse assinalasse seu trânsito na história do mundo. Nesse caso, o autor francês deixa claro que o entendimento que se fez de "apocalipse", revelação, subentendeu uma subversão aguda das formas como, até então, as comunidades justificavam os mais variados relacionamentos humanos. Agora, no primado do apocalipse, nos "últimos momentos" do Reino de Satã,[56] progressivamente presente e dividido contra si mesmo, as estruturas perdem a costumeira capacidade de manter a paz e a ordem pela violência, precipitando as sociedades humanas, conforme ingressem na mentalidade cristã, seja direta, seja indiretamente, mas, necessariamente, aos poucos, a uma série de crises

---

[54] "Pela primeira vez, as pessoas são capazes de escapar do engano e da ignorância que havia cercado a humanidade por toda sua história." Ibidem, p. 201.

[55] "O fracasso do Reino, do ponto de vista dos Evangelhos, não advém de um fracasso da missão que Jesus se propôs a realizar; mas provém do abandono inevitável do caminho fácil e reto, disposto a todos os que aceitassem os princípios de conduta que ele colocou." Ibidem, p. 203.

[56] Lembrando que, em hebraico, Satã significa, em base etimológica, "acusador" ou "adversário".

prolongadas. A partir desse ponto, a violência institucional cobrará um preço mais caro por um produto inferior. Nesse quadro, as sociedades perdem o amparo seguro do mito, o conforto perene de suas justificativas e passam a integrar, ainda que lenta e relativamente, a esfera de uma memória histórica, qual seja, uma solicitante de interpretações libertas do ardil persecutório, ou seja, memórias reflexivas que denunciam os enredos persecutórios e as injustiças.

Ao valer-se, teoricamente, do dualismo entre Reino de Deus *versus* Reino de Satanás, a teoria mimética participa, integralmente, das categorias do pensamento ligado ao apocalipse. Essa imersão, embora significativa em *Coisas Ocultas desde a Fundação do Mundo*, só receberá o seu remate, em razão de uma teoria consciente de sua orientação apocalíptico-escatológica, nos livros seguintes, especialmente em *Eu Via Satanás* e *Rematar Clausewitz*, obras estas com as quais encerraremos nosso trabalho.

Importa destacar que a disponibilidade do Reino no âmbito da religiosidade hebraica, à época muitíssimo desenvolvida, levou primeiramente o judaísmo e depois os demais povos a um ponto sem retorno.[57]

> A destruição total ameaça, num futuro próximo, o judaísmo [na época de Jesus] enquanto entidade religiosa e cultural. Lucas, em particular, esforça-se arduamente por distinguir entre um apocalipse próximo, especialmente judaico, e um apocalipse mundial que ocorrerá "após o tempo dos gentios" – depois que os Evangelhos tenham sido anunciados para o mundo todo e, muito provavelmente, por este rejeitado.[58]

---

[57] "Como já destaquei, Jesus não pode ser tido como responsável pela dimensão apocalíptica que perpassa a história judaica e, em última instância, a história humana. No universo judaico, a superioridade do Antigo Testamento sobre todas as formas mitológicas significava que um ponto sem volta já fora alcançado". GIRARD, *Things Hidden*, p. 205.
[58] Ibidem, p. 205.

Com efeito, nota-se um entendimento bem específico de apocalipse: o meio histórico em que circulam as sociedades tomadas pela exortação dos Evangelhos, sem, contudo, adotá-la integralmente, em plenitude salvífica, condicionando a forma histórica corrente, uma forma em crise perpétua, de uma humanidade *relativamente* liberta do mito, pois ainda incapaz de abdicar – em modo definitivo – das formas violentas de convivência e ordenamento social. Nota-se, por conseguinte, uma inequívoca escalada das tensões, pelas quais a humanidade esgota rapidamente suas possibilidades de harmonização. Todo esse desenrolar histórico de tensões que se agravam, muito em razão do esvaziamento moderno da antiga eficácia sacrificial, recebe da teoria mimética o nome de apocalipse.[59] Uma realidade supremamente presente na modernidade.

O ministério irrepreensível de Jesus, a partir das demandas do Reino, tornou-o, segundo Girard, uma pessoa inseparável da palavra de Deus, um humano genuinamente autêntico, de fato, merecedor do título de "Filho do Homem". Esta designação, muito usada pela profecia e apocalipse, cujos sentidos íntimos investigaremos no próximo capítulo, recebe do teórico francês uma atenção especial, reconfirmando a intimidade orgânica de seu pensamento com a tradição profético-apocalíptica. Com efeito, a partir de *Coisas Ocultas desde a Fundação do Mundo*, o seu pensamento alinhou-se irreversivelmente ao que podemos chamar de ortodoxia cristã, ainda que subsistam alguns pontos sem encaixe.

Na recusa da oferta do Reino, a humanidade, sintética e simbolicamente representada no judaísmo legalista, expulsa o conhecimento ou sabedoria que o Cristo revela, o que significa uma nova expulsão do Reino Celeste, uma nova expulsão de Deus: "Ele estava no mundo e o mundo foi feito por meio dele, mas o mundo não o

---

[59] "De agora em diante, torna-se impossível atrasar o relógio [como ocorria nas sociedades mitológicas]. Há o término da história cíclica, pela razão mesma de que seus mecanismos começaram a ser descortinados." Ibidem, p. 206.

reconheceu".[60] Essa recusa impõe uma perseguição, uma vez que, fiéis à lógica do sacrifício, os que recusaram o convite do Reino obrigaram-se a voltar-se contra Jesus. Nesse momento, *Coisas Ocultas* alcança o seu ponto zero, e podemos dizer que se trata do ponto zero de todo corpo teórico girardiano. Aqui, o autor coloca – num primeiro plano – o drama da Paixão como repetição de um sacrifício qualquer: mais um pobre coitado, um "joão-ninguém", moído pelas estruturas de poder; porém – num segundo plano –, na pessoa do ungido, do Messias, essa repetição reúne simbólica e espiritualmente todas as vítimas imoladas, desde a fundação do mundo. Jesus apresenta todos os atributos de um bode expiatório perfeito: marginal, mas excepcional; sem amigos poderosos, mas íntimo do Todo-Poderoso; manso, mas carismático; e com a diferença maior de que é mais inocente que todos os outros, uma vez que segue à risca as exortações do Reino, conforme recebidas do Pai.

Sua inocência perfeita fez dele o bode expiatório perfeito; consequentemente, usando a lógica da própria teoria, sua imolação foi absolutamente injusta, a ponto de baixar o Julgamento sobre o mundo. A mais perfeita injustiça requer o mais perfeito julgamento. Essa lógica, coerente com a teologia cristã, atravessa agora, em *Coisas Ocultas desde a Fundação do Mundo*, a antropologia girardiana. Essa diferença fez de Jesus a vítima *par excellence*, completamente apta a revelar a toda humanidade as coisas ocultas desde a fundação do mundo.

> Recusar o Reino significa recusar o conhecimento que Jesus carrega – recusando, assim, o conhecimento da violência e de todas as suas obras. Aos olhos daqueles que o rejeitam, esse conhecimento é malvisto; é a pior de todas as formas de violência. E é realmente assim que as coisas devem parecer na perspectiva da

[60] João 1,10.

> comunidade sacrificial. Jesus aparece como uma força destrutiva e subversiva, como uma fonte de contaminação que ameaça a comunidade. Com efeito, à medida que ele é mal--entendido, ele se torna exatamente isso [...]. Isso significa que a violência encontrará em Jesus a vítima mais perfeita possível, a vítima que, por todas as razões imagináveis, a violência tem os melhores motivos para atacar. Não obstante, ao mesmo tempo, essa vítima é também a mais inocente.[61]

Desse modo, em Jesus, que nos chegou pelo olhar reflexivo de apóstolos e seguidores da escatologia da Cruz,[62] realiza-se um salto cognitivo, cumprido na exposição completa do ardil fundador, que segurara a humanidade em amarras expiatórias, rituais e mitológicas, privando-a de si mesma, retardando, assim, um florescimento grandioso. Tão somente os que se libertam dessas antigas correntes de reciprocidade podem ser chamados de "Filhos do Homem".[63] Como veremos, uma visão bem alinhada com a corrente de Enoque, que é, juntamente com o Apocalipse de João, um apocalipse modelo.

O círculo hermenêutico conclui-se e o livro mostra como a Paixão de Jesus Nazareno reinstaura o assassinato fundador em máxima disposição estrutural, revelando de uma vez por todas a corrente infernal que brota de relações conflituosas desde tempos imemoriais, desaguando na sacralização de um bode expiatório, em torno do

---

[61] GIRARD, *Things Hidden*, p. 208.
[62] "Então entendemos por que no momento em que o fracasso do Reino se torna uma certeza, os Evangelhos anunciam, repetidamente por meio da boca Jesus, tanto a Crucificação quanto o Apocalipse." Ibidem, p. 212.
[63] "Portanto, Jesus é o único homem que alcança o objetivo que Deus lançou para toda a humanidade, o único homem que nada tem que ver com a violência e suas obras. O epíteto de 'Filho do Homem' também corresponde, muito claramente, ao fato de que Jesus, sozinho, cumpriu um chamamento que pertence a toda humanidade." Ibidem, p. 213.

qual a comunidade se pacifica e se estrutura, temporariamente, como cosmos, como rochedo sobre o caos oceânico, como universo cultural, segurando-se até o desabrochar da próxima crise sacrificial. Em *Coisas Ocultas desde a Fundação do Mundo*, o ciclo interpretativo aberto em *Mentira Romântica e Verdade Romanesca* e *A Violência e o Sagrado* é finalizado "na maior e mais central de todas as histórias": a Paixão de Jesus Nazareno. Essa revivescência, perfeitamente instalada por uma inteligência superior,[64] teve por finalidade desmobilizar todo o aparato sacrificial do mundo, uma desmobilização que impôs, não obstante, uma crise crônica sobre todos: desde então estamos suspensos entre o Reino e o Apocalipse, isto é, entre "o que já é" e o "que está se tornando", respectivamente.

A saída de Jesus para fora do Reino da Violência, Reino de Satã, tem a inconfundível marca escatológica de uma pessoa divina, de alguém[65] extraordinariamente capaz de elevar-se sobre os mimetismos contagiosos que atingem, indiscriminadamente, a imensa maioria ou mesmo a todos. Esse sinal escatológico torna-se o ponto de partida da hermenêutica que o adota. Caso a nossa tese de uma vocação sobejamente apocalíptica da teoria mimética tenha solidez, será preciso assegurar que René Girard teve os Evangelhos, mesmo que no modo indireto e, no caso, necessariamente assim, como base de seu pensamento, se não em sua totalidade ao menos em seu conjunto maior. Como se demonstra facilmente, isso ocorreu de modo indireto, como o teórico francês inúmeras vezes afirmou, não apenas em relação a si mesmo, mas no tocante à inteligência romanesca. Não haveria um Shakespeare, um Dostoiévski, um Proust e muito menos um Girard, entre outros, sem uma cultura cristã que os antecedesse e os informasse. Ao lançar *Coisas Ocultas desde a Fundação do Mundo*, fase madura de sua vida intelectual, o francês

---

[64] "O conhecimento autêntico sobre a violência e todas as suas operações, que se encontra nos Evangelhos, não pode ter sido o resultado somente da ação humana." Ibidem, p. 219.
[65] "Uma divindade não violenta só pode sinalizar a sua existência para a humanidade quando ela mesma é expulsa pela violência – demonstrando, assim, que não pode estabelecer-se no Reino da Violência." Ibidem, p. 219.

expressou, e a plenos pulmões, a consciência dessa inteligência antropológica dos Evangelhos, absolutamente decisiva em sua trajetória intelectual. Ainda que tenha partido, em seu caminhar, de uma antropologia e psicologia literárias, ele o fez subentendendo nos textos e mitos que analisava uma hermenêutica herdada de seu próprio meio cultural, cuja origem reveladora enraíza-se na experiência da Paixão, conforme refletida nos textos do Evangelho.

*

Mas, se o pensamento de Girard identificou-se, embora em etapas, com o apocalipse, resta-nos indagar: afinal de contas, o que é apocalipse, exatamente? Quais são suas bases teológicas e simbólicas? Qual foi o seu desenvolvimento específico? Qual a sua relevância para o pensamento? De algum modo, um princípio de resposta vem sendo dado ao longo destas páginas; não obstante, iniciemos agora um estudo realmente pormenorizado do apocalipse, identificando e problematizando suas bases históricas e simbólicas.

parte III
apocalipse
gênese e
desenvolvimento

capítulo 6
depois e antes da apocalíptica

Uma introdução à *epistēmē* apocalíptica em suas categorias mentais e simbologia requer cuidados, principalmente quando se leva em conta leitores largamente integrados às referências intelectuais tanto da modernidade quanto da pós-modernidade, esta nem sempre muito clara, conceitualmente. Assim, talvez, fosse oportuno principiarmos tal exposição nos termos epistemológicos da própria modernidade, fundamentando nossas primeiras conexões aos questionamentos modernos, comunicando-os, na sequência, ao apocalipse, à apocalíptica e aos apocalipsismos em suas especificidades.

O pensador socialista Cornelius Castoriadis nos chama a atenção a algo importante em seu *The Imaginary Institution of Society* [A Instituição Imaginária da Sociedade].[1] Para ele, tanto faz dizer que Marx colocou de pé a dialética de Hegel ou que com este, inversamente, a dialética enraizou-se pela cabeça, uma vez que ambos compartilharam a mesma crença num sistema dialético fechado,[2] que se entendia capacitado a "demonstrar que toda a experiência é exaustivamente redutível a determinações racionais",[3] fosse em rou-

---

[1] CASTORIADIS, *The Imaginary Institution of Society*, 1987. Em português, ver *A Instituição Imaginária da Sociedade*. Paz e Terra, 1991. Do original, em francês, *L'Instituition Imaginaire de la Société*. Paris, Éditions du Seuil, 1975.
[2] "Uma dialética *fechada*, como a hegeliana, é necessariamente racionalista." Ibidem, p. 54.
[3] Ibidem, p. 54.

pagem idealista ou materialista.⁴ Assim, o determinismo racionalista de Hegel e Marx tornava as realidades sociais e processos humanos manifestações da própria Razão, os quais poderiam ser expressos no *logos* ou na *matéria*, respectivamente, colocando a história no plano das interpretações teleológicas, em que se defendem formas distintas de determinismo histórico & político.

Trata-se de uma visão que consagra uma orientação medular – estrutural – aos grandes processos históricos, e com base na própria história. Com efeito, em Hegel e Marx, concebem-se, em interpretações de longo alcance, sentidos para a História, orientações consignadas à Razão, em que a história passa a ser vista como campo racionalmente disponível à realização do pensamento: teoria e prática: "toda dialética sistemática conduz necessariamente a um 'fim da história', seja na forma do 'conhecimento absoluto', de Hegel, seja na forma do 'homem total', de Marx".⁵

Essa propriedade deduzível da história, ao menos em seus movimentos maiores, supostamente antecipáveis ou discerníveis ao cientista social, ao crítico cultural, o qual aprende a ler os seus sinais e a desvendar seus processos ocultos, remete-nos, embora de modo bem relativo, porém significativo, ao pensamento apocalíptico, a uma teologia da história para qual a "história do mundo ou mais propriamente do cosmos é entendida como desenvolvimento racional",⁶ a saber, como realidade que se dobra à compreensão, liberando o pensamento a interpretar e participar de seu processo e desenvolvimento.

Do outro lado do espectro ideológico da modernidade, um pensador igualmente qualificado, porém "de direita", falamos de Eric

---

⁴ "[...] Se Marx preservou a dialética hegeliana, também preservou o seu verdadeiro conteúdo filosófico – o racionalismo. O que ele fez foi simplesmente modificar a sua vestimenta, a qual, 'espiritualista' em Hegel, é 'materialista' em Marx. Usados dessa forma, no entanto, esses termos se tornam meras palavras." Ibidem, p. 54.
⁵ Ibidem, p. 55.
⁶ SACCHI, *Jewish Apocalyptic and Its History*, p. 44.

Voegelin, assevera algo semelhante ao que fez o socialista Castoriadis, constatando o fundo teleológico do marxismo, mas, no caso, enfatizando como Marx experimentou visceralmente seu período de vida "como um desmoronamento dos tempos, em que o velho mundo da corrupção e iniquidade seria seguido por um novo mundo de liberdade",[7] racionalmente antecipável ao cientista dedicado e inteligente, devidamente liberto de condicionamentos mitológicos.

Realmente, a expectativa de uma revolução incorporava, em Marx, um forte misticismo intramundano, herdado dos milenarismos utópicos do medievalismo tardio e, sobretudo, do Renascimento, pai e mãe do pensamento *revolucionário* em sua expectativa de uma nova fundação à sociedade terrena, absolutamente purificada do mal, finalmente expurgada de antigos opressores, para sempre redimida das superstições, uma nova Roma concretizada na ação redentora da deusa História, engendrada na história, em suas próprias contradições, mas não sem o inestimável auxílio do grande líder político, seu filho e consorte, o homem da massa, inflexível mediador do processo histórico, o primeiro encarregado da regeneração social da humanidade. Esse "apocalipse"[8] exprimiria, segundo Voegelin parece intuir, uma espécie de descarrilamento generalizado dos símbolos, a desfiguração mesma da cosmologia, quando reinterpretada ou repaginada sem o devido auxílio espiritual da boa tradição filosófica (leia-se, no caso, platonismo), sem um preciso conhecimento dos devidos antecedentes formadores e, sobretudo, suas experiências de base. Não por acaso, Voegelin interrompe seu trabalho – a continuação do projeto associado à *História das Ideias Políticas* – e sai em busca desses antecedentes e suas "experiências de ordem", dando início ao projeto investigativo concretizado em *Ordem e História*, o que não significa que Voegelin tenha se tornado um autor apocalíptico, pelo contrário. A bem da verdade, podemos inseri-lo, e quase que completamente, na corrente liberal e antiapocalíptica da filosofia política moderna.[9]

---

[7] VOEGELIN, *A Crise e o Apocalipse do Homem*, p. 363.
[8] Ibidem, p. 223.
[9] Idem, *A Era Ecumênica*.

Voegelin, Strauss, Schmidt estão tão distantes do apocalipse quanto estiveram Nietzsche, Hobbes e Maquiavel. Contudo, em sua negativa, em hermenêutica própria, o apocalipse se coloca uma vez mais como elemento central de um gigantesco arsenal simbólico. Mesmo quando detestada, sua face tornou-se inevitável.

De alguma forma, tudo isso se aproxima do apocalipse, é-lhe herdeiro moderno, mas não é apocalipse, pois não se lhe confunde a fisionomia, em absoluto. A questão é que esses seus resíduos modernos, essas figurações empalhadas de reordenamento cósmico, verdadeiro repositório simbólico universal, importa-nos bastante, na medida em que nos introduz a uma corrente de pensamento agudamente sensível à inteligibilidade do cosmos, tanto em sua vida social quanto natural, e mesmo sobrenatural, fortemente vinculada à libertação do homem via pensamento crítico, via questionamento das estruturas vigentes. Assim como o marxismo, o apocalipse é, também, pensamento crítico, muito embora, diferentemente do primeiro, por outras e distintas vias.

No apocalipse, essa acessibilidade à História & Cosmos, ao conteúdo e à estrutura, respectivamente, realiza-se somente aos que, de uma só vez, aprenderam a ler os sinais dos tempos e acessar o conhecimento das coisas ocultas [*peshar* e *raz*, respectivamente]. Em suma, realiza-se na profecia. Certamente, falamos de um tipo especial de conhecimento configurado num "desvendamento": esse foi o tipo de pensamento que nos deu "as categorias mentais sem as quais não podemos levantar questões de significado e adequação interpretativa".[10,11]

O reconhecimento do centro da história – com o seu desfecho na composição de uma finalidade trans-histórica, a base da escatologia, ciência das coisas últimas – deu à humanidade a condição de

---

[10] HAMERTON-KELLY, "An Introductory Essay", p. 15.
[11] Ibidem, p. 15-28.

interseccionar em suas experiências mais significativas aquilo que é
– eternamente – com aquilo que será – temporariamente –, oferecendo-lhe a concepção de um "já, mas ainda não",[12] em que se nota uma tensão, ora destrutiva, ora criativa, entre algo que já se realiza num plano, mas que ainda está por realizar-se em outro; concepção próxima ao princípio da intelecção dialética, em que ponto e contraponto, tese a antítese, contrariando-se, polarizando, terminam por iluminar suas sínteses, inaugurando um novo momento, registro ou ordem. Refiro-me às múltiplas junções conceituais entre polaridades complementares: infraestrutura e superestrutura, transitório e invariável, micro e macro, interno e externo, longas peregrinações entre opostos mutuamente dependentes, em cujos cruzamentos, iluminam-se dramas e processos sociais, fonte criadora das muitas categorias indispensáveis ao pensamento moderno. Com efeito, modernamente, não há como pensar, reflexivamente, um grande evento histórico sem antes perscrutar seu subsolo jurídico, político, econômico, cultural, religioso, moral etc., onde transitam emaranhados dialéticos de toda ordem.

A dialética moderna incorporou, do desenvolvimento literário bíblico e apócrifo, alguns de seus pressupostos fundamentais, ainda que comumente ocultados pela vestimenta cientificista. Com efeito, alguém poderá dizer, como de fato disseram,[13] que tal vestimenta teve o propósito de realizar o apagamento de uma teologia implícita e presente na base das teorias sociais modernas, embora nunca admitido nesses termos por seus iniciadores iluministas. Segundo o teólogo anglicano John Milbank, as teorias sociais modernas seriam, "em si mesmas, teologias ou antiteologias disfarçadas".[14]

Abstendo-nos à discussão mais ampla do tema, alheia a nossa investigação, importa perceber a necessidade de haver – tanto aos antigos

---

[12] SACCHI, *Jewish Apocalyptic and Its History*, p. 55.
[13] Especialmente John Milbank em seu trabalho seminal: *Teologia e Teoria Social: Para Além da Razão Secular*.
[14] Ibidem, p. 3.

quanto aos modernos – uma metanarrativa doadora de inteligibilidade trans-histórica, criadora de hermenêuticas capazes de interpretar o cosmos em bases racionalmente aceitáveis, estejam estas antropológica ou teologicamente fundamentadas. Com efeito, a dialética hegeliano-marxista é um espécime de pensamento estruturado por uma filosofia do progresso que se valida em categorias trans-históricas,[15] nas quais e pelas quais se pensa a História em sua unidade macro, como super-realidade que se dirige a propósitos inteligíveis ou mesmo desejáveis em seus grandes movimentos. Refiro-me aos efeitos ou resultados históricos que podem ser esboçados e mesmo antecipados, intelectualmente apreendidos e concretamente determinados, pelos que sabem lidar como os sinais dos tempos, os que sabem "ler" as sociedades. Nesse enquadramento, caro ao pensamento revolucionário, saber história implicaria, igualmente, fazer história. Em linguagem teológica, o que temos são filosofias escatologicamente orientadas,[16] ainda que se vinculem, em geral, a escatologias intramundanas.[17]

O devido reconhecimento dessa dependência estrutural da teoria social moderna frente ao pensamento profético fez com que um pensador deveras agudo, radical e conscientemente antiapocalíptico, e falamos de Friedrich Nietzsche em sua aberta hostilidade à profecia, rejeitasse, também abertamente, o racionalismo,[18] colocando este como servo do cristianismo. Como sabemos, Nietzsche,

---

[15] Como por exemplo, nos conceitos de "espírito" e "totalidade", em Hegel, e de "luta de classes"' e "infraestrutura", em Marx.

[16] "Os três elementos fundamentais da atitude histórico-apocalíptica dos judeus – a oposição entre o povo escolhido e o mundo dos gentios, o inexorável julgamento divino deste e a restauração do primeiro no reino messiânico – todos os três, encontram seus princípios correspondentes na fé revolucionária de Karl Marx. Assim sendo, o burguês tomou o lugar dos gentios, e os pobres – o proletariado – tomaram o lugar dos pobres de espírito do Antigo Testamento." DAWSON, *Dinâmicas da História do Mundo*, p. 487.

[17] "Ou temos padrões extra-históricos demonstráveis para medir a valia da realidade social em qualquer ponto dado no tempo, ou não os temos – e, nesse caso, tudo o que podemos fazer é acompanhar Hegel, consolando-nos com a sabedoria retrospectiva de ver sentido no passado." MERQUIOR, *Marxismo Ocidental*, p. 55.

[18] "[...] a linha divisória do romantismo reside nos sentimentos anticristãos de Nietzsche, os quais estão ligados, de alguma forma, à sua radical postura anti-iluminista e antirracionalista." DALLMAYR, *Margins of Political Discourse*, p. 50.

empenhou-se, e de modo particularmente vigoroso, por revalidar as categorias do pensamento mítico.

> Mas que significam bondade, finura e gênio para mim, quando a pessoa que tem essas virtudes tolera em si mesma sentimentos frouxos ao crer e julgar, quando a *exigência da certeza* não constitui para ela o mais íntimo desejo e a mais profunda necessidade – o que distingue os homens superiores dos inferiores! Em algumas pessoas piedosas encontrei ódio à razão e isso me agradou nelas: ao menos assim se revelava a má consciência intelectual.[19]

Desta feita, o super-romântico alemão colocava o "dedo na ferida iluminista" ao rechaçar a ingenuidade mitológica dos modernos, a saber, a tendência enciclopedista, liberal e alegadamente racionalista de amenizar ou mesmo olvidar as bases violentas do pensamento político-religioso e instituições agregadas, fingindo desconhecer que sempre houve um *ethos* guerreiro nos alicerces dos antigos sistemas de ordem, os sistemas fundadores, num posicionamento que Girard fez questão de notar e problematizar.[20]

Mesmo desconsiderando o fracasso pessoal do filósofo do dionisíaco, no tocante à idealização que propunha do heroísmo guerreiro, impraticável em nosso tempo, pois moralmente inadmissível,[21] seu

---

[19] NIETZSCHE, *Aurora: Reflexões Sobre os Preconceitos Morais*, aforismo 2.
[20] "Não é necessário partilhar o juízo de valores de Nietzsche para apreciar a sua clara consciência da oposição irredutível entre a Bíblia e a mitologia [...]. Enquanto triunfava a grande confusão sincrética da modernidade, Nietzsche chamou a atenção para a irredutível oposição entre a visão mitológica baseada no ponto de vista dos perseguidores e a preocupação bíblica das vítimas, cujos efeitos divergem radicalmente tanto no plano moral quanto intelectual." GIRARD, *A Voz Desconhecida do Real: Uma Teoria dos Mitos Arcaicos e Modernos*, p. 125.
[21] Nietzsche não conheceu os nazistas, mas estes o conheceram e foram inspirados por muitos de seus aforismos.

esforço intelectual desenfreado, pontilhado de fulgores a arroubos de gênio, orientou-se na busca de alternativas genuinamente independentes tanto ao profetismo quanto ao cristianismo, principalmente a este. Isso nos importa, pois oferece uma medida razoável da colossal força dos influxos intelectuais contras os quais Nietzsche se opôs, em especial ao apocalipse, entendido aqui como categoria metateórica de um vasto campo simbólico, visto, portanto, como categoria cosmológica. Esse empenho de Nietzsche, o qual tomou-lhe uma vida inteira de dedicação, tinha por objetivo último rechaçar os conteúdos profético-apocalípticos do pensamento hebraico, conduzindo o filósofo e sua filosofia, quase que inevitavelmente, à reabilitação da violência sagrada em seus poderes heroicos, em sua pujança dionisíaca, em sua vitalidade de sangue, a saber, na revalidação dos velhos deuses da guerra e linchamento: a restauração do *ethos* guerreiro no seio da modernidade.[22]

> Tirante Marx, a maior influência no pensamento alemão depois de Hegel foi Nietzsche. Em vez de justificar uma época cultural, como a sociedade cristã-burguesa de Hegel, Nietzsche lançou uma apaixonada denúncia da modernidade, agravada por uma devastadora incriminação do cristianismo. E montou uma *Kulturkritik* generalizada em nome dos valores vitais.[23]

Essa posição nos é importante porque explicita sem dissimulações, sem atenuantes oblíquos, o caráter fundamentalmente subversivo tanto do profetismo quanto do pensamento apocalíptico frente ao arcaico, esclarecendo que em ambos houve uma modificação radical

---

[22] "Quando Israel tiver transformado sua eterna vingança numa eterna bênção da Europa: então haverá novamente aquele sétimo dia em que o velho Deus hebraico poderá jubilar--se consigo, com sua criação e seu povo eleito – e nós, todos nós, nos jubilaremos como ele!" NIETZSCHE, *Aurora: Reflexões Sobre os Preconceitos Morais*, 205.
[23] MERQUIOR, *Marxismo Ocidental*, p. 57.

– uma subversão – dos predicados mitológicos. Nietzsche, em sua característica genialidade, ainda que perturbada, notou que não haveria como romper cosmologicamente com o profetismo e, sobretudo, com o cristianismo sem que antes fosse iniciado o replantio generalizado do mitologismo arcaico em suas robustas sementes: a modernidade só se libertaria verdadeiramente do cristianismo por meio da reintrodução de Dionísio[24] ou daquilo que podemos chamar de o dionisíaco: o *ethos* guerreiro do *blood feud*, reinstalado no imaginário coletivo, ressensibilizando o homem moderno aos apelos e paixões do heroísmo arcaico, o modelo agonal, e falamos dos procedimentos marciais e celebrativos de sociedades sacrificadoras – aí estariam os tais valores vitais, a vontade de poder como força medular da existência.

Isso nos leva a uma consideração que, em nosso caso, se faz reversa, isto é, subversiva aos padrões heroicos do arcaico: em que medida o pensamento apocalíptico inaugurou categorias de pensamento estranhas ou mesmo hostis aos parâmetros mitológicos?

O scholar italiano Paolo Sacchi afirma, em *Jewish Apocalyptic and Its History*, que os parâmetros mitológicos da Antiguidade sofreram dobraduras irreversíveis com o apocalipse, por onde se subverteram antigos condicionamentos mentais. Com a introdução desse pensamento, hoje chamado de "apocalipse", que foi consolidado no período intertestamentário, muitas das justificativas mitológicas se viram, como que pela primeira vez, problematizadas e questionadas em seu equilíbrio outrora inalterável, uma vez que, para essa "nova" forma de conhecimento, o equilíbrio dinâmico do cosmos tinha de ser contrariado e sua falsa concórdia negada, o que perturbou a imorredoura gangorra entre duplos complementares, polos antagônicos que mantêm um sistema em equilíbrio dinâmico, e falamos

---

[24] "Que ele tenha operado esta passagem da morte ao assassinato leva a pensar que o princípio essencial do paralelo final opondo Dionísio e o Crucificado era já uma das suas [de Nietzsche] preocupações maiores." GIRARD, *A Voz Desconhecida do Real: Uma Teoria dos Mitos Arcaicos e Modernos*, p. 136.

aqui das considerações sobre impureza e pureza, mal e bem, vida e morte, luz e sombra, ordem e caos, etc., costumeiramente justificadas nos ciclos ordenadores com divindades ou mesmo com a divindade, mas com amplo reflexo na vida dos homens,[25] obviamente.

Esse ritmo arcaico foi dobrado pelo apocalipse. Neste, não há mais reconhecimento sacralizado de qualquer ordem pretensamente imutável e inquestionável do mundo e cosmos. Tudo o que está fora do santo dos santos é necessária e irrevogavelmente questionável, compreendendo toda a criação. Nessa chave, os conhecimentos revelados a um sujeito "escolhido", um eleito, destacam-se da ordem e poderes presentes, independentemente de quão sagrados estes sejam, independentemente do prestígio social que encarnem. Com efeito, o apocalipse os denuncia [esses poderes] sem atenuantes. Isso significa que a experiência mítica *par excellence*, "na qual o sujeito não se coloca conscientemente de frente ao objeto [...], [pois está] inconsciente da autonomia da função de conhecer",[26] sofre um abalo que desestrutura a sua base, sofre um apocalipse.

> A quebra entre "mito" e "mito revelado" constitui um grave problema, conectado às formas de conhecimento. Na sociedade dominada pelo mito não se distingue entre a experiência e a reflexão sobre a experiência [...]. Portanto, no mito o relato deriva da percepção imediata das coisas [...].[27]

Sem querer, por enquanto, problematizar a última frase de Sacchi, a questão imbrica-se no fato de haver, no apocalipse, nessa corrente de pensamento, um rompimento com a urdidura do mito, mas isso

---

[25] É interessante notar que em seu sentido contemporâneo – vulgarmente disseminado – o que se tem como apocalipse é exatamente a visualização desses opostos como duplos perfeitos e em conflito ininterrupto, o que faz todo o sentido quando se toma somente a forma do apocalipse, ignorando-se o conteúdo.
[26] SACCHI, *Jewish Apocalyptic and Its History*, p. 203.
[27] Ibidem, p. 203.

se dá a partir de *dentro*, ou seja, remetendo-se à linguagem, imaginário e categorias míticas. Nesse novo modo, o Mítico, posto ao avesso, transforma-se em Revelação, descontruindo-se, subvertendo sua antiga função. Vejamos como isso é feito. O apocalipse coloca a questão da desordem – o esforço por interpretá-la – em outro patamar, agora alinhado a uma causa ou a um conjunto de causas que denuncia justamente a *coerência mitológica*, expondo-lhe a soberania injusta, avaliando-a como engodo, como corrupção, como arrumação falsificada por agentes instruídos, mas definitivamente corrompidos. Em linguagem direta, o que estava arrumado no mito, devidamente ordenado numa narrativa que justifica deuses e antepassados em harmonia com os cosmos, será no apocalipse desempacotado, desconstruído, numa revelação das vísceras, vermes e abutres: "a questão que o apocalipse dirige não é a coerência do mundo [de um cosmos], mas o contrário. O mundo está realmente desordenado".[28] Principia-se, assim, uma crítica interna devastadora, em que a autoridade de certas práticas e narrativas sagradas é colocada em questão, *sub judice*, e falamos de práticas e métodos considerados, até então, absolutamente sagrados. Vejamos, por exemplo, o seguinte trecho em *1 Enoque*, um dos textos paradigmáticos do que se convencionou chamar de apocalipse.

> E agora sei desse mistério: que muitos pecadores virão adulterar e transgredir, e de muitos modos, as palavras de retidão; eles blasfemarão, contarão mentiras, *praticarão grandes fraudes*, e redigirão livros a respeito de suas palavras.[29]

Vemos, acima, uma racionalização crítica cristalina, um esforço crítico, cuja base não é mais o cosmos e seus senhores, na acepção de ordens reconhecidas, institucionalmente estabelecidas e mitologicamente justificadas – ordens sagradas. Em Enoque, a autoridade

---

[28] Ibidem, p. 209.
[29] *1 Enoque* 104,10.

espiritual de um texto não pode ser avalizada por consenso grupal. Essa racionalização que faz o apocalipse – colocando a tradição sob forte suspeita – dispõe de mensuração reflexiva ausente nas cosmologias estritamente mitológicas.

Ao antecipar a prática de fraudes, o autor desse apocalipse sugere que os poderosos e suas instituições têm, por hábito, apropriar-se da sabedoria religiosa para seus próprios fins, fraudando o que era bom, corrompendo caminhos, tornando torto o que era reto. Trata-se, portanto, de um pensamento de resistência, estritamente alinhado à fonte profética e, por conseguinte, largamente suspeito dos canais oficiais, justamente aqueles em que os mitos se estabilizam.

Vislumbra-se, assim, um pensamento que identifica o desequilíbrio permanente tanto nas relações humanas quanto nas relações cósmicas, em sua conformação incongruente aos desígnios do que se tem como bem, felicidade, paz e, especialmente, justiça, principalmente quando o mito está lá para fingir o contrário. Institui-se, portanto, com o apocalipse, um rebaixamento inequívoco do cosmos como um imenso sistema fechado, mesmo quando visto em suas características divinamente sancionadas, baseadas numa sacralidade fundacional. Aliás, num primeiro momento devemos nos aproximar do apocalipse exatamente nesses termos: como denúncia irremissível contra as divindades, seus agentes e potestades. Prossigamos.

Esse descenso cósmico da ordem instaurada e cultuada realiza-se por meio da revelação de crimes e fraudes em seus desordenamentos estruturais, em narrativas [apocalípticas] que denunciam uma contaminação universal perpetrada por agentes corruptores. De modo ilustrativo, o apocalipse vem dizer que o rei está nu. Temos, assim, um pensamento de ruptura, mas que faz uso extensivo do imaginário[30] mitológico, adotando-lhe linguagem,

---

[30] O sentido aqui usado de *imaginário* é o mesmo adotado pela historiografia da "escola dos annales", em que os processos de fundo nas mentalidades em suas apreensões simbólicas e construções próprias, em seus "modos de sentir e pensar", em suas temporalidades,

referências e método, ao mesmo tempo que reinterpreta o papel das divindades, seus agentes e representantes, examinando-os em bases antitéticas ao mito. O assunto é complexo, mas vamos, pouco a pouco, tentar destrinchá-lo.

Propõe-se no apocalipse a responsabilidade categórica das forças que comandam o cosmos e a história, sobretudo, a necessidade de redimirem-se. O apocalipse modificou profundamente a mentalidade antiga, retirando-lhe certas justificativas tradicionais, esvaziando e relativizando a autoridade arcaica de "pais fundadores", "heróis", "deuses" e "grandes homens", quais sejam, toda sorte de "sentinelas/vigias" (leia-se, em terminologia apocalíptica, demônios), os quais, senhores solenes e aparentemente definitivos de seus mundos, mentem aos homens, escravizam populações, destroem a natureza. Tratou-se, sem dúvida, de golpe fatal sobre o heroísmo arcaico. Nietzsche, em seu brilhantismo, por certo adivinhou na profecia hebraica e em seus desdobramentos diretos – como é caso do apocalipse e seu denuncismo cosmológico – um dos sustentáculos ocultos e indispensáveis à modernidade vista por ele como "decadente", donde seus ataques ferozes tanto ao marxismo quanto ao idealismo alemão. O alvo a que Nietzsche realmente visava, todavia, o inimigo que de fato o filósofo do dionisíaco desejava abater, assassinando-o, não era nenhum desses dois, obviamente, meros empalhamentos de um inimigo real e ainda vivo: o *ethos* profético.

*

Essa desarrumação que fez o apocalipse, compreendido em nosso caso como *corrente de pensamento* e *forma de conhecimento*, como campo interpretativo incomum, pode ser hoje reconhecida desde os seus períodos formadores, na medida em que se fez presente em

geram a realidade propriamente social dos processos históricos. Portanto, em nosso caso, "imaginário" *não* significa ficcional.

narrativas bem antigas ou mesmo formativas, as quais poderíamos chamar de protoapocalítpicas, como é o caso do Livro de Jó.

> O contraste entre o discurso sagrado e o discurso de dessacralização faz surgir uma verdade que se pode generalizar: a verdade de toda religião violenta. Ele desmistifica a perspectiva tradicional não apenas sobre Jó e sobre os outros bodes expiatórios presentes na sociedade de Jó, como também sobre todos os bodes expiatórios produtores de sagrado violento.[31]

O excerto acima abre o capítulo seis do livro *A Rota Antiga dos Homens Perversos*, no qual Girard faz uma análise minuciosa de Jó, comparando-o, nesse capítulo em especial, ao mito de Édipo. A narrativa sobre o drama de Jó, como encontramo-la no Antigo Testamento, apresenta peculiaridades de estilo, conteúdo e significação que sempre chamaram a atenção dos acadêmicos. Há elementos distintos em Jó, os quais apontam para uma teologia um tanto diferente da encontrada no conjunto mosaico, conforme estabilizado no texto Massorético, o que tem levado alguns scholars a defender uma origem, largamente, forânea da narrativa.[32] Paolo Sacchi, analisando as preocupações cosmológicas extemporâneas de Jó, diz algo importante:

> Um elemento caraterístico do livro de Jó sinaliza a intrusão ou mesmo a supremacia de um novo tipo de conhecimento, um que exibe a

---

[31] GIRARD, *A Rota Antiga dos Homens Perversos*, p. 41.
[32] "Como resultado das comparações feitas com textos mesopotâmicos e egípcios, a conformação absolutamente única do Livro de Jó sobressai-se de modo vívido. É impossível determinar se o autor de Jó foi diretamente influenciado por um ou mais desses textos [estrangeiros]. Não obstante, os inúmeros paralelos entre esses textos e o Livro de Jó atestam que o autor de Jó foi recipiente de uma longa tradição literária que refletia sobre o sofrimento e perturbações inexplicáveis nas ordens sociais e naturais." LONGMAN III e ENNS, *Dictionary of the Old Testament: Wisdom, Poetry & Writings*, p. 360.

existência de certo espírito crítico e racionalista mesmo dentro da sociedade israelita. Jó, na discussão com seus amigos, chega a afirmar que também tem um cérebro (Jó 12,3: "Mas também eu tenho inteligência – não sou inferior a vós."). Assim, torna-se capaz de contrapor os argumentos dos três amigos, os quais baseiam-se na tradição: "Pergunta às gerações passadas [...]". A passagem mais clara desse [novo] espírito crítico está em 13.1: "Tudo isso meus olhos viram e meus ouvidos ouviram e entenderam", ou seja, "Cheguei a essas conclusões com base em minha experiência pessoal".[33]

A atitude intelectual de Jó, que "rejeita uma aceitação passiva da tradição, buscando, ao mesmo tempo, salvar os valores desta, agora apresentando-os de modo racional",[34] tem como base uma disposição de contestar até o fim, em longa argumentação contra a unanimidade que se agremia para incriminá-lo. Jó não se mantém calado diante da autoridade dos que falam em nome do sagrado. Propõe-se, assim, uma inversão de paradigma, subvertendo o contexto religioso-político da Antiguidade. A autoridade pública dos que se agremiam para expulsá-lo, para transformá-lo em bode expiatório, por meio da qual o domínio da comunidade se estabelece, é enfrentada por uma voz que reconhece sua inocência, percebendo, igualmente, o ardil e a injustiça dos incriminadores. Esse tipo de consciência é completamente estranho ao universo mitológico. Em Jó, numa reviravolta sem precedentes, a última palavra vem da vítima, do "manso", do "perseguido", e não do consenso grupal. Há nesse texto, verdadeiro tesouro da literatura universal, a elevação de (uma) consciência teológica, singularmente encarnada e desperta num sujeito prestes a tornar-se bode expiatório, mas

---

[33] SACCHI, *Jewish Apocalyptic and Its History*, p. 189.
[34] Ibidem, p. 189.

que, não obstante, recebe a condição e mesmo a autorização para denunciar a comunidade em que vive e, talvez, o cosmos, prenunciando, em linhas fortes e inesquecíveis, a mentalidade apocalíptica. No Antigo Testamento da Igreja Ortodoxa Etíope, no qual se integra, excepcionalmente, o Livro de Enoque, Jó e Enoque, os dois livros, estão em sequência.

No caso de Jó, os sacrificadores são pegos de surpresa por uma inteligência que os denuncia, revelando o ardil que se organiza em torno da vítima, o próprio Jó. Trata-se, segundo Girard, de uma subversão notável aos parâmetros que modelam universos dominados pelo mito.

> [No mito] Não teríamos mais do que uma perspectiva: a dos amigos. Um mito nada mais é do que essa fé absoluta na onipotência do mal presente numa vítima [...]. [No mito] As acusações "pegariam" com tanta força que acabariam sendo promovidas à condição de verdade. Elas não mais poderiam se separar de Jó, confundindo-se com ele.[35]

Em linhas gerais, os mitos encerram teologias de sacrifício. Logo, a teoria mimética dirá que a diferença substancial, mas não a única, entre Jó e Édipo é justamente a condição que o primeiro teve – e estamos falando não só de literatura, mas de um desenvolvimento abrangente na mentalidade social dos hebreus – de questionar os rompantes sacrificiais de sua comunidade, opondo-se a eles num momento em que quase todos sucumbiriam às palavras de ordem, durante o desfecho de uma crise sacrificial. A sociedade de Édipo, não dispondo dos mesmos recursos hermenêuticos, sucumbirá bem mais facilmente à pressão sacrificial do grupo, entregando-se à válvula de escape da difamação, em cujo desdobramento ocorrem

---

[35] GIRARD, *A Rota Antiga dos Homens Perversos*, p. 43.

linchamentos, apedrejamentos e demais expurgos violentos. Girard dirá, então, que a tragédia pessoal de Édipo nada mais é que mais uma história de crise sacrificial relatada do ponto de vista dos perseguidores, ou seja, um mito.[36] Ao contrário de Édipo, "Jó é um bode expiatório mal-sucedido. Ele desestabiliza a mitologia que deveria devorá-lo, mantendo seu ponto de vista frente ao consenso fabuloso que se fecha em torno dele".[37] Essa desestabilização da mitologia, uma desarrumação nos canais coletivos geradores de unanimidade, é o que o apocalipse fará de modo ainda mais abrangente, em escala histórica e mesmo cósmica, ainda que tenhamos, em Jó, alguns elementos indicativos de questionamentos largos sobre o ordenamento social e cosmológico de seu entorno, mas que são, prontamente, abafados pela autoridade inquestionável do divino. Vejamos, então, duas passagens bem conhecidas e poeticamente sublimes desse profeta temporão:

> Não me condenes, explica-me o que tens contra mim. Acaso te agrada oprimir-me, desdenhar a obra de tuas mãos e favorecer o conselho dos ímpios? [...]. Tuas mãos me formaram e me modelaram, e depois te volves a mim para aniquilar-me?.[38]

Essas interrogações contra a divindade, sugerindo o que poderia ser um defeito estrutural do cosmos, o qual, em regra, parece realmente favorecer os ímpios e castigar os justos, têm precedentes mais singelos na literatura da Antiguidade Oriental, além do contexto israelita; no entanto, na boca de Jó, em seu solilóquio angustiado, mas largamente convencido de sua descoberta moral, percebe-se uma consciência que intui a presença de algo formativo, de um partícipe oculto, porém cardinal, dessa violência sistêmica, algo que

---

[36] "As multidões, cuja histeria não é reprimida por nada, invocam quase sempre como pretexto o parricídio e o incesto." Ibidem p. 43.
[37] Ibidem, p. 44.
[38] Jó 10,3-8

antecede as meras transgressões individuais. Jó parece perceber que as retribuições que buscam o linchamento não o fazem por justiça, tampouco por capricho perverso, mas por necessidade interna. Ele desfere contra o sagrado: "orgulhoso como um leão, tu me caças".[39] No entanto, na resposta poeticamente primorosa que o divino lhe dará, capítulos 38 e 39, o protoprofeta é sumariamente colocado em seu devido lugar: "Onde estavas, quando lancei os fundamentos da terra? Dize-me, se é que sabes tanto", "Quem lhe fixou as dimensões? – se o sabes –, ou quem estendeu sobre ela a régua? [...] Alguma vez deste ordens à manhã, ou indicaste à aurora um lugar, para agarrar as bordas da terra e sacudir dela os ímpios?".[40] Isso significa que, embora disponha de um senso crítico muitíssimo agudo, o sagrado ainda lhe é irresistível em sua autoridade cósmica primeira, em sua autoridade fundante. No apocalipse, porém, em sua radical abertura com o reino celeste, essas restrições desaparecem. Justos e eleitos, desimpedidos, desfrutam do conhecimento das coisas ocultas, outrora interditadas: os profetas também terão acesso aos grandes segredos, como no caso de Enoque.

> No momento em que Jó reivindica, para si, a posse de grandes saberes, o Senhor dirige-lhe a palavra do seio da tempestade, perguntando-lhe se teria como ele conhecer todos os segredos da criação. Jó admite que isso lhe seria impossível, afirmando que esse conhecimento e poder é exclusividade de Deus. Todavia, aqui em Enoque, temos essa crença contrariada. Enoque recebe esse conhecimento celeste; e a tradição na qual ele se encaixa, como veremos, acreditava que esse conhecimento conferia, ao seu portador, status angélico, tornando-o, de fato, semelhante a Deus.[41]

---

[39] Ibidem, 10,16.
[40] Ibidem, 38,4-5.12-13.
[41] BARKER, The Lost Prophet, p. 24.

Temos, contudo, precedentes bem mais antigos do que Jó. Por exemplo, um texto chamado "Admoestações de Ipuwer",[42] extraordinário em sua precocidade, um papiro egípcio datado de desde o início do Reino Médio (c. 2040 – 1640 AEC), no qual se lê não apenas uma crítica à tutela dos deuses como também se nota um novíssimo conceito de realeza, nesse documento entendido como governança de um "bom pastor":[43] alguém que tivesse responsabilidade histórica e social pelo bem-estar dos súditos, e não somente responsabilidade ritual/cerimonial. Em suma, alguém que governasse, sobretudo, para os súditos e não, exclusivamente, para si próprio, seu clã e vassalos. Timothy S. Laniak afirma em *Shepherd After my Own Heart* que "As palavras de Ipuwer carregam a mesma combinação de crítica [social] e esperança idealizada que será ouvida, posteriormente, da boca dos profetas israelitas",[44] colocando, no palco da história religiosa, novas expectativas frente às inúmeras crises que atravessaram o Mundo Antigo.

> [...] A onda de invasões do terceiro milênio antes de Cristo balançou as fundações da cultura arcaica, gerando uma maré de pessimismo e confusão moral. Os homens perderam a fé na imutável ordem divina, sobre a qual o antigo Estado teocrático se sustentava. Os deuses tinham sido incapazes de proteger seus povos, ou até a si mesmos da violência e do ultraje.[45]

Nesse mesmo contexto, porém na outra ponta do Crescente Fértil, em ambientação mesopotâmica, ainda mais formativa do

---

[42] *Papirus Leiden* (𝔐 334).
[43] "Quando Rá criou o homem, ele primeiro não separou o virtuoso do profano? É dito que ele é o Pastor dos Homens. Quando seu rebanho está disperso, ele o vigia, ajuntando-o novamente. Caso ele tivesse percebido, desde o início, a natureza deles, então teria estendido seu braço, destruindo a erva daninha. Mas, nesta época, não há mais um condutor. Onde está ele? Dorme? Seu poder não pode ser visto." Ibidem.
[44] LANIAK, *Shepherd After my Own Heart*, p. 71.
[45] DAWSON, *Dinâmicas da História do Mundo*, p. 226.

que a egípcia, em possíveis aproximações com os apocalipses hebraicos, observamos a figura mítica do rei Enmeduranki de Sippar como prefiguração do Enoque hebraico: um mediador, um eleito das divindades convocado a participar de uma assembleia celeste, da qual recebe as tábuas do céu e a quem são reveladas as coisas ocultas.[46] Uma figura especial – um intermediário entre a ordem do céu e da terra – a quem são revelados os segredos da criação. É preciso sublinhar que tanto Enmeduranki como, posteriormente, Enoque elevaram-se como "padroeiros" lendários de certas instituições sapienciais e divinatórias, e não só de seus respectivos contextos religiosos,[47] mas para além.[48] Porém, não há uma escatologia muito discernível em Enmeduranki e, menos ainda, uma compreensão estruturante do mal e, sobretudo, da liberdade no cosmos e na história. Com efeito, sob muitos aspectos, o apocalipse hebraico, ao qual nos dedicaremos, teve desenvolvimentos próprios e mesmo inéditos na história do pensamento e das ideias. Essas antecipações, como as de Ipuwer e Enmeduranki, são limitadas e isoladas, embora prenunciem de modo rudimentar uma hermenêutica da revelação e certos questionamentos às estruturas de poder e seus correspondentes sistemas consagrados de ordem. Portanto, mais fundamental que possíveis influências mesopotâmicas, egípcias, siríacas, entre outras, seria contemplar o universo israelita, em sua genialidade

---

[46] "Gênesis não nos dá nenhuma dica do papel de Enoque como *revelador*, uma característica que se torna crucial em *1 Enoque*. Esse papel é ilustrado, todavia, pela analogia com Enmeduranki. Um fragmento cuneiforme descreve como os deuses Shamash e Adad convocaram Enmeduranki em assembleia [...]. Enoque também será levado à assembleia celeste, e a ele serão mostradas as tábuas do céu. Ainda que o texto judaico não utilize os métodos babilônicos de divinação, Enoque corresponde a Enmeduranki, na medida em que o primeiro também se apresenta como mediador arquetípico da revelação." COLLINS, *Seers, Sibyls & Sages in Hellenistic-Roman Judaism*, p. 342.

[47] "Enmeduranki era visto como o fundador da guilda oracular [mesopotâmica], baru, que tinha interesses científicos e que investigava técnicas divinatórias, as quais eram posteriormente usadas como base às reivindicações reais." BARKER, *The Lost Prophet: The Book of Enoch and its Influence on Christianity*, p. 17.

[48] "Devemos notar que Enoque não está associado particularmente à história de Israel, mas associa-se à história primordial da humanidade." COLLINS, *The Apocalyptic Imagination: An Introduction to Jewish Apocalyptic Literature*, p. 57.

própria, buscando uma devida compreensão dos processos formativos do apocalipse.

*

Quando Ricoeur e Foucault "patentearam", na década de 1960, a ideia de mestres da suspeita, associando-os, sobretudo, a Marx, Nietzsche e Freud, e assim esboçando o conceito de ideologia da suspeita,[49] faltou-lhes dar crédito, creio, a antecessores mais antigos e fundamentais. O Livro de Jó é um espécime formidável de ideologia da suspeita, em que uma consciência internamente fortalecida, sabe-se lá por quais meios, resolve questionar o *status quo*, desconstruindo parte da sacralidade ancestral de seu entorno, no enfrentamento que faz frente à autoridade do agrupamento solidarizado no sagrado violento.

A hermenêutica que Jó incorpora é política e religiosa, não há separação possível entre esses elementos.[50] Também nesse aspecto, o apocalipse principiará um refinamento, ou seja, uma separação mais consciente entre ambos. Jó, os Salmos, os Profetas, etc. são textos protoapocalípticos ou *quase* apocalípticos. Nesses textos, ainda que em formatos diversos, instala-se ao longo de uma antiga linhagem reflexiva de rememoração, esvaziada dos conflitos e traumas nacionais, uma ideologia subversiva aos parâmetros arcaicos do mito. Há, de fato, a incorporação de um anseio de conhecimento, mas de um tipo que liberta, pois cioso das causas invisíveis às crises pontuais e suas conjunturas.

---

[49] SCOTT-BAUMANN, *Ricouer and the Hermeneutics of Suspicion*.
[50] "Podemos perceber uma instabilidade cuja dimensão política é evidente, essencial, mas as interpretações que se limitam aos aspectos políticos são falseadas pela tendência que os comentadores têm de favorecer o tirano ou, o que ocorre com maior frequência, a multidão. Ao introduzir significações anacrônicas a essas questões, ou seja, ao tomar partido, desconhecemos sempre e obrigatoriamente o verdadeiro centro de gravidade do processo, o mecanismo do bode expiatório, ainda parcialmente sacralizado. A completa dimensão religiosa desses acontecimentos é o que permanece dissimulado por trás da dimensão política." GIRARD, *A Rota Antiga dos Homens Perversos*, p. 69.

> Com a tragédia grega, os Profetas, os diálogos
> de Jó e os Salmos refletem enormes crises,
> políticas e sociais certamente, mas religiosas
> também, as quais constituem uma mesma reali-
> dade com a decadência dos sistemas sacrificiais
> ainda em uso nas duas sociedades [helênica e
> israelita]. Estamos no ponto de junção entre um
> religioso ainda sacrificial, em sentido estrito, e
> um político sacrificial em sentido amplo.[51]

Com efeito, o apocalipse, herdeiro sui generis de correntes diversas de pensamento – muitas das quais hoje inacessíveis, algumas secadas em corredeiras esgotadas pelo tempo, outras integradas a veios ainda caudalosos –, foi assumindo os contornos subversivos dessa mentalidade especial de livramento, em que foi se escudando, progressivamente, uma autonomia intelectual frente aos discursos do sagrado violento: o *sacer* primitivo. Caminho esse que desaguou não só na grande Bacia dos Evangelhos, mas infiltrou-se também no pensamento moderno e, particularmente, em nosso caso, na obra e pensamento de Girard.

Principiemos, então, uma discussão detida sobre a apocalíptica e o apocalipse, vistos agora em suas bases históricas no texto e liturgia.

---

[51] Ibidem, p. 69.

capítulo 7
apocalipse – bases históricas

Não são poucos os estudiosos bíblicos que atentam ao fato de haver, no Novo Testamento, muitas passagens significativas, e até essenciais, mas que se tornam opacas ou mesmo incompreensíveis se não houver o devido reconhecimento de seu fundo apocalíptico, de seu subtexto no apocalipse. Num ensaio inspirado,[1] que comentei em prefácio publicado,[2] o biblista David Flusser, professor falecido da Universidade Hebraica de Jerusalém, analisa uma perícope bem relevante, mas considerada enigmática, atribuída a Jesus (Lucas 11,29-32), donde conclui a impossibilidade de entendê-la em seus sentidos mais agudos, em suas intenções específicas, sem que se lhe reconheça o suporte teológico na apocalíptica, mais especificamente a sua fundação enóquica: "o verdadeiro significado das palavras de Jesus, em Lucas 11,29-32, só pode ser descoberto com a ajuda da tradição literária acerca de *Enoque*. Jesus conhecia esses textos; ele os usou e os transformou de forma criativa, mas sem mencionar o próprio Enoque".[3] A questão é que, não faz muito tempo, quase ninguém ainda lhe dava pela falta, e tínhamos uma exegese e crítica largamente desconectadas da extensão apocalíptica dos Evangelhos.

Ainda que Jesus não mencione abertamente *Enoque* e textos derivados, o que, por si só, daria margem a inúmeras questões, as suas

---

[1] FLUSSER, *O Judaísmo e as Origens do Cristianismo*, vol. III, p. 67-76.
[2] RIGHI, "Uma Reabertura Apocalíptica em Nosso Conhecimento", p. 7-18.
[3] FLUSSER, *O Judaísmo e as Origens do Cristianismo*, vol. III, 2002, p. 68.

palavras em Lucas 11 encontraram, certamente, muitos ouvidos judaicos receptivos, os quais, segundo Flusser, reconheceram prontamente as alusões enóquicas nas advertências de Jesus. Isso nos coloca uma primeira questão: além da teologia mosaica oficial e bem assegurada no período, havia também, nessa Judeia do Segundo Templo, outras teologias que disputavam não só legitimidade, mas, sobretudo, a capacidade de representar novamente a profecia, supostamente perdida após o exílio babilônico. Havia, portanto, sérias disputas internas de legitimidade religiosa, política e moral entre teologias concorrentes. Mas o que diz Jesus em Lucas 11,29-32?

> Como as multidões se aglomerassem, começou a dizer: "Essa *geração* é uma geração má; procura um *sinal*, mas nenhum sinal lhe será dado, exceto o sinal de Jonas. Pois assim como Jonas foi um sinal para os ninivitas, assim também o *Filho do Homem* será um sinal para esta geração. A rainha do Sul se levantará no *Julgamento*, juntamente com os homens desta geração e os condenará, porque veio dos confins da terra para ouvir a *sabedoria* de Salomão, mas aqui está algo mais do que Salomão! Os habitantes de Nínive se levantarão no Julgamento juntamente com esta geração, e a condenarão, porque se converteram pela pregação de Jonas, e aqui está algo mais do que Jonas![4]

As palavras grafadas em itálico (Geração, Sinal, Filho do Homem, Julgamento e Sabedoria) relacionam-se, visceralmente, com o apocalipse; a bem da verdade, subentendem-no. Trata-se de passagem em que Jesus, reivindicado em seu ministério profético, reforça a incapacidade que os judeus de sua época tinham de ler, adequadamente, os sinais, uma vez mais frustrando as expectativas

[4] Lucas 11,29-32.

apocalípticas particulares de seus conterrâneos, advertindo-os, na sequência, sobre um fracasso nacional iminente, também registrado em Mateus (12,38-42) e, mais sucintamente, em Marcos (8,11-13). Em outras palavras, o profeta nazareno dizia a seus ouvintes fariseus e outros que eles não estavam à altura da profecia: não tinham olhos[5] para vê-la cumprir-se, estavam cegos para os sinais. Desse modo, não tinham como restaurar a sabedoria,[6] pois lhes faltava um tipo especial de compreensão,[7] este tornado indisponível aos que haviam perdido o conhecimento espiritual: o dom da profecia, das visões e dos sonhos. Isso implicava, seguramente, a percepção de um sumo sacerdócio fatalmente corrompido, por onde o fundo temático enóquico: todo um segmento, uma classe religioso-política, era visto como ilegítimo,[8] moral e espiritualmente degenerado, impuro e contaminado, um verdadeiro "meretrício espiritual" em jargão profético. Nesse ambiente sacerdotal corrompido até o osso, a profecia, havia muito desamparada da sabedoria, tornava-se um estranho, um desconhecido agonizante, cujos proveitosos serviços não mais podiam ser bem avaliados, menos ainda utilizados.

O alerta ao sinal de Jonas, profeta reconhecidamente reticente, demovido de sua fuga e convencido a pregar ao seu grande inimigo, os assírios, exortando-os ao arrependimento e conversão, é toque particularmente devastador que Jesus dá aos seus interlocutores, em especial aos facciosismos judaicos da época, os quais, ainda que divergentes entre si, litigantes políticos, reuniam-se no ódio comum

---

[5] O tema da *cegueira espiritual* é recorrente tanto nos profetas, especialmente em Isaías, quanto na literatura apócrifa. "Todas as sentinelas são cegas, nada percebem [...]." (Isaías 56,10).

[6] O que significa que não poderiam restaurar a verdadeira visão profética. A profecia validava-se no *dom da Sabedoria*. "Constitutivo ao estado abençoado é o dom da sabedoria." COLLINS, *The Apocalyptic Imagination: an Introduction to Jewish Apocalyptic Literature*, p. 60.

[7] "São pastores incapazes de compreender [...]." (Isaías 56,11).

[8] "A crença popular era a de que o Segundo Templo seria temporário, destinado a ser substituído por um Templo permanente, para o qual os gentios, convertidos, viriam. Templo temporário, sacerdócio corrompido e longo exílio faziam parte do mesmo problema." BARKER, *Christmas – The Original Story*, p. 24.

ao inimigo estrangeiro, na pressa que tinham pela consumação da ira de Deus.[9] Note o leitor como Jesus coloca a si mesmo no papel de Jonas, qual seja, pregando aos inimigos, ao mesmo tempo que coloca seus ouvintes, os judeus, na mesma posição dos ninivitas, a saber, estrangeiros que precisam converter-se! Tudo isso precisa ser explicado, contextualizado. Prossigamos.

> A mais antiga dessas vozes ressoa ao final de Isaías, quando o profeta se queixa dos *vigias* que estão cegos e nada sabem. Esse é o linguajar do templo. Os vigias são os sacerdotes, os anjos da guarda do templo, e eles haviam rejeitado a Sabedoria que lhes conferia o conhecimento. Os "olhos abertos" significavam a reabilitação do verdadeiro sacerdócio, e assim o vaticínio de Joel 2,28 [...]. O Livro do Apocalipse registra o júbilo da Igreja primitiva ao ver em chamas essa grande meretriz que corrompera a terra (Apocalipse 19,1-4). A meretriz foi substituída pela Noiva do Cordeiro, a Jerusalém celeste (Apocalipse 21,15-21).[10]

Assim sendo, e em primeiríssimo lugar, "apocalipse" significa – em seus próprios termos – a restauração dessa visão,[11] desse discernimento espiritual, nos termos intertestamentários dos místicos judeus do período do Segundo Templo. A reabilitação do profetismo visionário dependia, portanto, de um recondicionamento espiritual em fundações pretéritas: das origens *reveladas* do Primeiro Templo, vinculadas a um sumo sacerdócio real e ungido, assim habilitado a preservar as "ataduras" da criação, mantenedor da eterna aliança.

---

[9] "Por isso fugi apressadamente para Társis; pois eu sabia que tu és um Deus de piedade e de ternura, *lento para a ira*, rico em amor [...]" (Jonas, 4,2).
[10] BARKER, *Introdução à Teologia do Templo*, p. 22-23.
[11] Como na introdução do *Livro dos Vigias*: "Enoque, um homem reto, cujos olhos foram abertos por Deus" (*1 Enoque* 1, 2).

Só assim, por meio da reabilitação desse sumo sacerdócio ungido, seria possível, novamente, "abrir os olhos" e "reconhecer o momento que se cumpria uma profecia. [Esta] era uma forma ou mesmo a forma de ler os sinais dos tempos".[12]

Não por acaso, essa perícope encaminha, na sequência, uma das passagens mais delicadas em Lucas, visceralmente apocalíptica e conhecida como "contra os fariseus e legalistas: 'Ai de vós, fariseus!'", em que Jesus diz, sem meias palavras ou atenuantes, que toda cultura religioso-política, da qual fazem parte ele e seus interlocutores, e de Abel a Zacarias, isto é, do primeiro ao último profeta, está fundamentada, desde suas origens, em perseguições e assassinatos dos que falaram em nome e por amor à Sabedoria.[13] Trata-se, por conta de suas implicações antropológicas, de uma das passagens mais extensivamente analisadas na obra de Girard. Por enquanto, todavia, basta-nos identificar seus traços eminentemente apocalípticos, sobretudo, seu fundo enóquico.

> Eis por que a Sabedoria de Deus disse: Eu lhes enviarei profetas e apóstolos; eles matarão e perseguirão a alguns deles, a fim de que se peçam contas a esta geração do sangue de todos os profetas que foi derramado desde a criação do mundo, do sangue de Abel até o sangue de Zacarias, que pereceu entre o altar e o Santuário. Sim, digo-vos, serão pedidas contas a esta geração![14]

Uma das características marcantes da literatura enóquica antiga[15] é sua incomunicabilidade com o que chamamos de tradição mosaica,

---

[12] BARKER, *Christmas – The Original Story*, p. 23.
[13] "Ai de vós que edificais os túmulos dos profetas, enquanto foram vossos pais que os mataram! Assim, vós sois testemunhas e aprovais os atos dos vossos pais: eles mataram e vós edificais" (Lucas 11,47-48).
[14] Lucas 11,49-51.
[15] "A literatura enóquica, hoje conhecida, compreende quatro conjuntos centrais: o Enoque etíope, *1 Enoque*, encontrado nessa língua; o Enoque eslavo, *2 Enoque*, encontrado

sua alienação expressiva, embora não total, frente ao conjunto Moisés e Leis, como reforça J. J. Collins em seu *The Apocalyptic Imagination*, "a falta de engajamento com a aliança mosaica é um dos aspectos mais notáveis da literatura enóquica primitiva, especialmente o *Livro Astronômico* e o *Livro dos Vigias*".[16,17] Esse afastamento frente ao conjunto mosaico nos mostra a existência de teologias concorrentes no contexto do Segundo Templo. Essas diferenças têm, não obstante, uma história mais antiga. Paolo Sacchi estabelece duas raízes teológicas dessemelhantes no universo hebraico do final da monarquia [Primeiro Templo]: sulista e nortista, *promessa* e *lei*, respectivamente.[18] Segundo o especialista italiano, a versão nortista, consagrada no Deuteronômio, que passou a controlar os pressupostos teológicos pós-exílio, não conseguiu impedir que a outra corrente, a sulista, se desenvolvesse e prosperasse à margem do sistema oficial controlado pelo sumo sacerdócio de Jerusalém. Nesse cenário, teria se originado, segundo ele, a corrente marginal chamada de enóquica, dentre outras correntes[19] também marginais (e hostis) ao sumo sacerdócio legalista fixado em Jerusalém. A situação teria se agravado ainda mais, durante o sumo

em língua eslava da antiga Igreja russa; o Enoque hebraico, *3 Enoque*, um texto místico do século IV d.C.; além dos fragmentos enóquicos de Qumran, por meio dos quais houve a possibilidade de vislumbrar, pela primeira vez, não só a antiguidade dessa literatura, talvez, anterior, em suas bases conceituais, aos séculos IV e III AEC, como também sua centralidade na época de Jesus." RIGHI, "Uma Reabertura Apocalíptica em Nosso Conhecimento", p. 16.
[16] COLLINS, *The Apocalyptic Imagination: an Introduction to Jewish Apocalyptic Literature*, p. 98.
[17] *1 Enoque* também é dividido como Pentateuco, a saber, *Livro dos Vigias, Similitudes, Livro Astronômico, Livro dos Sonhos, A Epístola de Enoque*. Textos que foram escritos por autores distintos, em épocas distintas, mas que, não obstante, frente sua unidade temática e simbólica, foram posteriormente compilados numa única obra.
[18] "Isto é, [a questão] se a salvação depende da observação que os homens fazem da Lei ou, em vez disso, depende de uma gratuita intervenção divina. Nos dois extremos, podemos colocar, de um lado, a tradição de Qumran e seu predetermininismo e, do outro, os saduceus, os quais, segundo Josefo, viam tudo como exclusivamente dependente da ação humana." SACCHI, *Jewish Apocalyptic and Its History*, p. 28.
[19] Sacchi estabelece quatro correntes principais: o zadoquitismo (esdrianismo-deuteronomismo); a corrente representada nos livros de Rute, Jonas e Jó; o samaritanismo e, sobretudo, o apocalipse.

sacerdócio asmoneu,[20] adentrando o período pré-cristão na passagem do domínio selêucida ao romano. Um esquema com alguns pontos em aberto, mas capaz de reconfirmar a existência de pensamentos alheios e mesmo antagônicos ao conjunto mosaico-deuteronômico dominante.

Tendo-se esse cenário em mente, creio que seja possível apreender, na avaliação que fazemos de Lucas 11, que Jesus está confrontando justamente esse conjunto mosaico-deuteronomista, representado à época pelo farisaísmo. Trata-se de um confronto em que o profeta Galileu se vale doutrinalmente de pressupostos apocalípticos havia muito disponíveis, apoiando-se numa fonte de conhecimento, porém antagônica às referências farisaicas mais comuns, fonte essa organicamente vinculada ao universo visionário oracular da profecia, aos mistérios mediados pelas hostes angélicas e, principalmente, à confirmação de um Julgamento. Com efeito, o inegável fundo enóquico de seu pensamento oferece-nos uma medida nada menos que dramática de suas divergências frente ao farisaísmo da época, embora houvesse neste, dentro do próprio farisaísmo, tendências aparentemente ciosas do bálsamo da misericórdia, o que Jesus certamente percebia em seu esforço por convertê-los: "vendo no preceito do amor ao próximo a essência da Lei, pensando que amar a Deus era melhor do que temê-lo".[21]

> Alusões crípticas nos Evangelhos revelam que Jesus conhecia esses mistérios e, como "Enoque", acreditava que fora ungido e transformado no Homem, no centro das visões. Esses mistérios tornaram-se o padrão de seu

---

[20] "Essa mudança da família sacerdotal governante dos zadoquitas para os asmoneus trouxe talvez mais prejuízos para a organização política judaica do que trouxera a interferência dos gregos macedônicos, já que, para os antigos seguidores e aliados de Zadoque, a ascensão dos asmoneus comprometia a pureza do templo e invalidava seu ritual. Os asmoneus não eram a verdadeira classe sumo sacerdotal." HAMERTON-KELLY, "An Introductory Essay", p. 9.
[21] FLUSSER, *O Judaísmo e as Origens do Cristianismo*, vol. III, p. 24.

ministério e atividade; logo, naquele que "dá testemunho do que viu e ouviu, mas ninguém acolhe o seu testemunho" (João 3, 32).

Mais tarde, Paulo empenhou-se para atrair esses "fariseus do amor", na tentativa de integrá-los ao movimento de Jesus, não obstante, com resultados insuficientes como nos mostra, com certa dramaticidade, Atos 18,6. Mas, ainda que houvesse inegáveis tendências reformistas no farisaísmo, o discurso apocalíptico de Jesus, em Lucas 11,[22] opunha-se aos pressupostos caros àqueles que o ouviam. O texto é exato: Jesus irrita seus interlocutores ao máximo, deixando-os completamente transtornados, envolvendo-os na violência interna que negam. Estes, agora, farão de tudo para persegui-lo e matá-lo.[23]

É certo que, considerando-se o que está escrito, os autores do *Livro dos Vigias* (em *1 Enoque*) parecem não levar em conta toda grande tradição israelita, que compreende dos escritos eloístas aos sacerdotais,[24] passando pelos profetas. Moisés não é mencionado; não há nenhuma referência à Aliança; tampouco aos profetas. Se não fosse pela menção explícita ao Dilúvio, nos termos de algumas seções da tradição javista, e se não houvesse referência (implícita) ao primeiro pecado dos humanos (32,6),

---

[22] Não nos esqueçamos de que Lucas 11 abre a discussão com Jesus ensinando o Pai Nosso aos discípulos, uma oração com traços eminentemente associados ao poder santificador do Reino, ou seja, ao poder subjacente a toda a visão apocalíptico-escatológica. Exortação do Reino e Apocalipse são realidades indissociáveis.

[23] Lucas 11,53-54.

[24] Aqui, o autor faz referência à subdivisão interna da crítica literária e histórica ao Antigo Testamento, estabelecida e refinada conceitualmente por scholars como Julius Wellhausen e o frade dominicano Roland de Vaux, por meio da qual se percebeu que havia escritos "de índole um tanto diversa" e fragmentária no Pentateuco, aos quais se fixaram "escolas" distintas, como a eloísta, a javista e a sacerdotal.

o qual foi provocado, haveria muito pouco de
elementos reconhecidamente judaicos.[25]

Esse estranhamento ou mesmo um antagonismo entre escritura enóquica e mosaica é a raiz teológico-política do que chamaremos de apocalipse. A questão de fundo é cosmológica ou teológica, mas com implicações práticas ou políticas.

*

De modo esquemático e certamente insuficiente, podemos estabelecer como origem remota ao que passou a ser conhecido, posteriormente, por ἀποκάλυψις, "revelação" em grego, as invasões e devastações neoassírias do século VIII AEC, em decorrência das quais foi desfeita a organização monárquico-tribal israelita, o que nos coloca um início formativo bem recuado do apocalipse, compreendido enquanto corrente de pensamento particularmente conectada, nessa origem, ao profetismo isaiânico.[26] Defendi, em livro,[27] a hipótese de que o apocalipse deita suas mais fornidas raízes, desde seu período formativo/pré-literário, numa fortíssima reação ao que podemos chamar de religião de estado em configuração imperial/invasora, durante um processo em que houve uma "abertura irrevogável da *religio* na direção de novas elaborações teológicas, com base nas quais se passou a questionar, abertamente, os meios do sagrado violento, então alocado na estrutura imperial, mas que, outrora, habitara e controlara o interior dessa mesma *religio*".[28] Isso levanta

---

[25] SACCHI, *Jewish Apocalyptic and Its History*, p. 58.
[26] "Isaías, como também ocorre em *Enoque*, não tem lugar real para Moisés e a teologia do Êxodo; por outro lado, destacam-se com grande ênfase o julgamento (Isaías 2,12-21; 5,13-17; 14; 19; 22; 24,7; 34; etc.), o pecado do orgulho (Isaías 14; 37,23-29), os anjos do julgamento (Isaías 37,36-38), a mitologia angélica (Isaías 14; 24,21-22) e a restauração da criação (Isaías 35). O contexto mental de Isaías era o do Primeiro Templo, universo este em que os escritos enóquicos dizem deitar suas raízes." BARKER, *The Lost Prophet: The Book of Enoch and its Influence on Christianity*, p. 94.
[27] Ver RIGHI, *Pré-História & História – As Instituições e as Ideias em seus Fundamentos Religiosos*.
[28] Ibidem, p. 272.

questões históricas complexas, mas cujo exame aprofundado não cabe nesta obra. Todavia, a elas nos dedicaremos com brevidade.

Embora os apocalipses tenham encontrado desenvolvimento formal mais tardiamente, período helenístico e início do período romano, correspondendo, grosso modo, aos últimos séculos AEC e os primeiros EC, período em que se tornaram disponíveis num gênero que pode ser hoje caracterizado como "apocalíptica", o seu desenvolvimento inicial – imaginário e mentalidade – tem de ser perscrutado em suas longínquas fases formadoras, sobretudo, em parte da literatura profético-sapiencial, propondo-nos, no caso, a existência de "uma antiga corrente de pensamento que foi refletida [posteriormente] nos primeiros apocalipses".[29]

Em primeiríssimo lugar, é preciso esclarecer que apocalíptica, conceito este relacionado a um gênero literário, como um tipo de literatura religiosa, é caracterização moderna, concebida como gênero específico por scholars e demais estudiosos, quando estes começaram a identificar semelhanças marcantes entre o *Apocalipse de João* e outros textos mais antigos e recentes.[30] Assim sendo, a Antiguidade jamais conheceu esse gênero literário, apocalíptica, com base numa suposta unidade temática.[31] Trata-se de uma designação investigativa de nosso tempo, portanto, moderna. Com efeito, esse "gênero" não deixa de ser uma caracterização arbitrária, relativa e nitidamente sujeita a revisões.[32] Em segundo lugar, e levando-

---

[29] SACCHI, *Jewish Apocalyptic and Its History*, p. 18.
[30] "A tendência geral dos scholars atuais é de considerar a apocalíptica em sua unidade, cujas características literárias, visão espiritual e ideologia precisam ser delineadas. Esses scholars estudam o ambiente em que surgiu a apocalíptica, literária ou oral, e tendem a ligar esse gênero aos desastres na história de Israel que se iniciaram no século II AEC." Ibidem, p. 37.
[31] No esforço moderno que se faz "por tentar distinguir os temas da apocalíptica, como se esta tivesse necessariamente uma unidade de pensamento que pudesse expressar-se nos termos de uma coerência conceitual". Ibidem, p. 16.
[32] Há, por exemplo, sérias discordâncias entre os scholars sobre quais textos seriam inequivocamente integrados ao gênero "apocalíptica". Todavia, há um consenso, ainda que instável, no qual se incluem, grosso modo, a literatura enóquica, Daniel, alguns elementos em Isaías,

-se em conta a primeira observação, é possível questionar se essa designação literária – apocalíptica – não seria uma teorização frágil ou mesmo equivocada do ponto de vista histórico e conceitual. Realmente, apesar de todo o esforço dos scholars por caracterizar de modo formal uma literatura apocalíptica,[33] existem diferenças marcantes entre os livros alocados nessa forma literária, fato este que, a depender da perspectiva adotada, dificulta a defesa de haver uma unidade literária comum ou *um* gênero chamado "apocalíptica". Pior ainda, existem discrepâncias internas significativas nos textos designados dessa forma; neles são encontrados, por vezes, apenas certos elementos ou passagens do que seria, para nós, uma literatura caracteristicamente apocalíptica, como observa D. S. Russell, em *The Method and Message of Jewish Apocalyptic*. Por exemplo, ao contrário do que se pensava, o Livro de Daniel não é um apocalipse característico, embora se encaixe, temporal e tematicamente, no fulcro histórico desse pensamento, e falamos da Revolta dos Macabeus, apresentando muitos elementos, indubitavelmente, apocalípticos. Diferentemente de Enoque e João, a narrativa em Daniel não se conclui num grande julgamento agraciador e restaurador, na consumação dos tempos, mas permanece reservada, a saber, conserva-se não revelada: "Então perguntei: 'Meu Senhor, e como será a consumação dessas coisas?' Ele respondeu: 'Vai, Daniel, pois estas palavras estão fechadas e reservadas até o tempo do Fim'".[34]

De certo modo, esses nossos reveses na condução de uma perfeita racionalização das fontes antigas, estas muitíssimo complexas, têm origem em certa obsessão irrefletida e, por vezes, irracional, em que se privilegia, excessivamente, o texto – sua temática e estilo – e se negligencia, costumeiramente, seu intrincado processo de execução em etapas e contextos diversos: as formas específicas em que esses textos eram elaborados, as temporalidades e os distintos grupos e

---

parte de Jeremias, parte de Zacarias, alguns fragmentos de Qumran, 2 Baruque, 4 Esdras, Apocalipse de Abraão, o Apocalipse de João, Jubileus, dentre tantos outros apócrifos.
[33] Ver *Semeia 14*, 1979.
[34] Daniel 12,9.

pessoas envolvidos. Por exemplo, o que se conhece, hoje, por Livro de Isaías compreende material diverso, que foi escrito, compilado e editado ao longo de séculos. O mesmo vale para a grande maioria dos textos que compõe a chamada Escritura. A bem da verdade, temos, no mínimo, três Isaías, com os quais, por sua vez, envolvem-se escribas, discípulos e sacerdotes desconhecidos, todos associados a essa imensa compilação que atravessa gerações, em que se preservou, não obstante, uma unidade reflexiva, um alinhamento temático absolutamente essencial ao desenvolvimento do apocalipse.

Esse tipo de problema nos é instrutivo na medida em que sublinha certas diferenças intratáveis entre história e crítica literária. Com efeito, por vezes, uma caracterização excessiva de estilos, categorias e classes literárias, os quais são determinados por estudiosos modernos, pode ter o efeito oposto ao desejado, obnubilando as origens do pensamento por trás do "gênero", esfumaçando, assim, determinado conjunto hermenêutico, em vez de esclarecê-lo, afastando o leitor moderno da mentalidade por trás desses materiais, ou seja, distanciando-nos de seus referenciais internos.

Esses "livros de revelação", apocalíptica, indicam "mais uma forma de conhecimento do que um gênero literário específico".[35] O pensamento apocalíptico deu-se como fenômeno intimamente associado ao universo litúrgico de escribas e sacerdotes do período do Segundo Templo, um fenômeno ligado às comunidades ou guildas de estudo e oração,[36] místicos do templo, os quais se debruçavam, sistematicamente, sobre vasto repertório textual e litúrgico à medida que o dom número 1 da profecia, a visão do Senhor, fora diminuído e mesmo perseguido frente ao legalismo

---

[35] SACCHI, *Jewish Apocalyptic and Its History*, p. 22.
[36] "Os autores pseudônimos [da apocalíptica] são frequentemente identificados como homens de sabedoria ou escribas: Enoque, Daniel, Esdras, Baruque. As alusões sempre presentes à sabedoria bíblica e a outras fontes refletem, muito provavelmente, um estudo sistemático." COLLINS, *The Apocalyptic Imagination: An Introduction to Jewish Apocalyptic Literature*, p. 48.

religioso. Esses homens precisavam conservar um tesouro espiritual que estava ameaçado de desaparecimento.

Essas observações são importantes porque nos ajudarão a inserir obra e pensamento de Girard nos parâmetros mais amplos do apocalipse, percebendo este como forma de apreender e interpretar o *cosmos*, e sem precisar inserir Girard na apocalíptica, entendida em seu *pedigree* literário específico, o que, de fato, seria impossível de realizar, dada sua singularidade histórica, sua contextualização muito própria. A apocalíptica se foi; o apocalipse, não. Nessa perspectiva, a apocalíptica, conceito problemático, torna-se tributária de algo mais importante, o apocalipse, visto como corrente de pensamento, como hermenêutica originada em antropologias e teologias específicas. Mas, antes de entrarmos no apocalipse, em sua estruturação interna, em sua cognição e simbologia próprias, voltemos um pouco mais à investigação do processo histórico específico que o originou, do qual e pelo qual se formaram as mentalidades dessa hermenêutica, tanto como literatura, apocalíptica, quanto como movimento político-religioso, apocalipsismo.

Conforme dito anteriormente, há como identificar origens remotas do apocalipse nos terríveis desdobramentos ao colapso monárquico-tribal israelita, proveniente, num primeiro momento, das invasões neoassírias sobre a Palestina e adjacências, durante o último quartel do século VIII AEC. A dissolução do reino e das tribos do Norte e a humilhante vassalagem do reino de Judá provocaram ambas as coisas, uma dobradura ou inflexão profunda no sistema do Primeiro Templo. E este seria destruído, agora em definitivo, pouco mais de um século mais tarde, durante a invasão seguinte, dessa vez realizada pelos duplos miméticos dos neoassírios: os neobabilônicos ou caldeus,[37] no início do século VI AEC, cuja onda invasora resultou, desta feita, na destruição total do Templo de Jerusalém e na extinção da monarquia davídica.

---

[37] "O império neobabilônico alcançou o seu ápice de poder sob Nabopolassar, filho de Nabucodonosor II, e durou um tempo, até ser completamente esmagado pelos persas em 539 AEC." PATTERSON, *Nahum, Habakkuk, Zephaniah – An Exegetical Commentary*, p. 136.

São significativos os indícios que pressupõem, antes desse cataclismo político-cultural israelita, um sistema religioso – o do Primeiro Templo – em que o rei assumia funções sumo sacerdotais importantíssimas.[38] Realmente, havia, no templo davídico-salomônico, um culto real que se agregava ao sumo sacerdócio de Jerusalém, atando-o a uma teologia que entendia que o rei[39] *ungido*, um rei messias, era o responsável primeiro pela expiação dos pecados do povo/nação e, consequentemente, pela restauração da ordem cósmica,[40] visto assim como o primeiro encarregado da manutenção da aliança eterna, intermediário solene entre o céu e a terra: "Oráculo de Davi, filho de Jessé, oráculo do homem que foi exaltado [erguido], do ungido do Deus de Jacó [...], *o espírito de Javé falou por meu intermédio*".[41] Essa concepção de um rei sumo sacerdote, ungido e erguido, um rei dispensador de curas e justiça,[42] está marcadamente presente em algumas figuras bíblicas bem significativas, como Abraão,[43] Melquisedec, Davi e Salomão, representantes de um antiquíssimo imaginário em que se concebia "o *status* divino do rei,[44] representante terreno de Deus".[45]

---

[38] BARKER, *The Great High Priest*.
[39] Ver Salmos 2; 89; 110.
[40] Tratava-se de um padrão disseminado na Antiguidade Oriental. Os reis mesopotâmicos e egípcios tinham funções sacerdotais semelhantes. Ver FRANKFORT, *Kingship and the Gods: A Study of Ancient Near East Religion as the Integration of Society and Nation*, 2012.
[41] 2 Samuel 23,1-2.
[42] "Davi reinou sobre todo o Israel, exercendo o direito e fazendo justiça a todo o povo." (2 Samuel 8,15).
[43] Ainda que Abraão não seja formalmente um rei, mas um chefe de clã, sua liderança sumo sacerdotal e política frente a seu povo é absolutamente clara. Aliás, ele é o protótipo bíblico de uma realeza (chefatura) dirigida e associada ao Senhor, comprometida numa aliança eterna com o Senhor, principalmente após seu encontro como Melquisedec.
[44] Não nos esqueçamos de que a história do nascimento de Jesus, conforme relatada no Evangelho de Mateus (Mateus 2,1-12), tem Jesus recebendo de presente – dos *magoi* – óleo de mirra, uma essência luxuosa e restrita ao sumo sacerdócio real, símbolo do orvalho da manhã, outrora mantido no santo dos santos para a unção dos reis e sumo sacerdotes. Isso nos revela, uma vez mais, como Jesus foi inserido, pela teologia neotestamentária, na tradição da realeza sumo sacerdotal do Primeiro Templo: rei, sumo sacerdote, pastor do povo e servo de Deus.
[45] BARKER, *The Lost Prophet: The Book of Enoch and its Influence on Christianity*, p. 63.

Esse era, grosso modo, o contexto teológico-litúrgico isaiânico e protoapocalíptico: o universo do culto do Primeiro Templo,[46] o qual seria violentamente suprimido pelos imperialismos mesopotâmicos e persa – neoassírio, neobabilônico e persa, sucessivamente. Torna-se então fundamental perceber que certamente havia um expressivo corpo teológico por trás dessa configuração sumo sacerdotal de monarquia.

> O *Filho* era manifestado nos sumo sacerdotes reais do culto do antigo templo. Teria nascido um ser humano normal e, então, teríamos de perguntar como foi que um sumo sacerdote se tornou um anjo, como se tornou divino.
> A resposta está no ritual realizado no santo dos santos, onde somente ao sumo sacerdote era permitido entrar. Vários textos descrevem como o rei iria "nascer" como Filho de Deus ou ser "elevado" no santo dos santos.[47]

Entre a destruição das tribos de Israel, monarquia do Norte, pelos assírios (c. 721 AEC) e a destruição da monarquia do Sul, pelos babilônicos (c. 586 AEC), houve um interregno absolutamente vital para a idealização de um novo hebraísmo, em contraposição ao qual – mas do qual – o apocalipse surgirá como narrativa de resistência, nos termos da profecia oracular dos místicos do Templo. Tratou-se de período caracterizado por movimentações intestinas ao conjunto hebraico, principalmente em seus fluxos migratórios, durante e após o colapso do Reino do Norte. Podemos somente imaginar, logo após o doloroso castigo assírio, Jerusalém a receber levas e levas de refugiados israelitas, irmãos que, vindos do vizinho norte, foram expropriados de suas terras e bens, separados de entes queridos: estes mortos, escravizados ou expatriados, definitivamente

---

[46] SMITH, "Wisdom and Apocalyptic".
[47] BARKER, *Introdução ao Misticismo do Templo*, p. 97.

desvinculados de seus santuários e templos. Que se note que a Assíria não poupava estados rebeldes, castigando, igualmente, a todos, povo e elite. As formas de castigo eram, absolutamente, aflitivas. Todavia, como sabemos, o império neoassírio, um império de terror, pouco durou, revigorando esperanças e projetos nacionais de povos recentemente subjugados.

Sacchi esclarece-nos esse momento em que o *judaísmo* se impôs num contexto de fortes alterações institucionais e cosmológicas.

> Israel, o reino do norte, fora conquistada pelos assírios em 721 AEC, tendo uma vida em separado de Judá, uma vez que este reino, embora em estado de vassalagem frente aos assírios, manteve certa independência [...]. [No entanto], com o colapso abrupto do poder assírio, por volta de 620 AEC, o rei Josias [de Judá] sofreu a óbvia tentação de unificar, sob seu reinado, o norte outrora perdido. [Para isso], todos os santuários do norte tiveram de ser destruídos e o centro religioso de Jerusalém imposto. Para que esse propósito fosse alcançado, foi necessário dispersar e deportar, para Jerusalém, todos os sacerdotes dos santuários destruídos do norte [...]. Um texto sagrado do norte, deuteronômio, que pregava a unidade de culto, mesmo que não explicitasse que deveria ser praticada em Jerusalém, favorecia essa política de força.[48]

As chamadas "reformas josiânicas", um expurgo religioso em larga escala (2 Reis 23), de cuja base o deuteronômio se impôs, ideologicamente, como teologia dominante do Antigo Testamento, foram determinantes para que o hebraísmo se tornasse, como muitos

---

[48] SACCHI, *Jewish Apocalyptic and Its History*, p. 76.

scholars dizem-no, judaísmo(s): religião do Livro, de escribas e mestres/doutores da Lei, mudança essa que se consolidou, ao menos na Judeia, no transcorrer do retorno do exílio babilônico, durante o período do Segundo Templo. No caso, Van Seters[49] conclui, por exemplo, que a religião dos patriarcas Abraão, Isaac e Jacó, que subsistira até o século VII AEC, em Judá, foi exatamente aquela que Josias purgou, substituindo-a pelo "projeto" deuteronomista, sob cuja tutela doutrinária os livros do Antigo Testamento, como hoje os conhecemos, foram compilados, organizados e editados ao longo dos séculos seguintes. Com efeito, a hegemonia alcançada pela visão do Deuteronômio, a visão da "Lei", esta tornada sagrada, critério primeiro de fidelidade nacional, foi imposta dogmaticamente sobre uma série de tradições mais antigas, sobrepondo-se, principalmente, à tradição do culto sumo sacerdotal associado à realeza ungida, e que podemos chamar de teologia ou cosmologia abraâmico-melquisedequiana.[50]

Essa grande movimentação religiosa, uma reorientação dramática dos pressupostos da antiga fé, provocou reações, fomentando cisões profundas no hebraísmo. As agudas alterações promovidas pelo centralismo josiânico, ou por correntes posteriores que usaram Josias como justificativa, recriando-o à sua imagem e propósitos, provocaram rupturas profundas no sacerdócio, alterando, inclusive, disposições antiquíssimas, como ocorreu com os levitas: "Quando Josias aboliu todos os outros lugares de adoração, os levitas deslocaram-se a Jerusalém para servir, mas foram impedidos de exercer seus direitos e deveres sacerdotais. Eles, agora, estavam contaminados por terem ministrado nos santuários das colinas e foram

---

[49] VAN SETTERS, "The Religion of the Patriarchs in Genesis".
[50] "Desde a descoberta do texto de Melquisedec, entre os Manuscritos do Mar Morto (11Q13), é possível notar a relevância da afirmação de que Jesus era Melquisedec [...]. O texto claramente enaltece o retorno do divino Melquisedec, que vem para resgatar seu povo do poder do Maligno. Esperava-se que Melquisedec aparecesse exatamente quando Jesus deu início a seu ministério público, e a descrição do papel de Melquisedec coincide precisamente com o modo como Jesus é apresentado nos Evangelhos." BARKER, *Introdução à Teologia do Templo*, p. 24.

rebaixados a empregados do templo".[51] Houve, portanto, nesse enorme cadinho religioso-político, substantivas alterações de ordem social e intelectual, as quais, em breve, expressaram-se em conflitos internos de grandes proporções. Com efeito, o período intertestamentário, dos persas aos romanos, foi marcado, sobretudo, pela imposição de uma doutrina que, embora fosse derivada da religião dos patriarcas, impunha um sistema legalista e centralizador profundamente dessemelhante aos pressupostos sacerdotais associados ao modelo abraâmico.

> O Pentateuco (primeiros cinco livros do Antigo Testamento) foi compilado a partir de uma série de fontes antigas após a destruição do templo original, após o fim da monarquia e após o expurgo de Josias. As histórias são apresentadas como uma sequência histórica, mas também refletem o desdobramento mais recente: o de que a religião dos patriarcas havia sido enfim suplantada pela religião de Moisés já no século VI a.C.[52]

De tal modo isso foi decisivo no âmbito do Segundo Templo, que vem se tornando praticamente impossível compreender, com fineza, o ministério de Jesus, tendo-se em vista parte da teologia que este encarnava, sem, antes, levar em conta questões lançadas nessa época. Com efeito, conforme destacam os Evangelhos e conforme discutido em Lucas 11, a Sabedoria mística, uma vez rebaixada pelos doutores da Lei, escapou aos profetas, retirando-lhes os dons visionário-interpretativos; nessa perspectiva mística, integrada ao apocalipse, a saber, à perspectiva sacerdotal do culto real, a profecia tornou-se inacessível em razão da iniquidade de seus guardiões primeiros, vigias/sentinelas/pastores, abandonando assim um sacerdócio tido

---

[51] Idem, *The Revelation of Jesus Christ*, p. 30.
[52] Idem, *Introdução à Teologia do Templo*, p. 28.

como corrompido. Nesse momento, o leitor há de fazer o trânsito com o que se disse sobre *1 Enoque*, considerando linguagem e temática, uma travessia que ecoa, irresistivelmente, o último Isaías. Um único e mesmo universo simbólico-temático surge diante de nós:

> Todas as *sentinelas* são cegas, nada percebem;
> São *pastores* incapazes de compreender.
> Todos seguem o seu próprio caminho.
> [...]
> O justo perece e ninguém se incomoda,
> Os homens piedosos são ceifados,
> Sem que ninguém tome conhecimento.[53]

O cumprimento da profecia não podia mais ser visto/avaliado.[54] A Glória abandonando o santuário, conforme descrito em Ezequiel 11,23,[55] é a ilustração, o simbolismo cabal desse impasse religioso. O mesmo profeta vislumbrará, mais tarde, o retorno da Glória:[56] a recuperação da visão do Senhor consumada num Julgamento reparador/restaurador. A Glória retornaria e, com ela, a verdadeira justiça. "Sim, o justo foi ceifado, vítima da maldade, mas ele alcançará a paz; os que trilham o caminho reto repousarão no seu leito [...] Eu habito em lugar alto e santo, mas estou junto ao abatido e humilde."[57]

A visão escatológica prefigura os elementos dessa narrativa: o Filho do Homem, abominações, o vidente erguido pelo Espírito, a terra repleta de violência, a ira/cólera do Senhor, hostes angélicas, Julgamento do Senhor, etc. são todos dados do apocalipse. Introduz-se

---

[53] Isaías 56,10-11; 57,1.
[54] "Hipócritas, sabeis discernir o aspecto da terra e do céu; e por que não discernis o tempo presente? Por que não julgais por vós mesmos o que é justo?" (Lucas 12,56).
[55] "A Glória de Iahweh elevou-se de sobre a cidade e pousou em cima do monte que ficava para o Oriente." (Ezequiel 11,23).
[56] "A Glória de Iahweh chegou ao Templo pelo pórtico que dá para o Oriente. O espírito ergueu-me e trouxe-me para o átrio interior e eis que a Glória de Iahweh enchia o Templo." (Ezequiel 43,4-5).
[57] Isaías 57,2-15.

uma figura central, um grande anjo, líder de um sumo sacerdócio "guerreiro" e dispensador de um julgamento definitivo sobre o cosmos. Esse Anjo Poderoso, figura central do Apocalipse joanino, é Aquele que emerge do santo dos santos. O que se tem, portanto, é um cenário marcadamente integrado ao ambiente exclusivo do santo dos santos. A representação é teológica, qual seja, trata-se de *ação espiritual* em sentido estrito, apreendida e, posteriormente, interpretada pelo visionário que contempla a chegada do Senhor, entronizado no santo dos santos celeste, o que significa a invasão/ entrada da eternidade na história, revelada como teofania redentora acima do *kapporet*, o propiciatório misericordioso, implicando o final dos tempos, anunciado assim, num grande julgamento, uma expiação definitiva, eternamente renovável e criadora. Isso é apocalipse: a recriação eterna de um Deus que se esvazia em amor – que se doa – renovando eternamente a Criação. Quando Jesus oferece a si mesmo como expiação de sacrifício no final de seu ministério, ele o faz consciente dessa tradição espiritual, consciente de que a realizava durante o décimo Jubileu, consciente de que a cumpria segundo o sumo sacerdócio de Melquisedec, um sacerdócio espiritual, não de sangue. Tudo isso impõe ao cristianismo fundações inequivocamente apocalípticas. Mas, vejamos.

O Apocalipse de João registra as profecias associadas ao décimo jubileu, na expectativa da vinda do Reino. Essa restauração que faz o Apocalipse joanino suscita o retorno da profecia, mas, agora, rematada num Julgamento Final conduzido pelo Ungido. Retirada do campo maior das decisões públicas, a profecia foi se tornando, no transcorrer do período intertestamentário, durante os "400 anos de silêncio", que de silenciosos nada tiveram, pelo contrário, alvo de perseguições políticas e religiosas,[58] ao mesmo tempo que seu antigo e imorredouro prestígio foi se tornando uma sombra permanente aos déspotas helenísticos e seus associados judeus. Dentre

---

[58] Não nos esqueçamos, por exemplo, de que Herodes mandou assassinar – por volta de 32 AEC – todos os sacerdotes que investigavam a profecia de Daniel dos 490 anos.

outras correntes pietistas, o apocalipse surgiu como *ressignificação* intertestamentária dessa antiga teologia em parte perdida,[59] em parte corrompida e em parte suprimida pelo judaísmo legalista do Deuteronômio, o qual, durante a vida e ministério de Jesus Nazareno, encontrava-se incorporado ao poder sumo sacerdotal de Jerusalém em aliança temporária, mas corrompida, com o poder imperial romano. Os antigos reis e seu culto sumo sacerdotal, associados à renovação da eterna da aliança, ao apocalipse, foram substituídos por uma teocracia sacerdotal em conluio com reis ilegítimos e poderes estrangeiros. Era mais ou menos esse o clima e o discurso religioso-político presente na época de Jesus. Prossigamos.

> A maior parte dos relatos sobre os reis de Israel e Judá vem das mãos daqueles que incutiram a teologia mais recente da aliança [a deuteronomista], baseada na história mosaica, e não chega a ser surpreendente que não deram muita ênfase aos padrões que procuravam superar. Portanto, encontramos muito pouco sobre a [mais antiga] aliança com a realeza nos escritos históricos do Antigo Testamento, e temos de juntar os fragmentos que sobraram com base em indícios e alusões nos profetas e salmos [...]. Essa aliança com a realeza era muito semelhante à aliança cósmica ou eterna que encontramos em *Similitudes* de Enoque.[60]

Está claro que parte da literatura enóquica, cujos primeiros escritos, *Vigias*, formam a base textual mais antiga e provavelmente

---

[59] "Muitas partes do Antigo Testamento foram compiladas e mesmo editadas no século VI AEC, algumas outras, muito depois, isto é, durante o exílio ou durante os anos turbulentos que se seguiram ao repovoamento em Judá. A monarquia davídica desaparecera da história, e os sumo sacerdotes tornaram-se governantes de Jerusalém." BARKER, *The Lost Prophet: The Book of Enoch and its Influence on Christianity*, p. 6.
[60] Ibidem, p. 81.

originária do apocalipse, detém os principais, mas não os únicos, ingredientes formativos do apocalipse: em sua teologia da história e sua cosmologia da expiação-criação. O discurso apocalíptico de Jesus aos fariseus, conforme Lucas 11 e 12, carregado de elementos escatológicos, revela-nos tanto a familiaridade, à época, com seu conteúdo como a periculosidade que havia de se valer de argumentos reconhecidamente enóquicos. Provavelmente, e Flusser parece sugerir o mesmo,[61] Jesus evitou fazer referências diretas a Enoque, no intuito de não provocar reações violentas entre seus ouvintes, sobretudo, os fariseus, os quais Jesus procurava converter e que identificariam, em Enoque,[62] um ou mesmo *o* inimigo ideológico.

Falta-nos ainda, como fundamento probatório, uma referência histórica que seja externa tanto ao contexto religioso-político hebraico quanto ao cristianismo primitivo. Vamos a ela.

*

Em seu *Berossus and Genesis, Manetho and Exodus: Hellenistic Histories, and the Date of the Pentateuch*, Russell Gmirkin problematiza a historicidade das reformas josiânicas, conforme relatadas em 2 Reis 22-23. Com efeito, até o momento, não temos evidência arqueológica de um movimento iconoclasta de grande alcance – do tipo retratado em 2 Reis – durante o reinado de Josias ou mesmo ao longo do século VII AEC. Essa atual falta de indícios arqueológicos que corroborem as reformas atribuídas ao rei Josias, embora não prove nada, reforça a hipótese de uma imposição largamente textual (ideológica) e posterior do Deuteronômio sobre a tradição religiosa hebraica mais antiga. Assim, o Josias que expurgou o Templo de Jerusalém e eliminou os santuários agrestes teria sido, segundo Gmirkin, provavelmente "inventado" pelos escribas ligados ao movimento deuteronomista posterior, os quais, apropriando-se

---

[61] FLUSSER, *O Judaísmo e as Origens do Cristianismo*, vol. III, p. 67-76.
[62] Não nos esqueçamos de que, por exemplo, *1 Enoque* fazia parte do cânone testamentário na *Epístola de Barnabé* e ainda o faz na tradição da Igreja Ortodoxa Etíope.

da narrativa legalista à época disponível, fomentaram, com a chancela sagrada de uma monarquia perdida, portanto, silenciosa, as reformas religiosas dos novos tempos (a nova Torá de Esdras),[63] nas quais foram firmados novos critérios identitário-religiosos.

Sem entrar na discussão específica da historicidade das reformas josiânicas, fora do escopo deste livro,[64] o importante é notar, não só no hebraísmo do Primeiro Templo, mas incluindo o retorno do cativeiro, uma religiosidade multifacetada,[65] ainda muito atrelada ao rito e à tradição oral, substancialmente litúrgica.

Um documento externo preciosíssimo vem, do Egito, em nosso auxílio: os *Papiros de Elefantina*, uma coleção de documentos oficiais escrita em aramaico, língua franca do império persa, e datada entre 490 a 400 AEC. Os documentos (cartas) números B 19, 20 e 21,[66] datados entre 410 a 407 AEC, são petições da comunidade judaica de Elefantina ao sumo sacerdócio de Jerusalém, solicitando auxílio para *a reconstrução do templo local*, que fora destruído a mando das autoridades egípcias. As datas das petições colocariam a comunidade hebraica em Elefantina – ao menos teoricamente – no âmbito dogmático de Esdras/Neemias, à época supostamente em vigor. Todavia, não só a solicitação oficial para a construção de um novo templo – uma casa de Javé –, fora de Jerusalém, torna-se aparentemente anacrônica, mas, principalmente, temos o desafio

---

[63] "Resumindo, os indícios arqueológicos não validam a tese de que o Dt tenha sido introduzido sob o reinado de Josias, em vez disso, fortalece o modelo segundo o qual o culto a Javé, mesmo em Jerusalém, ainda era governado [na época de Josias e além] pela Torá Oral, ou seja, por uma tradição litúrgica que era repassada entre os sacerdotes que serviam [nos templos] dedicados a Javé." GMIRKIN, *Berossus and Genesis, Manetho and Exodus: Hellenistic Histories and the Date of the Pentateuch*, p. 28.
[64] "Não há possibilidade de imaginar que o texto encontrado e utilizado por Josias, em sua reforma religiosa e política, é o mesmo Dt manuseado em nossos dias. As opiniões sobre a formação do Dt se dividem em diferentes escolas, quando o esforço é dirigido à compreensão das diversas fases redacionais." FRIZZO, "A Trilogia Social", p. 21.
[65] Discutiremos a fundo esse aspecto na próxima seção, em que investigaremos as bases teológicas e litúrgicas do apocalipse.
[66] FARBER et al., *The Elephantine Papyri in English*.

de petições que não fazem nenhuma referência "ao Pentateuco e ao sumo sacerdócio aaronita [...] nenhuma referência ao Êxodo ou a qualquer outro evento bíblico. Nenhuma referência às leis de Moisés [...]".[67] "Um documento que nos deixa perplexos, uma vez que os sacerdotes hebreus que supervisionavam o templo em Elefantina deviam ter em mãos e obrigar o regime da Torá, a qual, segundo a hipótese documental, estava completa, pois oficialmente promulgada na época de Esdras e Neemias."[68]

Isso nos coloca dois problemas de imediato: primeiro, o judaísmo pós-exílio era ainda profundamente ligado às tradições orais do[s] templo[s],[69] santuários, dizendo-nos que (ainda) subsistia uma religiosidade ritual fortemente regional e dissociada do Livro, a qual se organizava em torno de santuários diversos dedicados a Javé, e isso não está exatamente ligado às resoluções deuteronômicas; segundo, há problemas claros e graves de datação dos textos bíblicos. Com efeito, os livros do cânone vêm sendo datados segundo suas referências internas, segundo sua historicidade orgânica em sua relação com outros textos e fontes, ao passo que os textos apócrifos e pseudoepígrafos são datados conforme o texto mais antigo encontrado: datação radioativa e outros métodos. Isso tem causado uma série de confusões e erros de avaliação, como fica claro neste caso.

Caso fossem adotados aos textos canônicos do Antigo Testamento os mesmos critérios adotados aos apócrifos, teríamos "o texto bíblico mais antigo[70] até hoje encontrado datado não antes do final do século III AEC [...]. Simplesmente ainda não há manuscritos bíblicos anteriores a esse período, os quais possam demonstrar qual seria a conformação do Pentateuco nos anos 900, 600 *e mesmo nos*

---

[67] GMIRKIN, *Berossus and Genesis, Manetho and Exodus: Hellenistic Histories and the Date of the Pentateuch*, p. 30.
[68] Ibidem, p. 30.
[69] "A extraordinária ausência de qualquer referência aos conteúdos do Pentateuco nos Papiros de Elefantina torna-se ainda mais notável ao considerarmos as relações amigáveis entre os judeus de Elefantina e os sacerdotes do templo de Jerusalém." Ibidem, p. 32.
[70] Manuscritos encontrados em Qumran.

anos 400 AEC".[71] Tendo-se essa questão em mente, absolutamente pertinente e vital, alguém poderia sugerir, como, de fato, já foi feito, que *O Livro dos Vigias* poderia ser – em tese – contemporâneo ao terceiro Isaías.[72] Não será o caso de entrar nessa discussão, mas fazemos-lhe referência para sublinhar a pluralidade de teologias e cosmologias concorrentes no cenário religioso-político judaico do Segundo Templo, sobretudo nos seus três últimos séculos de existência, em cujo desfecho ocorreu a destruição de Jerusalém no ano 70 EC, período esse em que o apocalipse entrou de forma vigorosa no imaginário e sensibilidade judaicos. Tratava-se, todavia, de uma corrente de pensamento largamente estranha aos parâmetros da Lei, absolutamente viva nessa época. Com isso, há realmente como defender, e de modo sólido, um manancial teológico pré-apocalíptico anterior ao da Lei, embora – documentalmente – hoje nos pareça o contrário. Houve, de fato, muita manipulação textual e, concomitantemente, institucional, e não há como entender a atmosfera altamente incendiária dos facciosismos judaicos da época de Jesus, ignorando esse longo movimento de fundo. Portanto havia, e há mais tempo do que a Escritura nos quer fazer crer, uma visão fundamentalmente oposta às imposições do Deuteronômio e sua leitura legalista do cosmos.

> Como Nickelsburg salientou, "a julgar pelo que os autores de *1 Enoque* escreveram e deixaram

---

[71] GMIRKIN, *Berossus and Genesis, Manetho and Exodus: Hellenistic Histories and the Date of the Pentateuch*, p. 29.
[72] "O primeiro problema está nas nomenclaturas e datações. Os acadêmicos dispuseram os textos canônicos hebraicos em categorias como "profecia", "sabedoria", "história", assim por diante, com base no repertório limitado do material que se tornou canônico. Eles os dataram segundo a premissa, ainda que não abertamente admitida, de que esses textos seriam, de fato, tão antigos quanto alegavam ser, mas, ao mesmo tempo, todos os outros textos teriam a sua antiguidade vinculada estritamente às evidências materiais mais antigas. Consequentemente, Isaías, datado no século VIII AEC, não poderia ter tomado conhecimento de *1 Enoque*, uma vez que não existe, para este, evidência manuscrita antes da metade do período do Segundo Templo. Mas a primeira evidência manuscrita do livro de Isaías é igualmente bem posterior ao século VIII AEC, e tal falto é simplesmente ignorado." BARKER, *Introdução ao Misticismo do Templo*, p. 67-68.

de escrever, a aliança do Sinai e a Torá não tinham importância central a eles". Com efeito, alguns scholars acham difícil aceitar a ideia de que a Torá nem sempre era central às formas de judaísmo [...]. É improvável que um autor para o qual a Torá fosse central tomaria o pseudônimo de uma figura que vivera antes do Dilúvio. Enoque foi escolhido porque representava aqueles que tiveram acesso a um conhecimento arcano indisponível na Torá de Moisés.[73]

Sim, ao que tudo indica, o apocalipse era, havia muito, um conhecimento subversivo (oficialmente perseguido?), e Jesus Nazareno sabia disso.[74] Na alusão velada que faz a *Enoque*, mas sem explicitá-lo como tal, o profeta Galileu se valeu de um conhecimento altamente controverso, politicamente explosivo, mas que, sem dúvida, agradava-lhe o pensamento.

*

No verão de 2004, realizou-se uma conferência internacional, em Stanford, Califórnia, em que se discutiu a relação entre Apocalipse e Política, cujo resultado foi a publicação de uma obra[75] contendo os ensaios dos participantes convidados. A nós interessa saber que esses scholars convidados, professores doutores[76] em diversas disci-

---

[73] COLLINS, *Apocalypse, Prophecy and Pseudepigraphy: On Jewish Apocalyptic Literature*, p. 305.
[74] "O Livro de Enoque tem muitos pontos em comum com o Antigo Testamento, mas nele encontramos, contudo, mais pontos de discordância. Em Enoque, não há lugar para o elaborado culto sacrifical do templo, nenhuma citação real do Antigo Testamento, tal como ele hoje está escrito (com a exceção da canção angélica 'Santo, Santo, Santo', a mesma de Isaías 6, 3), e não há também qualquer papel significativo para a Lei de Moisés. Que tipo de judaísmo era esse, em que não havia um lugar de destaque para a Lei e nenhum lugar para o culto sacrificial?" BARKER, *Christmas – The Original Story*, p. 18.
[75] HAMERTON-KELLY, *Politics & Apocalypse – Studies in Violence, Mimesis, and Culture*.
[76] Robert Hamerton-Kelly, René Girard, Fred Lawrence, José Niewiandomski, Wolfgang Palaver, John Ranieri, Stefan Rossbach e Peter Thiel.

plinas, atacaram a questão central (Política e Apocalipse) servindo-se de alguns luminares da filosofia política, mas, sobretudo, da hermenêutica apocalíptica[77] admitidamente disposta na teoria mimética. A questão central da obra, conforme elaborada pelos acadêmicos, foi a seguinte: "Como a teoria de René Girard pode nos ajudar a interpretar o apocalipse da história do mundo em geral e do mundo pós-11 de setembro em particular?"[78] Uma questão que é, em si mesma, reveladora. Em primeiro lugar, é imprescindível notar como os eventos impactantes do 11 de setembro, os ataques terroristas de 11 de setembro de 2001, foram interpretados, e de modo unânime, como apocalípticos. Com efeito, esses ataques, em sua força simbólica absolutamente expressiva, foram considerados como evento epocal, ou seja, como ponto de inflexão histórica, uma dobradura na narrativa universal, com base na qual e a partir da qual se interpreta o que veio antes e o que virá depois. Um evento dessa magnitude realmente impõe questões seríssimas e inadiáveis sobre a condução das coisas, e em todos os planos da vida social – do religioso ao tecnológico. Fica claro também como nessa altura de sua vida, e estamos falando do ciclo final de sua produção, Girard começou a ser visto como autor profundamente conectado com o apocalipse, qual seja, com uma hermenêutica altamente capacitada à interpretação dos processos mundiais, sobretudo em suas forças ocultas e estruturantes, e mesmo em seu direcionamento.

Esse desvendamento que o apocalipse nos oferece se dá, de uma só vez, segundo seu discurso interno e metodologia cognitiva: "por graça divina e pela capacitação da razão humana". Logo, temos uma hermenêutica que capacita o humano a compreender aquilo que se coloca além do óbvio, ultrapassando, em muito, as relações mais imediatas de causa e efeito. Na verdade, como veremos na sequência, capítulo no qual estudaremos o apocalipse em seus conteúdos

---

[77] "Em nosso debate são três os itens principais: teoria política, teoria mimética e apocalipse, e, certamente, precisamos compreender cada um deles." HAMERTON-KELLY, *Politics & Apocalypse – Studies in Violence, Mimesis, and Culture*, p. 2.
[78] Ibidem, p. 2.

próprios, em estruturação simbólico-discursiva, essa corrente de pensamento foi responsável pela separação, à época inédita, entre *política* e *religião*, ainda que em termos sensivelmente distintos do secularismo moderno. Tratou-se de um movimento extraordinário na história das ideias, principalmente quando avaliamos as hegemonias mitológicas atuantes na Antiguidade, em suas cosmologias absolutamente vinculativas entre ordem imperial/tribal e exercício religioso.

> É lugar-comum na academia moderna dizer que a distinção entre religião e política é um anacronismo moderno quando aplicada ao mundo antigo. Mas os judeus sob o domínio dos gentios fizeram precisamente essa distinção. Daniel [autor apocalíptico] é irretocável como servidor de um rei estrangeiro, exceto quando se trata da lei de seu Deus. Aqui reside o seu *hibridismo*: súdito leal e servo, exceto quando um assunto crucial está em questão [...]. Daniel e seus companheiros não têm qualquer problema em adotar a linguagem do império, ou mesmo de buscar promoções e honrarias no sistema imperial. Todavia, riscam uma linha na areia, quando adoração e compromisso ao seu Deus estão envolvidos.[79]

A questão é perceber como esse risco na areia foi se tornando mais e mais profundo, formando sulcos que, abrindo vales profundos, tornaram-se verdadeiros abismos.[80] Se a *intelligentsia* moderna interpreta um 11 de setembro como "evento apocalíptico", o que não

---

[79] COLLINS, *Apocalypse, Prophecy and Pseudepigraphy: On Jewish Apocalyptic Literature*, p. 296.
[80] "Os capítulos subsequentes [em Daniel] focam especialmente na *profanação do templo* como o evento que coloca o império gentio para além de qualquer redenção. Os judeus haviam incorporado a rapacidade de muitos dos governantes imperiais, desde o exílio babilônico. Apenas a violação do culto, todavia, tornaria o governo imperial finalmente intolerável." Ibidem, p. 297.

dizer da destruição do Templo de Herodes pelos *kittim*, os romanos, no ano 70 EC? Junto ao massacre populacional, exílio forçado e submissão humilhante? Ou mesmo, a destruição do Primeiro Templo, o de Salomão, em 586 AEC pelos neobabilônicos de Nabucodonosor? Nesse aspecto, alguém poderá dizer que o "apocalipse" de 11 de setembro torna-se menos significativo se comparado a outros eventos epocais,[81] os quais desestruturaram coletividades inteiras, obrigando-as a uma reavaliação radical de seus valores e decisões.

Isso nos ajuda a perceber que apocalipse não é algo redutível a um grande desastre, a uma devastação inaudita, como a cultura popular tende frequentemente a avaliá-lo em nosso tempo, pois o primeiro acarreta, necessariamente, um abandono radical de antigas formas de vida, promovendo uma ressignificação profunda da ordem social. Em clave cristã, sabemos que não há apocalipse sem a profunda ação reparadora do Filho do Homem, qual seja, sem uma entrega amorosa – uma expiação – que renove as relações humanas em seus fundamentos. Antes de *estar* na história, o apocalipse ocorre – já ocorreu – como sacramento, manifestando-se como ritual expiatório no santo dos santos. Isso nos é fundamental para que não confundamos evento epocal com apocalipse, para que percebamos que este, ao contrário daquele – está sempre em andamento. Na verdade, o apocalipse, conforme aqui entendido, tem compreendido uma pletora de eventos epocais. O que nos interessa, no entanto, nesta recuperação histórica, é percebê-lo, sobretudo, como hermenêutica expiatória que denuncia o sagrado arcaico, encerrando-lhe o poder espiritual, derrubando-o do céu, conforme caracterizado por Girard, mas ele assim o faz valendo-se da linguagem do próprio arcaico, valendo-se de sua ritualística expiatória.

Quando os cristãos foram perseguidos nos primeiros séculos de nossa era, durante o chamado período dos mártires, estes eram

---

[81] Especialmente aqueles que – a despeito de sua magnitude – permanecem ou permaneceram ocultados. Veremos isso no próximo capítulo.

comumente acusados de ateísmo.[82] Para o leitor moderno, isso faz pouco ou nenhum sentido, mas há nesse fato histórico, amplamente conhecido, a confirmação de uma corrente de pensamento abertamente hostil à sacralização dos poderes do mundo, que se fazia plenamente disponível nos primeiros séculos de nossa era. Esse pensamento teve um desenvolvimento próprio. Como vemos, o apocalipse pode ter sido o eixo mesmo – a espinha dorsal – desse corpo simbólico e ético ao qual damos o nome de cristianismo. Cristãos e judeus negavam-se a honrar o imperador como divindade, negavam-se a divinizar, igualmente, o império e seus agentes, preferindo, não poucas vezes, os horrores do martírio. Essa corrente subversiva, instalada no seio da civilização romana, tinha claríssimos antecedentes no apocalipse.

> Nesse (novo) paradigma [apocalipse], a antiga religiosidade tribal-nacional, grosso modo, indissociável dos acertos políticos na solidariedade entre tribos e reinos associados, começou a se antagonizar frente ao que via como ganância e impiedade do novo sistema [o sistema imperial], organizou-se contrariamente ao que passou a ver como sistema opressor e corrompido [...]. Foi um processo que promoveu uma cisão entre a antiga religiosidade tribal dos clãs e pequenas monarquias e a nova religiosidade imperial cosmopolita e pluralista, e com a mudança significativa de que o sagrado violento se encerraria cada vez mais numa *religio* de estado.[83]

Foi o momento em que, ao destruir-se a si mesmo como religião arcaica, ao desmilitarizar-se no plano político, o hebraísmo, em

---

[82] GILSON, *A Filosofia na Idade Média*.
[83] RIGHI, *Pré-História & História – As Instituições e as Ideias em seus Fundamentos Religiosos*, p. 265-6.

seus formatos quietistas (apocalípticos), segundo o teólogo Robert Hamerton-Kelly, "estava fundamentalmente salvando-se como fé",[84] levando consigo parte substantiva de seu repertório mais antigo, o qual seria reatualizado no cristianismo. Trata-se de uma afirmação que solicita maiores explicações. A elas nos dirigiremos na sequência, adentrando sua arquitetura mental específica. Mas, antes do ingresso ao próximo capítulo, façamos uma provocação em nossa narrativa, cara ao nosso argumento: semelhante ao profeta Daniel, Girard também não adotou, integralmente, a linguagem do "império", e começou a traçar riscos na areia, separando, em sulcos progressivamente profundos, o domínio comum do universo acadêmico, onde prosperou e angariou honrarias,[85] e certo domínio inegociável de seu insight. Com efeito, conforme pretendemos demonstrar, e semelhante ao livro de Daniel, a sua obra revela certo agravamento progressivo de um compromisso, creio, inegociável com as mais profundas implicações de seu pensamento, fronteira tornada mais e mais visível à medida que Girard foi envelhecendo.

A obra do teórico francês foi se distanciando dos condicionamentos acadêmicos, tornando-se, pouco a pouco, comprometida com o apocalipse, sua simbologia e narrativa.

---

[84] HAMERTON-KELLY, "An Introductory Essay", p. 19.
[85] Girard foi agraciado, em 2005, com o título de "Imortal" pela Academia Francesa, uma honraria destinada a um grupo seleto, fora inúmeros títulos de doutor *honoris causa* concedidos por universidades em países diversos (Áustria, EUA, França, Itália).

capítulo 8
apocalipse – bases simbólicas

Uma forma absolutamente sintética de definir apocalipse é caracterizando-o como gênero narrativo que dá autoridade teológica ao conhecimento oracular/visionário, no qual um receptor, alguém escolhido/eleito, é capacitado ao conhecimento das coisas ocultas, tanto em sua recepção, visão, quanto em sua interpretação, revelação, ambas sob o controle de agentes celestes. Trata-se de um conhecimento que diz oferecer as chaves de leitura dos sinais dos tempos – o que implica uma decodificação tanto da história quanto do cosmos, conteúdo e estrutura, respectivamente. No entanto, como comentado, apocalipse, embora um substantivo comum, também designa, em nossa língua, um substantivo próprio: "uma obra literária específica: o *Livro do Apocalipse*, último livro do N. Testamento, do qual os acadêmicos do século XIX tomaram o termo central, 'apocalipse', para designar um tipo de literatura",[1] hoje designada "apocalítica". Iniciemos, ainda que brevemente, pelo Apocalipse de João, ponto de partida exegético-histórico para o estudo dessa corrente de pensamento.

Em Apocalipse 10, há um anjo poderoso que, descendo do céu, impede o clarividente de escrever o que as vozes dizem, "guarda em segredo o que os sete trovões falaram, e não o escrevas" (Apocalipse

---

[1] HAMERTON-KELLY, "An Introductory Essay", p. 1.

10,4); a voz lhe ordena que guarde em segredo um grande mistério. O clarividente vê-se então obrigado a ingerir, da mão de um anjo que estava em pé sobre o mar e a terra, um livrinho aberto de sabor agridoce, "que te amargará o estômago, mas em tua boca será doce como mel" (Apocalipse 10,9). A quantidade de elementos simbólicos significativos nesse curtíssimo capítulo é realmente impressionante.

Fica claro que a visão subentende um novo conhecimento que será só *parcialmente* revelado por escrito, cujo conteúdo não será compartilhado em seu todo com o público, apenas em parte, num zelo característico da literatura profética. Em Ezequiel, capítulos 2 e 3, depois de receber a visão mística do carro alado com os seres viventes, a visão do trono, *merkabá*, o profeta recebe uma segunda visão: a de um pergaminho enrolado, quando ouve o comando para que o ingira: "coma o que tens diante de ti, [...] ingere este rolo que te estou dando e sacia-te com ele" (Ezequiel 3,1-3). Após a ingestão do pergaminho, Ezequiel é erguido e levado ao povo, para que anuncie parte do novo conhecimento recebido. Orígenes, teólogo místico da patrística, participante ativo e profundo conhecedor desse imaginário do templo, teceu considerações sobre a ingestão oracular de livros e pergaminhos:

> Os nossos profetas conheciam coisas bem elevadas que não foram escritas. Assim, Ezequiel tomou um pergaminho, escrito no verso e reverso [...] mas ao comando do Logos ele o engoliu a fim de que o seu conteúdo não fosse reproduzido e, assim, não fosse entregue aos indignos. É ainda João que nos ensina a diferença entre o que se deve escrever e o que não se deve.[2]

Temos dois elementos fundamentais. Primeiro, trata-se de um conhecimento velado e, em segundo, de um saber informado, em suas raízes, pela profecia, quando vista em seu imaginário

---

[2] ORÍGENES, *Contra Celso*, 6, 6.

específico e metodologias próprias. A inegável proximidade com o jargão profético é estreita o suficiente para que se façam – em muitos casos – verdadeiras justaposições. Por exemplo, em muitas passagens do Apocalipse de João, há um grande esforço descritivo, um empenho para descrever fielmente o que foi visto na experiência oracular, mas isso é feito com base em padrões pré-determinados, valendo-se de certas expressões padrão: "como se fosse", "semelhante a", "com o aspecto de", "com aparência de",[3] as quais também são usadas pelos profetas em suas visões e oráculos. Margaret Barker, em seus estudos sobre mística e teologia do Primeiro Templo, notou a especificidade dessa terminologia, em que se verifica um jargão associado a esse tipo de visão, que passou a ser dominado pelos profetas e seus escribas.

> Se Ezequiel compreendesse d^emut como a realidade invisível no santo dos santos e $mar'eh$ como o seu aspecto (sua aparência), durante essas visões, a descrição se torna, então, consistente. A realidade invisível das quatro criaturas viventes apareceu-lhe em forma humana (Ezequiel 1,5), como tocha (Ezequiel 1, 13). Enoque registrou o mesmo fenômeno: em sua primeira jornada celestial, ele vê aqueles que "eram como tochas flamejantes, e quando desejavam tinham aspecto de homens" (Enoque 17,1). Ezequiel também vê a d^emut do trono se

---

[3] No capítulo analisado, Apocalipse 10, temos, por exemplo, "seu rosto *era como* o sol, as pernas *semelhantes* a colunas de fogo" (Apocalipse 10,1); ou mesmo em Apocalipse 4, "o que estava sentado no trono tinha *o aspecto de* uma pedra de jaspe e cornalina [...], à frente do trono havia *como que* um mar vítreo, *semelhante a* um cristal" (Apocalipse 4,3; 6). O mesmo padrão descritivo está presente no *Livro dos Vigias*: "E enquanto eu olhava, vi um trono sublime; *semelhante ao* gelo, e suas rodas *eram como* as do sol radiante [...]". "A Grande Glória sentou-se nele; seu traje *tinha o aspecto do* sol, muito mais alvo que a neve" (*1 Enoque* 14,18-20). Torna-se claro como essa literatura oracular, incluindo-se outros muitos trechos como passagens inteiras nos profetas, compartilhava não só um mesmo imaginário, mas também uma técnica narrativa comum.

manifestar como pedra de safira (Ezequiel 1, 26; 10,1) e a *d^emut* da glória de Deus aparece-lhe *como arco-íris* resplandecente a cercar uma figura flamejante.⁴

Apocalipse 10 tem início no período: "trajava-se com uma nuvem e sobre sua cabeça estava o arco-íris" (Apocalipse 10,1). O suficiente para atestar a unidade simbólica entre profecia e apocalipse, com a vantagem de encadear – nessa mesma unidade – Ezequiel, Enoque e o Apocalipse de João. Com efeito, é impossível compreender essa corrente, sem que se tenha em primeiro plano um imaginário fenomênico de grande envergadura, uma verdadeira cosmologia celestial, levando em consideração, obviamente, simbologias antiquíssimas e ligadas a técnicas de clarividência e experiências oraculares, algo bastante comum na Antiguidade Oriental.⁵ John Collins diz que "a revelação (apocalipse) não é inteligível sem ajuda sobrenatural. É algo que ultrapassa este mundo [...]. A disposição do vidente (do recipiente) frente à revelação – sua reação a ela – enfatiza tipicamente a impotência humana frente o sobrenatural".⁶ Trata-se de dado central em qualquer aproximação ao apocalipse e literatura associada, seja direta, seja indiretamente.

Ezequiel, Enoque, Daniel e João, e muitos outros, comungavam não só um mesmo imaginário, mas também uma hermenêutica comum, sobretudo uma metodologia narrativa, um método interpretativo similar, como se, realmente, compartilhassem um saber único com conceitos e jargão próprios. Isso nos abre questões muito fecundas sobre os nascedouros dessa simbologia colossal, o que nos leva, em conformidade à perspectiva adotada, a outras e ricas fontes, as quais têm seu ponto de encontro na profecia e teologia do Primeiro Templo.

---

⁴ BARKER, *Introdução ao Misticismo do Templo*, p. 198.
⁵ RIGHI, *Pré-História & História – As Instituições e as Ideias em seus Fundamentos Religiosos*.
⁶ COLLINS, *The Apocalyptic Imagination: An Introduction to Jewish Apocalyptic Literature*, p. 6.

Barker nos oferece outra indicação. Em suas análises de Ezequiel e Isaías – este, de longe, o livro mais citado e aludido no Novo Testamento, com base no qual Jesus Nazareno inaugurou, numa sinagoga em Nazaré,[7] o seu ministério, conforme descrito em Lucas 4,16-21 –, essa autora britânica coloca em destaque uma questão a nós importantíssima, destinada à busca por uma compreensão acurada das origens simbólicas do apocalipse.

> Ezequiel recebera a visão da glória do Senhor deixando o templo, posteriormente viu um anjo instruindo-o acerca de como exatamente o templo deveria ser reconstruído, após o exílio, para que a glória do Senhor pudesse retornar. *As palavras do anjo revelam que os erros do templo exprimiam os erros na sociedade* [grifo meu] [...]. O Segundo Isaías, seu contemporâneo mais jovem, disse o mesmo: se a comunidade restaurada retificasse os seus caminhos, a glória retornaria. Essa era [também] a visão de mundo dos primeiros cristãos.[8]

Temos, dessa forma, templo e profecia unidos numa temática versada, grosso modo, na corrupção do sumo sacerdócio, esta vista como reflexo particularmente significativo – como modelo – de desvios associados à conduta religiosa e moral do povo. Desvios que provocaram descaminhos duradouros, cujas consequências seriam terríveis, criando a expectativa de uma reparação dolorosa, uma reconversão que viria no tempo certo, após o término da "ira

---

[7] "Na sinagoga de Nazaré, no início de seu ministério público, Jesus proclamou que as palavras de Isaías, que acabara de ler, cumpriam-se naquele exato momento. Nesse ponto, a alta quantidade de alusões a Isaías, tanto nos Evangelhos quanto no resto do Novo Testamento, pode indicar que Jesus citava Isaías mais do que aos outros profetas, e que o cumprimento das profecias de Isaías foi lembrado pelos redatores do Novo Testamento como algo especialmente significativo em sua vida, tendo proeminência única entre as citações das Escrituras nos Evangelhos, Paulo e Atos." BARKER, *Christmas – The Original Story*, p. 16.
[8] Ibidem, p. 3.

de Deus". O desvirtuamento do Templo, a saber, a queda moral/ espiritual de sua intendência litúrgica e administrativa, correspondia *ipsis litteris* às distorções em todos os contextos da vida mundana, o que, teologicamente, designava o afastamento da glória. Ao afastar-se, a glória retirava o discernimento de seus representantes diretos, os sacerdotes do Templo, comprometendo a qualidade e legitimidade proféticas. Por acréscimo, a desgraça se estendia ao resto do povo, contagiando-o nos descaminhos.

*

Todo esse encadeamento pode nos parecer, hoje, um excesso de atribuições associadas ao Templo e seu aparato institucional, como se fosse uma leitura forçada de certa historiografia, mas isso ocorre na medida em que as realidades da Antiguidade Oriental e sua cosmologia de fundo são ignoradas.

> O mundo [hebraico Antigo] era delineado pelo templo. Sua cultura moldava-se pelo calendário e impostos determinados pelo templo, por suas regras de pureza e sacrifício e especialmente pelos livros sagrados e profecias nele preservados. Havia muito que o templo tornara-se foco da vida política, uma vez que os romanos controlavam o país por meio dos sacerdotes do templo. No entanto, havia muitas pessoas que o viam como lugar *impuro*, que ansiavam vê-lo substituído – tratava-se, não obstante, de uma aspiração tanto política quanto religiosa.[9]

É preciso que se entenda a Jerusalém antiga, e cidades análogas, não exatamente como cidade-templo, pois o contrário é mais verdadeiro. Dessa forma, precisamos entendê-la como templo-cidade, esta

---

[9] Ibidem, p. 1.

como extensão simbólica desse.[10] Vida intelectual, administração da justiça, tributação, calendário, câmbio, contratos, acordos, sacrifícios, celebrações oficiais, etc. operacionalizavam-se sob a moderação ou intervenção direta do Templo, suas autoridades e agentes. Como bem coloca Irene Winter, os templos das cidades-santuário da Antiguidade oriental, não estamos mais falando somente de Jerusalém, eram, dentre outras coisas, "maciças organizações fiscais"[11], realidade esta exposta com nitidez em Zacarias 14,21, embora sob a ótica messiânica do profetismo: "Não haverá mais vendedor na casa de Javé naquele dia". Trata-se, afinal de contas, de uma profecia que foi deliberadamente usada por Jesus no episódio neotestamentário da expulsão[12] dos vendilhões, com fortes tons apocalípticos, momento em que se anuncia o cumprimento da profecia em Zacarias, narrado nos quatro evangelhos.[13]

Falar de sumo sacerdócio ímpio, ilegítimo, corrompido, opressor, etc., significava falar – ao mesmo tempo – de tributação injusta, desigualdade econômica, escravização do povo e corrupção/traição/impureza dos senhores da Lei-Palavra, os quais, em nosso mundo contemporâneo, seriam definidos com os membros da elite econômica, cultural e

---

[10] Idem, *The Gate of Heaven – The History and Symbolism of the Temple in Jerusalem.*
[11] WINTER, "Touched by the Gods: Visual Evidence for the Divine Status of the Rulers in the Ancient Near East", p. 75-102.
[12] Ocorre-me como esse episódio é frequentemente usado por diletantes que estudam o cristianismo para "provar" que Jesus também teve os seus momentos de homem violento. Em geral, desconhecem que se trata de um episódio eminentemente simbólico e provocado, como muitos outros em seu ministério (a entrada num jumentinho em Jerusalém, por exemplo), em que se anunciava – deliberadamente – o cumprimento de uma profecia. No relato em João sobre o episódio, mais completo do que o esquema básico apresentado nos sinópticos, alguns judeus, quando o veem fazer aquilo – derrubar o dinheiro no chão e expulsar energicamente os cambistas –, reconhecem de imediato uma alusão profética, no caso a Zacarias, num evento que obviamente esteve circunscrito a algumas bancas da área imensa do templo. Esses judeus perguntam a Jesus: "Que sinal nos mostra para agires assim?" (João 2,18). Portanto, longe de ter sofrido um mero "ataque de nervos", um descontrole emocional, Jesus *executava um sinal* para ser lido pelos que conheciam a profecia do "dia de Javé", ou seja, valia-se do imaginário apocalíptico compartilhado. Em seguida, Jesus anuncia a destruição-reconstrução do templo, afiançando o sinal escatológico que acabara de encenar em alusão à profecia de Zacarias.
[13] Mateus 21,12-17; Marcos 11,15-19; Lucas 19,45-48 e João 2,13-18.

religiosa: políticos, intelectuais, banqueiros, juízes, artistas, bispos, a saber, a alta sociedade, mas que, na época, concentrava-se ao redor da instituição do Templo-Palácio. O professor Antônio Frizzo bem explicita essa questão reivindicatória dos oráculos proféticos, sua perspectiva social, ainda que o faça sob outra temática:

> As profecias defendem "o homem, o indivíduo, o pai, o nobre, o valente", em seu sentido mais genérico. Este homem, visto como cidadão e merecedor de direitos, está se tornando um "pobre, indigente" um "pobre, necessitado". As elites citadinas, os proprietários dos latifúndios e os grandes comerciantes conseguem acumular, cada vez mais, riquezas por um sistema de extorsão das famílias camponesas, por meio de saques, empreendidos pela guerra e pelo trabalho forçado, na cidade – na utilização de mão de obra nas grandes construções públicas – e no campo. Nessa realidade, é possível compreender as denúncias proféticas (cf. Miquéias 2,1-5; Isaías 5,8).[14]

A construção de um templo demandava recursos nada menos que extraordinários da sociedade, o seu significado era visto como central ao funcionamento da vida em todos os níveis. Decerto, tinha-se o templo como contrapartida não só do que se imaginava por um santuário celeste, mas, como a própria encarnação das realidades celestes, em suas hierarquias, funções litúrgicas, códigos de conduta e desígnios. Havia, portanto, uma *teologia revelada* que amparava a linguagem simbólica do templo – arquitetura, mobiliário, liturgia, calendário, textos sagrados, etc.; enfim, o templo expressava diretamente um padrão/modelo [*tabnît* – תַּבְנִית][15] celeste, este

---

[14] FRIZZO, *A Trilogia Social*, p. 210-11.
[15] "Vê, pois, faze tudo conforme o *modelo/padrão* que te foi *revelado* sobre a montanha." (Êxodo 25,40). Passagem esta aludida em Hebreus 8,5. Ver também 1 Crônicas 28; 2 Reis 16,10; 2 Samuel 22,7; Salmo 11,4; Salmo 18,7.

determinado por realidades angélicas.¹⁶ Por exemplo, a criação do mundo em seis dias correspondia às seis fases – aos seis estágios – da construção do tabernáculo do deserto, o Primeiro Templo, revelando-nos que o templo/santuário expressava tanto a criação quanto o seu autor. Com efeito, a cosmologia prefigurava-se por completo nesses significados e atributos; portanto, ao desconhecê--los ou ignorá-los, não há como reconstituir e muito menos pensar esse passado religioso.

Quando no Apocalipse de João (Apocalipse 11,1), na sequência do trecho em que iniciamos (Apocalipse 10), o anjo pede ao apóstolo que, com um caniço [κάλαμος], tire as medidas do Templo e daqueles que nele *adoram*, no que parece ter sido um erro de tradução (provavelmente, o sentido exato seria "medir o templo e suas *fronteiras*"),¹⁷ temos a confirmação de uma angeologia de relações indissociáveis entre o conhecimento das coisas mais sagradas – um conhecimento revelado – e o comportamento moral/espiritual de seus intendentes terrestres. Isso ocorre pouco antes do assalto da Besta contra o Templo, com nítido eco profético em Ezequiel 40-45. Aqui está o coração do apocalipse.

Trata-se de uma corrente de pensamento que denuncia, nos termos extraordinários de uma fenomenologia celeste, a degradação religiosa e moral das elites (intelectuais, espirituais e políticas),¹⁸ lançando--lhes, no pescoço soberbo, na cabeça serpentina, a grande mó de seu

---

¹⁶ "O *querub* era 'o selo/selador' da proporção, *toknît*, ou, talvez, selo/selador do padrão, *tabnît*, uma vez que os dois termos assemelham-se [...]. Se o *querub* era o selo do *tabnît*, padrão, implica que era o garantidor do padrão correto. O Targum lê o termo *tabnît* como 'padrão estrutural, como o modelo original [...]'". BARKER, *The Mother of the Lord – The Lady in the Temple*, vol. 1, p. 348.

¹⁷ Idem, *The Revelation of Jesus Christ*, p. 73.

¹⁸ "O céu é compreendido como um templo, por meio do qual Enoque se dirige ao recesso mais santo. Por essa razão, o seu papel é frequentemente visto como sacerdotal, mas *1 Enoque 12,6*, momento em que ele escreve a petição dos vigias, sugere-lhe um papel de escriba. Nessa passagem, ao menos, torna-se plausível conceber os anjos caídos como sacerdotes caídos." COLLINS, *The Apocalyptic Imagination: An Introduction to Jewish Apocalyptic Literature*, p. 67.

fracasso estrutural, assim reforçando as consequências cósmicas desse acúmulo de crimes e injustiças: uma falência generalizada que será visitada pela reparação celeste. Ademais, trata-se de uma elite corrompida que atua tanto no plano terrestre quanto celeste, e é esta dimensão, a celeste, que realmente domina todo o processo apocalíptico, antecipando-o ritual e simbolicamente. Alguém poderá dizer que se trata de puro misticismo. Sem dúvida que o seja, mas de um tipo especial, único, visceralmente conectado às realizações terrestres, vinculado à redenção, expiação e criação do cosmos e história.

Não temos, no apocalipse, a descrição anárquica de transes de profetas existencialmente isolados; menos ainda, temos, no gênero, a transcrição cifrada de conhecimentos ocultos para iniciados aristocráticos (gnose). Isso fica muito claro quando se lê parte do vasto repertório associado à apocalíptica, notando que não há "encontro com Deus – visão de Deus" que esteja desprovido, como contrapartida, da mais árdua missão na terra: "[No apocalipse], a visão de Deus nunca ocorre, simplesmente, como clímax de um transe espiritual. A contemplação da Grande Glória sempre se dá como ato preliminar de uma designação para que se atue como agente/mensageiro de Deus".[19] Portanto, apocalipse é, sim, misticismo, mas de um tipo absolutamente especial, particularmente associado à conjunção entre o céu e a terra, numa vinculação indissociável entre os dois para a verdadeira manifestação ou emergência de um terceiro: o Reino. Não se trata de "ou o céu, ou a terra", o que valeria por um pensamento binário, tipicamente gnóstico; trata-se, não obstante, de "como no céu, assim na terra", ou seja, de um pensamento triangular, tridimensional.

Esse gênero místico, em associação com o que chamamos de teologia do templo,[20] oferece uma apreensão da história/estrutura

---

[19] BARKER, *The Lost Prophet*, p. 58.
[20] "O templo e o sacerdote/rei ungido tinham, nessa teologia sulista, atribuições salvíficas e expiatórias independentes do comportamento humano." SACCHI, *Jewish Apocalyptic and Its History*, p. 74.

humana nos termos de uma liberdade intelectual e moral até então desconhecida na história. Durante muito tempo, a humanidade condicionara-se às premissas intracósmicas e binárias de ordenamento social, estivera presa no entendimento de que ordem, justiça e bem estariam assegurados, desde sempre, no cumprimento estrito dos ritos e na obediência às leis ancestrais, determinados pelos pais fundadores. O apocalipse vem justamente questionar, e de modo radical, a idoneidade espiritual/moral dessa ancestralidade. O assunto é difícil; todavia, prossigamos.

A falência da ordem judaica – tipificada na falência espiritual e temporal do Templo de Jerusalém – conecta-se, na perspectiva do apocalipse, tanto às forças que controlamos quanto às que não controlamos, com ênfase nesta, em enredamentos muitíssimo amplos, nos quais se observa uma liberdade de ação tanto no plano terrestre quanto no celeste. A queda dos "anjos/vigias/sentinelas", seus agentes, seguidores e servos foi uma escolha fatal, funesta, não obstante, *uma escolha*.[21] Parâmetros muito complexos de destino social e histórico são concebidos, em que as forças atuantes são inúmeras e largamente desconhecidas: poderes ocultos, objetiva e subjetivamente articulados por dinâmicas invisíveis,[22] em geral ligados aos descaminhos do que chamamos, grosso modo, de feitiçaria e tecnologia.[23] Todavia, todo esse enredamento de "grandes poderes" se tece no fio infinito das escolhas: "E

---

[21] "A história humana coloca-se então numa posição particular: encontra-se dominada pelas figuras angélicas que a corromperam, e que atacam a humanidade de todas as formas possíveis; no entanto, a história não perde sua autonomia. Logo, não se trata de predeterminismo. O mundo dos anjos é livre; da mesma forma, livre é também o mundo dos homens. O que afeta particularmente o humano é o fato de ter de lutar contra forças que lhe são amplamente superiores." Ibidem, p. 84.

[22] Como veremos na última parte, trata-se de um entendimento absolutamente alinhado aos fundamentos da teoria mimética.

[23] "Enoque descreve como Asael, um anjo poderoso que conhecia os segredos da criação, veio à terra e ensinou à humanidade alguns de seus segredos. Esse conhecimento celestial deu aos homens poderes divinos e, assim, a terra foi corrompida. Aprenderam a extrair metais da rocha, usando-os para fazer armas de guerra e ornamentos de sedução." BARKER, *The Lost Prophet: The Book of Enoch and its Influence on Christianity*, p. 38.

começaram a ter com elas/eles, corrompendo-se por meio delas/ deles, ensinando-lhes magias e encantamentos [...]",[24] o que fez crescer, ao mesmo tempo, os poderes e crimes da humanidade, principalmente, o poder do que podemos chamar de super-humanidade. Cria-se, no apocalipse, a ideia de que houve um somatório fatal de abusos contra a ordem da criação, feito por agentes detentores de conhecimentos e poderes especiais.

Trata-se de uma mensagem de libertação: um pensamento que desmascara uma elite perversa, potestades e seus sistemas degenerados, censurando-a pelo uso impróprio de seus grandes poderes criativos e saberes especiais, o que caracteriza uma *trahison des clercs* em escala cósmica,[25] uma conspiração contra o homem, contra seu destino espiritual (leia-se, contra sua vocação para a liberdade), em favor de técnicas industriais para o controle progressivo dos outros e do mundo, em métodos sofisticados de aliciamento e sedução, controle e subjugação, embora nos termos da Antiguidade oriental.[26] No caso, podemos usar um escritor moderno, como Georges Bernanos, na compreensão desse fenômeno universal: "Cada uma dessas máquinas [técnicas], de uma maneira ou de outra, acresce algo à potência material do homem, isto é, a sua capacidade para o bem e para o mal. Como ele se torna a cada dia mais forte, mais temível, seria necessário que a cada dia ele se tornasse melhor".[27] A questão, incontornável, é que o homem não se torna melhor à medida que se desenvolve tecnicamente, criando assim, e de modo inevitável, desequilíbrios sociais e ambientais agudíssimos, nos quais prosperam formas diversas de tirania, opressão e desequilíbrio.

---

[24] *1 Enoque* 7,1.
[25] BENDA, *A Traição dos Intelectuais*.
[26] "Devemos ler essas histórias acerca dos anjos como fonte de uma viva tradição teológica, um sistema conceitual dentro do qual a vida era interpretada [...]. Já havia uma [bem estabelecida] relação entre sacerdotes e anjos, nesse modo de pensar; logo, a aplicação de uma mitologia angélica era algo muito natural." BARKER, *The Lost Prophet: The Book of Enoch and its Influence on Christianity*, p. 40.
[27] BERNANOS, *A França Contra os Robôs*, p. 74.

Em *1 Enoque,* encontramos a expressão mitológica muito mais antiga da mesma ideia [a procriação ilícita entre anjos e mulheres]. Os anjos celestiais se rebelam contra a ordem divina, e tomam [sequestram] a Sabedoria para seus próprios fins, cujo resultado é o abuso das mulheres e a corrupção da criação. Apesar de sua expressão bizarra, o insight é profundo. A avidez pelo poder revela-se no abuso da sabedoria, à época simbolizada pelo feminino, o aspecto criativo de Deus, e isso se manifesta, na terra, em exato paralelo: abuso *real* de mulheres e corrupção da criação.[28]

Propaga-se, assim, um discurso cosmológico sobre os efeitos agudamente deletérios – sobre a humanidade – de transgressões efetuadas por "anjos caídos", em que se sublinha uma grande corrupção, devastadora não somente à humanidade, mas também ao cosmos.[29] Essa forma de pensar redimensionou as questões de ordem, justiça, mal e liberdade, principalmente na ideia (nova) de que "o mal deriva de uma contaminação que vem de fora e entra na natureza por meio da ação de seres angélicos malignos e soberbos".[30] Essa grande conspiração não atuou apenas contra a humanidade, mas contra a ordem natural,[31] contra a própria criação, dando ao apocalipse, ou melhor, à teologia nele embutida, uma forte apreensão de impotência humana frente aos grandes males que a cercam, ao mesmo tempo que se acentua a urgência dos poderes renovadores/restauradores. O apocalipse indica que por meio exclusivo de seus esforços, o humano não tem como libertar-se dessa cadeia colossal de crimes e equívocos, uma rede infindável que o prende em sistemas há

---

[28] BARKER, *The Lost Prophet: The Book of Enoch and its Influence on Christianity*, p. 38.
[29] "Os anjos que [em Enoque] transgrediram o ordenamento de Deus, também quebraram o ordenamento da natureza." SACCHI, *Jewish Apocalyptic and Its History*, p. 83.
[30] Ibidem, p. 83.
[31] Nesse ponto, é notável como a mensagem apocalíptica, principalmente em *Enoque*, é atualíssima em sua denúncia ao que chamamos hoje de crimes ambientais.

muito instalados. O humano, por si próprio, não se liberta jamais da cadeia de opressão, violência e corrupção que a estrutura do cosmos corrompido lhe impõe. Eis o ensinamento medular. Apesar de nossa vaidade ilimitada, nossa cegueira permanente, somos como que criaturas pequeninas, invariavelmente esmagadas por gigantes que nos ultrapassam infinitamente em força e saber. Essas forças colossais não nos querem bem, não nos amam, pelo contrário: escravizam-nos, sistemicamente, a fim de manter, em funcionamento, uma estrutura corrompida em suas bases. E aqui um alerta: não é que o apocalipse se pareça com a nossa ficção científica, mas justamente o contrário: esta se apropria em parte – ainda que inconscientemente – do que o apocalipse nos ensina há 2.500 anos. Todavia, o gênero moderno absorve somente parte do enredo apocalíptico: a imposição de forças superiores, rejeitando-lhe, não obstante, seu eixo na escatologia: seu fundo transcendental, pelo qual e no qual o apocalipse se conclui como restauração/redenção/criação.

A transgressão primeira – contra o ordenamento da criação, contra os seus desígnios – está acima dos recursos meramente humanos para debelá-la. Essa impotência crônica do humano frente a forças que o ultrapassam é reatualizada historicamente em Daniel, no qual a sucessão e sobreposição de impérios – esforços tipicamente humanos de ordenamento social – assinala tão somente um agravamento constante dos males que afligem o povo de Deus. As "bestas", os impérios do mundo, tornam-se mais e mais ameaçadoras, destrutivas e corruptas, à medida que a história avança,[32] não obstante seus esforços de ordenação. Os príncipes/potestades deste mundo são tão somente a contrapartida dos príncipes/potestades do além-mundo, lutando, cada qual, contra ou a favor da criação.[33] Aqui está a

---

[32] "A seguir, ao contemplar essas visões noturnas, eu vi um quarto animal, terrível, espantoso, e extremamente forte: com enormes dentes de ferro, comia, triturava e calcava aos pés o que restava. Muito diferente dos animais que o haviam precedido, tinha estes dez chifres." (Daniel 7,7).
[33] "Os anjos malignos causadores de derramamento de sangue eram vistos em ação nos líderes políticos da época." BARKER, *Christmas – The Original Story*, p. 40.

chave. O que significaria lutar a favor da criação? Como veremos, nos termos do apocalipse, favorecer a criação, lutar por ela contra as forças entrópicas de Satanás também implica uma subversão do que entendemos por "lutar", embora isso só possa ser apreendido com certa fineza por meio de uma imersão profunda no simbolismo aparentemente caótico e incompreensível do gênero.

> Tenho de voltar para combater o Príncipe da Pérsia: quando eu tiver partido, deverá vir o Príncipe de Javã. Ninguém me presta auxílio para estas coisas senão *Miguel* [o arcanjo, ver Apocalipse 12,7-12], vosso Príncipe, meu apoio para me prestar auxílio e me sustentar.[34]

Essa elaboração apocalíptica não nos coloca somente um cá e um lá, mas um cá-e-lá, um *entre*[35] atuante e decisivo. Logo, o apocalipse desloca parte do transcendente e do imanente para um campo comum, no qual se inter-relacionam e onde a categoria tempo-espaço encontra a sua *finalidade* na configuração de uma unidade entre o "para lá, então" e o "aqui e agora",[36] a história é invadida pela eternidade por meio de uma identificação de seu centro, a sua finalidade, com o seu término, o seu fim, um conceito valorativo integrado a outro físico-temporal. Finalidade e fim se fundem na escatologia apocalíptica. Com efeito, o "apocalipse descreve o que 'é' eternamente e o que 'deve ser' temporalmente, quando a história deste mundo termina [atinge sua finalidade] e se torna a eternidade daquele mundo",[37] numa espécie de nova criação que se ordena, internamente, como

---

[34] Daniel 10,20-21.
[35] "Esse mundo *in-between*, sobre o qual Zacarias falara (ou falaria), em que decisões eram tomadas, decisões que afetariam nossa história, era um mundo onde nós também éramos participantes. Até a questão do mal seria examinada dentro dessa nova dimensão." SACCHI, *Jewish Apocalyptic and Its History*, p. 50.
[36] RIGHI, *Pré-História & História – As Instituições e as Ideias em seus Fundamentos Religiosos*.
[37] HAMERTON-KELLY, "An Introductory Essay", p. 10-14.

expiação litúrgica, expandindo-se e atravessando seus espaços internos, as sucessivas divisões do templo/cosmos, até chegar à história, existência terrestre. Essa unidade entre fim e finalidade, entre o temporal e o existencial, entre o extremo e o centro, será chamada de escatologia.

*

Decerto, o apocalipse coloca a questão "do mal" num plano além das transgressões de homens e mulheres, embora não as negligencie, redimensionando o drama cósmico a patamares infinitamente mais largos. Há aí a ação de forças que ultrapassam os resultados imediatos de nossas interferências pontuais, reposicionando a questão do mal, sua origem e forças, para além da esfera da *oikoumene* e seu *nomos*. Eis o caráter solenemente subversivo do apocalipse, imediatamente sentido pelas correntes do deuteronômio, alinhamentos casuísticos de doutores da lei.[38] Não era somente o caso de dizer que a lei era, por vezes, impotente no combate ao mal, mas que, não poucas, ela, a lei, o servia com gosto, alimentando antigas estruturas de opressão, fazendo-as crescer e prosperar. Nessa perspectiva, o mal passa a ser visto como "patrão" da lei, seu senhor abscôndito, submetendo-a com malícia diabólica, tornando-a, por força maior, concupiscente; enfim, disponibilizando-a como instrumento para fins perversos, entendimento que estará presente em Paulo,[39] revelando os fundamentos cristãos no apocalipse. Por outro lado, isso também nos mostra que – quando mal usado/interpretado – o apocalipse se torna uma narrativa absolutamente incendiária da vida social, realmente perigosa na suspensão que faz das garantias legais.

---

[38] "A profecia não podia e não pode ser controlada, sendo, por natureza própria, perturbadora. Ela toma como seu ponto de referência algo alheio ao *status quo*. Os deuteronomistas nunca concluíram o que pensavam da profecia, porque eram, antes e acima de tudo, sistematizadores e advogados; a profecia era para eles um problema." BARKER, *The Lost Prophet: The Book of Enoch and its Influence on Christianity*, p. 68.
[39] Ver Romanos 7.

Esse redimensionamento que faz o gênero das forças que obstruem a consagração do humano, que o esmagam sob o peso de crimes crescentemente hediondos, tanto contra os seus como contra a natureza,[40] tem como propósito solicitar a ajuda das forças celestes, em cuja orientação final ocorrerá o pleno restabelecimento da glória, a reintegração do plano terrestre ao celeste[41] ou, em outras palavras, o restabelecimento da aliança cósmica. Não nos esqueçamos de que essa corrente de pensamento deita grossas raízes na antiga teologia do templo, na monarquia ungida e sua profecia visionária, um arcabouço teológico eminentemente místico: "a história humana não era vista somente como drama no plano material; seres da eternidade podiam e entravam em nosso plano a fim de participar de sua história; alguns líderes humanos tinham acesso ao plano celeste".[42] Isso nos coloca uma série de elementos de análise. Investiguemos alguns deles.

Em sua investigação sobre a cosmologia enóquica, Sacchi nos mostra como a história da "queda dos anjos", sua transgressão axial à ordem de Deus, evento fundamental contra a criação e danificador do ordenamento do cosmos, tem como elemento-chave uma rebeldia orgulhosa, ou seja, a livre escolha de seres celestes dominados por paixões violentas. O leitor reflexivo verá, espero, um paradoxo. É possível escolher livremente, quando se está dominado por forças contrárias à liberdade? A teoria mimética nos mostra os veios desse paradoxo, seus circuitos internos, revelando-nos os processos em que um sujeito *vai se deixando dominar*, afastando-se paulatina, ou abruptamente, da liberdade em nome do desejo de apropriação que um mau modelo lhe incutiu, ou, por outro lado, como um sujeito,

---

[40] "E começaram a pecar contra os pássaros, contra as feras, as coisas rastejantes e os peixes, e começaram a devorarem-se a carne, uns dos outros. Beberam sangue. Então, a terra moveu acusação contra esses sem lei" (*1 Enoque* 8,3). Fica mais ou menos claro como o texto faz uma acusação severa às formas sanguinolentas de sacrifícios animais e humanos, talvez, num recrudescimento, à época, de práticas sacrificiais primitivas.
[41] "O termo *glória* é usado [na linguagem do apocalipse] a fim de designar o estado último, separado do presente, pressagiando uma fusão total das esferas celestes e terrestre." SACCHI, *Jewish Apocalyptic and Its History*, p. 46.
[42] BARKER, *Christmas – The Original Story*, p. 13.

outrora dominado por paixões arrebatadoras (leia-se, fascinado pelo outro), experimenta um esvaziamento desconhecido e – como ele – conhece a liberdade. Portanto, o paradoxo é simplesmente o entroncamento da jornada em que caminham, para um lado ou para o outro, os sujeitos miméticos.

Em *1 Enoque*, o desregramento dos anjos, caracterizado ao mesmo tempo como abuso de poder, de saber e desvirtuamento de funções,[43] perverte as estruturas do mundo.[44] Esse desencaminhamento, uma transgressão estrutural da ordem divinamente sancionada,[45] é descrito nos termos rituais de uma contaminação/contágio de sangue impuro,[46] conceito este importantíssimo à teoria mimética. Há derramamento de sangue, deliberadamente provocado, e isso contagia/contamina o coração das pessoas, instituindo sofrimentos atrozes. "Então, Miguel, Sariel [Uriel], Rafael e Gabriel olharam do santuário do céu e viram muito sangue derramado sobre a terra. Abarrotada de impiedade e *violência, que sobre ela recaía*."[47]

Esse relato posiciona o problema do "mal" em outro patamar, deveras complexo e intricado,[48] firmando nexos de sofrimento

---

[43] "Sois espirituais, santos, e possuidores de uma vida que é eterna; vos contaminastes com mulheres, procriastes com sangue carnal; *cobiçastes o sangue de homens*; e fizestes como aqueles que são sangue e carne fazem" (*1 Enoque* 15,11). Percebe-se claramente como Enoque coloca o desejo cobiçoso – o desejo violento – no primeiro plano das desordens celestes e terrestres. Penso que Girard não faria qualquer objeção a esse ponto. De fato, o subscreveria.
[44] "O mal não fora inventado pelos humanos; trata-se de uma desordem da natureza, uma que se origina fora dela." SACCHI, *Jewish Apocalyptic and Its History*, p. 54.
[45] "Contemplai todas as suas obras, e observai os trabalhos do céu, vede como não alteram seus caminhos, os luminosos celestes, os quais levantam e se põem corretamente, cada um ordenado em seu próprio tempo; surgem em seu regalo e *jamais transgridem* a ordem designada" (*1 Enoque* 1,9). É importante perceber que – nesse quadro mental – os "luminosos" celestes não eram vistos como meros corpos físicos, como hoje considerado pela astronomia moderna, mas sim como entidades vivas, como anjos.
[46] "Vós éreis santos e espíritos, viventes eternos. Com o sangue das mulheres, fostes contaminados/profanados" (*1 Enoque* 15,3). A linguagem de *1 Enoque* é inteiramente dominada pelo imaginário ritual do *templo* em suas concepções de pureza e impureza cúlticas.
[47] *1 Enoque* 9,1.
[48] "*1 Enoque* não é uma obra popular, não se trata de expressão da simples religiosidade de camponeses e pescadores galileus. A obra representa um enorme corpo de conhecimento,

e prova em relações multidimensionais,⁴⁹ enredadas em feixes diversos. Parece haver uma espécie de teogonia da concupiscência, gênero comum ao universo mitológico, mas que assume novíssimos delineamentos.

Em *1 Enoque*, os anjos/vigias caídos e seus chefes – corruptores do jardim terrestre; leia-se, do templo – sofrem julgamento cósmico e definitivo do Altíssimo. Observe o leitor que, diferentemente de parte expressiva da profecia, não é mais somente o "povo", desviado dos caminhos retos do Senhor, que será exortado a corrigir-se, mas se trata de um sentenciamento dirigido, sobretudo, a uma elite espiritual. Na segunda seção de *1 Enoque*, "Similitudes" ou "Parábolas",⁵⁰ a figura celestial do "Filho do Homem" é introduzida ao drama cósmico. Trata-se, como sabemos, de uma visão presente em Daniel 7,⁵¹ em que se usa a mesmíssima terminologia encontrada em "Similitudes", texto este que, talvez, em sua forma final, tenha origem cristã. O termo "Filho do Homem", envolvido em discussões acadêmicas infindáveis, está notadamente presente na boca de Jesus Nazareno (Mateus 24,30; Mateus 26,24; Marcos 2,10; Marcos 14,2; Lucas 22,22; João 12,34; João 13,31, etc.),⁵² principalmente em seus discursos escatológicos, como, por exemplo, em Mateus 24,30: "Então aparecerá no céu o sinal do Filho do Homem", passagem esta

---

altamente sofisticado à sua maneira – antigo, intricado e altamente desenvolvido. Se conhecimentos como esse eram conhecidos dos relatores do Novo Testamento, então o próprio Novo Testamento, talvez, não seja mais do que a ponta de um iceberg." BARKER, *The Lost Prophet: The Book of Enoch and its Influence on Christianity*, p. 17.

⁴⁹ Não nos esqueçamos de que no *Livro dos Vigias* (*1 Enoque*) os clamores de ajuda são feitos no plano *espiritual*. A reparação tem início e se consagra nesse plano, invadindo ao plano terreno num segundo momento da reparação cósmica. "E agora vejais, os espíritos das almas dos mortos clamam por justiça, seus gemidos sobem aos portões celestes." (*1 Enoque* 9,10).

⁵⁰ Como essa seção não foi encontrada nos fragmentos enóquicos de Qumran, disputa-se, no meio especializado, a sua antiguidade. Mesmo que tenha sido escrito tardiamente, após o ano 70 EC, *o que não é provável*, trata-se de um texto absolutamente envolvido com a simbologia e narrativa presentes no *Livro dos Vigias*. Portanto, mesmo que sua redação final seja eventualmente pós-cristã, a sua simbologia de fundo não o é.

⁵¹ "Quando notei, vindo sobre as nuvens do céu, como um *Filho do Homem*." (Daniel 7,13).

⁵² Só no Evangelho de João, o termo aparece doze vezes.

em perfeita correspondência com Daniel e Enoque; ou mesmo em Marcos 14,61-2, em que Jesus anuncia, em farrapos, sua estatura espiritual a um atônito Caifás: "Eu sou. E vereis o *Filho do Homem* sentado à direita do Poderoso e vindo com as nuvens do céu", o que deixa o Sinédrio ultrajado, selando, praticamente, a decisão de sentenciá-lo à morte. Note, leitor, que Jesus franqueia a fatalidade de seu destino com um libelo apocalíptico.

É preciso ter em mente que na simbologia escatológica de Similitudes e Daniel, o Filho do Homem é aquele que, mandatário primeiro do Ancião dos Tempos, seu "braço-direito", julga e reina sobre príncipes, poderosos e nações, em todos os planos da criação. Tratava-se de um título celestial que foi deliberadamente incorporado por Jesus Nazareno e, posteriormente, por seus seguidores.

Em Marcos 2, depois de operar um milagre, Jesus diz: "pois bem, para que saibais que o Filho do Homem tem poder de perdoar os pecados na terra" (Marcos 2,10). Essa capacidade redentora do "Filho do Homem", apto a expiar os pecados de outrem, introduz um salvador/redentor celeste, um criador, que atua, não obstante, na terra, entendimento este em perfeita correspondência com a literatura enóquica e com a teologia do templo.[53] Com efeito, remover os efeitos do pecado, afastando a ira e "carregando a iniquidade do povo", caracterizara a função capital dos levitas, a classe sacerdotal, durante a época do Tabernáculo. Tratava-se, não obstante, de uma concepção altamente problemática ao judaísmo na época de Jesus, uma vez que, conforme Êxodo 32,33, não seria possível a um profeta/sacerdote – a nenhum homem – expiar os pecados de terceiros.[54]

---

[53] "Em *Similitudes*, o Filho do Homem/o Escolhido é uma figura celestial, mas uma vez que sabemos que esse livro descrevia simultaneamente dois níveis, o celeste e o terrestre, pois, nele, os fenômenos celestiais *são* os retos na terra, 43,5, e as hostes malignas *são* os reis, devemos esperar que a figura do Filho do Homem também tenha um referente terrestre." BARKER, *The Lost Prophet: The Book of Enoch and its Influence on Christianity*, p. 41.
[54] "Não havia dia da expiação no calendário deuteronômico (Deuteronômio 16), e negavam a qualquer um o poder de expiar os pecados de Israel (Êxodo 32,31-33)." Idem, *Introdução ao Misticismo do Templo*, p. 163.

Isso fica claríssimo, em Marcos 2, na reação dos escribas frente ao milagre que Jesus opera sobre o paralítico.

> Jesus, vendo sua fé, disse ao paralítico: "Filho, os teus pecados estão perdoados". Ora, alguns dos escribas que lá estavam sentados refletiram em seus corações: "Por que está falando assim? Ele blasfema! Quem pode perdoar pecados a não ser Deus?"[55]

Notem que – na perspectiva dos escribas – Jesus realizava feitiçaria, uma vez que não lhe seria permitido expiar o pecado de terceiros. No entanto, na teologia celeste do "Filho do Homem", implícita em parte da profecia (Isaías, Ezequiel, Daniel) e absolutamente explícita no apocalipse (Enoque, Apocalipse de João), as revelações celestiais dão testemunho de um poder curador/expiatório em ação no mundo e além-mundo, cujo sentido maior é restaurar a criação arruinada por conta das forças demoníacas: a ação profanadora de anjos caídos. É por meio da expiação do Cordeiro que a Criação não só se restabelece, mas se estabelece, por mais estranho que isso nos pareça.[56] Há, no caso, o entendimento de um tipo de devastação moral/espiritual que contamina a criação, gerando efeitos sistêmicos no cosmos, ao mesmo tempo que, por outro lado, o amor incompreensível do Criador se manifesta – na existência – como oferta amorosa de si mesmo. Daí a necessidade de uma ação curativa vinda do alto. Essa referência de base – essa teologia celeste – integrará a espinha dorsal do próprio apostolado cristão; afinal de contas, Jesus orienta seus discípulos para que se amem, mutuamente, entregando suas vidas pelo outro, saiam, ensinem a palavra e expulsem demônios. A presença curativa era indissociável da palavra, portanto, no contexto dos primeiros cristãos, pregação e exorcismo compreendiam os dois lados da mesma moeda doutrinal, por mais que isso cause

---

[55] Marcos 2,5-6.
[56] Ver Alison, *Criação Consumada* e *Livro do Apocalipse*.

constrangimento em parte de nossa atual sensibilidade teológica.[57] Trata-se, não obstante, de um elemento incontornável à realidade ministerial de Jesus, e temos de admitir, conforme explicitado nos Evangelhos, que, bem antes dos discípulos, são os demônios, os antigos descendentes de Semihaza (*1 Enoque*), aqueles que, primeiramente, reconhecem, nos termos dessa simbologia, a natureza celestial e a realeza de Jesus, sua estatura de Filho do Homem, "Sei quem tu és, ó Ungido de Deus!"[58]

Realmente, Jesus inicia e percorre o seu ministério curando/exorcizando pessoas as mais variadas, aliviando-lhes o fardo de enfermidades aflitivas, sobretudo aquelas em estreita conexão simbólica com as potestades trevosas: cegueira, surdez, mudez, coxidão, atrofias, etc. O leitor astuto adivinhará, tendo-se em vista a perene ironia do pensamento profético, que o cego/cegueira associava-se à desarmonia proveniente das hostes dos Vigias/Sentinelas, ou seja, era-lhes particularmente cativo. Portanto, curar a cegueira de alguém significava mais do que a reabilitação física da visão: implicava libertar a pessoa de um cativeiro espiritual específico.

Ao realizar essas curas, Jesus sintonizava-se ao "Cântico do Servo Sofredor": "E, no entanto, eram as nossas enfermidades que ele levava sobre si, as nossas dores que ele carregava".[59] A cura física tinha uma indubitável contrapartida espiritual. Céu e terra, reunidos.

*

Os muitos embates de Jesus com as legiões demoníacas e seus príncipes atestam – e com autoridade indiscutível, creio – a presença

---

[57] "O conflito com o mal era parte vital do processo de cura, fosse esse mal gerado num fracasso pessoal, fosse ele gerado por forças demoníacas [...] [em nosso caso], medicina e religião foram separadas para o seu empobrecimento mútuo." BARKER, *The Lost Prophet: The Book of Enoch and its Influence on Christianity*, p. 37.
[58] Marcos 1,24.
[59] Isaías 53,4.

central do apocalipse em seu ministério. Corrente de pensamento e práticas com raízes muito fundas, provavelmente, como vimos, cingidas no aparato litúrgico-teológico do Primeiro Templo, em que o rei, ungido como sumo sacerdote, "segundo a ordem de Melquisedec",[60] expiava os pecados do povo e restabelecia a ordenação do cosmos, pondo fim à carestia e ao sofrimento. O problema é que essas referências são, hoje, fragmentárias no Antigo Testamento, restando-nos somente alguns elementos remanescentes e abertos às mais variadas conjecturas, os quais foram, não obstante, recentemente reconfirmados nas descobertas de Qumran.[61] Sim, Enoque era lido e discutido nas comunidades apartadas de Jerusalém, as quais, malgrado sua marginalidade, eram representativas da religiosidade da época. Havia, em franca concorrência com o judaísmo controlado pelo templo herodiano de Jerusalém, uma teologia da história e da natureza de cunho apocalíptico, que se fazia em boa medida, embora não totalmente, estranha aos elementos fortemente legalistas da ideologia do deuteronômio.

No âmbito particular do ministério de Jesus Nazareno, parece-me que o apocalipse, sua linguagem e dogmática, foi incorporado, o que nos oferece uma dimensão realmente elucidativa dos embates de Jesus com os grupos fariseus e saduceus. Talvez, boa parte do antagonismo que sofreu, em decorrência do qual foi perseguido e executado, se devesse a certo reconhecimento imediato que se fazia – provavelmente, insuportável às autoridades da Lei – das origens teológicas de suas palavras, integradas ao campo cosmológico do apocalipse: visão do reino celeste, adoção irrestrita de seus desígnios e julgamento escatológico.

> Em completo contraste, temos o ensinamento do Deuteronômio, no qual se enfatiza que o Senhor não pôde ser visto, quando a Lei foi dada

---

[60] Hebreus 7.
[61] Principalmente na profusão de fragmentos enóquicos e correlatos apócrifos em linguagem místico-apocalíptica.

> [...]. Os deuteronomistas desempenharam papel central na coleção e transmissão dos textos do Antigo Testamento, e realmente parece plausível que se opunham a algumas das tradições com resquícios em Isaías, Ezequiel, Enoque e, posteriormente, no Apocalipse. Isso pode significar que o tipo de religião judaica na qual o cristianismo enraizara-se já era considerada por alguns grupos judaicos como herética antes da época do ministério de Jesus.[62]

Portanto, insistimos: é realmente difícil – para não dizer impossível – compreender a simbologia mística com a qual Jesus, intimamente, se envolve, como, por exemplo, aquela relativa à tentação no deserto (Mateus 4, 1-11; Lucas 4, 1-13), desconsiderando a literatura apocalíptica. O trecho do deserto, altamente enigmático, a ponto de ter sido usado explícita ou metaforicamente por muitos dos grandes nomes da literatura moderna,[63] reatualiza, no chão arenoso da Palestina, na privação de um retiro aflitivo e iniciático,[64] a rebeldia celeste de Satã, seu ciúme cosmológico frente à criação.

A terceira tentação em Mateus, segunda em Lucas, identifica Satã, que é caracterizado, finalmente, como acusador mendaz, mentiroso compulsivo, sedutor tirânico deste mundo, um poder com um desejo irrefreável de ser cultuado como um deus, como um mito, solicitando a Jesus que se prostre diante dele, adorando-o. O profeta se recusa serenamente a fazê-lo, não porque deseja o mesmo para si, como se estivesse competindo com Satanás, mas sim por humilde obediência ao Pai, imitando o que o Pai quer. Entre o desejo e a liberdade, Jesus escolhe a última. Contrariamente a Satã e suas hostes, o Pai deseja

---

[62] BARKER, *The Lost Prophet: The Book of Enoch and its Influence on Christianity*, p. 52.
[63] Alguns exemplos entre os notáveis: John Milton, Charles Baudelaire, Victor Hugo, Lord Byron, Fiódor Dostoiévski, Georges Bernanos, August Strindberg, Guimarães Rosa.
[64] Após seu batismo, "Jesus é levado pelo Espírito para o deserto", em Marcos, e é "conduzido pelo Espírito através do deserto", em Lucas.

a nossa liberdade. Definitiva e irrevogavelmente, Jesus não se torna mais um anjo caído, mais um prisioneiro do sistema diabólico deste mundo, com suas seduções e poderes perversos.

> Tornou o diabo a levá-lo, agora para um monte mais alto. E mostrou-lhe todos os reinos do mundo com o seu esplendor e disse-lhe: "Tudo isso te darei, se, prostrado, me adorares".[65]

Há um texto pseudepígrafo, *A Vida de Adão e Eva*, também conhecido como *Apocalipse de Moisés*, cuja primeira redação se deu, provavelmente, entre I AEC e I EC, no qual o arcanjo Miguel ordena aos anjos que adorem Adão, criado à imagem e semelhança do Senhor, comando este que é rejeitado pelo anjo Satanail (Satã), sob a alegação de que não se prostraria diante de alguém criado tardiamente, depois dele, pois o contrário deveria ocorrer: Adão é quem deveria prostrar-se diante de Satanail. Em sua contrariedade invencível, o anjo rebelde é expulso do céu, ao que promete vingança eterna contra Adão e sua descendência. Há, aqui, uma correspondência fina com o Salmo 2: "O Senhor colocou o seu rei no Sião, chamou-o de seu filho, e depois ordenou aos reis e governante que o louvassem".[66] Há também, em *2 Enoque*, uma ideia semelhante: um anjo é expulso do céu ao tentar colocar-se acima tanto do Senhor quanto de sua Criação, desfigurando-a, pervertendo-a.[67] Isaías 24 – chamado de apocalipse – trata do mesmo tema e usa a mesma linguagem.[68]

Essas referências nos mostram um universo religioso largamente influenciado por esse tipo de simbologia, impregnado dessa

---

[65] Mateus 4,8-9.
[66] Salmos 2,12.
[67] "E um deles – das hostes celestes – afastando-se do que lhe fora designado, concebeu o impensável e colocou o seu trono acima das nuvens para que se tornasse igual a mim em estatura. Derrubei-o do alto juntamente com seus anjos" (*2 Enoque* 29,3-4).
[68] "E acontecerá naquele dia: Javé visitará o exército do alto, no alto, e os reis da terra, na terra. Eles serão reunidos, como um bando de prisioneiros destinado à cova; serão encerrados no cárcere; depois de longo tempo, serão chamados às contas" (Isaías 24,21-22).

linguagem. Nomes como Semihazah, Asael, Azazel, Satanail, Samael, Nefilim, Legião, dentre outros, compreendiam uma demonologia atuante no imaginário religioso da época,[69] com base na qual correspondências, as mais variadas e enredadas, eram estabelecidas com os reinos do mundo, como em Isaías 24,21: "Javé visitará o exército do alto, no alto, e os reis da terra, na terra". Fazia-se um Julgamento celeste sobre *toda* a ordem criada, donde decorria uma sentença eterna. Com efeito, o Senhor "punia as hostes do céu, no céu, e os reis da terra, na terra",[70] em perfeito paralelismo; o apocalipse se estrutura exatamente dessa forma.

Todavia, é bom que se diga que a eternidade da sentença – a validade universal do Julgamento – torna o apocalipse uma hermenêutica adequada a todo e qualquer momento histórico, tornando-o mais um instrumento de *análise* do que exatamente de predição. Infelizmente, esse sentido acurado, mais afinado com a mentalidade profética, foi sendo apagado de nosso imaginário, restando, à modernidade, conotações bem vulgarizadas do termo, ainda que de algum modo conectadas a ele. Tratava-se, afinal de contas, de um insight acerca da estrutura da criação, da inexorabilidade de suas leis e padrões internos, estes em conformidade com um ininterrupto processo de criação de uma ordem sumamente misteriosa, como sugerido no termo qumrânico *raz nihyeh*,[71] de difícil tradução, e que, talvez, significasse algo como "o mistério da existência", entendimento que se alinha, por sua vez, ao conceito mais místico de insight. Esse gênero especial de conhecimento, enraizado na visão profética, era revelado, ou seja, dependia de um reconhecimento interior, abalizado nessa tradição mística, acerca da falibilidade dos meios próprios humanos para um entendimento mais completo e real da história e

---

[69] Em Marcos 5,9, na narrativa do endemoninhado geraseno, Jesus pergunta o nome do espírito que possuía um homem a fim de exorcizá-lo: "'Qual é o teu nome?' Respondeu: 'Legião é meu nome, porque somos muitos'" (Marcos 5,9).
[70] BARKER, *The Lost Prophet: The Book of Enoch and its Influence on Christianity*, p. 69.
[71] Por exemplo, em 4Q416.

cosmos. No apocalipse, o homem não depende da Lei, mas de um Deus que se faz conhecer.

> O insight de visão [profético] era um insight sobre a realidade inalterável. Toda profecia tinha um sentido esperando para ser encontrado. A forma escrita da profecia tornava-se ela mesma um *mashal*, uma parábola. Em si mesmo, o *texto* profético disponibilizava somente um lado do paralelo, e a interpretação sábia teria de providenciar o outro lado. Vemos esse procedimento repetir-se nos comentários escritos pela comunidade de Qumran. Eles tratavam os escritos proféticos como mistérios solicitantes de interpretação, do mesmo modo que outros tratavam as visões. Profecia não era coisa do passado remoto. Era uma janela para o eterno presente.[72]

O mesmíssimo vale para o apocalipse, com o acréscimo importante de que, nele, sublinha-se a interpretação sistêmica do cosmos-mundo, natureza e história, empurrando o tempo para sua completude no "Reino", seu ponto original no dia Um, na eternidade, correspondendo, na teologia e arquitetura do Templo, ao santo dos santos, o d^ebir[73], o oráculo, local em que a voz do Senhor era ouvida e sua face, contemplada. Para o apocalipse, esse estado já é uma realidade espiritual à disposição, a realidade criadora do santo dos santos no dia da Grande Expiação, com base na qual se deduz uma integração realmente completa entre a ordem do mundo e a celeste. Com efeito, nessa simbologia, céu e terra são contrapartidas de uma unidade que os compreende, *indivisível*: "assim na terra, como no céu", conforme presente na oração ensinada por Jesus Nazareno.

---

[72] BARKER, *The Lost Prophet: The Book of Enoch and its Influence on Christianity*, p. 68.
[73] Provavelmente derivado de *dbr*, "falar". "Faz-me um santuário para que eu possa habitar no meio dele" (Êxodo 25,8). Isso significava que Deus estava no meio da criação e que deveria ser adorado dessa forma.

A demonologia apocalíptica fazia-se tributária, por conseguinte, de uma angelologia, era um de seus troncos. Ocorre que o Pentateuco trata o assunto com severíssima discrição, disponibilizando parcas referências em passagens bem econômicas,[74] ao passo que o apocalipse faz o contrário, abordando o assunto como tema principal, em sua total exuberância simbólica. Essa economia angelológica do Pentateuco sempre chamou a atenção dos estudiosos.[75] No Novo Testamento parece haver uma reconciliação entre esses extremos, Pentateuco e apocalipse, mas isso significa que, em determinadas ocasiões, não raras, o N. Testamento propõe envolvimentos agudos com o universo angelológico-demonológico do apocalipse, principalmente nos momentos em que Jesus realiza curas e confronta "os poderes/potestades": as estruturas maléficas do mundo e cosmos. Esse enfrentamento aberto contra os poderes faz de Jesus, por sua vez, um poder análogo, embora em sentido inverso, em sentido curativo, restaurador. Temos então um envolvimento completo com aquilo que foi/é revelado. Com efeito, é difícil compreender a literatura joanina (evangelho, epístolas e apocalipse), desconhecendo ou mesmo ignorando esse quadro simbólico. A representação de Jesus como rei e sumo sacerdote do Altíssimo, a saber, seu perfil abraâmico-melquisedequiano,[76] e sua vitória espiritual sobre o mundo, tem ecos notáveis na simbologia hebraica mais antiga.

> Adão era visto como sumo sacerdote e
> rei. Essas histórias [ou mesmo a tradição

---

[74] Como, por exemplo, em Gênesis 6, no preâmbulo do dilúvio, em que a união espúria entre os anjos caídos e as filhas dos homens é tratada com notável brevidade, de modo que a torna suspeita de ter sofrido supressões e edições contundentes (Gênesis 6,1.4).
[75] "Por que ouvimos tão pouco de anjos no Antigo Testamento? O que aconteceu com eles?" BARKER, *The Lost Prophet: The Book of Enoch and its Influence on Christianity*, p. 71.
[76] "A história do sumo sacerdócio é de difícil reconstrução, especialmente no período dos reis, quando os sumos sacerdotes, descendentes de Aarão, são raramente mencionados, pois o próprio rei parece ter sido o sumo sacerdote 'segundo a ordem de Melquisedec' (Salmo 110,4). Foi Salomão que abençoou a congregação e consagrou o templo (1 Reis 8,14-22), presumivelmente como sacerdote 'segundo a ordem de Melquisedec' – caso seja esse o significado das palavras. Ao tornar-se 'Melquisedec', tornava-se o Filho divino: 'Hoje, gerei a ti" (Salmo 110,3) – caso seja esse o significado dos termos.'" Idem, *Christmas – The Original Story*, p. 11.

simbólico-narrativa que as precedeu] são base do contexto das tentações de Jesus no deserto: o diabo quer que o segundo Adão o adore, a fim de reverter sua antiquíssima humilhação.[77]

Com efeito, sabemos que a teologia cristã dos primeiros tempos conceituou Jesus como Segundo Adão, o definitivo, o Primogênito, o Filho que recusou todas as investidas e seduções de Satã, e que, assim, "venceu o mundo".[78] É desse Segundo Adão, o celeste, que as Epístolas, imersas em referencial apocalíptico, discorrem: "Adorem-no todos os anjos de Deus",[79] louvem aquele "dá vida [...], que vem do céu".[80]

*

O "dualismo" em Enoque não é estrutural, como ocorre em parte da literatura gnóstica, mas o contrário ocorre. O que há, por certo, é uma estrutura ternária de pensamento, semelhante àquela presente na teoria mimética: "o que temos é algo distinto do mundo binário geralmente pressuposto pelos que estudam o gênero [...]. Em vez disso, proponho que o imaginário [apocalíptico] seja ternário, e o é de tal modo que os que se prendem a binarismos não conseguem percebê-lo. Esse terceiro ponto é algo que emerge".[81] Nessa concepção, um dualismo aparente aloca-se na ilusão que se estabelece de criar para si mesmo – à revelia do ordenamento divino da criação – um cosmos privado, em que os padrões e as medidas passam ao serviço de caprichos perversos de novos proprietários destituídos de sabedoria, no caso, os anjos rebeldes, sentinelas caídas. Consequentemente, o dualismo não está na estrutura, mas em sua perversão, em sua duplicação forçada, fundada na concupiscência. A batalha

---

[77] Idem, *Introdução à Teologia do Templo*, p. 226-7.
[78] "No mundo tereis tribulações, mas tende coragem: eu venci o mundo!" (João 16,33).
[79] Hebreus 1,6.
[80] 1 Coríntios 45,6.
[81] ALISON, *Criação Consumada e o Livro do Apocalipse*.

entre o bem e o mal – universal e vulgarmente associada ao que se entende, hoje, por apocalipse – não corresponde à estrutura em si, mas sim ao seu desvirtuamento, revelando a necessidade de uma ação reparadora. A estrutura, por conseguinte, ampara-se no Julgamento, num discernimento: ação reparadora de doação amorosa, e não na punição. Isso posto, a ira torna-se consequência da desordem, seu sintoma mais grave, quando a violência se volta contra si mesma: "Ide Gabriel, destruais os filhos dos vigias, entre os filhos dos homens, *enviai-os uns contra os outros* numa guerra de destruição".[82] Nessa passagem, o arcanjo Gabriel pode ser interpretado como espécie de lei eterna por trás de um sistema de violências que se agravam, o qual – inevitavelmente – o conduz, esse sistema falido, à autodestruição. Os comentários que faz Jesus a respeito dos reinos que se dividem contra si mesmos – e que se aplica a Satanás (Marcos 3,23; Marcos 3,25; Mateus 12,25) – aludem ao mesmo entendimento. O bem aguarda, pacientemente, pela dissolução entrópica do mal. Da parte do bem, não há paralelismo com o mal, mas sim um movimento criador que emerge junto à ação reparadora de Deus, sempre presente, eterna.

Isaías 19,2-3 não nos deixa mentir: "Excitarei egípcios contra egípcios; eles lutarão entre si, irmãos contra irmãos, cada um contra o seu próximo, cidade contra cidade e reino contra reino". Em linguagem própria ao simbolismo arcaico, há a descrição de um agravamento entre forças hostis, em que se formam ambientes favoráveis ao alastramento de retaliações, recrudescimentos bélicos, típico em forças humanas quando disputam o poder, de cujo interior brotam "escaladas para os extremos". Trata-se de um entendimento que compreende o cerne das reflexões apocalípticas de Girard, conforme veremos. Portanto, a ênfase no Julgamento – um discernimento espiritual – avaliza um sistema que busca converter o humano à criação divinamente sancionada, ainda que, no caso da apocalíptica, essa conversão se fundamente em imaginários largamente

---

[82] *1 Enoque* 10,9.

imersos em referências mitológicas, em simbologia externamente belicosa. O que temos é um tipo de conhecimento revelado altamente sofisticado, repositório de múltiplas camadas simbólicas.

Como estamos vendo, a apocalíptica, a literatura que deu vazão às correntes do apocalipse, e que compreende textos diversos: proféticos, sapienciais e apócrifos, incorporando, na verdade, uma imensa pseudepigrafia (Enoque, Esdras, Baruque, Moisés, João, etc.), foi fenômeno sobejamente intelectual – atividade de escribas e sacerdotes.[83] O estudo sistemático de textos sagrados, feitos em comunidades diversas no largo campo religioso do hebraísmo, compreendia práticas igualmente sistemáticas de técnicas oraculares.[84]

O sentido que hoje damos ao que se entende por atividade intelectual era vivido de forma diversa, integrado à vida litúrgica de templos e/ou nos santuários. Isso nos dá um cenário complexo desse tipo de hermenêutica, em que forma, conteúdo e vivência pessoal conectavam-se, orgânica e inseparavelmente, ao que poderíamos chamar, segundo J. Collins, de "técnica apocalíptica", em que se fomentava uma "perspectiva delimitada espacialmente pelo sobrenatural e temporalmente pelo julgamento escatológico".[85] Isso significa que o apocalipse – visto como chave-hermenêutica – comportava algum tipo de escatologia, estivesse esta orientada no cosmos ou na história, ou mesmo em ambos.

Certamente, há variações escatológicas, desde as fortemente transcendentes, como em *1 Enoque* e João, passando por expectativas escatológicas mais alinhadas ao plano histórico, embora dependentes da transcendência, como em Isaías, Daniel e Zacarias, até chegar às perspectivas escatológicas intramundanas, assinaladas em indivíduos, como em *3 Baruque*. Todavia, esteja o acento

---

[83] COLLINS, *The Apocalyptic Imagination: An Introduction to Jewish Apocalyptic Literature*.
[84] ROWLAND, *The Open Heaven: A Study of Apocalyptic in Judaism and Early Christianity*.
[85] COLLINS, *The Apocalyptic Imagination: An Introduction to Jewish Apocalyptic Literature*, p. 89.

escatológico posto no nacional e político, esteja ele posto no celeste e cósmico, ou mesmo na costumeira mistura entre eles dentro de um mesmo texto, o fato é que as expectativas apocalípticas são quase sempre – em chave hebraico-cristã – de tipo escatológico: no conhecimento *revelado* de uma retribuição definitiva, uma que se apresenta como definitivamente libertadora. Depreende-se, portanto, que não há escatologia possível sem um senso muito agudo e universal de retificação ou reparação moral, e que, em linguagem e simbologia específicas ao arcaico, apresenta-se como uma Expiação seguida de um Julgamento – reparação da ordem de Deus por meio do amor de Deus.

Essa retificação/retribuição amorosa realiza-se por meio da entrada do "lá e então" no "aqui e agora", seja no âmbito cósmico, histórico ou individual. O momento dessa "entrada", desse atravessamento, recebe o nome de *escaton*, a manifestação transcendente da revelação expiatória no Santo dos Santos, pela qual a humanidade é informada de seu Julgamento/Salvação iminentes, e que no linguajar tipicamente hebraico expressa-se em frases como: "Vi então o céu aberto", "Vi então um anjo descer do céu", "Vede, Ele vem com suas falanges para julgar a todos", etc.[86] Recebe-se um novo discernimento, atualiza-se a criação e, com esta, a salvação/libertação se realiza. Portanto, o sentido último da escatologia – na chave do apocalipse – é o de um salvamento que anuncia uma nova criação.

A compreensão de que a "consumação de todas as coisas terrestres se faz realidade no reino celeste"[87] está vivamente colocada nas narrativas joaninas, Evangelho, Apocalipse e Epístolas, em que se introduz o Cristo no coração do *escaton*: "Porque o Pai a ninguém julga, mas confiou ao Filho todo julgamento",[88] ou mesmo, "Pois não enviou seu Filho ao mundo para julgar o mundo, mas para que o mundo seja salvo por ele. Quem nele crê não será julgado;

---

[86] Apocalipse 19,11; Apocalipse 20,1; *1 Enoque* 1,9, respectivamente.
[87] HAMERTON-KELLY, "An Introductory Essay" p. 11.
[88] João 5,22.

quem não crê já está julgado".⁸⁹ Percebe-se, nesses versículos, como o apocalipse nos informa sobre um *julgamento contínuo*, uma verdade sempre presente, expondo a dinâmica daquilo que poderíamos chamar de eternidade ou, em terminologia apocalíptica, de realidade celeste. Nesse enquadramento, cosmos e história seriam continuamente julgados, condenados e salvos, conforme a ação expiatória do Cordeiro/Senhor. O ato de reparação/criação nunca se interrompe, sua necessidade nunca cessa, uma vez que há liberdade na criação e nas criaturas. Sem querer entrar em reflexões teológicas aprofundadas, as quais nos levariam a caminhos distintos ao proposto, o mais importante, em nossa discussão sobre as bases simbólicas do apocalipse, é constatar sua vocação para o universal por meio de insights – visões – que proclamam as "coisas ocultas desde a fundação do mundo", os mistérios da existência e criação, uma frase em que Jesus faz alusão ao Salmo 78.⁹⁰

O apocalipse se estabelece, nessa corrente de pensamento, em vínculo escatológico, uma vez que o alfa e o ômega da revelação é o *escaton*, o divino em processo de emergência, fonte transcendente da revelação,⁹¹ base de uma grande expiação – de uma doação amorosa – donde um novo discernimento ou julgamento tornam-se possíveis. Em chave estritamente cristã, o *escaton* será tanto a encarnação do Verbo quanto sua presença salvífica na Cruz e trono celeste:⁹² céu e terra em comunhão.

Assim o apocalipse toma a escatologia, o transcendente em ação reparadora, para iluminar os crimes cometidos contra a criação: humanidade, cosmos e natureza, sublinhando as violações que não passarão

---

⁸⁹ João 3,17-18.
⁹⁰ "Vou abrir minha boca numa *parábola*, vou expor enigmas do passado." (Salmos 78,2). Lembrando que falar em parábolas significava, para a tradição sapiencial hebraica, usar o terrestre para falar do celeste, o trivial para falar do universal, e assim por diante.
⁹¹ "*Eu sou o Alfa e o Ômega*, o Primeiro e o Último, o Princípio e o Fim." (Apocalipse 22,13). Ver, também, Apocalipse 1,8.
⁹² "O que está sentado no trono declarou, então [...] Eu sou o Alfa e o Ômega, o Princípio e o Fim; e a quem tem sede eu darei gratuitamente a fonte de água viva." Apocalipse 21,5-6.

impunes.[93] Isso significa que a desordem será corrigida e que haverá atribuição de responsabilidade em todos os níveis, principalmente no tocante aos poderosos e seus agentes, viabilizando uma restauração macro, uma Criação: "uma vez que o propósito ou final da história é o humano, o apocalipse usa enfaticamente o princípio de responsabilidade moral para interpretar essa história. O julgamento final é a retificação moral da ordem da história". Dessa forma, instaura-se uma nova criação, um novo mundo:[94] "Vi então um céu novo e uma nova terra",[95] em alusão direta a Isaías 65,17, em que o profeta revela: "Com efeito, vou criar novos céus e a nova terra". Não há apocalipse sem profecia, sem interpretação dos sinais. Esse é um prolongamento desta, um de seus ramos mais vigorosos, quiçá o mais vigoroso do ponto de vista simbólico uma vez que guarda/preserva, em agregados imagéticos, por vezes impenetráveis, os mistérios da criação.

*

Girard intitulou uma de suas obras mais importantes de *Coisas Ocultas desde a Fundação do Mundo*, justamente no momento em que admite a vocação fundamentalmente evangélica de sua antropologia, visceralmente envolvida com os significados escatológicos da Paixão.

Uma das características do apocalipse é a percepção que traz de estar-se vivendo um momento decisivo (histórico, trans-histórico,

---

[93] "Podemos distinguir aqui entre os termos 'escatologia' e 'apocalipse'. Escatologia é o termo geral para descrever a presença do transcendente. Significa, literalmente, a doutrina das últimas coisas, sem forma ou conteúdo específicos. Apocalipse é uma forma de escatologia, definido por seu foco no final catastrófico e transmitido em trabalhos literários conhecidos como apocalipses. 'Escatológico' é o termo mais comumente usado pelos scholars bíblicos quando se referem ao transcendente, em geral, e à encarnação, em particular. A 'encarnação de Deus' é o evento escatológico. Desse modo, enquanto o uso secular corrente toma 'apocalipse' para significar tão somente catástrofe, o pensamento cristão toma-o para indicar *eucatástrofe* [a 'boa', 'auspiciosa' catástrofe] da Nova Criação, a revelação de Jesus como o criador e recriador de nosso mundo (João 1,1-3)". HAMERTON-KELLY, "An Introductory Essay", p. 28.
[94] Idem, Politcs & Apocalypse, p. 17.
[95] Apocalipse 21,1.

meta-histórico), ao menos para aquele sujeito que dele se apropria. Essa exaltação da agudeza/urgência do momento/tempo em que se vive cotidianamente, sua exigência imperativa, foi, igualmente, característica do cristianismo primitivo, o que, uma vez mais, reconduz o apocalipse ao centro da experiência evangélica. Por uma grande ironia, isso tem causado constrangimentos na teologia recente, muito em razão, creio, de um desconhecimento das bases simbólicas e reflexivas do apocalipse. A expectativa iminente da Parúsia, vivida intensamente pelas primeiras comunidades cristãs, comportava um altíssimo estado de alerta – um orai e vigiai constantes – absolutamente críticos. De certo modo, a aproximação do período dos martírios anunciava-se simbolicamente. Todavia, não se está dizendo aqui que esse tipo de expectativa fosse indiscutivelmente bom e, menos ainda, que fosse completamente ruim. O que se diz é que esse "estado de espírito" produzia condicionamentos emocionais e intelectuais muito próprios, aos quais, como pretendo demonstrar no último capítulo, obra e pensamento de Girard também se dirigiram de modo progressivamente intenso ao longo de uma trajetória de vida, intensificando-se dramaticamente em seus últimos trabalhos.

A questão que realmente nos importa, por ora, é observar que, deixando-se invadir pela urgência dos tempos, pela inadiabilidade de sua retificação, o apocalipse, como corrente de pensamento, opõe-se ao eterno retorno mitológico, uma vez que denuncia as bases corrompidas e, sobretudo, *falidas* do cosmos, um alerta à periclitante estabilidade da *oikoumênē*. Contrariamente ao mito, o apocalipse não justifica a ordem sagrada de uma comunidade qualquer, não endossa sua imutabilidade ancestral, seu prestígio inabalável. Pelo contrário, rompe-se vigorosamente com o *status quo* religioso-político. Todavia, não se engane o leitor, pois não se trata de substituir as lendas de um grupo pelas de outro, mas sim de ressignificar a ecumene nos termos de uma justiça verdadeira, a saber, verdadeiramente justa. Com isso, torna-se difícil sustentar a afirmação de que o apocalipse seja um (novo) sistema mitológico que ameaça outro mais antigo, visando usurpar-lhe a hegemonia cosmológica, ainda que isso possa ser defendido.[96] Principia-se, e de modo inegável, um esforço de reinterpretação para fora do cercamento mitológico, em seus condicionamentos ancestrais, o que significa um movimento real para o *universal*: "O universalismo é a nota dominante do cristianismo primitivo [...] Paulo pôde fazer o que fez porque pensava nos termos apocalípticos de uma história universal, segundo um evento de significado universal: a Ressureição de Jesus".[97]

O mito jamais alcança o universal, não é capaz de fazê-lo, simplesmente porque se presta, e o faz como ninguém, a justificar e fundamentar um grupo, uma nação, um povo ou cidade com seus *mores* e *nomoi* específicos, em seus privilégios diferenciados, os quais precisam ser mantidos a qualquer custo. Por trás de um mito, há sempre uma unanimidade invisível que o produz em benefício próprio, manipulando signos e narrativas a fim de reforçar o *status quo*, assim protegendo o grupo de sua própria violência, o universo em que a violência arbitrária triunfa sem ser reconhecida; ora, nos Evangelhos, ocorre justamente o contrário:

> Ao contrário daquilo que se passa com outros mitos, não é a multidão unânime dos perseguidores que vê em Jesus o Filho de Deus, mas sim uma minoria contestadora [uma minoria apocalíptica], um pequeno grupo de dissidentes que se destaca da comunidade e destrói a sua

---

[96] Uma posição defendida praticamente por toda a filosofia política moderna, principalmente as que mais se apropriaram conscientemente dos pressupostos iluministas, tanto no espectro da tradição liberal quanto no da tradição revolucionária. Todavia, tanto liberais quanto revolucionários têm - ou ao menos tiveram - na crítica do indivíduo/povo *vitimado pela dominação ilegítima ou obscena* (dos reis, burgueses, clero, etc.) o seu ponto de partida filosófico-moral, cuja identidade está - em primeira instância - no apocalipse. A necessidade mesma de uma utopia - uma necessidade moderna - tem profundos ecos no apocalipse, ainda que sobejamente deslocados dos pressupostos deste.
[97] HAMERTON-KELLY, *Politics & Apocalypse*, p. 18.

unanimidade; é a comunidade das primeiras testemunhas da Ressurreição, os apóstolos e aqueles que os rodeiam.[98]

Os mitos se definem, sobretudo em sua aplicabilidade, em sua capacidade de instrumentalizar uma narrativa[99] e sua aptidão para gerar consensos duradouros, e não, exatamente, por conta de conteúdos, como as pessoas geralmente tendem a percebê-los. Contos ou lendas, quando devidamente instrumentalizados, podem se tornar mitos, desde que passem a fundamentar as referências morais, conceituais ou cosmológicas de entes coletivos.

> O mito é um conto tradicional aplicado; sua relevância e seriedade brotam em grande medida de sua aplicação [...]. Instituições ou constituições de família, clã e cidade são justificadas e explicadas por esses contos – "mitos estatutários" na terminologia de Malinowski [...]. Mas também certas questões bem abrangentes das sociedades humanas, tais como regras de casamento e incesto ou a organização da natureza e universo, podem tornar-se tema desses contos aplicados; não obstante, é a especulação filosófica, antiga ou moderna, que tende a isolar mitos de origem e cosmogonia, *os quais, em seu contexto próprio, têm alguma referência prática às instituições de uma cidade ou de um clã* [grifo meu].[100]

Como parece colocar Jan Assmann, trata-se de memorizar e divulgar, afeiçoadamente, os grandes de antanho, seus feitos e provações, procedimento em que "o passado é trazido ao presente por meio da

---

[98] GIRARD, *Eu Via Satanás Cair do Céu como um Raio*, p. 157.
[99] Para Girard, uma narrativa persecutória, em que se justifica uma perseguição ou expulsão.
[100] BURKERT, *Structure and Myth in Greek Mythology and Ritual*, p. 23.

explicação de uma tradição".[101] Em princípio, não há nada de errado com essa prática; a educação humana opera largamente nessas bases; ademais, um leitor astuto poderá entrever que, do ponto de vista meramente estrutural ou formal, não há diferença nenhuma entre mito, relato evangélico e apocalipse. Os elementos constituintes são os mesmos. Todavia, evangelhos e apocalipse compreendem novos conteúdos e um novo sentido, embora dividam a mesma linguagem com os mitos. Podemos dizer que, ao contrário do mito, o apocalipse faz emergir vozes nunca antes ouvidas – vozes de multidões, outrora apagadas pelo consenso expiatório.

Na chave do mito, sabe-se de antemão que o bom, justo e correto já estão/estiveram institucionalmente representados – incorporados à vida no modo insuperável e modelar dos antepassados, pais fundadores, heróis e deuses. O mundo lendário é o mundo ideal, e o mito a hipostasia. A verdade foi dada uma vez só, estabelecida pelos heroicos fundadores, não havendo necessidade de outra. Isso significa que, nessa chave mental, a vida se orienta inevitavelmente para trás,[102] na preservação imutável do que foi estabelecido – como verdadeiro e bom – pelos antepassados, um *eterno retorno* socialmente consagrado na valorização unilateral do que foi ou está oficialmente aceito[103] e tipificado em figuras heroicas e/ou divinas. Essa é a base do mito e a base da lei, em sentido arcaico.

O apocalipse usa a mesma linguagem e se vale dos mesmos símbolos e formato, mas para fins deveras distintos, nos quais o cenário

---

[101] ASSMANN, *Cultural Memory and Early Civilization – Writing, Remembrance, and Political Imagination*, p. 3.
[102] Na história de Abraão, uma figura sacerdotal e conectada intimamente à Teologia do Templo, envolvida numa relação *pessoal* com Javé, já se estabelece uma quebra contundente com a *religião dos antepassados*, voltando-se para uma fé, isto é, para um processo revelador misterioso, conectado à história e orientado para a frente. Aqui, temos um dos troncos principais do que veio a ser o apocalipse. A teologia hebraica pré-apocalíptica tinha – em si – quase todos os elementos doutrinais que mais tarde formaram essa corrente de pensamento. Ver Gênesis 12-25.
[103] Sociedades dominadas pelo mito, por sua linguagem e método, são sociedades invariavelmente tradicionalistas. TUZIN, *The Voice of the Tambaran: Truth and Illusion in Ilahita Arapesh Religion*.

tipicamente mitológico vira-se contra si mesmo, numa dessacralização radical da ordem instaurada, desmantelando "verdades" supostamente inquestionáveis. Logo, contrariamente ao mito, o apocalipse define-se como resposta reflexiva, isto é, como conteúdo específico, engendrado, reflexivamente, em sua contraposição ao mito. Nega-se a ordem vigente, no intuito de repará-la desde as bases; nega-se o sacrifício do próximo, em nome do sacrifício de si mesmo. Não mais se busca a idealização dos tempos primeiros, da ordem original ancorada no tempo. Os heróis ("os vigias", em Enoque; "as sentinelas", em Isaías) caíram, corromperam-se desde a raiz. O problema tornou-se sistêmico. Assim, não há saída nos termos próprios ao sistema, conforme os ditames da cosmogonia oficial, embora o repertório simbólico esteja lá, bastando-lhe sofrer uma radical subversão de sentido; é exatamente isso que ocorrerá. Logo, o sistema precisará ser atravessado por uma inteligência superior, verdadeiramente liberta dos condicionamentos narrativos da *oikoumene*, uma inteligência substantiva, verdadeiramente revelada. São esses os termos em que o apocalipse se entende enquanto mensagem específica, enquanto corrente de pensamento única e organicamente conectada à profecia e sabedoria.

Voltemos, então, ao início, e que, em conceituação apocalíptica, significa também o final,[104] ambos convergindo ao centro revelador, ao eixo semântico, inteligência reveladora das coisas ocultas, ponto de convergência. Com efeito, O Apocalipse de João foi organizado como quiasmo, uma vez que em seu centro textual (Apocalipse 11, 14-19) irrompe o clamor do sétimo Anjo, afirmando que a realeza do mundo passou para o domínio definitivo do Cristo. Voltemos então a esse Apocalipse, chave-mestra da experiência evangélica em sua base reveladora.

---

[104] Essa identificação do início com o fim para a valorização do centro era de tal modo presente no pensamento hebraico que a estrutura narrativa assumia, não raras vezes, o formato de *quiasmo*, uma figura de linguagem em "X" de altíssima capacitação mnemônica. O livro de Gênesis está repleto de quiasmos, assim como Isaías e assim como João. O prólogo de João (João 1,1-18), por exemplo, é inteiramente composto de um bloco quiástico bem elaborado: (A, B, C, D, E, F, F, E, D, C, B, A).

capítulo 9
apocalipse e cristianismo

Pensar o apocalipse em sua penetração sobre o cristianismo dos primeiros séculos é tarefa para diversos volumes, um assunto imenso e distinto de nosso propósito temático. Todavia, tendo-se em vista a defesa que fazemos de uma *antropologia revelada* para a teoria mimética e sua conaturalidade com os Evangelhos em seus contornos escatológico-apocalípticos, talvez fosse necessário tecer breves comentários sobre o impacto que teve essa corrente de pensamento sobre a mentalidade cristã dos primeiros séculos, período formador não somente de uma identidade intelectual cristã, mas de sua sensibilidade moral. Identidade e sensibilidade essas que se fizeram importantíssimas à personalidade *intelectual* de Girard, conforme expressas na orientação progressivamente apocalíptica de seu pensamento.

Na leitura que hoje se faz de muitos trabalhos sobre patrística,[1] tem-se a impressão de que embora o cristianismo não seja uma invenção pontual dos gregos, estes, afinal de contas, domesticaram-no, tornando-o inteligível ou mesmo intelectualmente aceitável. Com efeito, houve uma série de motivos para que se colocasse o cristianismo sob a tutela racionalizante da filosofia, especialmente ao levarmos em conta o contexto cultural em que o movimento de

---

[1] MORESCHINI, *História da Filosofia Patrística*, p. 204.

Jesus surgiu e se propagou. Aquilo que foi convencionado chamar de mundo helenístico: a presença cultural grega em esplendor artístico, filosófico, arquitetônico, etc., difundida e abraçada por elites helenizadas e, posteriormente, romanizadas: siríacas, africanas, anatólicas, balcânicas, gálicas, entre outras, hegemônicas num vasto espectro civilizacional, forma a ambientação cultural genérica em que o cristianismo, em seu nascimento como movimento reformista minúsculo e largamente marginal, desenvolveu-se doutrinalmente. É dever nosso atentar à complexidade do quadro, contemplando suas variações internas e – importantíssimo – suas diferenças e paradoxos, caso contrário corre-se o risco de tomar a parte pelo todo e o específico pelo genérico, retirando-lhes os próprios atributos formadores.

Existe um vício intelectual no Ocidente, ainda que relativizado, embora sensivelmente difundido, de pensar a Hélade e seus filhos, os helênicos, em termos autóctones, em que o gênio particular dos helênicos é ressaltado em criatividade nata, em sua inventividade pátria, ao mesmo tempo que demais povos, como os orientais, latinos e "bárbaros" (seja lá o que isso signifique, exatamente) são avaliados nos termos de uma estrita dependência de terceiros, eternos herdeiros de uma imensa rede de técnicas e saberes que lhes foi emprestada por gente mais civilizada. Há, no entanto, incorreções graves e certa injustiça nesse tipo de generalização, na qual, não poucas vezes, se inverte o sentido da difusão cultural, confundindo-se transmissor com legatário.

Tomemos alguns exemplos bem conhecidos como ilustração introdutória, antes de problematizar a questão em assunto específico. Os gregos *não* criaram o regime constitucional típico da pólis, base de seu posterior sistema democrático, antes emularam-no de fenícios e anatólicos;[2] também não inventaram o

---

[2] "As cidades fenícias formaram as primeiras soberanias como *poleis*, os primeiros estados constitucionais urbanos que conhecemos, integrados a uma vida comunitária, embora sob a tutela dos reis; algumas formaram aristocracias duradouras, as quais não

alfabeto[3] e tampouco a geometria.[4] O "teorema de Pitágoras" não foi concebido por esse filósofo esotérico, mas incorporado ao mundo grego via Mesopotâmia, assim como foram incorporadas do oriente civilizado havia muitíssimo mais tempo as técnicas de construção de grandes edifícios em tijolo, pedra e calcário.[5]
O primeiro trabalho de Hércules, matar o leão de Nemeia, ocorreu num ambiente naturalmente desprovido de leões (a Argólida é uma região do Peloponeso), ou seja, tratava-se, muito provavelmente, de um mito emprestado, e não de um desenvolvimento narrativo autóctone. E estamos falando de Hércules! Herói fundador do espírito combativo dos gregos. Este último exemplo é quase anedótico, mas serve para ilustrar a distância que há entre o que o senso comum avalia como contribuições/realizações/produções "genuinamente" gregas e a real complexidade histórica, repleta de interdependências.

A Grécia clássica, em todo o seu esplendor artístico e intelectual, foi um fenômeno tardio e bem passageiro não somente da Antiguidade, mas também da Hélade. Os universos minoico e micênico, formadores e mais antigos e longevos, não obstante,

---

tinham somente de ser consultadas, como controlavam diretamente as questões de estado. Mais tarde, todas se tornaram repúblicas." BURCKHARDT, *Judgments on History and Historians*, p. 9.

[3] "O que em geral fica fora de foco é o 'período orientalizante' [da cultura grega], entre aproximadamente 750 e 650 a.C., ou seja, o período homérico, quando, assim como certas habilidades e imagens apropriadas do Oriente, a arte semita da escrita também foi transmitida à Grécia, tornando possível, pela primeira vez, que a literatura grega fosse registrada." BURKERT, *The Orientalizing Revolution: Near Eastern Influence on Greek Culture in the Early Archaic Age*, p. 5.

[4] "Outra particularidade que fracassou em chamar a atenção do público foi a descoberta – de Otto Neugebauer – de que o 'teorema de Pitágoras' já era conhecido e praticado pelos babilônios mil anos antes." Ibidem, p. 4. Mais recentemente, descobriu-se que os mesopotâmicos efetuavam cálculos algébricos, geométricos e astronômicos bem complexos.

[5] "Uma área de influência oriental profunda no âmbito religioso grego da época só agora começa a ser vislumbrada: a construção de altares amplos de oferenda e queima de incenso e, sobretudo, a construção de templos que servissem de residência às divindades, representadas por estatuária de culto. Parece que não há nenhum templo grego desse tipo antes do século VIII a.C., o período em que se deu o ímpeto na direção da adoção de técnicas orientais." Ibidem, p. 20.

muitíssimo desenvolvidos, foram praticamente soterrados após as devastações do período final da Era do Bronze, em que sobreveio a destruição de conjuntos civilizacionais inteiros, como o dos hititas, numa grande sucessão de acontecimentos que recebeu o nome de "invasões dos povos do mar".[6] Essas invasões foram caracterizadas por conta de uma série de textos encontrados nos arquivos da realeza egípcia, nos quais se faz referência, textual e gráfica, a diversos grupos invasores do mar: shardana, shekelesh, eqwesh, lukka, teresh, peleset, etc. Após o desmantelamento completo do universo micênico, em decorrência dessas invasões/devastações em cadeia, a região sob a influência do conjunto "grego" atravessou um longo período de silêncio histórico, chamado de Idade das Trevas, período em que escrita, vida urbana e estado desaparecem dos registros históricos e arqueológicos.[7]

Como sabemos, a recuperação ou restruturação da civilização helênica ocorre quatrocentos anos mais tarde na Jônia: nas colônias *orientais* dos gregos, num verdadeiro renascimento em direção aos parâmetros da Grécia clássica. Esse renascimento, assim identificado, primeiramente, com o surgimento da chamada literatura homérica, mas que pode ser hoje confirmado, historicamente, no agudo renascimento urbano da Jônia, teve larguíssimos subsídios orientais.[8]

Trago esse contexto aparentemente desconexo com nosso estudo no intuito de sublinhar a expressiva anterioridade civilizacional do

---

[6] CLINE, *1177 B.C. The Year Civilization Collapsed*, p. 214.
[7] "Após as agitações e devastações que percorreram Grécia, Anatólia, Síria e Palestina por volta de 1200 a.C., atribuídas geralmente, com base nos textos egípcios, aos 'povos do mar' – dentre os quais os filisteus são os mais tangíveis –, reinos, palácios, técnicas artísticas e de construção e os sistemas de escrita que haviam feito a glória da Era do Bronze desapareceram das áreas mais expostas. Na região do mediterrâneo oriental, exceto pelo Egito, civilização urbana e letramento sobreviveram apenas na faixa siríaco-palestina." BURKERT, *The Orientalizing Revolution: Near Eastern Influence on Greek Culture in the Early Archaic Age*, p. 9.
[8] "Não são os textos gregos, mas sim as descobertas arqueológicas que nos fornecem uma sólida fundamentação para recuperar as influências culturais orientais [sobretudo mesopotâmicas e siríacas] na Grécia dos séculos VIII e início do século VII a.C." Ibidem, p. 14.

Oriente Próximo frente ao universo propriamente grego. Trata-se de uma obviedade, mas que é rapidamente esquecida quando a exegese moderna põe lado a lado, em sua balança intelectual bizantina, as contribuições gregas e hebraicas, comparando-as desde a perspectiva de um cristianismo intelectualmente "sitiado" pelo helenismo. Realmente, o helenismo se impunha, na época de Jesus, em expressiva hegemonia intelectual, mas era algo que se media e se confirmava mais na cultura popular e políticas públicas do que, exatamente, na antiquíssima cultura religiosa hebraica.

Em nosso caso, é preciso ressaltar, com todas as letras, que a corrente ou escola joanina, responsável pelos textos do Novo Testamento atribuídos a João Evangelista, este igualmente responsável pelo "Apocalipse de João", era fundamentalmente hebraica em sua simbologia, imaginário e teologia, em referências centrais, sobretudo, em sua escatologia apocalíptica, embora elementos gregos possam ser identificados, mas dependentes de um hebraísmo de fundo. Trata-se de um assunto particularmente sensível na discussão que fazemos sobre o Logos joanino, discussão essa caríssima ao pensamento de Girard.

A comunidade joanina era fundamentalmente hebraica em sua teologia. Portanto, seu alegado envolvimento com os gnosticismos da época precisa ser reavaliado. Daí a importância de recuperar o apocalipse, pois só assim há de se recuperar, concomitantemente, o grande tronco hebraico do cristianismo. Com efeito, desde a paulatina restauração dos manuscritos de Qumran, tem havido uma necessidade crescente de pensar alterações significativas no antigo paradigma helenista-gnóstico outrora vinculado à escola joanina. Barker tem algo importante a nos dizer sobre o assunto:

> Então a implicação dos textos qumrânicos (descobertos a partir de 1947) começou a ser sentida, mais precisamente a percepção de que o cenário religioso palestino à época de Jesus era bem diferente de tudo o que fora, até

então, imaginado [pelos antigos scholars]. Os estudiosos começaram a se perguntar em que lugar "João" encaixava-se nesse novo cenário. O debate sobre as origens não seria mais entre judaísmo e helenismo, mas, em vez disso, dar-se-ia dentro da pluralidade de seitas judaicas existentes na época de Jesus.[9]

A questão delicada com os textos de João é a de que são – ao mesmo tempo – os mais carregados de elementos tipicamente judaicos e os mais veementemente críticos ao judaísmo, chegando ao ponto de atribuírem-lhes certa dose de antissemitismo. Em nosso caso, o importante é perceber que essas duríssimas passagens evangélicas dirigidas aos judeus, não só em João, mas sobretudo neste ("Vós sois do Diabo, vosso pai"; "porque digo a verdade, não credes em mim"; "Entretanto, ninguém falava dele abertamente, por medo dos judeus"; etc.), são justamente os trechos sobre os quais Girard mais atenciosa e apaixonadamente se debruça em suas análises sobre a antropologia revelada dos Evangelhos. Há de se considerar que João foi, provavelmente, um sacerdote com trânsito relativamente aberto nos bastidores políticos e intelectuais da época; sua narrativa nos deixa entrever, não poucas vezes, uma testemunha ocular das perversidades recorrentes aos poderosos. Aliás, sua reconhecida e celebrada ironia é sinal de alguém que tinha intimidade com aquele cenário, um típico *insider*, um dado visível em João 18,15-16, em que João e Pedro são autorizados, por conta do primeiro, a entrarem no pátio do sumo sacerdote, local absolutamente reservado à elite. Provavelmente, o discípulo amado conhecia, e bem de perto, a soberba, malícia e velhacaria de um Sinédrio em ilícito pacto político com os romanos: "ele sabia do sarcasmo de Caifás, quando os chefes dos sacerdotes e fariseus deliberaram a respeito do problema que era Jesus, decidindo lançá-lo à morte".[10]

---

[9] BARKER, *King of the Jews: Temple Theology in John's Gospel*, p. 1.
[10] Idem, *The Revelation of Jesus Christ*, p. 79.

Em Atos 6,1, há uma informação que nos interessa: "naqueles dias, aumentando o número dos discípulos, surgiram murmurações dos helenistas contra os hebreus". A exegese oficial nos esclarece de que esses "helenistas" correspondem aos judeus que viviam fora da Palestina e que haviam adotado parte da cultura grega. Pessoas que liam os textos sagrados judaicos em grego. De fato, quando João se refere aos *helenos*, "subindo para adorar durante a festa",[11] fala dos judeus helenizados da diáspora, uma vez que usava esse termo, *helenos*, quando se referia aos judeus que falavam grego.[12] Há outro detalhe significativo, no entanto. Atos 6,1 mostra questões internas da recém-nascida comunidade cristã, pontuando certas tensões entre as comunidades de recém-convertidos. O importante aqui é notar que os cristãos autóctones, a saber, judeus convertidos da Palestina/Judeia, identificavam-se como *hebreus*,[13] e não como judeus, ou seja, escolhiam a referência cultural/nacional mais antiga. Além disso, recebiam seus irmãos judeus da diáspora, agora conversos ao movimento de Jesus, "os helenizados", sem nenhum sentimento aparente de grande ameaça. Isso dá margem a alguns questionamentos. Por que os cristãos palestinos, naturais da Judeia, faziam questão de serem reconhecidos como hebreus? Por que se sentiam mais ameaçados pelos fariseus e saduceus do que pelo helenismo? Não temos a finalidade de responder a essas perguntas, as quais ensejam, naturalmente, volumes. Todavia, ajudam-nos a demarcar o nosso território conceitual. Robert Hamerton-Kelly tem algo importante a nos dizer sobre a questão:

> A mudança da família sacerdotal governante dos zadoquitas para os asmoneus trouxe talvez mais prejuízos para a organização política judaica do que trouxera a interferência dos gregos macedônicos, já que, para os antigos seguidores e aliados de Zadoque, a ascensão dos asmoneus comprometia a pureza do templo

---

[11] João 12,20.
[12] Idem 7,35.
[13] 2 Coríntios 11,22-24.

e invalidava seu ritual. Os asmoneus não eram a verdadeira classe sumo sacerdotal.[14]

Realmente havia incompatibilidades profundas entre alguns segmentos do arcabouço israelita. Portanto, o alegado "antissemitismo" em João não tem nada de antissemita; pelo contrário: o que havia – e as evidências parecem confirmar essa hipótese – era um confronto ideológico hebreu contra o judaísmo da lei, farisaísmo e afins.

Para o cristão hebreu, nascido na Judeia ou adjacências, que falava o aramaico como língua nativa, provavelmente *o judeu* era o religioso israelita identificado com a dogmática farisaica. A disputa era eminentemente teológico-ideológica e não, obviamente, racial ou étnica. Logo, o esforço espiritual/intelectual da narrativa joanina se faz sobretudo como discussão interna do hebraísmo, tendo pouco a ver com elementos simbólicos propriamente helênicos, fossem estes neoplatônicos, pitagóricos ou órficos, ainda que desses se valesse, por vezes, para universalizar seus argumentos.

Como vimos, o apocalipse foi um desenvolvimento bem próprio ao hebraísmo, ainda que, em seu início, possa ter sorvido alguns influxos egípcios, mesopotâmicos e persas, mas modestos. Tratou-se, não obstante, de um desenvolvimento largamente autóctone, um prolongamento e reelaboração do profetismo israelita, em sua fase intertestamentária. Defende-se, aqui, que a comunidade joanina, vista como escola teológica, foi profunda e fundamentalmente apocalíptica, e isso quer dizer, ao mesmo tempo, que foi rigorosamente hebraica. Em seu artigo "Jews, Hebrews, and Christians: Some Needed Discutions",[15] Robert Murray, SJ, vai exatamente ao ponto: "no período de nossa discussão, na origem do cristianismo, é enganoso usar 'judeu' e 'judaísmo' para *todos* os herdeiros do antigo Israel; esses dois termos só se faziam realmente apropriados àqueles que olhavam

---

[14] HAMERTON-KELLY, *Politics & Apocalypse*, p. 14.
[15] MURRAY, "Jews, Hebrews, and Christians: Some Needed Distinctions", p. 194-208.

para Jerusalém como seu foco [religioso e político] de identidade, ao passo que outro termo ou termos são necessários àqueles que eram hostis às políticas do Segundo Templo de Jerusalém".[16]

Isso será suficiente, creio, para entrarmos em João, em seu Evangelho e Apocalipse, mas, agora, sem cair na tentação de filosofar-lhe as premissas, isto é, sem colocar seu imaginário e narrativa sob um falso domínio estrangeiro, a saber, do helenismo e suas categorias mentais. O subtexto em João não é Platão, mas Isaías; o contexto não é a Ágora, mas o Templo de Salomão; o personagem principal não é o Logos de Heráclito, mas o Logos do Filho do Homem: "[No prólogo de João] a terminologia pode ser grega, mas o contexto é o da teologia do templo do sumo sacerdócio davídico".[17]

*

Discutir se o Apocalipse de João foi realmente finalizado (ou não) pelas mesmas mãos que escreveram o Quarto Evangelho, o de João Evangelista, está fora de nossa temática. Em razão de seu Testemunho, João parece ter, de fato, compilado a versão final desse livro, enquanto exilado na Ilha de Patmos.[18] No entanto, faz-se necessário assumirmos uma posição, mesmo que provisória, uma vez que adotamos uma análise conjunta entre Evangelhos e Apocalipse, integrando-os num arcabouço simbólico comum. Assim, podemos adotar a conclusão hoje padrão, conforme exposta na introdução ao "Livro do Apocalipse" da *Bíblia de Jerusalém*:

> Por outro lado, se o Apocalipse de João apresenta um parentesco inegável com os outros escritos joaninos, também se distingue claramente deles por sua linguagem, seu estilo e por certos pontos de vista teológicos (referentes

---

[16] Ibidem, p. 195.
[17] BARKER, *King of the Jews: Temple Theology in John's Gospel*, p. 161.
[18] Apocalipse 1, 9.

sobretudo à Parúsia de Cristo), a tal ponto que se torna difícil afirmar que procede imediatamente do mesmo autor. Não obstante tudo isso, *sua inspiração é joanina*, e foi escrito por alguém dos círculos imediatos do apóstolo e está impregnado de seu pensamento.[19]

Uma posição coerente com o que se sabe da produção intelectual da época, em que a *pseudepigrafia* era absolutamente corriqueira.[20] Para um autor antigo, o fundamental era associar-se a uma autoridade espiritual/intelectual indiscutível, durante uma contribuição que se fazia sobre determinado assunto. Só assim o texto seria reconhecido pela comunidade dos leitores daquele tema. Isso se esclarece por completo, quando sabemos que o livro em questão, *Apocalipse*, compreende uma coletânea de textos que foi sendo agregada e reunida ao longo de cinquenta anos ou mais, período em que passou pelas mãos de escribas e discípulos associados ao que podemos chamar de escola de João, e mesmo, porventura, dele próprio. Percebem-se vários estágios de produção vinculados ao livro, indicando-nos intervenções distintas, as quais foram possivelmente finalizadas por João, bem idoso, em Patmos.[21]

---

[19] B. J., "Introdução", p. 2298.
[20] Em nossa época, fascinada pela autoria própria, uma era de plagiadores, a pseudepigrafia torna-se quase incompreensível. Mas é preciso entender que a vida religioso-intelectual do século I EC dava-se em bases completamente distintas. À época, para o bem e para o mal, a vida intelectual não tinha valor em si mesma, mas dependia de uma comunidade de iniciados, pela qual se justificava, geralmente vinculada a um fundador ao qual os textos eram atribuídos. Quanto mais alto fosse o ensinamento, mais alta teria de ser a autoridade que o transmitira. No caso dos apocalipses, essa lógica era levada ao ponto máximo, e figuras absolutamente paradigmáticas em sua estatura espiritual, como Enoque, Moisés, Abraão, Esdras, o Discípulo mais Amado (João), dentre outros, faziam-se necessárias. Caso o *Livro do Apocalipse* não tivesse sido confirmado por homens como Justino, Irineu, Clemente de Alexandria, entre outros, como de fato pertencendo a João, associado a este, a obra não teria sido integrada ao cânone, certamente. Seria mais um apocalipse apócrifo, como tantos outros. Portanto, não havia escritura válida fora de uma tradição consagrada. O importante não era o escritor – sua pessoa autoral –, mas a afinidade do que escrevia no tocante a um conjunto consagrado de ensinamentos.
[21] Ver BARKER, *The Revelation of Jesus Christ*.

A forma final do Livro do Apocalipse pode sim datar do reino de Domiciano (81 a 96 EC), quando o escrito foi traduzido ao grego e conhecido, pela primeira vez, pelas igrejas. O Apocalipse de João é uma coleção de profecias e sua interpretação, cujo material mais antigo é pré-cristão, e todo o resto é claramente anterior à separação entre cristianismo e judaísmo.[22]

Ademais, sabemos que esses autores, longe de serem meros escritores, condizente com o que, hoje, entendemos por homem de letras, o nosso intelectual padrão em seu ofício, eram, na verdade, neófitos e seguidores bem próximos de líderes/mestres, aos quais atribuíam seus textos e reflexões na sequência de longos processos de produção, os quais incluíam visões e interpretações; eram verdadeiros discípulos, diretos ou indiretos, e que, por vezes, se tornavam mestres e assim avançavam as fronteiras narrativas. Nesse enorme conjunto, é bem provável que tenhamos, nesses textos joaninos, as transcrições de ensinamentos, memórias e vivências espirituais de uma longa coletânea que integrou João e provavelmente o próprio Jesus, além de abarcar materiais mais antigos, hoje perdidos, como o *Livro do Senhor*,[23] os quais foram sendo compilados e reelaborados por um discipulado na formação de uma convocação teológica ao apocalipse.[24] Com efeito, podemos apenas imaginar a autoridade espiritual imensa, incontestável, que uma figura como o "discípulo amado" (talvez, um título) tinha perante as primeiras comunidades cristãs.

O discípulo amado é uma figura enigmática, mas vital para a compreensão do Evangelho

---

[22] Ibidem, p. 76.
[23] Idem, *The Revelation of Jesus Christ*. De fato, a abertura do Apocalipse "de João" tem a expressa indicação de se tratar de uma revelação de/para Jesus Cristo: "Revelação de Jesus Cristo. Deus *lhe* concedeu para que mostrasse a seus servos as coisas que devem acontecer muito em breve" (Apocalipse 1,1).
[24] THEISSEN, *A Religião dos Primeiros Cristãos: Uma Teoria dos Cristianismo Primitivo*, p. 255-78.

de João, porque o escreveu como testemunha ocular dos eventos que registrou (João 19,35; 21,24). Ele pouco revela sobre si mesmo, exceto esse título e sua associação íntima com Pedro, embora indique ser mais novo que Pedro [...]. O discípulo "amado" pode ter sido um título. Caso de fato fosse testemunha ocular dos eventos que descreve, teria "pensado" em hebraico, mesmo que, depois, tenha escrito em grego; realmente, confirmam-se traços de estilo hebraico em seus escritos, em seu relato da última ceia.[25]

Brooke F. Westcott explicita, em *The Gospel According to St. John*, a existência de correspondências externas e internas significativas entre o Apocalipse de João e o Evangelho de João, respectivamente.[26] Há, de fato, uma série de paralelos entre o Apocalipse e os textos Evangélicos em seu todo, tomando tanto João quanto os sinóticos. Por exemplo, em Marcos 13, num discurso escatológico com paralelo em Mateus 24, temos Jesus avisando seus discípulos sobre iminentes destruições que recairiam, num futuro breve, sobre a Judeia, especialmente sobre Jerusalém e seu Templo. Há, no caso, clara referência a Daniel 12 e 7, aludindo-se às grandes tribulações e à gloriosa manifestação do "Filho do Homem", respectivamente. O capítulo se encerra na exortação da Parábola da Figueira, em que se reforça, veementemente, a importância de saber identificar os sinais, "quando virdes a abominação da desolação instalada onde não devia estar".[27]

Trata-se de uma exortação à vigilância em tempos de crise profunda, em tempos de ameaças trevosas, em que se reconhecia a possibilidade de desdobramentos de extrema violência e destruição.

---

[25] BARKER, *King of the Jews: Temple Theology in John's Gospel*, p. 382-84.
[26] WESTCOTT, *The Gospel According to St. John*.
[27] Marcos 13,14.

No capítulo 6 do Livro do Apocalipse, temos a descrição do mesmíssimo contexto, embora nos termos radicalmente simbólicos da experiência visionária. A abertura dos sete selos, que se faz em paralelo às sete maldições em Mateus 23,[28] suas consequências celestes e terrestres, corresponde aos sinais de destruição sumarizados e racionalmente esclarecidos em Marcos 13 e Mateus 24. Estes dizem que o sol escurecerá e que a lua não negará sua claridade, ao passo que o Apocalipse diz que o sol tornar-se-á negro. A simbologia da figueira se faz presente exatamente no mesmo trecho: "as estrelas do céu se precipitaram sobre a terra, *como a figueira* que deixa cair seus frutos ainda verdes ao ser agitada por um vento forte";[29] em Marcos 13,28, lemos: "Aprendei, pois, a parábola da figueira. Quando o seu ramo se torna tenro e as suas folhas começam a brotar, sabeis que o verão está próximo".

Nesse caso, uma perfeita complementaridade simbólica é estabelecida. Os frutos maduros da figueira, em Marcos, esperando o verão, uma mensagem de esperança, são, então, temporariamente subvertidos no Apocalipse por uma tempestade que faz cair os frutos ainda verdes, frustrando a colheita. Mas isso é escatologia apocalíptica! Verso e reverso, esperança e desesperança, criação e destruição, luz e sombra, embora, como vimos, não no sentido de opostos irreconciliáveis, no sentido gnóstico, mas sim no da luz que regenera a sombra em processos que a sombra desconhece. O antagonismo é sentido pela sombra, mas nem tanto pela luz. A destruição é inevitável do ponto de vista de uma falência interna, tornada plenamente visível pela luz da Glória, pelo discernimento reformador que emerge. O simbolismo é complexo e poderíamos escrever volumes levantando e analisando os paralelos. Com efeito, há muitos casos

---

[28] Na teologia do templo, o número sete (e suas multiplicações) representava a completude do tempo, a perfeição divina expressa na criação: os sete céus, as sete trombetas, os sete braços da menorá, os sete *elohim* do Senhor, etc. O próprio tempo, sagrado, era contado em jubileus, ou seja, em ciclos de sete/setenta anos, como é feito em Daniel e nos demais apocalipses.
[29] Apocalipse 6,13.

visíveis e mesmo absolutamente claros em suas referências diretas, como Apocalipse 14,14-20 e Mateus 13, em que a simbologia do joio e ceifador – em Mateus apresentada nos termos terrestres de uma parábola – é fielmente reproduzida, em Apocalipse 14, nos termos celestes de uma grande visão terminal: "Lança tua foice e ceifa. Chegou a hora da ceifa, pois a ceara da terra está madura. O que estava sentado na nuvem lançou então sua foice sobre a terra, e a terra foi ceifada".[30]

Esses paralelos estão de tal modo imbricados simbólica e teologicamente que não seria sensato tomá-los em separado. Isso nos leva a questionar se de fato não haveria uma base apocalíptica, um apocalipse ou mesmo o *Apocalipse*, por trás dos quatro Evangelhos, fundamentado na experiência mística (oracular) compartilhada entre Jesus e os seus mais próximos (talvez Pedro, Tiago e João e outros desconhecidos),[31] parcialmente revelada e reelaborada em parábolas e alertas nos relatos evangélicos.[32] Trata-se de uma hipótese, e não seria o caso de explorá-la nesta obra; contudo, dá-nos uma dimensão do tamanho hermenêutico do apocalipse, levando-nos a considerar sua grandeza e mesmo sua extrema importância simbólica às correntes primitivas do cristianismo, o que nos levaria, embora por perspectivas bem outras, a confirmar a declaração de Käsemann.[33]

Isso nos coloca na trilha de uma simbologia oracular comum, que era compartilhada pelas primeiras comunidades cristãs. Essa simbologia, um tratado cósmico do conflito aparentemente basilar

---

[30] Apocalipse 14,15-16.
[31] Os discípulos levados ao Monte Tabor e presentes durante o testemunho da transfiguração, relatado em Mateus, Marcos e Lucas.
[32] "A oração de Jesus após a última ceia [sua oração de despedida] anuncia que todos os seus discípulos juntar-se-ão a ele, verão o estado glorioso que lhe foi conferido 'antes da fundação do mundo' (João 17,24). Ocorre que essa também é a visão final no Livro do Apocalipse, no qual os servos adoram-no à luz do santo dos santos (Apocalipse 22,1-5). Essa é só mais uma indicação de que as visões do Reino em *Apocalipse* foram recebidas pelo próprio Jesus e posteriormente passadas para João" BARKER, *King of the Jews: Temple Theology in John's Gospel*, p. 129.
[33] KÄSEMANN, "On The Subject of Primitive Christian Apocalyptic", p. 82-137.

entre o bem e o mal, divulgava uma mensagem: a vitória do Reino sobre as forças de Satã, malgrado sofrimentos e destruições, já está à disposição na eternidade. No Apocalipse, a história desse sofrimento cósmico é despida de seus impasses, pois a intervenção redentora, a expiação do Cordeiro/Senhor, consumou-se, e o fez conforme os designios do Altíssimo. Há um levantamento das agruras dos hebreus nas mãos de déspotas internos e externos – sacerdócio, realeza e impérios corrompidos – em associação, largamente ilícita, com os mais recentes representantes da abominação da desolação: os romanos.

> A primeira trombeta, no Livro do Apocalipse, anuncia Pompeu tomando Jerusalém; a segunda, a batalha de Áccio, em 31 AEC, quando Marco Antônio, que entregara o Reino de Judá a Herodes, foi derrotado por Otaviano, posteriormente conhecido como imperador Augusto. O terceiro toque da trombeta marca a morte de Herodes, em 4 AEC; o quarto, sua águia de ouro, arrancada do Templo assim que ele morreu; a quinta trombeta anuncia o exército de locustas, que devastou durante cinco meses o reino de terror romano, em 66 EC. Isso iniciaria a batalha final de libertação contra Roma.[34]

Essa libertação final vem ao preço de um julgamento terrível, em que se constata, na sexta trombeta, que "não se converteram também de seus homicídios, magias, prostituição e roubos".[35] Esse imaginário de justiçamento pela guerra santa, a guerra contra os profanadores do Templo, muito comum ao universo religioso hebraico da época, será herdado aos cristãos via apocalipse. A questão fundamental é que no apocalipse cristão, a guerra santa advinda de

---

[34] BARKER, 2008, p. 28.
[35] Apocalipse 9,21.

antigos sacerdotes israelitas rebelados, como se deu com os macabeus, transforma-se em *guerra celeste*. Nessa configuração, o "Dia da Ira" passa ao domínio *exclusivo* do alto, cujas repercussões são nada menos que decisivas na esfera da ação política, afastando, e de modo contundente, as primeiras comunidades cristãs de quaisquer envolvimentos belicosos, o que nos oferece outra pista importantíssima: no Apocalipse joanino e neotestamentário, o desejo de vingança – retribuição violenta – é transferido, definitivamente, à alçada do divino, criando uma teologia da retribuição em bases largamente transcendentes,[36] esvaziando, assim, todo e qualquer envolvimento marcial dos cristãos (refiro-me aos *primeiros* cristãos) com prováveis movimentos políticos de libertação nacional e mesmo com as forças políticas vigentes. Essa vocação quietista era, todavia, pré-cristã, pois se desenvolvera no hebraísmo apocalíptico de Qumran, como hoje sabemos.

> De modo que havia duas reações ao assalto grego sobre a soberania e cultura judaicas, ambas as reações religiosas, quais sejam, a dos quietistas e dos ativistas, os zadoquitas e os macabeus, respectivamente. É de especial importância em nosso tema saber que os mais apocalípticos dos dois eram os quietistas.[37]

---

[36] "Houve então uma batalha no céu: Miguel e seus anjos guerrearam contra o Dragão. O Dragão batalhou juntamente com seus anjos, mas foi derrotado, e não encontrou mais um lugar para eles no céu. Foi expulso o grande Dragão, a antiga serpente, o chamado Diabo ou Satanás [...]. Ouvi então uma voz forte no céu, proclamando: 'Agora realizou-se a salvação [...]'" (Apocalipse 12,7-10). Essa passagem reflete muito fielmente *1 Enoque*, recebendo endosso evangélico em Lucas 10,18: "Eu vi Satanás caindo do céu como relâmpago". É fundamental que o leitor perceba que a derrota celeste de Satanás representa, na cosmologia do apocalipse, sua instalação na terra, onde trairá a humanidade a sua causa, a fim de destruí-la: "porque o Diabo desceu para junto de vós cheio de furor, sabendo que lhe resta pouco tempo" (Apocalipse 12,12). Isso significa, teologicamente, que a luta na terra contra Satanás – já derrotado no plano celeste – é uma luta de resistência contra seus impulsos e seduções. É mais um afastamento do que um envolvimento, ainda que não apenas isso.

[37] HAMERTON-KELLY, "An Introductory Essay", p. 6.

Dessa maneira, creio que seja impossível compreender a linguagem e prática do martírio cristão, dado característico do cristianismo primitivo, sua definição mesma, sem ter a vocação quietista do apocalipse em mente. Para tal, é preciso, no entanto, apreender a complexa, embora mal interpretada, simbologia do Apocalipse de João, uma simbologia visceral, primariamente conectada ao ato litúrgico do Dia da Expiação e não à ação bélica. Mas vejamos.

Espada e fogo que – no Livro do Apocalipse – defendem o Filho do Homem e seus representantes contra as hostes malignas saem de *bocas*,[38] não de braços e mãos. Com efeito, é possível afirmar que a autoentrega explicitamente não violenta de Jesus ao martírio da Cruz reflete integralmente o apocalipse joanino, e, claro, vice-versa. Voltaremos a esse assunto adiante, na discussão que faremos, em Girard e outros autores, entre apocalipse e violência.

A prostituição do Templo e da cidade de Jerusalém (extensão do templo), seu desvio dos princípios espirituais associados ao antigo sumo sacerdócio, torna-se algo insustentável, uma deformação cósmica que solicitará o devido reparo, a devida expiação. Templo e cidade corrompidos, contaminados pelas Bestas, são os antípodas bíblicos da Virgem de Sião,[39] símbolo este que será incorporado à figura de Maria. Tudo isso era sinal de uma corrupção intolerável, cuja reparação traria a destruição da ordem presente, incorrigivelmente corrompida/deformada. Esse sentimento profundo de afastamento definitivo da Glória, Sabedoria de Deus, era

---

[38] "Na mão direita ele tinha sete estrelas, e de sua *boca* saía uma espada afiada, com dois gumes" (Apocalipse 1,16), em referência direta a "Não penseis que vim trazer paz à terra. Não vim trazer paz, mas a espada" (Mateus 10,34); "Caso alguém queira prejudicá-las, sai de sua *boca* um fogo que devora seus inimigos" (Apocalipse 11,5), em referência direta a "Eu vim trazer o fogo à terra, e como desejaria que já estivesse aceso!" (Lucas 12,49); "Os outros foram mortos pela espada que saía *da boca* do cavaleiro. E as aves se fartaram com suas carnes" (Apocalipse 19,21), em referência direta a "Pois assim como o relâmpago parte do oriente e brilha até o poente, assim será a vinda do Filho do Homem. Onde estiver o cadáver, aí se juntarão os abutres" (Mateus 24,27-28). Fogo e espada que saem da boca, força do Verbo, significavam *poder espiritual*, e não militar.

[39] Isaías 37,21-23.

muito antigo. Toda a profecia antiga discorreu sobre o assunto, especialmente Isaías, e sabemos como os primeiros cristãos identificavam-se intimamente com esse profeta, atribuindo-lhe a visão redentora da reparação.

*

Nessa perspectiva representada em Isaías, mas também em outros profetas, a interminável cadeia de destruição que se abatera sobre Israel, desde os assírios, passando por babilônicos, persas, gregos e, finalmente, os romanos, decorrera de corrupções fatais, a saber, uma recusa grave às revelações do Senhor, uma rejeição obstinada frente ao discernimento, "visto que esse povo rejeitou as águas de Siloé [a Sabedoria] que correm *mansamente* [...] o Senhor trará contra ele as águas impetuosas e abundantes do rio, a saber, o rei da Assíria com todo o seu poderio".[40] No caso, Isaías adverte sobre a iminência da destruição, uma vez que o povo e, sobretudo, a elite que o representava fizeram a escolha errada. Haviam rejeitado a Sabedoria, as águas que correm mansamente; por conseguinte, passariam ao domínio imediato das águas ruidosas: mergulhariam nas formas brutais de poder. De um modelo de paz, passariam a um de guerra. Rejeitavam a realeza sumo sacerdotal ungida, sob a autoridade do Senhor, para então cair no colo de realezas estrangeiras, invariavelmente cruéis e sórdidas, um desvio que não traria somente submissão política, novos tributos, expropriações, escravização e desterro, se é que essas desgraças já não bastassem, mas, muito pior que tudo isso, provocaria uma cegueira espiritual crônica, e mesmo inveterada, na agudíssima perda de referências teológicas capitais. Essa é a mensagem central em Isaías.

Não se tratava de mera figuração retórica, de *slogan* interesseiro de profetas e escribas, mas sim de anunciar/denunciar, e nos termos próprios à profecia, uma intimação concretamente real. Hoje

[40] Idem 8,6-7.

sabemos, e por fontes diversas, da extrema crueldade dos meios assírios e babilônicos em suas técnicas de dominação.[41] Certamente, esses profetas, seus discípulos e escribas sabiam-no ainda mais.

Os primeiros cristãos identificaram-se sobremaneira com Isaías. Mateus, em seu Evangelho, comunica aos seus leitores hebreus as diversas consumações proféticas de Jesus no tocante às profecias isaiânicas.[42] De fato, havia uma proximidade palpável entre as primeiras comunidades cristãs e o que podemos chamar de teologia isaiânica,[43] em cuja base certas figuras, referências e símbolos caríssimos ao apocalipse encontravam sólida morada. Em Isaías 6, o profeta vê a glória do Senhor, ele o vê sentado sobre um trono alto e elevado, ladeado por hostes celestes: anjos, arcanjos, serafins. Tudo isso é imaginário apocalíptico em contornos próprios, em típica linguagem oracular. Mas não se tratava somente de adoção simbólica, mas também, e principalmente, de convergência doutrinal, numa ampla e profunda identidade teológica e cosmológica compartilhada. Por exemplo, em João 9, episódio em que Jesus realiza um milagre ao curar um cego de nascença, temos em seu subtexto, como que embutido nesse acontecimento, parte expressiva da discussão em Isaías.

Após tocar o cego, ungindo-o com barro aspergido em sua saliva, Jesus manda-o banhar-se no poço de Siloé,[44] a fim de que recobre a vista. A referência ao trecho, "visto que esse povo rejeitou as águas de Siloé", em Isaías, é inegável. O tema da *cegueira espiritual* – aquela que conduz ao apocalipse – subjaz todo o capítulo nove de João. O mendigo não é apenas curado de uma imperfeição física, de uma deficiência, como diríamos hoje, mas passa a enxergar a estatura de Jesus, em etapas,[45] ao recobrar a visão em Siloé, discernindo

---

[41] BAHRANI, *Rituals of War: The Body and Violence in Mesopotamia*.
[42] Mateus 1,23; 2,23; 3,3-17; 4,15; 5,4-6; etc.
[43] Ver, por exemplo, como os primeiros cristãos "expandiram e preservaram *Ascensão de Isaías*, originalmente uma coleção de histórias judaicas sobre Isaías." BARKER, *King of the Jews: Temple Theology in John's Gospel*, p. 290.
[44] "Vai a Siloé e lava-te" (João 9,11).
[45] ALISON, *Fé Além do Ressentimento – Fragmentos Católicos em Voz Gay*, p. 34-63.

a natureza espiritual do nazareno, sua identidade como ungido de Deus, reconhecendo-o, finalmente, como Messias.[46] O cego recebe assim a cura/restauração do rei e sumo sacerdote ungido, nos termos exatos da teologia do Templo. Siloé, a sabedoria, devolve-lhe a visão física e espiritual, devolvendo-lhe o discernimento,[47] mas, antes, o Filho ungido, o poder, teve de libertá-lo das correntes que o prendiam à cegueira, libertá-lo das hostes dos Vigias. Era essa a compreensão teológica à época de Jesus, qual seja, uma compreensão apocalíptica.

O tema de fundo em João 9 é a relação entre pecado e castigo, e o que vemos é uma reversão completa dos parâmetros rituais-legais mosaicos, conforme entendidos pela religiosidade oficial da época. O capítulo tem início com Jesus dizendo que nem o cego nem seus pais haviam cometido pecado, ou seja, que aquela cegueira não era um castigo de Deus, retribuição divina de uma falta cometida, mas justamente o contrário: era um repositório *temporário* de imperfeição aguardando a manifestação da glória. O cego precisava ser liberto – curado – de uma imperfeição que o ultrapassava, uma imperfeição sistêmica, contra a qual ele pouco ou nada podia, mas que seria facilmente restaurada pelo Filho, o ungido. A restauração vem do Alto por meio do Cordeiro encarnado. Puro apocalipse.

Por outro lado, os fisicamente perfeitos, os plenamente habilitados a executar os ritos e participar deles (e não nos esqueçamos de que, no mundo arcaico, qualquer imperfeição física era imediatamente associada à impureza ritual/moral), serão responsabilizados por sua cegueira *espiritual*. O cego, outrora excluído da vida pública e da sociedade passa a ser, por meio da recuperação da sabedoria,

---

[46] "'Creio, Senhor!' E prostrou-se diante dele" (João 9,38). Notem que se trata de uma das raríssimas vezes, nos Evangelhos, em que alguém *adora* Jesus, reconhecendo-o como Filho de Deus.
[47] "Então disse Jesus; 'Para um discernimento é que vim a este mundo; para os que não veem, vejam, e os que veem, tornem-se cegos'" (João 9,39). Repare o leitor que se trata de uma afirmação rigorosamente apocalíptico-escatológica.

incluído.⁴⁸ Com efeito, parte expressiva dos milagres operados por Jesus tem significado eminentemente ritual, indicando os modos como ele inclui os excluídos, restabelecendo-lhes a dignidade religiosa, o que significava, à época, identidade social e visibilidade pessoal restabelecidas. Portanto, em seus milagres, há, de uma só vez, restauração espiritual, física, ritual e social; há, de fato, toda uma doutrina por trás desses eventos de cura/libertação.

Isso significa que, conforme nos ensina o apocalipse, os parâmetros celestes de julgamento são, não poucas vezes, inversos aos parâmetros do mundo. Subentende-se, em João 9, a implosão das estruturas humanas em seus condicionamentos, em sua cegueira sistêmica, mas, em favor de outra visão, cuja corrente é mansa como Siloé, cuja presença se restabelece pelo Filho do Homem, a quem foi dado o poder de julgar, curar e estabelecer o Reino. Apocalipse – imaginário e doutrina – por trás dos evangelhos.

> O homem [o ex-cego] prostra-se e imediatamente Jesus fala em trazer um julgamento/discernimento, *krima*, sequência esta usada no discurso com Nicodemos (3,16-21). Em ambos os casos, o contexto é Deuteronômio 32,43, o Senhor vindo para completar a grande expiação/reparação, os anjos prostrando-se diante dele (em grego, o verbo é *proskuneō*, novamente) à medida que emerge [faz-se reconhecer] para trazer julgamento àqueles que derramaram o sangue de seus servos e para curar a terra de seu povo. Essa é uma cena que subjaz a profecia de Isaías sobre

---

⁴⁸ "O ex-cego percebeu o significado completo do barro, *adamah*: em sua pessoa, Deus estava finalizando a criação de Adão. A partir de uma identidade subdesenvolvida, sem voz nem associação na comunidade, o ex-cego torna-se um adulto incluído, um que mostra ser, além do mais, requintado intérprete das coisas de Deus." ALISON, *Fé Além do Ressentimento – Fragmentos Católicos em Voz Gay*, p. 41.

> o Servo, o qual traria justiça, *krisis*, às nações, estabeleceria justiça, *krisis*, sobre a terra e *abriria os olhos dos cegos* (Isaías 42,1,4,7). Também está presente como visão em Apocalipse 11,15-18, momento em que o sétimo anjo toca a última trombeta e os anciãos no céu adoram, *proskuneō*, enquanto o Senhor Todo-Poderoso estabelece seu reino, recompensa seus servos, e julga os destruidores da terra.[49]

Creio que esses elementos sejam suficientes aos propósitos deste livro, para que se estabeleça um encadeamento orgânico, um fluxo vital, entre profecia, apocalipse e Evangelhos, em processo interligado de cognição teológica e simbólica. Com efeito, defende-se a impossibilidade de penetrar nos Evangelhos, em seus veios profundos, a não ser que se leve em conta o repertório apocalíptico que o sustenta, principalmente quando nele se arrimam as parábolas, os relatos de cura e as pregações do Reino.

Sabemos, no entanto, que parte da teologia hodierna, à qual não falta prestígio, tem reservas significativas e por vezes justificáveis frente o apocalipse, especialmente no tocante à sua linguagem mitológica.[50] Há aqueles que ainda relativizam a canonicidade do *Apocalipse de João*, questionando sua real inspiração. A denúncia vem de uma suposta incompatibilidade de estilo frente ao seu Evangelho. Já falamos sobre o assunto, mas faltaria frisar que a alegada incompatibilidade de estilo entre *Apocalipse* e *Quarto Evangelho* só se sustentaria caso se confirmasse que os originais foram escritos em grego, o que *não* parece ser o caso:

> Se, todavia, o Livro do Apocalipse não tiver sido escrito [originalmente] em grego, mas

---

[49] BARKER, *King of the Jews: Temple Theology in John's Gospel*, p. 297.
[50] CROSSAN, *The Historical Jesus: The Life of a Mediterranean Jewish Peasant.*

> traduzido para essa língua posteriormente por um cristão da Ásia Menor, a comparação entre os estilos distintos [entre Apocalipse e Quarto Evangelho] torna-se irrelevante [...] O material hebraico mais antigo foi interpretado e expandido, e somente mais tarde é que o livro inteiro foi traduzido para o grego. Uma das indicações mais claras de um original em hebraico ou aramaico é o uso frequente de "e" no início de orações.[51]

Há mais por dizer, no entanto. O argumento de falsa autoria, pseudepigrafia, especialmente relembrado aos textos malvistos, permanecerá insolúvel, quando consideramos, em seu conjunto, as Escrituras. O material veterotestamentário, em sua quase totalidade, compreende reuniões e reuniões de compilações, mãos e mentes incontáveis. O Pentateuco não pode ter sido – e não foi – obra de um único homem, mesmo que esse homem seja um Moisés, para o qual, aliás, inexistem referências históricas fora do contexto veterotestamentário, para não falar, é claro, da completa ausência de referências arqueológicas. Seria o caso, então, de retirar o Pentateuco do cânone judaico, questioná-lo como texto genuinamente inspirado, sob a alegação de pseudepigrafia? Esse exagero retórico que cometo serve de alerta de que falamos de obras que permaneceram abertas, sob o domínio cúltico e oral, durante muito tempo, demorando séculos ou décadas até serem formalizadas em versão derradeira num livro sagrado. Novamente, o Apocalipse de João é uma *coletânea de profecias e oráculos* entremeada no fio condutor de uma escola mística específica, da qual fez parte João.

O mesmo vale para as demais tradições literário-cosmológicas da Antiguidade. Seria o caso de diminuir o valor da *Ilíada* e *Odisseia*, rebaixando-as historicamente, retirando-as do "cânone" dos

---

[51] BARKER, *The Revelation of Jesus Christ*, p. 73.

clássicos da literatura universal, ao sabermos que, conforme os rigores da crítica literária, não puderam, ambas, serem escritas por um mesmo autor? Onde estariam os vestígios históricos desse sujeito chamado Homero?

Na Antiguidade, a pseudepigrafia era regra, não exceção. Vimos os motivos para isso. Uma vez mais, é preciso readaptar nossos conceitos de autoria quando nos voltamos para o Mundo Antigo, uma dificuldade marcante para hermeneutas profissionais, mas essencial aos historiadores.

*

O embate entre Käsemann e Bultmann[52] estabeleceu um divisor de águas acerca de como tratar modernamente o apocalipse. Todavia, esta obra não se destina, em absoluto, às discussões teológicas a respeito do valor pastoral dessa literatura e sua corrente de pensamento, a saber, de como as doutrinas cristãs atuais deveriam ou não deveriam recuperar formas e conteúdos apocalípticos, ressignificando-os aos parâmetros da modernidade, em seus desafios e referências. Fizemos uma recuperação *histórica* e *simbólica* do apocalipse, um levantamento de seu contexto mental e institucional, para que pudéssemos avaliar em que medida é possível inserir a obra e o pensamento de Girard, um teórico moderno, nos parâmetros próprios a essa corrente de pensamento. Por outro lado, alguns aspectos da discussão entre Käsemann e Bultmann, dentre outros, nos são preciosos na identificação de certos limites e fronteiras epistemológicas, principalmente no delineamento à discussão em Girard, um autor moderno.

Em um de seus livros mais apocalípticos e populares, *Eu Via Satanás Cair do Céu como um Raio*, obra que exploraremos,

---

[52] CONGDON, "Eschatologizing Apocalyptic: an Assessment of the Present Conversation on Pauline Apocalyptic", p. 118-36.

detidamente, no próximo capítulo, Girard faz críticas bem duras a Bultmann, o que, por si só, justificaria uma atenção cuidadosa frente alguns dos problemas levantados no dilema Käsemann *versus* Bultmann a respeito do apocalipse e sua importância nevrálgica à teologia cristã.

A impressão que se tem ao se ler parte da imensa literatura reservada a esse embate, uma bibliografia tomada de scholars de altíssimo nível, é a de que, grosso modo, a teologia moderna esforça-se por salvar o apocalipse de si mesmo, e que o faz de modo particularmente hábil, esvaziando a simbologia que lhe é originalmente própria para, com base no novo espaço criado, preenchê-lo de uma escatologia historicamente orientada. Assim, salva-se o apocalipse pela escatologia, mas de um caráter bem específico, alinhando-a, epistemologicamente, aos processos transformadores da história: um fazer constante, revelador da ação ininterrupta de Deus na história, a saber, uma escatologia internalizada amplamente na história. Trata-se, afinal de contas, da vitória conceitual de Bultmann e a adoção de seu escatologismo, quando se fala contemporaneamente em apocalipse. Andrés Torres Queiruga não nos deixa em dúvida:

> Convém que esclareçamos este ponto, introduzindo agora uma distinção – nunca totalmente adequada – entre *escatologia* e *apocalíptica*. Algo em que vem insistindo John Dominic Crossan, que vê na segunda uma contração da primeira, como uma espécie com respeito a seu gênero. "Escatológico" é o conceito mais fundamental e genérico: significa o estádio radical e definitivo, contracultural e superador do mundo, operado por Deus e não simplesmente derivado das forças humanas. Mas, em concreto, o gênero escatológico divide-se, digamos assim, em três espécies: "ascético", "ético" e "apocalíptico". Normalmente, não se dão em estado puro, pois tendem a combinar entre si. Mas apresentam

características distintas. Todos negam o mundo tal como é: não obstante isso, os dois primeiros já vivem agora a alternativa como um modo radical de vida *dentro das condições* da história, enquanto o terceiro, aquele propriamente apocalíptico, supõe algum tipo de intervenção sobrenatural de Deus que põe fim à história.[53]

Na sequência, Torres Queiruga, muito habilmente, matiza essa escatologia imanentista de Crossan, cuja origem é Bultmann,[54] dizendo que, afinal de contas, é preciso tomar alguns cuidados com esses extremos hermenêuticos, pois não haveria como negar o elemento apocalíptico no Jesus histórico.[55] Alguém pode achar que Torres Queiruga fica ao fim e ao cabo "em cima do muro", mas não é o que realmente ocorre. Do ponto de vista teológico, o estrago está feito: o apocalipse foi lançado às franjas *supersticiosas* do cristianismo primitivo, caracterizado como uma "espécie" derivada da escatologia e, importante, uma pouco adaptada à modernidade, um elemento supersticioso residual que deve ser evitado pela teologia moderna; de fato, por pouco, o apocalipse não é tratado, metaforicamente, como tecido cancerígeno, que precisaria ser isolado e extirpado do tecido sadio da revelação cristã. Notem, no entanto, a astúcia do argumento, sua construção hermenêutica particular, sua metodologia nitidamente anti-histórica na adoção de uma taxonomia escatológica, para dela derivar espécies, das quais o apocalipse seria um ramo degenerado e fadado à extinção. Trata-se, do ponto de vista histórico, de construção teórica altamente enganosa.

As pessoas que pensavam, produziam e experimentavam o apocalipse (uma experiência místico-visionária) estavam envolvidas/

---

[53] TORRES QUEIRUGA, *Repensar a Ressureição – A Diferença Cristã na Continuidade das Religiões e da Cultura*, p. 162-3.
[54] BULTMANN, "Ist die Apokalyptik die Mutter der christlichen Theologie?" p. 466-500.
[55] TORRES QUEIRUGA, *Repensar a Ressureição – A Diferença Cristã na Continuidade das Religiões e da Cultura*, p. 162.

fundidas à profecia, sabedoria e ritualística do Templo, dentre outros elementos religiosos comuns à época; não havia – nelas – um bloco de experiência ascético que pudesse ser separado do ético e, este, do apocalíptico. Aliás, pelos critérios internos tanto ao apocalipse quanto à profecia, a visão viria em primeiro lugar, com base no reconhecimento de que o homem, em sua condição de criatura, é insuficiente, em si mesmo, para encaminhar uma boa gestão de seus dramas éticos. O ascetismo era o elemento disciplinar e doutrinal necessário para uma boa e confiável recepção oracular, ou seja, eram coisas inseparáveis, pois enredadas no mesmo tecido hermenêutico, cuja cosmologia de base via o céu e a terra como realidades em paralelismo dinâmico, esta ecoando aquele.

A separação moderna – uma abstração conceitual – é feita pelo intelectual acadêmico para fins hermenêuticos que lhe são próprios. Como vimos, não havia nem sequer conceitos definidos do que hoje chamamos de escatologia e apocalipse, tampouco de religião. É claro que os teólogos modernos sabem disso, ao menos os competentes; mas, uma vez levados por certas exigências sociológicas, passam a ignorar aqueles elementos históricos contemporaneamente indigestos, os quais obstruem o avanço de suas hermenêuticas; um mau hábito, sem dúvida, ainda que usado recorrentemente por um Bultmann. Torres Queiruga, é preciso dizer, ainda tem o cuidado de dizer que esse tipo de separação nunca é "totalmente adequado", porém a questão é que não é nem mesmo parcialmente adequado. No entanto, permanece, em aberto, a pergunta: o que tanto incomoda, hoje, no apocalipse?

David Congdon, embora largamente favorável a Bultmann, diz, em seu "Eschatologizing Apocalyptic", que "Bultmann não estava nem um pouco preocupado em reconstruir o clima teológico do cristianismo primitivo".[56] Isso nos importa à medida que reforça o

---

[56] CONGDON, "Eschatologizing Apocalyptic: an Assessment of the Present Conversation on Pauline Apocalyptic", p. 122.

distanciamento deliberado que faz esse tipo de teologia frente a certos elementos centrais do cristianismo em suas fases iniciais, seu núcleo apostólico, principalmente os conteúdos tidos como impregnados de noções/apreensões "mitológicas"; e temos, aqui, um assunto caríssimo às reflexões de Girard. Não se trata, contudo, de fazer uma crítica unilateral a esse tipo de teologia, nada disso, mas de problematizá-la à luz de suas próprias contradições, o que nos ajudará, na sequência, a entender a teoria mimética em sua guinada ao apocalipse. De nada adiantará temer o apocalipse, pensando-o como paródia grosseira de antigas mitologias do Oriente Antigo, uma vez que, sem ele, todo o edifício teológico perde não somente suas fundações, mas o próprio desenho arquitetônico.

Restam-nos, portanto, dois pontos e uma advertência, antes de finalizarmos o capítulo, preparando o terreno para a última parte desta obra. Primeiro, há legitimidade teológica em tratar modernamente o apocalipse com cuidado, principalmente na consideração necessária sobre os perigos embutidos num repertório simbólico que pode ser facilmente apropriado por grupos religiosamente autojustificados, propagadores de sandices e expectativas absolutamente ilusórias, às quais o apocalipse é forçosamente encaixado, forjando um lastro pseudoespiritual, no qual justificam-se comportamentos paranoicos, pior, fomentadores de políticas de cunho milenarista e/ou fundamentalista,[57] num "típico cenário de pornográfica violência ressentida".[58] Segundo, a teologia atual faz bem, creio, em sublinhar a dimensão *já* presente do Reino de Deus,[59] seu processamento na

---

[57] HAMERTON-KELLY, "An Introductory Essay", p. 1-28.
[58] Ibidem.
[59] "Que o elemento apocalíptico apareça repetidamente na vida de Jesus como anúncio do fim e mesmo do juízo parece inegável, até com acento na pressão urgente com respeito ao tempo que se acaba. Mas é igualmente inegável que esse elemento já esteja sempre, de alguma forma, rompido, 'escatologicamente', pelas afirmações do Reino de Deus como *já presente* [...] como trabalho desmistificador graças ao impacto da figura de Jesus enquanto já percebida, de algum modo, como presença definitiva e escatológica de Deus." TORRES QUEIRUGA, *Repensar a Ressureição – A Diferença Cristã na Continuidade das Religiões e da Cultura*, p. 163-64.

história por meio de uma "crise epistemológica" aguda[60] causada pela mensagem salvífica do Cristo, em sua dimensão radicalmente transformadora – transfiguradora – àqueles que dela participam: significação essa que esvazia o apocalipse de certas imediaticidades escatológicas, dos milenarismos mórbidos, das expectativas prementes de destruição, tão inebriantes quanto tóxicas sobre um fim abrupto do cosmos, e que, via de regra, justifica um grupo em sua exclusividade autorreferente, em seu ressentimento político. Todavia, essa teologia atual, a despeito das vantagens que acumula no plano da modernidade, não pode temer o apocalipse em suas especificidades simbólicas, vitais aos parâmetros formadores do cristianismo, visceralmente entranhadas na experiência profético-sapiencial. Em suma, seguindo as considerações de Józef Niewiadomski, num ensaio particularmente inspirado,[61] é preciso evitar os dois extremos: "Negação do Apocalipse" e "Fascinação com os Últimos Dias".

Antes de tudo, a modernidade precisa reconhecer que também *produz* – e em escala industrial – mitologias, tão mais arraigadas quanto ignoradas. O mito positivista de "ciência e progresso" é absolutamente paradigmático dessa situação vexatória em que vivemos, pois, malgrado seu pródigo e recente fracasso histórico, vem sendo, não obstante, reforçado e recalcado incansavelmente, dia a dia, semana a semana, na idealização de uma salvação pelo maquinário e pela técnica.

Girard, em progressivo reconhecimento apocalíptico, fará uso desse tipo de reflexão em suas análises, condenando impiedosamente os condicionamentos mitológicos da modernidade. Nunca, em nossa longa história, mataram-se tantos humanos como se fez nestes últimos duzentos anos, muito em nome de ideais irrefletidos

---

[60] "Apocalipse entendido como 'crise epistemológica', modificando nossa própria relação com o mundo. O evento-Cristo transfigura a história àquele que fielmente dele participa." CONGDON, "Eschatologizing Apocalyptic", p. 125.
[61] NIEWIADOMSKI, "'Denial of the Apocalypse' *versus* 'Fascination with Fatal Days'", p. 51-68.

e políticas facínoras, ainda que acobertados pela sombra sedutora do progresso e ciência. Fomos e somos condicionados a adorar essas mitologias, que nos fazem diminuir ou mesmo ignorar, sempre que interessa, as valas comuns, os campos de extermínio, as cidades incineradas, os ataques químicos, os desastres ambientais, apagando-nos a consciência de que fomos nós, modernos, que inventamos essas abominações. Prestamos honrarias a credos satânicos, em que nos prostramos às "Bestas" deste "tempo de ira": guerra total,[62] totalitarismos de estado, sociedade de massa, consumismo desenfreado, propaganda, publicidade, etc. Sim, faz-se aqui um juízo de valor, mas que se torna incontornável frente à sequência de nossa discussão. Em sua última fase, a teoria mimética assume vestimenta apologética.

Ironia das ironias, o apocalipse, aquela literatura perigosa aos olhos de um Bultmann, sensivelmente constrangedora ao *ethos* moderno, denunciava, há 2500 anos, e com exatidão cirúrgica, esse gênero exato de falácia tecnológica, esse mito, essa sedução pela técnica e maquinário, a qual tem levado homens e mulheres à ruína, à corrupção. É preciso notar, creio, como uma teologia detergida do apocalipse, ou mesmo "purificada" com a marginalização deste, tende a passar ao largo dos processos de violência que contaminam a história do homem, esvaziando, assim, os sentidos mais profundos e universais da Paixão.

Adotamos propositadamente um tom profético, ajustando nosso leitor às afinações do último Girard, realmente muito próximo a esse tipo de crítica reflexiva. Não nos esqueçamos de que se trata de um autor que viveu, em sua juventude, os horrores da ocupação nazista, e que participou juntamente com seus pais da Resistência. Podemos dizer, em linguagem metafórica, mas nem tanto, que a Besta cheirou-lhe o cangote, como ocorrera, com frequência, aos

---

[62] "A Guerra Total é a própria sociedade moderna, em seu mais alto grau de eficiência." BERNANOS, *A França Contra os Robôs*, p. 63.

grupos hebreus e cristãos que se dispuseram a escrever e pensar em termos apocalípticos, durante o domínio dos impérios da Antiguidade. Esta passou, mas o nosso mundo encerra perigos ainda maiores.

Esta nossa *civilização do maquinário*, para usar Georges Bernanos, outro exilado francês[63] horrorizado com a ascensão de nazistas, fascistas e bolchevistas, tem produzido apocalipses diversos; pior, vem produzindo-os de modo crescentemente fatal e sinistro.

> Não falo da invenção das Máquinas, falo de sua multiplicação prodigiosa, à qual nada parece pôr fim, pois a Maquinaria não cria apenas as máquinas, mas também os meios para criar artificialmente novas necessidades que garantirão a venda de novas máquinas. Cada uma dessas máquinas, de uma maneira ou de outra, acresce algo à potência material do homem, isto é, a sua capacidade para o bem e para o mal. Como ele se torna a cada dia mais forte, mais temível, seria necessário que a cada dia ele se tornasse melhor. Ora, nenhum apologista da Maquinaria, por mais desavergonhado que seja, ousaria pretender que a Maquinaria moraliza. A única Máquina que não interessa à Máquina é a Máquina de fazer o homem desgostar da Máquina, isto é, desgostar de uma vida inteiramente orientada pela noção de rendimento, de eficiência e, finalmente, de lucro.[64]

---

[63] Bernanos viveu anos no Brasil, durante seu exílio, especialmente em Minas Gerais, terra que aprendeu a amar: "Para amar, é preciso dar-se o tempo de amar. Para me tornar um pouco brasileiro, primeiro eu me fiz mineiro, tentei me enraizar em algum lugar. Não dá para se enraizar na linha do trem [...]. Pois bem, se o povo de Minas me fez compreender o Brasil, foram os pobres de Minas que me fizeram compreender o povo mineiro." BERNANOS, *A França Contra os Robôs*, p. 135-36.
[64] Ibidem, p. 74.

Esse trecho, fielmente alinhado à mensagem moral e espiritual da literatura enóquica, embora em simbologia distinta, porque moderna, faz-nos pensar sobre os mitos que nos dominam, especialmente quando justificados pela retórica insidiosa do progresso a qualquer custo – tecnificação da vida, robotização ou digitalização da existência, o palavrório caviloso do crescimento econômico contínuo, o qual nos tem custado o meio ambiente e a identidade de pessoas, cosmos e história. Creio que o pensamento de Girard se destinou, ao fim e ao cabo, a desconstruir meticulosamente, com base crescente nos fundamentos antropológicos da revelação cristã, a dogmática moderna do progresso, denunciando-lhe a cosmologia sacrificial oculta, portanto, mítica, o que o tornou, como procuramos defender, um autor de genuíno *pedigree* apocalíptico, nos termos específicos dessa corrente de pensamento.

Preparamos assim o terreno para entrelaçar, na sequência, teoria mimética e apocalipse, em posse das categorias e conceitos que nos permitirão discutir em profundidade os meios largamente apocalípticos do pensamento desse autor francês. Essa vocação ao apocalipse deu a Girard, como veremos, a fama de polemista, pessimista e exagerado. De fato, ele criou polêmicas com nomes consagrados, os quais, em geral, mas nem sempre, o ignoraram ou mesmo, para ser mais correto, fingiram ignorância. O teórico francês bateu duro nas ciências sociais, na crítica literária, filosofia, psicanálise e, no final de sua carreira, na teologia, a qual vem lhe respondendo, divergente ou conciliatoriamente, a depender do caso, nas últimas décadas.

> O saber que nossa violência adquire [consciência] dela mesma, graças à nossa tradição religiosa, não suprime os fenômenos de bode expiatório, mas enfraquece-os suficientemente para reduzir, cada vez mais, a sua eficácia.
> É esse o verdadeiro sentido da expectativa *apocalíptica* em toda a História cristã, expectativa que nada tem de irracional no seu princípio. Essa racionalidade inscreve-se, todos os dias

mais profundamente, nos dados concretos da História contemporânea – as questões de armamento, de ecologia, de população, etc. O tema *apocalíptico* ocupa um lugar importante no Novo Testamento. Longe de ser repetição mecânica de preocupações judaicas privadas de qualquer atualidade no nosso mundo, tal como Albert Schweitzer pensava e continua a afirmar, esse tema faz parte integrante da mensagem cristã. Não se perceber desse fato é amputar a mensagem de qualquer coisa de essencial, é destruir a sua unidade.[65]

---

[65] GIRARD, *Eu Via Satanás Cair do Céu como um Raio*, p. 228.

parte IV
o processo revelador
espiral de escândalos
e escalada aos
extremos

capítulo 10
a boa nova: eu via satanás cair do céu como um raio

Como vimos, o apocalipse vivifica, de modo simbolicamente exuberante, os dramas estruturais, executando uma internalização radical das ações humanas e sobre-humanas, escancarando-lhes as deformações típicas, expondo-lhes os desvios sistêmicos, mas com base numa inteligência que lhes era desconhecida: um discernimento transcendente, gerador e mantenedor da Criação, enfim, um *Poder* em linguagem teológica.

Apresentando-se dessa forma, essa hermenêutica não se fia em narrativas coletivamente consagradas pelo agrupamento ritual, não se fia nos mitos, mas o contrário ocorre: divulga-se um conjunto revelador, um apocalipse, que proclama o estado de falência do cosmos e/ou da história, sua iminente dissolução. Com efeito, o apocalipse desautoriza, não raro em linguagem codificada, a história de um povo em suas justificativas fundantes, tornando-a cúmplice de uma rede corrompida, a qual se estende pelas eras, desde os princípios. A revelação desse estado generalizado de falência cultural em grande escala é vista como decisiva, como ponto sem retorno. Assim, a proclamação fatal sobre o estado de coisas, o trombetear, corresponde, simultaneamente, ao despontar de sua transformação/retificação: "o apocalipse comporta o *status* de realidade proléptica do 'já, mas ainda não', 'já' em substância, mas 'ainda não' em duração".[1] Conforme incorporado

---

[1] HAMERTON-KELLY, *Politcs & Apocalipse*, p. 17.

no imaginário popular, o apocalipse faz da catástrofe a única esperança, como se fosse o vestíbulo desta, donde a Criação renovada/ expiada no Altíssimo alcança o reino da destruição, redimindo-o. O Apocalipse de João é paradigmático desse modelo.

Essa introjeção radical que faz o apocalipse de elementos litúrgicos profundamente teológicos, promovendo a ampla desestruturação de categorias que justificavam até então os poderes e os poderosos, torna os arranjos sociais, conforme estabilizados no arcaico, amplamente questionáveis, tanto do ponto de vista histórico quanto simbólico; com efeito, torna-os dependentes de intervenções que escapam às categorias usuais da ecúmena. No entanto, longe de restringir a liberdade, a necessidade dessa Revelação para a salvação dos homens enfatiza, de modo contundente, os erros advindos da liberdade de escolha, abusos e transgressões em sua relação passional com o mundo,[2] de que gozam e gozaram os poderes, seus representantes e instituições, explicitando os descaminhos sucessivos de uma liberdade amplamente conferida à criatura desejosa e inteligente, uma situação em que homens e mulheres tornam-se inclinados a aprender com os erros (más escolhas), ou não, a depender do caso: a conversão é sempre uma escolha, um ato de julgamento, um discernimento, nunca uma imposição. Sem dúvida, o apocalipse vivifica tanto as ações quanto os seus *modelos* de ação, ídolos e poderes, explicitando os abusos cometidos, pontuando os crimes, discriminando as escolhas.

Um ponto de mudança com o arcaico é estabelecido, uma vez que proibições, tabus e interdições tornam-se igualmente suspeitos de um estado generalizado de mandamentos discutíveis,[3] como

---

[2] "O desejo mimético faz-nos escapar à animalidade. É, em nós, responsável pelo melhor e pelo pior, pelo que nos faz descer abaixo do animal, assim como pelo que nos eleva acima dele. As nossas intermináveis discórdias são a contrapartida da nossa liberdade." GIRARD, *Eu Via Satanás*, p. 33.

[3] "A melhor maneira de prevenir a violência consiste não em proibir objetos ou até mesmo o desejo causador de rivalidade, tal como faz o décimo mandamento, mas em fornecer aos homens o modelo que, em vez de os arrastar para a rivalidade mimética, os protegerá dela." Ibidem, p. 31. Aqui, Girard não está negando o valor crucial das proibições (tabus)

perfeitamente ilustrado em Atos 10,10-16.[4] Logo, em tese, a liberdade para fazer o mal, para corromper a Criação, fundamentaria a base das estruturas de contenção, contaminando, desde a raiz, todo o sistema. De fato, o apocalipse faz questão de mostrar como indivíduos, comunidades ou mesmo nações pouco podem contra as bestas, monstruosidades sistêmicas geradas no ventre de iniquidades imemoriais, as quais foram posteriormente mantidas e sustentadas nos aparatos burocrático-imperiais, sob o domínio dos quais homens e mulheres estarão sempre escravizados, submetidos a modelos de vida que os esmagam do berço à cova.

Em vez de confirmar o aparato repressivo à disposição, ressaltando suas qualidades e necessidade prática, faz-se um apelo a uma justiça maior, diante da qual os poderes do mundo empalidecem-se e, finalmente, sucumbem. Essa realidade excelsa, "Justiça do Reino", arquimodelo cujo acesso é visualizado por um profeta, não se disponibiliza aos registros políticos em linguagem própria, no sentido de repertórios autorreferentes, autocongratulatórios, como no caso das estelas egípcias e mesopotâmicas, mas se obtém somente pela profecia, imprevisível e indomável, por meio da qual se escapa às ambiguidades da Lei, superando os paradoxos do sistema sacrificial.

na manutenção da paz em contextos arcaicos, mas sim que essas formas de contenção são insuficientes, e que os Evangelhos, reconhecendo tamanha insuficiência, libertam os homens das formas violentas de regulamentação, libertando-os da Lei. Esta, quando em papel negativo, tende, no longo prazo, a produzir deformidades graves na rede de desejos, estimulando a contravenção, conforme astutamente apreendido por Paulo em Romanos 7,7-8: "Que diremos, então? Que a Lei é pecado? De modo algum! Entretanto, eu não conheci o pecado senão através da Lei, pois eu não teria conhecido a concupiscência se a Lei não tivesse dito: Não cobiçarás. Mas o pecado, aproveitando da situação, através do preceito engendrou em mim toda espécie de concupiscência: pois, sem a Lei, o pecado está morto."
[4] "Enquanto lhe preparavam alimento, sobreveio-lhe um êxtase. Viu um céu aberto e um objeto que descia [...]. Dentro havia todos os quadrúpedes e repteis da terra, e aves do céu. Uma voz lhe falou: 'Levanta-te, Pedro, imola e come!' Pedro, porém, replicou: 'De modo nenhum, Senhor, pois jamais comi coisa alguma profana e impura!' De novo, pela segunda vez, a voz lhe falou: 'Ao que Deus purificou, não chames tu de profano'. Sucedeu isto por três vezes, e logo o objeto foi recolhido ao céu" (Atos dos Apóstolos 10,10-16). Essa passagem, que antecede o batismo dos primeiros gentios, indica a relativização dos tabus que faz o cristianismo, pelo qual se supera a incomunicabilidade ritual entre os povos e culturas.

Na visualização de arquimodelos celestes e infernais, o apocalipse alimenta um novo discernimento, fazendo circular os nutrientes de uma cosmologia renovada, em que se enfatiza o caráter sistêmico de nossas aflições, revelando como as ordens e poderes do mundo servem a si mesmos em processos autofágicos extremamente dolorosos e trágicos. As grandes crises respondem por problemas estruturais, a respeito dos quais, em suas forças e mecanismos ocultos, os homens sabem pouco, donde a perpetuação milenar de formas brutais e injustas de domínio.

Em seu formato absolutamente sintético, e mesmo onírico, o apocalipse personaliza essas formas/forças, dotando-as de volição, caráter, hierarquia e história, ou seja, confere-lhes um "Reino". Toda sua linguagem gira em torno de fidelidades, filiações e alianças com os Reinos,[5] grosso modo, com dois arquimodelos que subentendem toda a existência: um celeste, verdadeiramente original, Reino da Criação, o outro satânico, sua duplicação deformada, Reino da Destruição.

A filiação/fidelidade a um desses reinos decide não apenas o destino de sujeitos, povos ou nações, mas revela a forma específica como a Criação recupera e reinstaura seu ordenamento original, reatando os laços da aliança eterna, apesar das corrupções criaturiais. Em nosso caso, importa saber que, ao incorporar o apocalipse em seu pensamento, Girard, tomando-lhe vocabulário e hermenêutica, debruçou-se, num primeiro momento, sobre um desses reinos: o de Satã, avaliando-o em implicações históricas e, sobretudo, antropológicas, tomando-o como força deste mundo em perspectiva evangélico-apocalíptica. O seu pensamento assume então contornos nitidamente apologéticos, deixando-se impregnar pelo espírito da Boa

---

[5] "[Nesse entendimento] a filiação era espiritual, e não física. O diabo aparecera e semeara corrupção nos campos do Homem. Sua plantação de bom trigo infestara-se de joio.
Na época da colheita, o Homem diria a seus empregados para que juntassem o joio e queimassem-no, guardando o bom trigo no celeiro. O trigo então resplandeceria no Reino de Deus (Mateus 13, 24-30; 36-43)." BARKER, *King of the Jews*, p. 281. Em Apocalipse 14, 14-16, temos o mesmo imaginário do ceifador que recolhe o bom e queima o mau.

Nova, por sua mensagem libertadora, o que o torna uma espécie de apologeta heterodoxo,[6] cujo ferramental analítico enraíza-se em pressupostos antropológicos.

> As grandes crises conduzem ao verdadeiro mistério de Satanás, ao seu mais desconcertante poder, que é o de expulsar a ele próprio e de restabelecer a ordem nas comunidades humanas [...]. Longe de negar a realidade da autoexpulsão satânica, o texto [Marcos 3,23-6] afirma-a. A prova de que Satanás possui esse poder é a afirmação frequentemente repetida de que está perto de seu fim. A queda para breve de Satanás, profetizada por Cristo, e o fim do seu poder de autoexpulsão são uma coisa só.[7]

Nessa altura, o leitor há de se convencer de que temos um autor tomado pelo apocalipse em suas categorias internas, ainda que faça uso muito cuidadoso de sua simbologia, aterrissando-a em uma antropologia plenamente desenvolvida. Como sempre ocorre, Girard não tergiversa, abrindo sua discussão no ponto mais crítico: Satanás.

> O Satanás expulso é aquele que fomenta e exaspera as rivalidades miméticas ao ponto de transformar a comunidade numa fornalha de *escândalos*. O Satanás que expulsa é essa mesma fornalha quando atinge o ponto de incandescência suficiente para desencadear o mecanismo vitimário. A fim de impedir a destruição de seu reino, Satanás faz da sua própria desordem, no seu paroxismo, um meio

---

[6] Logo na introdução de *Eu Via Satanás*, ele afirmará de início: "O presente livro constitui, em última instância, aquilo que se chamava outrora uma apologia do cristianismo. Longe de dissimular este aspecto, reivindico-o sem hesitar." GIRARD, *Eu Via Satanás*, p. 19.
[7] Ibidem, p. 55.

de se expulsar a si mesmo. É este extraordinário poder que faz de Satanás o príncipe deste mundo [...]. Para se compreender o que faz dele o mestre de todos os reinos deste mundo, é preciso levar à letra o que diz Jesus, a saber, que a desordem expulsa a desordem, por outras palavras, que Satanás realmente expulsa Satanás. Foi executando essa proeza nada banal que soube tornar-se indispensável e que o seu poder continua a ser muito grande.[8]

Temos acima três elementos caríssimos a nossa reflexão. Em primeiro lugar, Girard usa o termo bíblico "escândalo", tropeço/cilada, como conceito base da antropologia evangélica que agora busca desenvolver. Com efeito, o teórico francês intui nas passagens bíblicas em que termo e derivados aparecem, principalmente em Mateus 16,23[9] e Mateus 18,6-8,[10] com sinopse em Lucas 17, 1-2,[11] uma designação técnica, à época usada e difundida, ao que transcreve por *rivalidade mimética*, em sua dinâmica própria: a sucessiva imposição de obstáculos, pedras de tropeço, entre modelos rivais mutuamente fascinados.[12] Desse modo, concebe-se escândalo como o catalizador das crises miméticas, mas, agora, nos termos próprios à linguagem bíblica. Trata-se de um dado importantíssimo, uma

---

[8] Ibidem, p. 56.
[9] "Ele, porém, voltando-se para Pedro, disse: 'Afasta-te de mim, Satanás! Tu me serves de *escândalo*, porque não pensas as coisas de Deus, mas as dos homens!'".
[10] "Caso alguém *escandalize* um destes pequeninos que creem em mim, melhor será que lhes pendurem ao pescoço uma pesada mó e seja precipitado nas profundezas do mar. Ai do mundo por causa dos *escândalos*! É necessário que haja *escândalos*, mas ai do homem pelo qual o *escândalo* vem. Se a tua mão ou o teu pé te *escandalizam*, corta-os e atira-os para longe de ti."
[11] "Depois disse a seus discípulos: 'É inevitável que haja *escândalos*, mas ai daqueles que os causar.'"
[12] "Tal como o termo hebreu que Jesus traduz, 'escândalo' significa não um desses obstáculos vulgares que se evitam com facilidade após se ter esbarrado com eles uma primeira vez, mas um obstáculo paradoxal quase impossível de se evitar: com efeito, quanto mais o escândalo nos causa repulsa, mais nos atrai. O escandalizado mortifica-se com tanto mais ardor quanto mais mortificado foi anteriormente." GIRARD, *Eu Via Satanás*, p. 34.

vez que esclarece a adoção mais e mais aberta do repertório evangélico na caracterização e análise dos contágios miméticos. Em suma, o teórico francês está dizendo que a narrativa neotestamentária dispõe de uma inteligência antropológica[13] que nada deve aos modernos;[14] por vezes, o moderno Girard parece preferir a terminologia bíblica à sua própria, como se, de fato, todo o seu pensamento antropológico fosse tributário dessa inteligência, ainda que de modo indireto. Em segundo, há o uso aberto e deliberado do termo "Satanás", este visto como agente, mecanismo ou sistema que expulsa e é expulso, valendo-se, é claro, do próprio texto evangélico. Há, no caso, repercussões profundas com a teologia do templo e simbologia de seus rituais expiatórios, conforme parcialmente descrito em Levítico 16 – justamente o ritual do bode expiatório, em que a comunidade expulsava para o deserto um dos bodes, aquele que carregaria os pecados do povo.

Assim como se equipara o *escândalo* bíblico ao conceito antropológico de rivalidade mimética, o *Satanás* bíblico será, igualmente, equiparado ao conceito moderno de mecanismo vitimário.[15] É claro que há, nesse tipo de aproximação entre termos contextualmente tão distantes, desafios enormes de adequação semântica. Todavia, o francês parece superá-los na forma como determina a relação entre esses conceitos. Semelhante ao que faz com o escândalo bíblico, ele dará prioridade conceitual a Satanás, frente à terminologia moderna, ou seja, frente à sua própria terminologia, colocando esta em função daquele, sublinhando assim o deslocamento apocalíptico

---

[13] "As noções de ciclo mimético e de mecanismo vitimário dão um conteúdo concreto a uma ideia de Simone Weil, segundo a qual, mesmo antes de serem uma 'teoria de Deus', uma *teologia*, os Evangelhos são uma 'teoria do Homem', uma *antropologia*." Ibidem, p. 66.
[14] "Para identificá-la [a rivalidade mimética], os Evangelhos são indispensáveis, pois só neles este ciclo está descrito de forma inteligível e a sua natureza é explicada." Ibidem, p. 16.
[15] "Nos Evangelhos, os fenômenos miméticos e vitimários podem organizar-se a partir de duas noções diferentes: a primeira destas noções é um princípio impessoal, o escândalo. A segunda, é este personagem misterioso a quem João chama Diabo e os Evangelhos sinópticos, Satanás." Ibidem, p. 67.

de seu pensamento, anunciando o tom mais e mais profético de suas reflexões. Todavia, não se engane o leitor, uma vez que Girard não adota, inadvertidamente, um tom profético, incorporando essa linguagem. Na verdade, ele o percebe como necessidade interna de sua antropologia religiosa, como desdobramento derradeiro de seu percurso intelectual. Nesse estágio final, o teórico faz um reconhecimento urgente dos fundamentos evangélicos de sua antropologia, um diagnóstico de sua herança, em que ele referenda a assistência decisiva, embora, por vezes, subliminar, da cultura cristã. Em sua sabedoria antropológica singular, presente nos Evangelhos, essa cultura gestou parte significativa do pensamento e instituições modernas, incluindo, obviamente, a literatura romanesca, a ciência experimental e diversas categorias do pensamento social e político da modernidade, todos germinados em solo cristão, ainda que, não poucas vezes, com base nas formas tradicionais, leia-se arcaicas, de contenção e reparação de danos.

O teórico francês então coloca Jesus Nazareno como decifrador máximo e definitivo da realidade psicológico-social por trás dessa linguagem. Ao insistir na capacidade única que tem Satanás de expulsar a si mesmo, encontrando saídas expiatórias que lhe garantem o trono deste mundo, mas não por muito tempo, Girard nos diz que Jesus revelou/revela, de modo absolutamente didático, a lógica interna do mecanismo vitimário, juntamente com o seu desmantelamento, por meio da exposição de suas bases. Novamente, o francês está indicando que, não fosse essa revelação completa, esse apocalipse, sua teoria e outras semelhantes não teriam sido possíveis, nem sequer imagináveis. Não se trata de forçar humildade intelectual, embora esta venha por acréscimo, mas de reconhecer a prioridade semântica e, consequentemente, conceitual da terminologia associada às Escrituras, principalmente nos Evangelhos, na construção desse aparato hermenêutico.

Do mito à revelação evangélica descortina-se, portanto, o conhecimento das coisas ocultas, outrora típico da profecia, mas, a partir de Jesus, disponível a todos, inclusive à modernidade.

> Nos mitos, este mecanismo [vitimário] é sempre falsificado em detrimento das vítimas e para a vantagem dos perseguidores. Na Bíblia, a verdade é sugerida, evocada frequentemente e mesmo representada parcialmente, mas nunca de maneira completa e perfeita. Os Evangelhos, considerados na totalidade, *são*, muito literalmente, esta representação.[16]

Temos o desenvolvimento de uma antropologia religiosa que atribui aos Evangelhos o ponto de partida de sua inteligência conceitual; muito embora, em perspectiva estritamente biográfica, o teórico francês tenha principiado o desenvolvimento intelectual de seu corpo teórico na literatura romanesca, não exatamente nos Evangelhos. Isso nos expõe um nítido processo de conversão, uma consciência progressivamente comprometida com um modelo unificador, a qual foi reinterpretando a si mesma em bases mais agudamente metafísicas, à medida que foi se conduzindo – ou se deixando conduzir – ao apocalipse.

O mais interessante é notar como Girard analisa esse movimento de discernimento sobre as bases de seu pensamento, ressignificando o que foi recebido ou ainda herdado, como esteio insubstituível, comparando o seu processo particular de ganho pessoal de compreensão à constituição do próprio apostolado de Jesus e posterior desenvolvimento dos Evangelhos! Com efeito, o francês coloca-se como moderno caminhante a Emaús. Ao fazer isso, ele encaixa a si mesmo em prolongamento paralelo ao dos apóstolos, conforme descrito no Novo Testamento: semelhante ao que ocorreu com os apóstolos, a inteligência disponibilizada por Jesus torna-se, para ele, igualmente fundante em sua radical desconstrução do reino de Satanás, disponibilizando a todos os que têm olhos para ver, (pessoas, apóstolos e Girard), a única alternativa real ao escândalo: o Reino de Deus.

---

[16] Ibidem, p. 173.

Em *Eu Via Satanás*, temos um esforço hermenêutico considerável de aproximação em relação à percepção apostólica acerca do ministério de Jesus, esmiuçando-a em suas elaborações internas, em sua própria construção. Isso é justaposto à autopercepção que Girard começa a ter sobre o conjunto teórico de sua obra. Não por acaso, há uma atenção toda especial ao episódio dos dois discípulos na estrada de Emaús. O episódio é bem conhecido da apologética, pois altamente ilustrativo de como a inteligência disponibilizada em Jesus foi que, de fato, recolheu uma interpretação derradeira e completa da profecia em sua linguagem, símbolos e ensinamentos. Nesse episódio, o texto lucano mostra ao leitor a diferença nada menos que decisiva entre a lucidez confiante de Jesus, fonte da revelação, e a necessidade de esclarecimento entre os apóstolos, receptáculo da revelação.[17] Isso significa que a fonte escatológica ilumina todo o processo de compreensão, mostrando-lhe os contornos, construindo-lhe a identidade, informando-lhe o sentido. Os discípulos de Jesus só compreenderam, tardiamente, o significado completo do ministério do Cristo, sua real natureza/proposta, decididamente após a ressurreição;[18] Girard, igualmente, apenas na fase derradeira de sua vida intelectual apreenderá a vocação primeira de sua teoria, ainda que latente desde o princípio, não obstante obnubilada pelas solicitações acadêmicas, tornando-a, agora, inteiramente subsidiária da

---

[17] "Os Evangelhos são muito claros nesse sentido: antes da ressurreição, os discípulos estavam ainda muito confusos e incapazes de entender o que Jesus estivera realmente falando e para onde os conduzira. Da ressureição em diante, começam a entender algo novo e completamente distinto sobre Jesus, Deus e os seres humanos. Isso é mostrado nos Evangelhos por meio da presença simultânea de duas formas de compreensão: a incompreensão ou má compreensão dos discípulos e, ao mesmo tempo, a compreensão cristalina de Jesus sobre o que estava acontecendo e o que viria a acontecer. A presença no mesmo texto de duas compreensões foi possível exatamente porque esses textos foram escritos depois da ressurreição, quando o grupo apostólico passou a compreender, pela primeira vez, o que Jesus estivera realmente representando e fazendo e, ao mesmo tempo, diferentemente deles, como ele compreendera durante todo o tempo tudo o que se passara." ALISON, *O Pecado Original à Luz da Ressurreição*, p. 140.
[18] "O que temos então perpassando o círculo apostólico é um grupo de semitraidores desiludidos, assustados, culpados e em luto. Foi exatamente em meio a esse grupo, na maneira como estavam, que Jesus começou a aparecer, tendo início no Domingo de Páscoa. Toda compreensão cristã sobre a revelação depende dessas aparições: sem elas não teria havido tal coisa como o cristianismo." Ibidem, p. 133.

inteligência evangélica. Como insistimos, essa correspondência fina entre autocompreensão apostólica e autocompreensão própria não é, em Girard, acidental. Semelhante aos dois discípulos no caminho de Emaús,[19] o teórico também experimentou um esclarecimento posterior que o fez repassar sua obra em bases decididamente evangélicas. Tratou-se de visitação deliberada, um reconhecimento aprofundado das fontes primeiras de seu insight. A partir desse ponto, o apocalipse, outrora presente como apêndice conclusivo, como remate, emerge como força total, de fato, como presença estruturante, delineamento geral aos mais variados temas. Parece que o teórico francês também reconhece na inteligência de Jesus a base de sua própria inteligência. Prossigamos, então.

*

No início da segunda parte de *Eu Via Satanás*, há uma análise instigante, em que dois feitos diametralmente opostos em sua sensibilidade moral são justapostos: um ligado a Apolônio de Tiana, resultando num apedrejamento bem-sucedido; o outro associado a Jesus, resultando num apedrejamento malogrado. Duas forças contrárias, duas inteligências distintas, dois procedimentos reversos, embora estruturalmente idênticos; em suma, duas éticas associadas a dois reinos.

> O milagre [de Apolônio] consiste em desencadear um contágio mimético tão poderoso que acaba por polarizar toda a população da cidade contra o infeliz mendigo. A recusa inicial dos Efésios é o único raio de luz neste texto tenebroso, mas Apolônio faz tudo o que pode para extinguir, e consegue-o. Os Efésios começam a apedrejar a sua vítima com uma raiva tão grande que acabam por ver nela o que Apolônio

---

[19] "E, começando por Moisés e por todos os Profetas, interpretou-lhes em todas as Escrituras o que a ele dizia respeito [...]. Então, seus olhos se abriram e o reconheceram." (Lucas 24, 27 e 31).

> lhes pede: o autor de todos os males, o "demônio da peste", do qual precisam livrar-se para curar a cidade.[20]

Trata-se de episódio envolvendo os efésios e um famoso guru do século II EC, Apolônio de Tiana, conforme relatado por Filostrato,[21] um pagão militante que escreveu sobre a vida do guru no século seguinte. Segundo esse relato, a cidade de Éfeso passava por crise profunda: encontrava-se tomada pela peste, contra a qual um sábio afamado, um realizador de milagres, Apolônio, surge como virtuoso capaz de enfrentá-la e debelá-la. Todavia, o "milagre" operado por Apolônio é claríssimo processo de linchamento tão mais evidente quanto mais o leitor que o apreende se distancia de seus argumentos míticos. Trata-se, para o leitor moderno, de claríssimo texto de perseguição. Por outro lado, Filostrato trata Apolônio como herói de poder incomum, o qual, em sua sabedoria superior, soube identificar o "demônio" que perturbava a paz dos efésios, expulsando-o eficazmente e assim restabelecendo ordem e paz na cidade. Girard, por sua vez, utilizará a militância de Filostrato, seu envolvimento com a retórica persecutória, como ilustração paradigmática de um caso típico de perseguição e resolução vitimária no seio de uma comunidade arcaica em manifesta crise sacrificial.

> A vítima selecionada pela astúcia diabólica de Apolônio, transforma-se "miraculosamente" num todos-contra-um reconciliador. Ao adivinhar do mal de que sofrem os Efésios, o guru suscita, às custas de um pobre diabo, uma violência da qual espera um efeito catártico superior ao dos vulgares sacrifícios, ou das representações trágicas que, sem dúvida, eram representadas no teatro de Éfeso.[22]

---

[20] GIRARD, *Eu Via Satanás*, p. 73.
[21] PHILOSTRATUS, *The Life of Appolonius de Tyanna*.
[22] Ibidem, p. 76.

A perspicácia da análise de Girard, seu brilhantismo intelectual, está em cruzar certos signos desse apedrejamento com o não apedrejamento da adúltera do relato evangélico, mostrando-os em complementaridade avessa e elucidativa. Completa e deliberadamente tomado pela sensibilidade antissacrificial dos Evangelhos,[23] o francês reconhece a "astúcia diabólica de Apolônio" para criar unanimidade catártica à custa de um coitado, uma vítima vulnerável, portanto, sob medida: um mendigo que não tinha ninguém que respondesse por ele, ninguém que o defendesse. Ainda mais significativo, o francês faz uma crítica não menos ácida aos comentaristas cristãos, especialmente a Eusébio de Cesareia, o primeiro grande historiador da Igreja, o qual, ao comentar o evento tomado de sugestão mimética, tomado pela rivalidade entre fazedores de milagres, compara os milagres de Apolônio aos de Jesus, enaltecendo a superioridade deste, o que, por sua vez, põe a perder, completamente, a real diferença em jogo.

> Do mesmo modo que os partidários do guru, [Eusébio] reduz o debate a uma rivalidade mimética entre fazedores de milagres. Ao lê-lo, compreende-se melhor por que é que Jesus procura desviar a nossa atenção dos milagres que fazia. Eusébio nunca define verdadeiramente a oposição essencial entre Apolônio e Jesus. Frente aos apedrejamentos, Jesus está nos antípodas de Apolônio. Em vez de os suscitar, faz tudo o que pode para os impedir. Eusébio não diz verdadeiramente o que faz saltar os olhos do leitor moderno. Para estabelecer as diferenças entre os dois mestres espirituais neste ponto, é preciso

---

[23] "Os Evangelhos ensinaram-nos que o motor das violências coletivas são as rivalidades coletivas. Se o apedrejamento do mendigo de Éfeso pertencer à mesma categoria de fenômenos que a Paixão, devemos encontrar na narração de Filostrato, senão tudo o que encontramos na Paixão, pelos menos indicações suficientes que facilitarão e justificarão o paralelo com os Evangelhos." Ibidem, p. 75.

comparar o "milagre" maquinado por Apolônio com um texto que nada tem de miraculoso, o da mulher cujo apedrejamento Jesus impede.[24]

Nesse momento, faz-se uma exposição detida da inteligência de Jesus, conforme disposta nos Evangelhos, sublinhando sua capacidade única de desestruturar os esquemas sacrificiais, denunciando-lhes os artifícios, invertendo-lhes a lógica. Observa-se que, contrariamente aos efésios, os quais, de início, não estavam predispostos ao apedrejamento público, o relato da mulher adúltera, apresentado em João 8, inicia-se com uma comunidade bastante predisposta ao apedrejamento. Os resultados são, no entanto, a despeito de suas condições iniciais, contrários: os inicialmente indispostos ao apedrejamento, os efésios, acabam apedrejando; ao passo que os inicialmente predispostos, os judeus, retiram-se, abstendo-se da execução.

Essa inversão surpreendente exprime a dimensão das duas forças – as duas inteligências – que estimulam ou condenam o ato. Com efeito, os efésios são manobrados por Apolônio ao linchamento do mesmo modo que os judeus são desmobilizados, ao mesmo ato, por Jesus. Nesse cruzamento, vislumbra-se a força absolutamente decisiva do contágio mimético, da mímese do desejo. Tanto Apolônio quanto Jesus conhecem seu papel determinante e seu poder de sentença.
A diferença reside no tratamento que darão a essa força. É bom lembrar que, do ponto de vista estrutural, amor e ódio constituem forças idênticas. Como senhor experiente dessa segunda força, Apolônio estimula o contágio violento, pois quer que o ódio se manifeste, reunido, contra um pobre sujeito; ao passo que como Senhor eterno da primeira, Jesus busca o oposto: esvaziar o contágio violento que se organiza contra uma mulher. Um quer o sacrifício do fraco; o outro, não.

Para alcançar o seu objetivo, Apolônio tem de distrair os Efésios da ação que lhes pede

---

[24] Ibidem, p. 77.

> que cometam; procura fazê-los esquecer da realidade física do apedrejamento. Com uma grandiloquência ridícula, denuncia no mendigo um "inimigo dos deuses". Para tornar possível a violência há que tornar demoníaco aquele de quem se quer fazer uma vítima. E, por fim, o guru consegue, obtém o que deseja: *a primeira pedra* [...]. Longe de ser puramente retórica, a primeira pedra é decisiva porque é a mais difícil de lançar. Mas o que é que a faz ser assim tão difícil? Porque é a única que não tem um modelo.[25]

Tudo o que Apolônio faz – de um lado – Jesus desfaz – do outro. Do mesmo modo que o primeiro, Jesus também é bem-sucedido, mas, em seu caso, no impedimento de um apedrejamento. Os dois são bem-sucedidos, mas frente a reinos absolutamente distintos. É realmente notável como as duas histórias, singularmente apartadas entre si no tempo-espaço, ou seja, inseridas em contextos históricos e literários distintos, são aproximadas por Girard como ilustração de uma mesma e única realidade universal. Apolônio faz de tudo para tornar "o lançamento da primeira pedra" um ato inconsciente, para torná-lo um "ato cego", *espontaneamente* deflagrado pelo escândalo, o resultado espontâneo/mimético de uma massa escandalizada; Jesus, por sua vez, faz questão absoluta de atribuir à primeira pedra o seu caráter diferenciado, sua responsabilidade fundamental sobre o desenrolar dos acontecimentos,[26] antecipando-a como modelo de violência e, assim, iluminando a situação de violência iminente. A primeira pedra encerra, em si mesma, todas as

---

[25] Ibidem, p. 79.
[26] "Quando Jesus profere a sua frase, a primeira pedra é o último obstáculo que se opõe ao apedrejamento. Ao chamar a atenção para ela, ao mencioná-la expressamente, Jesus faz o que pode para reforçar este obstáculo, para o magnificar. Quanto mais aqueles que pensam lançar a primeira pedra se dão conta da responsabilidade que assumiriam ao fazê-lo, mais hipóteses há de que ela lhes caia das mãos." Ibidem, p. 79.

demais. Podemos dizer, de modo sintético, que Apolônio mobiliza as multidões, ao passo que Jesus as desmobiliza, e que, inversamente, o primeiro desmobiliza a consciência, ao passo que o segundo a mobiliza. Na verdade, poderíamos escrever páginas a respeito dos opostos oferecidos nesse paralelo entre Apolônio e Jesus.

A teoria mimética – do início ao desfecho – cabe no cruzamento das duas histórias. O fenômeno de massa formador de multidões, ao mesmo tempo religioso, político, ideológico e psicológico, isola uma pessoa ou um grupo de pessoas para consumi-los em expulsão violenta, em procedimento ritualmente tratado como expiação. Isso se torna o fundamento mesmo da história institucional do mundo. A diferença, agora, em *Eu Via Satanás*, é que o autor se apropria integralmente da literatura religiosa para revelar de modo orgânico e visceral, historicamente real, o escândalo de desejos que se rivalizam e que, pressionando-se mutuamente, passam a necessitar de válvulas de escape sacrificiais. O mais importante, em nosso caso, é avaliar um Girard que não utiliza a história de Apolônio e, principalmente, como contraponto desta, a da mulher adúltera, em João 8, como exemplos particularmente adaptados a sua teoria. É mais que isso: ele, agora, reaproxima-se de sua teoria, tornando-a mais verdadeira, mais consciente de si mesma, integrando-a a essas histórias, reconhecendo-lhes o mérito da "descoberta". Isso significa que o sentido francamente apocalíptico de seu pensamento maduro, tornado visível por meio de sua guinada aos Evangelhos, sobretudo, na fase final de sua produção, não se destina somente a uma ilustração mais fina e propriamente religiosa de sua teoria, pois, em certa medida, ocorre justamente o contrário: é sua teoria que se torna ilustração do mecanismo apreendido, descrito e esmiuçado nos Evangelhos. A história da mulher adúltera e seu contrapondo em Apolônio de Tiana tornam-se manancial hermenêutico. Basta ter olhos para ver. Seguindo o seu modelo máximo, o francês também oferece sua teoria em expiação, o que significa que oferece, em certa medida, a si mesmo, atribuindo à sua obra um papel secundário, meramente sistematizador de verdades há muito tempo reveladas. Ao que tudo indica, tomado pelo apocalipse, Girard torna-se também receptáculo da revelação e, como tal, compete-lhe descrevê-la o mais fielmente possível, tornando o seu alcance universal. Todavia, para fazê-lo por inteiro, ele teve de integrar sua vida aos Evangelhos, não o contrário. A questão é que o francês o faz de modo absolutamente discreto, sutil. Isso se torna particularmente evidente na forma como *Eu Via Satanás* foi concebido, como o livro foi estruturado.

Apolônio de Tiana e João 8, apesar de toda riqueza analítica apresentada, apenas preparam o terreno para o tema central do livro: a Paixão.[27] À medida que a discussão avança, o tema da Paixão, o apocalipse cristão, transpassa todo o cenário argumentativo, integrando, em si mesmo, como um imenso rio integra os seus afluentes, os grandes e os pequenos temas, numa única bacia temática.

> Longe de ser aberrante, fantástica, a interpretação que apresento torna-se evidente a partir do momento em que a abordamos por meio de "elos perdidos", tais como o apedrejamento de Apolônio, intermediário entre as narrações de violência coletiva ainda capazes de nos enganarem, míticas na mais pura acepção da palavra, e aquelas nas quais instantaneamente reconhecemos as ilusões dos perseguidores mistificados pelas suas próprias perseguições: a Paixão de Cristo, as perseguições contemporâneas.[28]

A narrativa do apedrejamento do mendigo orquestrado por Apolônio de Tiana, concluída no falso milagre do término da peste, não chega a ser um mito em sentido pleno. Mas como o mito escapou-lhe? Com

---

[27] "Dizem-nos os Evangelhos que, no período que antecede a crucificação, Jesus escapa a várias tentativas de apedrejamento. Nem sempre terá a mesma sorte. Acabará ele mesmo por desempenhar o papel do mendigo de Éfeso, por sofrer o suplício reservado aos piores dos piores do Império Romano." GIRARD, *Eu Via Satanás*, p. 83.
[28] Ibidem, p. 100

efeito, a multidão, visivelmente indecisa frente à culpabilidade da vítima, é manipulada por um hábil guru, o qual, apesar do resultado pretendido, o linchamento, não pôde dar ao grupo a transfiguração derradeira: aquela que transformaria o demônio em divindade.

De fato, um feiticeiro, por mais habilidoso que seja como prestidigitador, não se sobrepõe à divindade, qual seja, à unanimidade mimética em escalada contagiosa. Ele é somente mais um na cadeia, e não a cadeia. Caso pense em se transfigurar na cadeia mimética, absorvendo-a em si mesmo, correrá o sério risco de se tornar uma divindade, a saber, um demônio, um "bode" expiatório. Por isso, um guru ou feiticeiro realmente astuto, verdadeiramente competente, jamais pretende ser Satanás, mas somente um filho seu. O elevar-se ou ser elevado à categoria de uma divindade designa, imediatamente, um papel expiatório. Uma vez mais, Jesus e Satanás são estruturalmente análogos, ainda que não no sentido de gêmeos rivais, do bem e do mal, respectivamente, mas na forma de como o segundo mimetiza o papel/força criadora do primeiro, mas invertendo-lhe o fardo, ou seja, expiando os outros para a preservação de si mesmo, e como, também, o primeiro percorre a simbologia terrestre do segundo, encarna-lhe o mundo, mas subvertendo-lhe a orientação, e tudo para a glória do Pai. De fato, contrariamente a Satã, "tudo o que torna um ser divino aos olhos dos homens, como o poder de seduzir ou coagir, a aptidão para impor-se de modo irresistível: Jesus não o deseja".[29] O assunto é complexo, mas prossigamos em nossa explanação.

No entendimento atribuído pela teoria mimética, há, entre mito e história, uma série de setores intermediários, um espectro, pelo qual a narrativa justifica mais ou menos, a depender do caso, a unanimidade violenta que se agremia contra uma vítima. A força com que essa justificativa controla a linguagem narrativa é proporcional ao elemento propriamente mítico. Quanto mais este estiver presente, mais a narrativa não levantará suspeitas a respeito da real malignidade, leia-se divindade, presente no indivíduo expulso

---

[29] Idem, *A Rota dos Homens Perversos*, p. 178.

violentamente da comunidade, em sua monstruosidade inquestionável, justamente simbolizada no "bode como Azazel". O mero fato de identificarmos no linchado um "pobre coitado" seria suficiente para desmobilizar a criação mitológica, para a qual seria necessário alguém absolutamente caracterizado como demônio encarnado, executor de desvios e comportamentos inomináveis. Portanto, note o leitor como um comportamento social sádico – o linchamento consciente de um pobre coitado – é sintoma claro de uma sociedade em crise sacrificial, e não de um sistema sacrificial em pleno funcionamento, uma sociedade em que os mecanismos catárticos não mais funcionam a contento.

Uma narrativa perfeitamente justificada nos termos dos perseguidores é aquela em que, de fato, não há suspeita de haver perseguidores, mas somente homens e mulheres zelosos, fiéis servidores do bem comum, os quais denunciaram, em ação unilateral, um indivíduo particularmente monstruoso ou um grupo especialmente maléfico, portadores exclusivos de desvios ameaçadores da ordem. É preciso haver bruxas realmente assustadoras para que possamos caçá-las com o propósito do extermínio, em posse de verdadeiro zelo religioso. Por outro lado, uma narrativa em que os perseguidores aparecessem, de fato, como perseguidores, uma em que o ardil persecutório fosse exibido de modo esclarecedor, revelando fases e nexos internos na geração de ondas progressivas de hostilidade unânime, até alcançar o paroxismo vitimário, com todas as idas e vindas do escândalo, caracterizar-se-ia, nos termos da mesma teoria, como história em sentido pleno. Nesse momento, o leitor atento adivinhará que, nos parâmetros dessa visão, a menos mítica das narrativas humanas, matriz do pensamento histórico por excelência, seria a Paixão de Jesus Nazareno: "Quer queiramos, quer não, a Paixão faz parte de nosso horizonte cultural: ela fornece o modelo estrutural, como diriam os cientistas, a partir do qual os diálogos tornam-se sempre mais legíveis".[30] Mas, ao mesmo tempo,

---

[30] Ibidem, p. 182.

ao tornar-se antípoda do mito, a Paixão subscreve-lhe linguagem e formato. Isso significa que a história em atribuição plena, integralmente consumada, retorna ao mitológico, ressignificando-o em seu próprio meio, alfa e ômega. Isso é apocalipse.

> Os relatos de violência coletiva são inteligíveis em proporção inversa ao grau de transfiguração de que são objeto. Os mais transfigurados são os mitos e o menos transfigurado de todos é a Paixão de Cristo, *a única* narração a revelar até ao fim a causa da unanimidade violenta, o contágio mimético, o mimetismo da violência.[31]

*

Retomamos, novamente, o que chamamos de *ponto zero* da argumentação de Girard, desdobramento ao mesmo tempo polêmico e conclusivo de sua trajetória intelectual. Ao estabelecer a Paixão de Cristo como fiel da balança de todas as narrativas humanas, o seu pensamento assume uma filiação inquestionável nos Evangelhos, declaradamente associado à escatologia da Cruz. O episódio envolvendo a perseguição, condenação, suplício, crucificação e ressurreição de Jesus, conforme relatado nos Evangelhos, comentado nas epístolas e dogmatizado na ortodoxia, contrai altíssimo valor antropológico e, por conseguinte, histórico, tornando-se o alfa e o ômega não apenas da teoria mimética, mas de qualquer tentativa de compreensão do humano em bases não míticas. Portanto, a própria ciência, na possibilidade de sua existência institucional e desenvolvimento, também se torna subsidiária do mesmo processo revelador originado na Cruz. Isso significa, conforme essa antropologia revelada nos ensina, que a modernidade, igualmente, compartilha seus mais promissores ramos dessa mesma videira. Vislumbramos assim os primeiros contornos de sua teoria da história apocalíptica, baseada numa tese não

---

[31] Idem, *Eu Via Satanás*, p. 98.

apenas ousada, mas escandalosa, e na medida em que Girard atribui ao escândalo um papel, por vezes, inevitável.

Como estamos vendo, longe de furtar-se ao embate fundamental, a teoria mimética aproxima, ao máximo, os mitos do relato da Paixão,[32] mas o faz para reforçar o que percebe como diferença absoluta entre ambos, embora sob a cobertura do mesmo material temático, sob a copa imemorial de um repertório religioso semelhante. O mesmíssimo ocorre, como vimos, entre feitiçaria e apocalipse, numa linguagem que, embora compartilhada em seus signos, ressignifica os elementos internos, esclarecendo-os em bases outras. Não nos esqueçamos de que Daniel trabalhava para os poderes, mas soube esconder, por trás de sua arte divinatória a serviço do rei, o apocalipse.

Progressivamente imersa na linguagem dos Evangelhos, a teoria mimética traz à luz, especialmente em *Eu Via Satanás*, o mesmo embate de fundo entre as forças satânicas, ordenadoras do mundo, e as que lhes denunciam o mecanismo perverso,[33] revelando, de uma só vez, sua realidade e presença históricas, sua violência e insustentabilidade. Tanto no apocalipse quanto na teoria mimética, a violência sistêmica que subjaz os ordenamentos humanos é exposta em sua capacidade estruturante, em sua singularidade de reino/principado, ao mesmo tempo que revela sua fragilidade ôntica, sua extrema precariedade, pois fundada em consensos expiatórios tomados pelo medo e violência: a pressão do grupo, dos chefes e seus bandos, dos

---

[32] "Jesus é uma vítima coletiva e os cristãos veem nele o próprio Deus. Como acreditar que a sua divindade tem uma outra causa que não a das divindades míticas? O mesmo se passa com todos aqueles que observam de fora o cristianismo. A religião que proclama a divindade de Jesus Cristo dá aos que a veem de uma perspectiva filosófica, científica e mesmo religiosa, a impressão de não ser mais do que um mito modificado, talvez por diversas influências, mas não essencialmente diferente dos velhos mitos de morte e de ressurreição." Ibidem, p. 156.

[33] "Se examinarmos os textos evangélicos e neotestamentários em que se fala das forças, constata-se que, implícita ou explicitamente, estas estão associadas ao tipo de violência coletiva de que tenho vindo a falar, o que é bastante compreensível se a minha tese estiver correta: essa violência é o mecanismo fundador dos estados soberanos." Ibidem, p. 125.

agentes invisíveis condutores das massas, dos grandes interesses corporativos, estatais, etc.

> Nos textos, os símbolos que manipulamos são reais, na medida em que resolvem enigmas, inocentam vítimas, libertam prisioneiros e, de modo particular, revelam que o deus deste mundo é de fato o acusador, Satanás, homicida desde o princípio.[34]

Todavia, é preciso dizer que entre o apocalipse e a teoria mimética há inegáveis diferenças de enfoque, tão mais significativas quanto mais incômodas ao pensamento de Girard. Vejamos.

Ao dedicar-se aos "principados", no capítulo VIII de *Eu Via Satanás*, o francês cita o início de Atos, passagem em que Pedro diz: "Os reis da Terra apresentaram-se e seus chefes coligaram-se contra o Senhor e contra o seu Ungido",[35] uma passagem que faz alusão ao Salmo 2, e que se conecta, particularmente, ao sumo sacerdócio real,[36] ao rei messias e sua teologia do templo, conectando-se, portanto, ao apocalipse. A questão, a nós sumamente significativa, é que o teórico intui a força magnética da passagem, sua profunda visão reveladora, um apocalipse em perfeita consonância com as apreensões antropológicas da teoria mimética; mas, não obstante, o teórico procurará racionalizá-la (leia-se, antropologizá-la) ao máximo, deixando-a, assim, admissível aos rigores acadêmicos. Vejamos:

> É preciso *não* se concluir que Pedro leva à letra a ideia de uma participação de "os reis da terra" na crucificação, pois sabe perfeitamente que a Paixão não chamou a atenção do mundo

---

[34] Idem, *A Rota Antiga dos Homens Perversos*, p. 184.
[35] Atos 4,26.
[36] "Fui eu que consagrei o meu rei sobre Sião, minha montanha sagrada! Vou proclamar o decreto de Iahweh: Ele me disse: 'Tu és meu filho, eu hoje te gerei.'" Salmos 2.5-7.

inteiro, pelo menos não nesta altura. Não exagera a importância propriamente histórica do acontecimento. A citação significa que, para lá do incidente por certo menor, Pedro identifica uma relação muito especial da Cruz com as forças em geral, uma vez que estas têm origem em assassínios coletivos análogos ao de Jesus.[37]

Nesse momento, Girard *parece* ignorar que Pedro não foi um leitor da teoria mimética, uma vez que não conheceu o mecanismo vitimário em conceituação acadêmica, qual seja, dentro dos rigores de um pensamento estritamente antropológico. Pedro e Girard acertam, ambos, o mesmo alvo, mas a alça de mira que usam é sensivelmente distinta. Com efeito, Pedro, talvez, não exagerasse a importância histórica do acontecimento, quando disse que os reis do mundo coligaram-se contra o ungido, mas não porque abstraísse o sentido antropológico e trans-histórico da Paixão, conforme disposto, hoje, pela teoria mimética. Sim, ele percebeu a universalidade do evento, como bem coloca Girard, mas o fez porque estava imerso no apocalipse, nessa corrente de pensamento que o informava, simbolicamente, sobre o significado universal da Paixão. A nós interessa perceber que há, de fato, uma fronteira bem difícil de ultrapassar, mas que parece exercer um poder irresistível sobre o teórico, o qual cede pouco a pouco, mas não antes de queixar-se nos termos de sua formação racionalista, não antes de tentar encaixar a mística na razão. Penso que ao racionalizar Pedro, Girard procura, na verdade, resistir-lhe a mística, mas num momento, em *Eu Via Satanás*, em que seu pensamento já se entregou largamente ao apocalipse. Com efeito, nessa altura da discussão, a teoria mimética, vendo seu reflexo no apocalipse, surpreende-se com o imaginário "confuso" dessa fonte, uma vez que dela participa agora abertamente, precipitando uma reflexão que sublinhará o recolhimento derradeiro de Girard na mística, explicitado em seu último trabalho.

---

[37] GIRARD, *Eu Via Satanás*, p. 126.

> *O que perturba* [grifo meu] é o enorme número de denominações que os autores do Novo Testamento inventam para designarem estas entidades equívocas. Ora são chamadas forças "deste mundo", ora, pelo contrário, forças "celestes", e também "soberanias", "tronos", "dominações", "príncipes do império do ar", "elementos do mundo", "arcontes", "reis", "príncipes deste mundo", etc. Por que um vocabulário tão vasto e, em aparência, heterogêneo?[38]

A teoria mimética perturba-se nesse contato mais íntimo com o apocalipse, como se, repentinamente, se percebesse obrigada a vibrar num diapasão que lhe é estranho. A estranheza suscita, como sempre, uma reflexão sobre os pontos fundamentais. Novamente, o teórico fará um esforço primeiro por racionalizar os autores dos Evangelhos nos termos antropológicos de sua teoria, esclarecendo-lhes linguagem e narrativa, segundo os conceitos acadêmicos do mecanismo vitimário. Aliás, nada mais natural, uma vez que Girard foi, sobretudo, um cientista. Todavia, essa é uma ponte frágil frente aos desafios epistemológicos que suscitam a travessia, mero paliativo para o choque inevitável entre o racionalismo teórico de um autor moderno, um acadêmico rigoroso, e o conhecimento visionário de autores imersos na profecia, igualmente rigorosos, mas frente a quesitos bem outros.

O francês quer-se profeta, mas ainda não sabe como. Conforme esperado, a extrema fluidez/plasticidade das visões apocalípticas, ainda que salvaguardadas num imaginário específico, hesita domesticar-se ao jargão antropológico. Nesse cenário desafiador, o teórico começa a procurar caminhos não trilhados, os quais permitam a sua entrada ainda não autorizada.

---

[38] Ibidem, p. 126.

> Estes autores [do Novo Testamento] têm uma
> consciência bastante clara da dupla e ambígua
> natureza daquilo de que falam. O que procuram
> definir são as combinações de força material e
> força espiritual que constituem as soberanias
> com origem no assassínio coletivo.[39]

Ele procura discernir, na linguagem das "potestades" e dos "reinos", indícios que o conduzam, com certa segurança antropológica, ao salão principal do mecanismo sacrificial, base sistêmica de toda representação mítica. O teórico reconhece que os Evangelhos estão falando dessa realidade estruturante, desse poder, e quer concordar com os evangelistas, endossando-lhes as visões, mas até certo ponto. No entanto, ele encontra, e de modo inevitável, o muro altíssimo da linguagem do apocalipse, largamente inacessível a qualquer um que não lhe tenha recebido diretamente os símbolos e o treinamento ritual e interpretativo. Não obstante, há o reconhecimento de que se chegou às "muralhas do céu". O teórico bem sabe que o conhecimento advindo da profecia era ritualizado, liturgicamente controlado e espiritualmente fomentado, portanto, deveras distinto do saber acadêmico, cujo treinamento funda-se em outros parâmetros. Isso nos é importantíssimo porque, no caso, a Revelação, da qual, agora, teoria mimética e Evangelhos retiram sua discussão central, pode assumir conotações bem distintas.

O conhecimento profético não se baseava – em absoluto – na autoridade intelectual, tal qual hoje entendemo-la. Um profeta autêntico jamais falava por si mesmo, menos ainda dizia seguir a sua vontade, um pré-requisito que Jesus Nazareno não cansava de repetir e nunca perdia a oportunidade de enfatizar, como evidenciado, sobretudo, nos discursos teológicos em João.[40] A autoridade para profetizar era recebida do alto, afiançada no trânsito aberto

---

[39] Ibidem, p. 127.
[40] Como, por exemplo, em João 6,38: "pois desci do céu não para fazer a minha vontade, mas a vontade daquele que me enviou".

aos profetas entre o mundo visível e o invisível, entre a eternidade e a transitoriedade, conforme explicitada no compromisso do profeta Habacuque frente à atividade oracular: "Vou ficar de pé em meu posto de guarda, vou colocar-me sobre minha torre e espreitar para ver o que ele me dirá e o que responderá à minha queixa. Então, Javé respondeu-me dizendo: '*Escreve a visão, grava-a claramente sobre tábuas* [...]'".[41]

Retirar-se para a torre de vigia é conduta célebre no imaginário profético, como no caso icônico de Migdal-Éder. A Torre de Vigia do Rebanho era vista como lugar recôndito e sagrado, *kataluma*, o *topos* de onde se via adiante e se profetizava, donde surgiria o Messias, num claro desdobramento imagético do santo dos santos. Falamos da torre perto da qual Jacó armou acampamento depois de enterrar Raquel, da qual falou Miquéias ao anunciar o retorno da Glória de Sião; a torre no meio da vinha de Isaías, sobre a qual discorreu Enoque nas associações inevitáveis entre a história de Israel e a história do rebanho desgarrado do Senhor. O Pastor, contemplando de sua torre o rebanho desgarrar-se, teria de retornar aos campos e vinhedos (leia-se, ao mundo). Isso significa que o símbolo da Torre fazia conversão direta com os recessos santos do Templo. Todo o imaginário envolvendo o Bom Pastor, seu rebanho, o nascimento virginal do Ungido, o Messias, os anjos de guarda, os astros/mensageiros da manhã, o pobre simples do campo, etc., como absolutamente explicitado na história da natividade de Jesus,[42] relaciona-se com a profecia recebida na torre, a saber, nos recessos sagrados e colinas nos quais saber e intuição proféticos realizavam-se.

> O santo dos santos era descrito como uma "torre ou lugar no monte", mas vários termos eram usados: *migdal*, a torre no vinhedo, não obstante interpretados como santo dos santos (Isaías 5,2)

---

[41] Habacuc 2,1-2.
[42] Ver BARKER, *Christmas – The Original Story*.

ou *masor*, uma torre de vigia, mas sempre no sentido de um lugar de visão profética, portanto, semelhante ao santo dos santos.[43]

"A história humana não era vista somente como um drama no plano material",[44] obviamente, pois se esparramava sobre diversos planos/esferas/reinos, nem todos acessíveis às pessoas comuns. Apreciar a história significava contemplá-la da torre de vigia, visualizando-a na perspectiva teológica do santo dos santos. Admitia-se que Deus falasse pela boca de seus santos e profetas, conforme explicitado em inúmeras passagens ao longo do Novo Testamento. Por exemplo, em Apocalipse 10,7, por nós já visitado, a visão profética está submetida à revelação angélica: "Já não haverá mais tempo! Pelo contrário, nos dias em que se ouvir o sétimo Anjo, quando ele tocar a trombeta, então o mistério de Deus estará consumado, conforme ele anunciou aos seus servos, os profetas". Desta feita, conhecimento revelado, "apocalipse", era um tipo de saber anunciado em êxtase, caracteristicamente místico, e não analiticamente elaborado. Nesse cenário reflexivo, como bem diz Margaret Barker, "anjos e profetas estavam costurados à realidade da vida",[45] completamente integrados ao repertório oracular, aos ritos de vidência, pelos quais se manifestava o profetizar, e dos quais se retirava o conhecimento das coisas ocultas. Em sua linguagem específica, em sua evocação indiscutivelmente fenomênica, havia, invariavelmente, uma subida, um soerguimento, uma elevação, uma contemplação do alto, um mergulho para dentro, etc.[46] Como

---

[43] Idem, *The Revelation of Jesus Christ*, p. 63.
[44] Idem, *Christmas – The Original Story*, p. 18.
[45] Ibidem, p. 18.
[46] "O profeta do exílio [Isaías] vira o futuro de seu povo quando diante do princípio, na fundação da terra. Quando Jesus estava no deserto, o diabo o levou para um alto ponto do templo; também subiu com ele um monte e mostrou-lhe, 'num só momento, todos os reinos do mundo' (Lucas 4,5). No Livro do Apocalipse, João foi convocado ao santo dos santos por uma voz que lhe disse: 'Sobe, e mostrar-te-ei o que se dará em seguida' (Apocalipse 4,1). Essas eram visões dos místicos do templo. De mais visões assim, deve ter tomado ciência a Igreja primitiva, dado que Clemente de Alexandria escreveu [em *Miscelâneas 7,7*] que o conhecimento das coisas do passado, do presente e do futuro fora

o teórico Girard, distante como está dessa metodologia de conhecimento, introduz-se no apocalipse?

É preciso ressaltar, uma vez mais, que o "apocalipse" revela o que esteve oculto, disponibilizando ao leitor que dele se serve um encadeamento de visões reveladoras de um embate/reparação espiritual (invisível), cujas repercussões alteram a ordem material (visível). A teoria mimética é também, por sua vez, uma teoria do invisível, intuída na imaterialidade fundamental do desejo mimético, sua radical movimentação religiosa e sua fome inextinguível pelo sagrado. O plano mimético é largamente representativo e, de fato, podemos dizer que o "céu" é o seu limite. Por outro lado, como facilmente se nota, teoria mimética e apocalipse se estranham em inúmeros pontos, tão mais evidentes quanto mais a primeira se esforça por racionalizar o segundo. Essas discrepâncias não escaparam a Girard, pelo contrário, uma vez que ele as sentiu agudamente. Mesmo assim, o teórico não desiste do apocalipse, o que nos deixa intrigados com a força magnética dessa simbologia sobre o pensamento do francês.

O teórico acadêmico percebe que está sendo sugado por um vórtice que logo poderá fazê-lo em pedaços, levando-o a perder o senhorio analítico das categorias que ainda tão bem controla. Todavia, como um bom cavaleiro andante, um notório aventureiro do conhecimento,[47] o francês prefere arriscar sua boa imagem de acadêmico a impedir o encontro de suas teorias com a escatologia do apocalipse. Ele sabe que está correndo riscos, mas o espírito apologético já o dominou.

---

revelado pelo Filho de Deus, o grande sumo sacerdote que atravessara a cortina." Idem, *Introdução à Teologia do Templo*, p. 60.

[47] "Sabendo o quão terríveis são os obstáculos à liberdade intelectual concreta, devemos ser gratos pelo fato de tantos jovens ainda desejarem ingressar na academia pelos motivos certos. Eles não estão interessados em se alinhar a um dos lobbies político-culturais hoje existentes, mas em buscar uma vida de aventuras intelectuais." GOLSAN, *Mito e Teoria Mimética*, p. 205.

O tema das forças, poderes e potestades, da *falsa* transcendência que ensejam, dá ao teórico uma abertura, uma fresta, por onde possa entrar no apocalipse. Indispensáveis à manutenção da ordem, essas forças ainda têm um papel a cumprir, embora seu tempo esteja acabando e o preço da libertação seja o apocalipse. Com efeito, o culto ao imperador torna-se progressivamente intolerável à mentalidade apocalíptica, torna-se uma abominação que terá de ser tratada como tal. A revelação desse estado insustentável de coisas se dá no esgotamento de todo um ciclo mimético, um ciclo satânico, cujo ápice é a Paixão. Como vimos, esta comunga do mesmo imaginário mitológico da falsa transcendência, ou assim parece num primeiro momento:

> Se os Evangelhos e os mitos narram o mesmo tipo de crise mimética, resolvido pelo mesmo tipo de expulsão coletiva, concluído em ambos os casos por uma epifania religiosa, repetida e comemorada por meio de ritos de estruturas muito semelhantes, como poderia então existir entre a mitologia e o cristianismo a diferença que conferiria à nossa religião a singularidade, a unicidade que sempre reivindicou?[48]

Trata-se de uma pergunta retórica. Girard já tem pronta uma resposta,[49] e nós mesmos já discorremos sobre ela. Todavia, importa-nos avaliar como e em que grau sua resposta interage ou não com o apocalipse. Recordemos, primeiramente, o clamor aflitivo dos filhos e filhas no "Livro dos Vigias", *1 Enoque*, um texto que o francês não utiliza em *Eu Via Satanás*. Leiamos então Enoque: "[E] à medida que os homens *pereciam*, o lamento deles subia ao céu [...]. 'A terra arrasada chora, e suas súplicas alcançam os portões

---

[48] GIRARD, *Eu Via Satanás*, p. 137.
[49] "No mito, as expulsões do herói são sempre justificadas. No relato bíblico, isso nunca acontece. A violência coletiva é injustificável [...]. No mito, a vítima está sempre errada e os seus perseguidores têm sempre razão. Na Bíblia, dá-se o inverso." Ibidem, p. 141.

celestes'".⁵⁰ Em linguagem apocalíptica, o trecho expressa a situação calamitosa/catastrófica de uma realidade social tomada de violências arbitrárias que se agravam; crescentemente dominada por injustiças e mortandades. Notem que, nesse trecho, são as súplicas de homens e mulheres *mortos* que chegam aos céus, justamente as súplicas das vítimas. Isso significa que o céu, na reparação que se avizinha, responde diretamente às vítimas. Esse é um dado importantíssimo, mas que passa frequentemente despercebido dos leitores modernos, os quais, devidamente adestrados no materialismo, pensam que, em *1 Enoque*, é a comunidade terrestre, a ecúmena, que clama por reparação, e assim deixam escapar um "detalhe" que faz, não obstante, toda a diferença. Percebam que os poderes estabelecidos no mundo e suas instituições vão muito bem, obrigado: "e todos começaram a revelar os segredos [técnicas, riquezas e feitiçarias] aos seus filhos e esposas".⁵¹

A força intercessora dos céus se mobiliza para trazer justiça às vítimas mortas⁵² (os sacrificados/mortos em holocaustos, genocídios, assassinatos, abortos, etc.). Isso significa que o processo de reparação se inicia do "outro lado",⁵³ estendendo-se posteriormente a "este lado". A questão sutil, mas largamente central, passa então pela consciência da vítima enquanto vítima de grandes injustiças: é a sua voz que alcança os céus, no discernimento que faz das estruturas corrompidas do mundo e seus poderes estabelecidos. Esse reconhecimento se reproduz no contexto bíblico como um todo, ainda que de modo irregular e variado.

> É a diferença entre um universo em que a violência arbitrária triunfa sem ser reconhecida

---

[50] *1 Enoque* 8,4; 9,2.
[51] *1 Enoque* 8,3.
[52] "E agora, a nós, os santos do céu [os quatro arcanjos], as *almas* dos homens suplicam, dizendo [...]." Ibidem, 9,2.
[53] "As preces dos justos subiram aos céus, juntamente com o sangue do Justo. Os anjos uniram-se em prece, louvor e ação de graças, e, então, os livros foram abertos e o julgamento começou" (*1 Enoque* 46,47). BARKER, *Introdução à Teologia do Templo*, p. 111.

> e um universo no qual essa mesma violência
> é, pelo contrário, identificada, denunciada e,
> finalmente, perdoada. É a diferença entre uma
> verdade e uma mentira, ambas absolutas. Ou
> bem que se sucumbe ao contágio dos impulsos
> e se fica na mentira com os mitos, ou bem que
> se resiste a esse mesmo contágio e se está na
> verdade com a Bíblia.[54]

Todavia, a denúncia contra a violência arbitrária, que se faz em nome da vítima, é matizada na Bíblia do Antigo Testamento,[55] porém, absoluta no apocalipse e Novo Testamento. Nesse sentido, a teoria mimética caminha indiscutivelmente do Antigo Testamento para o apocalipse. Concordando com Max Weber, Girard também reconhece que ainda há muita parcialidade no Antigo Testamento, que envolve uma espécie de vitimização internamente viciada, pois sistematicamente voltada às vítimas judias em relação ao estrangeiro, ou seja, em detrimento dos demais povos.[56] Todavia, como vimos, o apocalipse enóquico não é mosaico em sua cosmogonia, muito pelo contrário. A questão se volta, e com força máxima, à centralidade escatológica da vítima. Nesse ponto, embora por caminhos diversos, apocalipse e teoria mimética tendem, de fato, a encontrar-se: há o clamor das vítimas contra seus perseguidores usuais e, por conta desse clamor justificado, a redescoberta de um divino distinto do sagrado violento mantido pelos poderes. A denúncia irrestrita desse sagrado, seu rebaixamento à idolatria, à demonolatria, coincide exatamente com a revelação da divindade Criadora do Altíssimo e[57] sua intervenção reparadora nos afazeres humanos.

---

[54] GIRARD, *Eu Via Satanás*, p. 146-47.
[55] São inúmeras as passagens no Antigo Testamento em que a violência ritual do sagrado violento se impõe de modo inconteste. Ver, por exemplo, a história de Fineias.
[56] "É certo que o povo judeu, repelido de expulsão em expulsão, está em boa posição para pôr os mitos em questão e identificar mais depressa do que tantos outros povos os fenômenos vitimários dos quais é, com frequência, a vítima." Ibidem, p. 147.
[57] "O divino não sai enfraquecido ao separar-se da violência; adquire mais importância do que nunca, na pessoa de Deus único, Javé, que o monopoliza e não depende de maneira

Quando o "Apocalipse de João" proclama que "Deus entrega o destino do mundo ao Cordeiro",[58] sabemos de antemão que, segundo esse mesmo referencial, o Cordeiro "é aquele que nos ama, e que nos lavou de nossos pecados com seu sangue".[59] No caso, vemos linguagem e imaginário estritamente expiatórios, portanto, sacrificiais, mas de orientação inversa ao paradigma arcaico. O Cordeiro se doa em amor e sua expiação recria/repara o cosmos. Aliás, no Apocalipse, Servo e Cordeiro representam as duas faces do mesmo personagem salvífico, quando retratado nos planos espiritual e temporal, respectivamente. Todo o cenário apocalíptico é, sem dúvida, o da expiação realizada no santo dos santos, mas, agora, em escala cósmica. O conceito mesmo de apocalipse fundamenta-se nessa experiência sumo sacerdotal e mística no santo dos santos, uma vez que "aqueles que adentravam o mundo do santo dos santos passavam a conhecer tanto o passado quanto o futuro. Esse é o motivo pelo qual a história incorporada nos escritos apocalípticos registram tanto os eventos passados quanto os futuros, incluindo, importante, o eterno presente".[60]

Nessa altura da reflexão, não há como a teoria furtar-se ao encontro do sacrifício em clave apocalíptico-cristã. Com efeito, conforme adiantado ao leitor, em *Eu Via Satanás*, Girard revê sua posição sobre o sacrifício, reavaliando, principalmente, sua intransigência antissacrificial em *Coisas Ocultas*. Ele parece resolver parte significativa de sua tensão simbólica com o apocalipse, aceitando a realidade do "sacrifício de Deus", como fundamento incontornável à experiência reveladora. O Pai *não* sacrifica o Filho, obviamente. Isso sempre será má-teologia. Todavia, o autossacrifício, e que envolve

---

alguma do que se passa entre os homens. O Deus único é aquele que repreende os homens pela sua violência e que tem piedade das suas vítimas, aquele que substitui ao sacrifício dos primogênitos a imolação dos animais e, mais tarde, critica mesmo os sacrifícios destes últimos." Ibidem, p. 152-3.
[58] Apocalipse 4.
[59] Ibidem, 1,5.
[60] BARKER, *The Revelation of Jesus*, p. 19.

todos os participantes celestes,⁶¹ torna-se indispensável a uma escatologia revelada na vítima, em qualquer vítima. A parênese paulina, em Romanos 12,1, realiza exatamente essa associação entre autossacrifício e redenção cristã,⁶² e o faz nos termos simbólicos da eucaristia, cuja cerimônia, em Cristo, preparou e simbolizou o sacrifício real. Em Hebreus, essa realidade assume valor escatológico na figura do Messias, o Cristo, que se ofereceu como sumo sacerdote melquisedequiano durante a grande e derradeira Expiação. Bodes e touro, substitutos tradicionais, foram descartados nesse autossacrifício real e deliberado do sumo sacerdote primeiro, justamente o Primogênito. Este, por amor, "esvazia-se"⁶³ aos homens e mulheres do mundo, entregando-se deliberadamente em imolação.

O teórico finalmente admite que seria impossível desconstruir o sistema sacrificial do arcaico, revelando por completo a sua estrutura, fundada em unanimidade hostil, a não ser por meio do próprio sacrifício subvertido em autossacrifício, agora vivificado por uma consciência amorosa, uma consciência de "caridade", ou seja, ressignificado na Cruz. Nesse momento, o teórico ultrapassa o muro do apocalipse, tornando-se, assim, um de seus profetas.

> A revelação evangélica é a ascensão definitiva de uma verdade já parcialmente acessível no Antigo Testamento, mas que, para se completar, exige a Boa Nova do próprio Deus que aceita tomar para si o papel de vítima coletiva para salvar a Humanidade [...]. Às divindades

---

⁶¹ O Apocalipse de João está repleto de termos evocativos de uma realidade celeste completamente envolvida com o plano da salvação via expiação de Deus, ou seja, via doação amorosa de Deus, por meio da qual as faltas humanas e sobre-humanas são expiadas (leia-se, "curadas"). Por exemplo, em Apocalipse 7,9-11, temos, claramente, a presença de uma comunidade celeste, "trajada com vestes brancas", reunida a serviço do "Trono-e-do--Cordeiro", ou seja, envolvida com o sacrifício celeste realizado no santo dos santos.
⁶² "Exorto-vos, portanto, irmãos, pela misericórdia de Deus, a que ofereçais vossos corpos como hóstia viva, santa e agradável a Deus: este é o vosso culto espiritual." (Romanos 12,1).
⁶³ Filipenses 2,7.

> míticas opõe-se um Deus que, em vez de surgir do mal-entendido a respeito da vítima, assume, *voluntariamente*, o papel da vítima única e que torna possível, pela primeira vez, a revelação plena de um mecanismo vitimário.[64]

Ocorre que o ato de "tomar para si o papel de vítima coletiva" do povo ou, no caso de Cristo, da humanidade, compreendia a raiz mesma, a base, do culto real do Primeiro Templo, conforme vimos.[65] Na verdade, a "novidade" dos Evangelhos não foi tão nova assim, uma vez que se recuperava, embora nos termos apocalípticos do ministério de Jesus, absolutamente universal, certos princípios de uma antiga tradição religiosa, então rematados no *escaton* da Cruz. Os antigos hebreus sabiam/acreditavam que a estrutura social se fundamentava no sacrifício. Girard não estabelece uma relação específica com o culto real dos antigos hebreus, tampouco o obrigamos a fazê-lo. Seu raciocínio é estritamente antropológico, completamente envolvido nos parâmetros da teoria mimética, em seu desenvolvimento interno, portanto, alheio às investigações e discussões acerca da teologia do Primeiro Templo, o que torna seu progressivo direcionamento ao apocalipse ainda mais notável.

*

Assim, temos, agora, em *Eu Via Satanás*, um autor – um teórico – significativamente imerso no apocalipse, implicando uma aproximação radical com a linguagem desse gênero. É fato que se trata de um repertório problemático, e vimos como Girard teve recuos diante dele. A questão mais delicada, a ser particularmente esmiuçada na seção seguinte, diz respeito aos fortes acentos belicosos do apocalipse, sua linguagem mitológica de guerra, vingança e

---

[64] GIRARD, *Eu Via Satanás*, p. 165.
[65] "O aniquilamento é a própria oferenda do sumo sacerdote no Dia da Expiação e 'escravo' era um de seus títulos." BARKER, *Introdução à Teologia do Templo*, p. 111.

seu triunfalismo marcial. Todavia, longe de temer essa linguagem e seu imaginário, o teórico a adota para denunciar a modernidade, invertendo, assim, certos pressupostos. Trata-se de um passo importante, e a última parte de *Eu Via Satanás* já exibe um teórico em pleno envolvimento com a profecia. Desse ponto em diante, veremos um ataque aberto à modernidade, seus autores e modelos teóricos. Os Evangelhos tornam-se, então, o modelo primeiro de toda antropologia de Girard.

> O general vitorioso é aqui Cristo e a sua vitória é a Cruz. Aquilo de que o cristianismo triunfa é da organização pagã do mundo. Os chefes inimigos acorrentados atrás do vencedor são os principados e as forças [...]. De todas as ideias cristãs, atualmente nenhuma suscita mais sarcasmos do que aquela que se exprime tão abertamente a ideia de um triunfo da Cruz. Aos cristãos virtuosamente progressistas, parece tão arrogante quanto absurda [...]. Porém, há nesta triunfante metáfora um paradoxo demasiado evidente para não ser deliberado, para não derivar de uma intenção irônica.[66]

Ambientado ao apocalipse em seu eixo narrativo, a saber, expiação, julgamento e entronização-triunfo, o teórico percebe haver, em referência a Colossenses 2,14-15,[67] uma fina, mas potente ironia subjacente à subversão apocalíptica, por meio da qual o imaginário arcaico é revisitado em seus próprios termos, mas, agora, na condição de réu, não mais de juiz, na condição de derrotado, não de vitorioso, em que se reconhece que "a violência militar é tão

---

[66] Ibidem, p. 176.
[67] "Ele nos perdoou todas as faltas: apagou, em detrimento das ordens legais, o título de dívida que existia contra nós; e o suprimiu, pregando-o na cruz, na qual ele despojou os Principados e as Autoridades, expondo-os em espetáculo em face do mundo, levando-os em cortejo triunfal."

estranha quanto possível àquilo que a epístola realmente fala",[68] ainda que esta se utilize de linguagem marcial, mas o faz contra a estrutura violenta que denuncia, ironizando o seu poder, ironizando seus meios e símbolos; enfim, anunciando sua derrota escatológica diante da Cruz. Portanto, a exposição triunfal dos inimigos de Cristo é – obviamente – uma descrição alegórica, altamente irônica, na qual se enfatiza a desconstrução moral [dos inimigos], e não sua sujeição política! Aliás, isso é por demais óbvio, quando se atenta ao fato de que os romanos ainda eram, à época, senhores do mundo, e o seriam por séculos. Por outro lado, há apocalipse em Colossenses, a saber, uma expectativa radical de mudança, mas, antes, é sempre imprescindível compreender, com rigor, o que é apocalipse.

Com efeito, o teórico francês percebe o antiapocalipsismo de parte da exegese moderna, em desconexão com o significado profundo do que está sendo dito nos Evangelhos:

> A ideia do trinfo da Cruz parece de tal modo absurda aos olhos dos exegetas pretensamente "científicos", que de bom grado veem nela uma dessas inversões completas às quais os desesperados submetem o real quando seu universo se desmorona e quando já não conseguem enfrentar a realidade. É aquilo a que os psiquiatras chamam um "fenômeno de compensação".[69]

As suas polêmicas ganham um novo alvo: a teologia. Isso nos mostra como à medida que o seu pensamento deslocou-se para o apocalipse, os seus adversários teóricos, outrora localizados principalmente nas ciências sociais, começam também a mudar de face. Com efeito, *Eu Via Satanás* é concluído em termos eminentemente apocalípticos: "O saber que a nossa violência adquire dela mesma,

---

[68] GIRARD, *Eu Via Satanás*, p. 176.
[69] Ibidem, p. 177.

graças à nossa tradição religiosa, não suprime os fenômenos de bode expiatório, mas enfraquece-os suficientemente para reduzir, cada vez mais, a sua eficácia. É esse o verdadeiro sentido da expectativa apocalíptica em toda História cristã, expectativa que nada tem de irracional em seu princípio".[70] Não há, ainda, proposta de uma história apocalítica da modernidade, uma avaliação desta nos termos do apocalipse, tarefa que será realizada em seu último trabalho, *Rematar Clausewitz*. Girard encerra suas reflexões em *Eu Via Satanás* privilegiando o apocalipse como estrutura permanente da história a partir da Paixão.

Ao ser integralmente revelado na Paixão, o mecanismo fundador da cultura, "Satanás", vide mecanismo vitimário, perde, ainda que aos poucos, mas de modo irreversível, a sua imemorial capacidade de expulsar a si mesmo, a saber, de expiar pobres diabos em nome do bem e da ordem, isso porque Satanás perde o controle irrestrito da *méconnaissance*, o desconhecimento mitológico sobre as origens absolutamente antropológicas das divindades arcaicas. Torna-se progressivamente inviável transferir a violência grupal sobre alguém indefeso, forjando-se uma monstruosidade, um "poder" maligno, um demônio/deus subitamente eleito.

> Ao revelarem o segredo do príncipe deste mundo, ao desvendarem a verdade dos impulsos miméticos e dos mecanismos vitimários, os relatos da Paixão subvertem a origem da ordem humana. As trevas de Satanás já não são suficientemente espessas para dissimularem a inocência das vítimas que, ao mesmo tempo, são cada vez menos "catárticas". Já não se pode verdadeiramente "purgar" ou "purificar" as comunidades da violência.[71]

---

[70] Ibidem, p. 228.
[71] Ibidem, p. 228.

Essa incapacitação crônica do mecanismo expiatório, progressivamente debilitado à medida que a mentalidade e sensibilidade dos Evangelhos são difundidas nas culturas humanas, é o próprio apocalipse: a crise sem-fim da humanidade pós-cristã. A expressão mesma "Eu via satanás cair do céu como um relâmpago" – "Ἐθεώρουν τὸν Σατανᾶν ὡς ἀστραπὴν ἐκ τοῦ οὐρανοῦ πεσόντα", em Lucas 10,18, sugere a queda metafísica de Satanás, a perda de seu trono celeste, e não a sua destruição imediata. Com efeito, a Paixão usurpa-lhe, e para sempre, a divindade celeste. De agora em diante, Satã, rebaixado, caído à terra, estará solto no mundo, descontrolado e faminto, desejoso por recuperar seus antigos poderes, querendo reabilitar o mecanismo que outrora tão bem controlava, mas que, agora, após a revelação da Cruz, escapa-lhe. Não mais podendo transfigurar-se em ordem, ele apostará tudo na desordem. Isso significa que a velha paz conhecida dos homens, recolhida no mecanismo do bode expiatório, constituída à custa de uma vítima, encontrar-se-á privada – de modo estrutural, não somente conjuntural – de sua costumeira eficácia, tornando-se sensivelmente mais débil na geração de expurgos unânimes: "Cristo não pode trazer aos homens a paz verdadeiramente divina sem nos privar, previamente, da única paz de que dispomos. É este processo histórico, forçosamente temível, que estamos a viver".[72] Sem dúvida, o teórico está dizendo que, desde a Paixão, estamos vivendo o apocalipse.

Na conclusão de *Eu Via Satanás*, Girard adota o apocalipse como hermenêutica, uma teologia da história antropologicamente fundamentada. De certo modo, há aqui uma ironia profunda, e o francês a identifica na forma como o gênero evangélico mais desavergonhadamente místico, mais completamente repleto de prováveis sugestões "mágicas", de supostos elementos de superstição, consagra-se como o mais fielmente capacitado a uma antropologia religiosa que intui – no sistema expiatório – o fundamento de toda

---

[72] Ibidem, p. 229-30.

a cultura humana. Uma teoria da história verdadeiramente evangélica terá de ser, por conseguinte, apocalíptica.

Nos parâmetros conceituais e simbólicos do apocalipse, há liberdade de semeadura e obrigatoriedade de colheita. Nesse sentido, o gênero responde exatamente por uma má utilização da liberdade, corrigindo seu abuso em escala cósmica, cuja contrapartida é a intervenção misericordiosa de um poder/inteligência absolutamente estranho aos esquemas humanos, aos poderes do mundo. Isso significa que a "queda", isto é, a corrupção/degradação tem limites, e que a reparação de certos desvios é necessária e irrevogável. O apocalipse é uma narrativa de esperança, ainda que concebida na mais profunda desilusão frente aos poderes do mundo e suas formas tradicionais de regulamentação e administração. De fato, alguém poderá dizer, e com boa dose de razão, que o apocalipse é uma ideologia absolutamente suspeita da "natureza humana", de seus meios próprios para solucionar suas mais profundas e permanentes crises. Esse princípio de forte desilusão é fielmente encontrado na profecia hebraica, por meio da qual o gênero foi germinado.

Tendo esse quadro conceitual em mente, podemos sugerir que Girard e seu pensamento, nosso objeto, vão participar igualmente dessa mesma desilusão esperançosa, um posicionamento delicado, não obstante, sofisticado, geralmente mal interpretado ou como pessimismo crasso ou como misticismo alienado. Realmente, a partir desse ponto, o pensamento do francês parece radicalizar-se num afastamento deliberado frente às estruturas do mundo, mas é preciso não perder o seu eixo: um apocalipse organicamente vinculado à antropologia. Podemos dizer que o francês começa a "enxergar" os sinais, lê-los e interpretá-los, mas não antes de denunciar vigorosamente os defensores teológicos do maquinário moderno:

> A verdadeira desmistificação nada tem a
> ver com os automóveis e a eletricidade,

> contrariamente ao que Bultmann imaginava; vem da nossa tradição religiosa. Nós, "modernos", acreditamos possuir a ciência infusa apenas devido ao fato de estarmos impregnados de nossa "modernidade". Esta tautologia, que repetimos a nós mesmos desde há três séculos, dispensa-nos de pensarmos.[73]
>
> Para quebrar a unanimidade mimética tem de se postular uma força superior ao contágio violento e se aprendemos uma coisa, neste ensaio, é que não existe nenhuma nesta Terra [...]. A Ressurreição não é somente milagre, prodígio, transgressão das leis naturais; é o sinal espetacular da entrada em cena, no mundo, de uma força superior aos impulsos miméticos.[74]

Girard encerra seu ensaio em tom completamente apocalíptico, mas faltaria um último passo: a elaboração de um apocalipse de Girard, que será feita em seu trabalho derradeiro, *Rematar Clausewitz*. Todavia, antes de analisá-lo, faremos um parêntese na discussão, agora incontornável, entre apocalipse e violência.

---

[73] Ibidem, p. 230.
[74] Ibidem, p. 233.

capítulo 11
apocalipse e violência – considerações necessárias

Falar sobre violência resulta, quase sempre, em reflexões acerca da violência dos outros. Há tempos que o pacifismo se tornou moda intelectual no Ocidente, não obstante, sua inaptidão corrente para cevar a paz fora dos salões dos *bien-pensants*. O acordo de Munique, articulado por pacifistas convictos, talvez melhor seria dizer demagogos profissionais, concebeu a famigerada paz de Munique, qual seja, uma paz de cemitério e campo de extermínio. Tivessem sido menos pacificadores com Hitler, os líderes da Europa democrática, possivelmente, livrassem milhões do terror e da morte violenta. Digo isso por um motivo: a questão com a violência é pensá-la, primeiramente, em nós mesmos, em nossa intimidade recôndita, percebendo-a como herança permanente, como fardo largamente inextinguível.

Creio que o primeiro passo para a perpetuação da violência, particularmente em suas formas insidiosas, dá-se atribuindo-lhe a causa/origem exclusivamente, ou mesmo largamente, ao próximo, o inimigo terrível do qual é preciso defender-se pela espada. Os gregos atribuíram-na, a violência bélica que tiraniza, aos persas, estes aos babilônicos, e assim por diante. Somos todos pacificadores inveterados, lutando, desde sempre, a última grande guerra que nos libertará do mal – o outro. Internamente, o padrão se repete, e teremos atenienses, tebanos e espartanos trocando acusações recíprocas sobre a tirania, opressão e violência de vizinhos e concorrentes.

Verifica-se, portanto, uma cadeia acusatória sem início identificável e fim determinado, tão antiga quanto universal. Em última e primeira instâncias, como bem nos ensina a teoria mimética, a violência está *contida*[1] nos "deuses", atributo indispensável de sua estatura divina em condição única de pacificar os homens.

Em 1938, Chamberlain, talvez, se visse como um "pacificador de homens", o que implica, nos termos da teoria mimética, que, talvez, se visse (ou que o vissem) como um deus entre bárbaros. A questão é que, não muito longe dali, havia outros bárbaros que tinham os seus próprios deuses.

Troças à parte, nota-se a transferência que se faz de nossas violências, em nossa inclinação para externalizá-las, colocando seu custo primário na conta de outro. Trata-se de elemento-chave ou mesmo de um disjuntor aos padrões de violência que dominam a humanidade. Nesse caso, Jesus Nazareno não se deixava enganar pelos pretensos pacifistas de sua época, responsabilizando-os em sua fuga precipitada frente às violências presentes:

> Ai de vós, escribas e fariseus, hipócritas, que edificais os túmulos dos profetas e enfeitais os sepulcros dos justos e dizeis: "Se estivéssemos vivos nos dias dos nossos pais, não teríamos sido cúmplices seus no derramar o sangue dos profetas". Com isso, testificais, contra vós, que sois filhos daqueles que mataram os profetas. Completai, pois, a medida dos vossos pais![2]

---

[1] No duplo sentido do termo "conter", conforme explicitado por Jean-Pierre Dupuy: "Muitas vezes resumi esta última [a violência sagrada] com uma fórmula, a qual parece um jogo de palavras, mas é bem mais que isso: o sagrado *contém* a violência nos dois sentidos que a palavra *conter* possui nas línguas latinas, e também no inglês: manter dentro de si, e servir de barragem." DUPUY, "Os Paradoxos do Sagrado", p. 18.
[2] Mateus 23,29-31.

Essa é uma passagem evangélica particularmente cara a Girard, e por razões óbvias![3] Não há forma mais eficaz de perpetuar a violência, fortalecendo seus vínculos internos, criando condições ideais à sua renovação, do que fingir que com ela não se tem parte, fantasiando que há como dela furtar-se num passe de mágica, valendo-se de meras demonstrações retóricas. Conforme exaustivamente explicitado pela teoria mimética, a violência é elemento estruturante da sociabilidade humana, tão mais dominante quanto mais for "desconhecida". Ao afetar ignorância de que são violentos, fingindo que não têm parte numa comunidade estruturalmente controlada por violências sistêmicas, os filhos dos assassinos dos profetas selam o seu destino, tornando-se continuadores da obra de seus pais. Igualmente, seus pais não se criam violentos.

Nesse quadro maior, contaminado de procedimentos imemoriais, ritos e mitos vinculados ao *sacer* dão as cartas da violência, e não nos esqueçamos de que, em universos tomados pelo arcaico, a guerra é extensão do rito, fundamento mesmo da sociabilidade humana. Todavia, o "gênero" apocalipse, ainda que imerso numa cosmologia enunciadora do combate aberto, num claro repertório de guerra santa, enfrenta, denuncia e desconstrói a violência estrutural do *sacer*, mas roubando-lhe a linguagem heroica, e não sem certa dose de ironia, ao mesmo tempo em que intui sua dissolução espiritual

---

[3] "Os filhos acreditam que podem expressar sua independência dos pais condenando-os, isto é, alegando não ter parte no assassinato. Mas, em razão desse fato mesmo, os filhos inconscientemente imitam e repetem os atos de seus pais. Não conseguem perceber que, na morte dos profetas, as pessoas se recusavam a reconhecer sua própria violência, expurgando-a [violentamente] de si mesmas. Os filhos, portanto, ainda se deixam governar pela mesma estrutura mental engendrada no assassinato fundador. Paradoxalmente, é no desejo mesmo de provocar uma ruptura que a continuidade entre pais e filhos é mantida [...]. Essa mentira é um duplo homicídio, uma vez que tem como consequência outro e novo homicídio, o qual se destina a cobrir o antigo." GIRARD, *Things Hidden*, p. 160-61. Nesse pequeno trecho, Girard desautoriza toda a retórica revolucionária das "rupturas", assunto esse que daria margem para um livro. Em nosso caso, sublinha-se a mentira de fundo, o engodo universal da *méconnaissance*, que quase sempre engana as novas gerações, fazendo-as crer que são livres de violência, o que apenas justificará, ideológica ou religiosamente, novas violências.

na evocação de uma luta entre poderes sobrenaturais. Isso significa que, em vez de dissimular a violência, fingindo que esta foi "superada" por uma sociedade (pós) alguma coisa, simulando assim uma paz de cemitério, o apocalipse amplifica-lhe a presença real a níveis cósmicos, absolutamente sérios e intensos. Nele, não há mais como fugir da guerra, pois esta foi tornada cósmica: a paz de Munique fracassa, o desastre sobrevém.

*

É preciso ficar atento ao sentido específico dessa guerra cósmica que o apocalipse anuncia e conclama. Sabemos que há variações sensíveis na literatura apocalíptica acerca desse grande embate, mas em eixo protocristão/cristão adotado (Isaías → Ezequiel → Daniel → Enoque → Evangelhos → João) forma-se um juízo escatológico de guerra não só convencional, mas, sobretudo, espiritual; portanto, sensivelmente dessemelhante aos parâmetros habituais das guerras deste mundo. O assunto é delicado, uma vez que o imaginário adotado, o campo mitológico, constitui-se, grandemente, de simbologia bélica advinda de material narrativo do Mundo Antigo. Vejamos o que nos diz Apocalipse 13,3-10.

> Cheia de admiração, a terra inteira seguiu a Besta e adorou o Dragão por ter entregue a autoridade à Besta. E adorou a Besta dizendo: "Quem é comparável à Besta e quem pode lutar contra ela?" Foi-lhe dada uma boca para proferir palavras insolentes e blasfêmias, e também para agir durante quarenta e dois meses. Ela abriu então sua boca em blasfêmias contra Deus, blasfemando contra seu nome, sua tenda e os que habitam no céu. Deram-lhe permissão para guerrear contra os santos *e vencê-los*; e foi-lhe dada autoridade sobre toda tribo, povo, língua e nação. Adoraram-na, então, todos os habitantes da terra cujo

> nome não está escrito desde a fundação do mundo no livro da vida do Cordeiro *imolado*. Se alguém tem ouvidos, ouça: "Se alguém está destinado à prisão, irá para a prisão; se alguém deve morrer pela espada, é preciso que morra pela espada". Nisso repousa a perseverança e a fé dos santos.[4]

Como de costume, há uma pletora de significações possíveis na passagem acima. Todavia, temos de notar, em nosso caso, o inegável tom de autossacrifício/martírio da passagem. Quem se opõe à "Besta" (Babilônia cósmica reificada, à época, como Roma), apresentando-se como seu antípoda, não é um líder militar em sentido estrito, um general ou coisa do tipo, mas o *Cordeiro imolado*. Isso significa que no plano concreto da história a guerra contra a Besta é movida, sobretudo, pelos santos mártires seguidores do Cordeiro. O apelo à perseverança é inequívoco em sua resistência paciente ao ataque das trevas, à violência das trevas. Com efeito, os santos mártires vencem a guerra santa visualizada, mas por meios outros aos costumeiramente adotados nas guerras convencionais. O imaginário de uma figura ao mesmo tempo sacerdotal e guerreira se impõe, mas a questão central é verificar como isso é traduzido na linguagem própria de um sumo sacerdócio comprometido com a santidade. O resgate dos "filhos da luz", em linguagem propriamente apocalíptica, se dá no combate, em meio às aflições do Dia do Senhor, mas é preciso ficar atento à sua forma específica.

O cavaleiro montado no cavalo branco que veste um manto embebido ou aspergido de sangue. Trata-se do sumo sacerdote emergindo [à criação], depois de derramar sangue no santo dos santos. Seu manto mostra manchas de sangue, mas não da batalha, que ainda está por iniciar-se, mas do sacrifício de expiação.

[4] Apocalipse 13,3-10.

Seus olhos flamejantes, como o do Homem em 1,14, mostra-nos que se trata do Anjo Poderoso, o Senhor que apareceu a Daniel às margens do Rio Tigre [...].[5]

O confronto decisivo está sendo vencido "do outro lado"; e será, aqui, reajustado/adaptado com base principalmente em prescrições teológicas, não tanto militares. Com efeito, o Apocalipse de João pode ser compreendido, interpretado e julgado de formas distintas, mas jamais como manual de guerra em sentido vulgar. Trata-se de um roteiro para uma *resistência teológica*, não obstante, ativa, contra as violências bem reais da Besta.

> Uma das principais diferenças que distinguem o Apocalipse de João dos apocalipses judeus é o exemplo da morte de Jesus e a insistência de que é por meio do "sangue do Cordeiro" que Satanás é derrotado. Esse tom quietista é típico dos apocalipses, com raras exceções.[6]

Em seu *Apocalypse, Prophecy, and Pseudepigraphy*, John Collins dedica dois capítulos à discussão da violência, seu peso e formato nos apocalipses. Em resposta a David Frankfurter[7] e a outros, os quais têm uma visão sobremaneira negativa do apocalipse, desse tipo de reflexão cosmológica, avaliando-o como veículo narrativo incitador de violência e fanatismo, Collins conclui que o contrário parece ser mais verdadeiro. Na inequívoca ênfase que dá à ação reparadora que vem de seu eixo vertical, a saber, da escatologia, argumenta Collins, o apocalipse retira, de modo contundente, as justificativas terrestres de reparação moral por meios estritamente violentos. O exercício da violência reparadora, a vingança contra as hostes de Satã, tende a ser colocado inteiramente sob o cuidado celeste, sob sua exclusiva iniciativa,

---

[5] BARKER, *The Revelation of Jesus Christ*, p. 308.
[6] COLLINS, *Apocalypse, Prophecy, and Pseudepigraphy*, p. 334.
[7] FRANKFURTER, "The Legacy of Sectarian Rage", p. 114-28.

embora numa simbologia altamente complexa e repleta de sutilezas significativas.[8]

No chamado "Apocalipse de Isaías",[9] um dos protótipos de demais apocalipses, como também ocorre com o *Livro dos Vigias*, há elementos formadores dessa nova mentalidade: divisar os meios celestes de reparação do ma. A violência apocalíptica é fruto de transgressões, consequência de um rompimento com a aliança eterna, *bērit 'olam*,[10] cuja reparação vem exclusivamente do alto,[11] embora quase ninguém a perceba,[12] a fim de prestar contas às vítimas injustamente assassinadas,[13] revelando a ignomínia dos assassinos.[14] Todo esse cenário de abominações – um cenário cósmico – está fielmente refletido, em síntese perfeita, no processo de degradação do templo e seus agentes.[15] A degradação do cosmos corresponde à degradação do templo, vice-versa. As violências psíquica e física, simbólica e institucional, correspondem à nossa realidade política e institucional. Os "castigos" que vêm do alto nos entregam à nossa violência, mostrando-nos em que medida ficamos reféns de

---

[8] "Os apocalipses, e certamente os apocalipses canônicos Daniel e João, são ricos em simbolismo frequentemente retirado de antigos mitos. De fato, é o caráter simbólico da linguagem que confere às revelações seu caráter multivalente, facilitando sua constante reaplicação em vários cenários históricos." COLLINS, *Apocalypse, Prophecy, and Pseudepigraphy*, p. 328.
[9] Isaías 24-27.
[10] "[...] eles transgrediram as leis, mudaram o decreto e romperam a aliança eterna. Por este motivo a maldição devorou a terra e seus habitantes recebem o castigo [...]." (Isaías 24,6).
[11] "E acontecerá naquele dia: Iahweh visitará o exército do alto, no alto, e os reis da terra, na terra. Eles serão reunidos como um bando de prisioneiros destinado à cova." (Isaías 24,21-22).
[12] "Iahweh, a tua mão está levantada, mas eles não a veem!" (Isaías 26,11).
[13] "Porque Iahweh está para sair de seu domicílio, a fim de punir o crime dos habitantes da terra." (Isaías 26,21).
[14] "E a terra descobrirá os seus crimes de sangue, ela não continuará a esconder os seus assassinados." Ibidem.
[15] "Porque, com isto, será expiada a iniquidade de Jacó. Este será o fruto que ele há de recolher da renúncia ao seu pecado, quando reduzir todas as pedras do altar a pedaços, como pedras de calcário, quando as estelas e os altares de incenso já não permanecerem de pé." (Isaías 27,9).

um imenso sistema de corrupção; mas isso, esse discernimento, não ocorre antes de ter início ao mesmo tempo o processo de restauração, um processo de cura. O sentido último do apocalipse não é a guerra/destruição, mas uma reparação/reconstrução.

A questão central (a nós nem sempre clara) é notar que na linguagem do arcaico "um processo de cura" envolve procedimentos e linguagem quase idênticos à mobilização de guerra, cenários em que tanto a guerra quanto a cura são simbolicamente indissociáveis e ritualmente controladas. Com efeito, a etnografia nos dá exemplos de como os xamãs *combatem* uma doença qualquer invocando a mobilização de um verdadeiro exército de agentes espirituais e totêmicos. Nessa linguagem, quanto melhor for um xamã, maior será sua condição, sua abundância espiritual, de mobilizar hostes auxiliadoras, mais capaz ele será de abrigar – em si mesmo – contingentes diversos de espíritos de cura e guerra. O inverso ocorre na mesmíssima medida: um feiticeiro perigoso mobilizará suas hostes para atacar, espiritualmente, um adversário, deixando-o enfermo e, eventualmente, destruindo-o, conforme exemplarmente descrito por um xamã yanomami ao falar desses agentes de cura que não apenas o auxiliam, mas amparam toda a sua existência enquanto xamã.

> Vivem muito longe, numa floresta magnífica, junto de um grande rio a que os xamãs chamam de rio das vespas, *kurira*, protegidos pelos gigantescos ninhos desses espíritos guerreiros. São incontáveis e entoam cantos esplêndidos sem parar, um após o outro [...] São meus espíritos [de cura] preferidos, e sempre guardo seu caminho em meu pensamento.[16]

Repare, leitor, a impressionante proximidade cosmológica entre esse xamã yanomami e o apocalipse. Tendo-se esse esquema

---

[16] KOPENAWA e ALBERT, *A Queda do Céu*, p. 188.

em mente, ainda faltaria lidar, especificamente, com o universo militarizado do apocalipse, com seu imaginário mítico-guerreiro próprio. No caso, teríamos de repassar apocalipse por apocalipse, analisando terminologia, significado e contexto de cada um, o que, obviamente, está fora de nosso escopo analítico. Todavia, já fizemos uma pequena introdução ao tema quando observamos, no caso do Apocalipse de João, que o fogo e a espada que arrasam os inimigos de Deus saem da *boca* de seus anjos e representantes, não exatamente de braços. A destruição do mal é efetuada por instrumentos variados, mas em especial por meios não bélicos: forças espirituais alheias aos meios tipicamente marciais, embora a presença de "cavaleiros armados"[17] e "falanges" investindo contra as hostes das trevas componha uma paisagem inevitável para que se entenda o cenário de guerra santa, realidade esta absolutamente presente no Apocalipse. Com efeito, o sumo sacerdócio real (e guerreiro) que desce com suas hostes para reparar o mal e restabelecer os predicados da santa aliança (leia-se justiça e prosperidade) torna-se o centro mesmo de toda narrativa. Todavia, como insistimos, trata-se de uma investida com atributos muito próprios.

Esses instrumentos outros – explicitamente fora do quadro marcial – prefiguram-se em Isaías 11,4: "Antes julgará os fracos com justiça, com equidade pronunciará uma sentença em favor dos pobres da terra. Ele ferirá a terra com o bastão da sua boca, e com o sopro de seus lábios matará os ímpios". A passagem evidencia que os instrumentos de guerra próprios ao Reino encaixam-se mais harmoniosamente no sumo sacerdócio, em suas atribuições e atividade litúrgica. Sim, sabemos que o Senhor de Israel era tido como guerreiro implacável, como bem nos atestam os Salmos, mas esse triunfo do Senhor da Montanha sobre o caos, sobre a desordem oceânica, tema mitológico antiquíssimo no

---

[17] Com efeito, os cavalos e cavaleiros do Apocalipse joanino são prováveis referências "aos cavalos dedicados ao sol", os quais faziam parte do mobiliário litúrgico do Primeiro Templo, antes dos expurgos de Josias. Portanto, uma vez mais, não se trata de cenário de guerra, mas de cenário litúrgico. Ver BARKER, *Introdução à Teologia do Templo*.

Oriente Antigo, foi sendo teologicamente repassado ao longo de séculos de pensamento profético.

Em seu radicalismo apocalíptico, o Livro de Isaías, e falamos de pelo menos três séculos de profecia isaiânica compilada, rompe a barreira da razão política ao anunciar seu apoio irrestrito às hostes do Senhor. Esse passo ousado, devidamente notado pela filosofia política moderna, e obviamente condenado por esta como insensatez,[18] deu ao discurso teológico hebraico, principalmente em suas tendências apocalípticas, um alinhamento vertical, sobremaneira místico, com os poderes. Tratou-se de um passo decisivo, creio, para a compreensão das bases fundacionais do apocalipse.

> Quando Israel partia para a guerra, partia como hoste do Senhor; eles tinham de se manter num estado de pureza ritual "porque o Senhor teu Deus anda pelo acampamento para te proteger e entregar-te os inimigos" (Deuteronômio 23, 14). Não era que o fato de as pessoas lutarem por seu Deus, mas o contrário: era o Senhor que lutava por elas contra os inimigos. Os guerreiros descritos no Pergaminho de Guerra tinham de observar as mesmas regras [...] Os sacerdotes integravam a formação de combate.[19]

Nesse contexto de uma sociedade mobilizada para a guerra santa, é preciso colocar em seu meio, em seu coração, uma revolução teológica mais ou menos silenciosa, uma subversão decisiva, mas que foi reconfigurando muitas expectativas políticas nos termos cada vez mais agudos – verticais – de uma teologia da história

---

[18] Ver VOEGELIN, *Ordem e História*.
[19] BARKER, *The Revelation of Jesus Christ*, p. 51.

apocalíptica. Não que os judeus deixaram de se preparar militarmente contra adversários, invasores e, sobretudo, profanadores, pois macabeus, sicários e zelotes, dentre outros grupos e subgrupos, dão, a depender da época e contexto, testemunho de intensas atividades político-militares no seio desse judaísmo messiânico de resistência; por outro lado, o apocalipse – e principalmente o Apocalipse cristão de João – foi redimensionando a linguagem do combate nos termos mais sofisticados e sumo sacerdotais de cura, consolo e, principalmente, redenção. Novamente, tratava-se de uma linguagem, vide exemplo do xamã, cuja simbologia de cura/purificação tornara-se indissociável do imaginário guerreiro. Curar significava guerrear o mal, do mesmo modo que recriar significava expiar, doar o que se tem de melhor, o que não deixa de ser uma verdade em nível celular e bioquímico: remover as impurezas, extirpar o câncer, injetar sangue novo. A questão é perceber como a profecia mística e, principalmente, o Apocalipse foram transferindo o papel da violência marcial, mobilização pública para o combate físico, para os domínios celestes em suas formas específicas de resolver a questão. Com efeito, entre, por exemplo, um Fineias e Jesus Nazarenos, há um arco deveras visível de como esse sumo sacerdócio guerreiro foi se transformando sensível e irrevogavelmente, elevando-se, teologicamente, para compreensões bem mais finas de purificação, cura e combate.
O zelo marcadamente violento, marcial e sacrificial de um Fineias é, na perspectiva do Cordeiro Imolado, revisitado e mesmo subvertido, pois, agora, colocado na perspectiva imensamente amorosa de redenção/purificação realizada pelo Cordeiro.

O "bastão" ou "cajado" [בְּשֵׁבֶט – bə·šê·ḇeṭê] é mais um acessório sacerdotal do que especificamente militar. Matar os ímpios com o "sopro dos lábios" não é matá-los fisicamente, mas sim destruir-lhes a impiedade, revelando pelo verbo/palavra, pelo espírito, a iniquidade de suas ações. Os povos antigos levavam sacerdotes, magos e adivinhos aos campos de batalha. Estes faziam parte do que podemos chamar de tecnologia de guerra. Mas, no Apocalipse, esse apêndice torna-se o eixo central, revelando-nos a concepção de um exército inteiro de sacerdotes/anjos com suas falanges de oração e louvor. Isso é uma tremenda novidade, pois o que temos, ainda que entremeada em simbologia bélica, é a constituição de um extenso *exército de mártires*, e no sentido específico de martírio cristão: resistir à violência em todas as suas formas, e com a própria vida, caso seja necessário. Portanto, subverte-se a violência em seus métodos e práticas, mas valendo-se de sua linguagem, ou seja, vivendo-a na própria carne, testemunhando-a, mas, agora, em ato de resistência pacífica, "em martírio" – testemunhas do Cordeiro Imolado.

Num documento apocalíptico encontrado em Qumran conhecido como *Pergaminho de Guerra*,[20] fala-se da necessidade de formar um exército ritualmente puro, devidamente apoiado por falanges de sacerdotes, os quais possam combater ao lado dos anjos. Ora, encontramos o mesmo simbolismo em Apocalipse 19.

> A batalha dos filhos da luz contra os filhos da escuridão é descrita em Apocalipse 19. Um guerreiro angelical emerge do céu com seu exército de anjos, todos montando cavalos brancos. O seu líder é chamado de Fiel, ʾōmen, e Verdadeiro, ʾemeth, presumivelmente o Anjo da Verdade. Seus outros nomes são o Logos de Deus, Rei dos Reis e Senhor dos Senhores. A parte terrestre do exército se reúne no Monte Sião, os 144.000 portando o Nome em suas testas, os seguidores *ritualmente* puros de Deus-e-o-Cordeiro.[21]

Detalhe: conforme discorrido, esse Anjo, o Senhor das hostes celestes, tem uma espada afiada "saindo de sua boca" e veste "um

---

[20] *War Scroll* – 1QM.
[21] BARKER, *King of Jews*, p. 416.

manto embebido de sangue". É por demais óbvio, creio, que se trata de uma figura sumo sacerdotal *oferecendo-se* para expiar os pecados do povo, e não exatamente de um guerreiro padrão disposto a fazer correr o sangue alheio. Novamente, a sua força apocalíptica vem da boca, não dos braços. Mais importante, ele vem se oferecer em sacrifício! O Anjo é, em sua contrapartida terrestre, o Cordeiro. A figuração do Apocalipse de João tem sua simbologia retirada do templo em associação com a monarquia sacerdotal em seus ritos expiatórios,[22] cenário este fundamentalmente envolvido com os mitos fundadores que embasam parte expressiva das cosmogonias da Antiguidade oriental,[23] mas que recebe, em João, uma teologia largamente dessemelhante aos padrões arcaicos. Assim, podemos apenas imaginar se João (ou seu discipulado), ao organizar o imenso material profético que tinha em mãos, alguns dos quais bem antigos, não foi absolutamente mobilizado pela força vivificante do Príncipe da Paz, reinterpretando esse material à luz dos ensinamentos de Jesus Nazareno.

---

[22] Margaret Barker estabelece a mesma correspondência nos apocalipses de *Daniel* e *Enoque*, mostrando-nos, uma vez mais, a unidade do imaginário do apocalipse e sua teologia: "Quando o sumo sacerdote entrou no santo dos santos, ele o fez cercado por nuvens de incenso, e, assim, sempre que lemos a respeito de alguém subindo aos Céus com nuvens, isso é uma imagem do Dia da Expiação. Essas visões ajudam a fornecer alguns detalhes faltantes para o Dia da Expiação. Primeiro, existe a visão de Daniel do Homem, ou do Filho do Homem, vindo sobre as nuvens para o Ancião dos Dias em seu trono (Daniel 7,13). As traduções em inglês acrescentam que ele foi apresentado diante dele ou trazido para perto, mas a expressão 'trazido para perto' também é usada para as oferendas do templo. Dado que essa é uma visão do templo, é provável que o Homem fosse *oferecido* diante do trono – como quer que compreendamos isso – e depois foram-lhe dados 'império, glória e realeza': ele foi entronizado. Seguiu-se o julgamento, quando os quatro animais foram condenados e destruídos, e os santos do Altíssimo instituíram seu reino eterno. A mesma sequência é descrita em *1 Enoque*. Enoque viu o Ancião dos Dias e o Homem aproximando-se do trono. Esse homem era o escolhido, o revelador das coisas escondidas, que fora designado para julgar a terra. As preces dos justos subiram aos céus, juntamente com o sangue do Justo. Os anjos uniram-se em prece, louvor e ação de graças, e, então, os livros foram abertos e o julgamento começou (*1 Enoque* 46-46)." BARKER, *Introdução à Teologia do Templo*, p. 110-11. Aqui, temos uma descrição intimamente alinhada com o "Apocalipse de João", na qual se percebe que a guerra do Reino contra as trevas e seus agentes ocorre por meio da autoentrega amorosa do Filho do Homem.

[23] Como, notoriamente, no caso do *Enuma Elish*.

No Apocalipse, a divindade criadora & renovadora da aliança cósmica se oferece em sacrifício, algo explicitamente atestado na mortalha ensanguentada. Portanto, a *guerra cósmica*, descrita nesse livro, tem início no templo, o *escaton* ocorre na expiação conduzida no santo dos santos, cujos desdobramentos repercutem na sociedade e cosmos. Entendimento esse completamente alinhado com o que vimos sobre a teologia do templo, base simbólica e doutrinal tanto da profecia quanto do apocalipse. Dessa forma, a violência embutida nos apocalipses precisa ser cuidadosamente avaliada, encaixada em tradições simbólicas e teológicas específicas.

Em sua elaboração eminentemente visionária (onírica, extática, clarividente, etc.), o apocalipse é um conhecimento que se entrega, sem muitos filtros racionais, ao fluxo simbólico que o assalta. Há grande diferença, no entanto, entre a experiência oracular de base e sua posterior reelaboração escrita, durante a qual ocorre a intervenção de procedimentos racionais, estes alinhados a uma tradição narrativa e mesmo a uma teologia. Infelizmente, as conexões internas entre essas duas fases nos escapam em detalhes significativos, uma vez que exclusivas aos que as manipulam. De certo modo, creio que seja fácil perceber certa conaturalidade entre esse tipo de saber e *rituais xamânicos*[24] que induzem estados alterados de consciência, por meio dos quais um líder espiritual se comunica com a simbologia e o inconsciente viscerais de seu povo. Não será o caso de explorar aqui esse tema, obviamente, mas fazemos-lhe rápida referência no intuito de ilustrar a impossibilidade de alijar a experiência visionária de seu entorno cultural. Da mesma forma que seria impossível a um xamã siberiano receber visões em que não apareçam ursos, lobos, grandes caçadas ao luar e incursões invernais; um profeta hebreu, dado o seu meio histórico específico, seu contexto histórico, não tinha

---

[24] "Alquimia, mágica e xamanismo são relevantes nesta investigação, não porque exista qualquer contato direto entre, por exemplo, o xamã esquimó e o livro de Enoque, mas porque, em um nível mais profundo, usam a mesma linguagem." BARKER, *The Older Testament*, p. 12.

como se furtar ao templo, aos carros de combate, aos cavaleiros e aos rituais de sacrifício de cordeiros.

Isso é significativo porque sublinha a força colossal do imaginário em sua pressão hermenêutica. Imaginário *não* é ficção, muito menos fantasia, como alguns acadêmicos ingenuamente tendem a avaliar. O imaginário do apocalipse expressa, dentre outras coisas, a identidade própria da cultura que o produziu, revelando suas angústias profundas, seus gritos de libertação e retribuição.

O mundo hebraico dos períodos selêucida e romano se fazia completamente envolvido com o *ethos* da guerra, um universo formado, literalmente, por senhores e escravos. O leitor moderno não habituado às investigações da Antiguidade oriental e clássica, em geral não avalia o altíssimo nível de violência institucional que perpassava esse universo social. Por exemplo, quando em campanha no Oriente, Alexandre, o Grande, criador involuntário do império selêucida, que viria a oprimir os judeus, quebrou a fortíssima resistência da cidade-estado de Tiro, considerada até então inexpugnável. Ocorre que esse macedônio, um príncipe de cultura helênica que fora educado por ninguém menos que Aristóteles, e que foi considerado, à época, um exemplo de governante esclarecido, ordenou, não obstante, a imediata crucificação de 2 mil homens e a escravização de 30 mil pessoas, entre mulheres e crianças de Tiro. Estamos falando de uma cidade que acabara de ser derrotada; portanto, tratou-se de medida psicológica, "uma lição" para aterrorizar potenciais rebeldes e cidades que ousassem resistir. Apesar dessa e outras atrocidades, Alexandre não foi um líder particularmente cruel, alguém que fosse notadamente sádico. Tratava-se de padrão intimidatório recorrente aos impérios da Antiguidade, principalmente após os assírios.

Isto posto, seria por demais insensato exigir, desse contexto social, a elaboração de narrativas de libertação completamente alheias ao imaginário bélico, presente diariamente em sociedades saturadas de práticas extremas de violência, seria, de fato, uma impossibilidade semiótica. Da mesma forma que seria impossível esperar narrativas vegetarianas provenientes do imaginário esquimó, é igualmente temerário esperar narrativas "pacifistas" do imaginário hebraico antigo. O elemento extraordinário, no entanto, e aqui se encontra um enorme poder hermenêutico, é a profunda subversão dos valores marciais que o apocalipse impõe, em que se nota uma verdadeira reversão do *ethos* guerreiro, o qual é reelaborado nos termos salvíficos de uma comunidade angélica sacerdotal, por meio da qual os deuses e seus agentes caídos, estes, sim, tradicionais senhores da guerra, são confrontados e perdem seu poder sobre os homens.

Portanto, a crítica que se faz ao apocalipse por sua suposta apologia da violência, como se se tratasse de uma narrativa exortadora de "brutalidades" e "vingança", é duplamente equivocada. John Collins parece sugerir o mesmo. Em primeiro lugar, é simplesmente impossível exigir mentalidade e simbologia indisponíveis à época, a saber, promotoras de ideologias pacifistas, como nós hoje entendemos o que seja "pacifismo", e que, mesmo hoje, encontram-se eivadas de hipocrisia e irrealismo; em segundo lugar, mais relevante, o apocalipse, sobretudo, em seus exemplares cristãos, *rompe* vigorosamente com a sensibilidade heroica do *ethos* guerreiro, ressignificando-o nos termos sacerdotais e litúrgicos do ritual de expiação no santo dos santos. Receber uma revelação, *apocalipse*, significava, literalmente, ter uma experiência visionária no santo dos santos. A guerra cósmica do Apocalipse de João tem natureza espiritual, completamente condicionada pelos subsídios litúrgicos da teologia do templo e exortação profética: rito e sabedoria ressignificados no amor e inteligência incomensuráveis de Deus-e-o-Cordeiro. O "armamento" que destrói as Bestas em sequência é a *palavra*, o verbo santificado; não se trata exatamente de aniquilamento, mas de conversão à verdade da *palavra*, de dissipação das trevas pela luz. Ainda que seja desse modo, teríamos de perguntar se a teoria mimética faz considerações específicas a esse respeito.

> São Miguel não derruba Lúcifer, mas "absorve-o": trata-se de uma vitória pacífica, não de um

triunfo. O cristianismo, igualmente, esclarece e
revela a religião arcaica.[25]

Neste trecho, retirado do último trabalho de Girard, *Rematar Clausewitz*, com o qual concluiremos esta obra, o francês esclarece uma passagem em Baudelaire, autor romanesco, em que se diz: "Por fim, o tema religioso reconquista pouco a pouco seu domínio, lentamente, por gradações, e absorve o outro numa vitória pacífica e gloriosa como a do ser irresistível sobre o ser doentio e desordenado, *de São Miguel sobre Lúcifer*".[26]

O leitor atento há de perceber, nas passagens acima, encaminhamentos para uma teoria e teologia da História. Por enquanto, basta-nos inserir a teoria mimética nessa percepção do apocalipse, fecunda em desdobramentos reversos ao *ethos* heroico e contrários à mistificação dos poderes constituídos: "O Apocalipse é o fim da tela mitológica e filosófica posta diante da verdade. E, como os homens não querem a verdade, esse fim só pode chegar de forma violenta".[27]

Com efeito, o teórico francês defende o que seria para ele uma visível justaposição – no apocalipse e textos correlacionados – entre a antiga mitologia guerreiro-sacrificial, o reino de Satanás, e a nova teologia do "Deus das vítimas".[28] Esses dois parâmetros, os quais estão fundidos nos textos apocalípticos, mas que, nestes, são dominados pela teologia do "Logos banido",[29] formam narrativas crescentemente conscientes dessa tensão entre o antigo Deus das hostes e o novo Deus-e-o-Cordeiro, ambos presentes no Apocalipse de João, ambos a indicar duas formas distintas de sacrifício.[30] Para

---

[25] GIRARD, *Rematar Clawsewitz*, p. 270.
[26] BAUDELAIRE, *l'Art Romantique*, p. 278-79, apud GIRARD, *Rematar Clausewitz*, p. 270.
[27] GIRARD, *Aquele por Quem o Escândalo Vem*, p. 185.
[28] Idem, *A Rota Antiga dos Homens Perversos*, p. 178.
[29] Ibidem, p. 179.
[30] "[...] O recurso à mesma palavra para os dois tipos de sacrifício, por mais enganoso que seja, num primeiro nível, sugere algo de essencial, a saber, a unidade paradoxal do religioso de ponta a ponta na história humana." GIRARD, *Aquele por Quem o Escândalo Vem*, p. 92.

ele, trata-se de uma teologia da conversão, inequivocamente dedicada ao exercício amoroso de um Deus que não conhece inimigos, mas filhos e filhas que precisam ser convertidos. Todavia, ao ser elaborada nos termos de uma literatura oracular antiquíssima, essa teologia recebe a respectiva vestimenta mitológica desse tipo de narrativa, integrando-se ao corpo religioso do qual surgiu, ao mesmo tempo que o subverte a partir de dentro.

> Deus é único, e quando se faz guerreiro, continua a sê-lo, mas esse singular equivale a um plural, pois são necessariamente numerosos os guerreiros que se precipitam contra a vítima com suas flechas. Para falar da divindade, Jó recorre à imagem dos exércitos celestes.[31]

No caso, se diz que a narrativa do Livro de Jó, texto protoapocalíptico, conforme visto, abriga dois conceitos distintos de divindade: o conceito arcaico que imputa a um "deus", um Zeus qualquer, o poder do grupo guerreiro-sacrificial autojustificado, em acepção nitidamente durkheimiana, e a intuição profética de divindade, em que se conhece o "Deus das vítimas", divindade esta absolutamente alheia aos desejos humanos, infinitamente distante de nossos parâmetros culturais e condicionamentos mentais, e que, não obstante, nos ama. Isso significa o surgimento de uma divindade "praticamente invisível aos olhos do mundo",[32] sutil e de delicadeza extrema, como a brisa suave do profeta Elias, mas que, "sem nunca atentar contra a liberdade do homem",[33] guia a humanidade para a verdadeira transcendência.

O *aparente* triunfalismo do apocalipse pode ser altamente enganoso àqueles que o leem exclusivamente na chave dos mitos; infelizmente, é isso que, em geral, ocorre aos leitores desavisados de sua

---

[31] Ibidem, p. 149.
[32] Ibidem, p. 178.
[33] Ibidem, p. 94.

teologia de fundo (a teologia do Cordeiro/Servo/Filho do Homem), que controla todo o texto. O Apocalipse de João fala da vitória celeste do Senhor e seus anjos em comunhão com o autossacrifício terrestre do Cordeiro, na destruição física deste – sua imolação – pelas forças do mundo. A desagregação das forças do mundo, a dissolução dos poderes, passa necessariamente pela revelação de que Deus-e-o-Cordeiro renovam a criação em novos parâmetros, distintos e até mesmo subversivos aos antigos procedimentos expiatórios, embora trate-se de imaginário obviamente mergulhado no modelo hebraico de guerra santa, ou seja, uma guerra espiritual com desdobramentos políticos no mundo e além-mundo. Vejamos, então, um trecho que poderia ser usado como prólogo analítico ao Livro do Apocalipse.

> Quando os homens refletem sobre o modo como Jesus leva a cabo a sua obra, eles veem quase exclusivamente sua derrota, que eles inclusive consideram, cada vez mais, como definitiva, irrevogável. Longe de negar essa derrota, a grande teologia cristã a afirma, mas para logo em seguida convertê-la em esplendorosa vitória. A morte se transmuda em ressurreição. O Logos banido "dá poder de se tornarem filhos de Deus" a todos aqueles que não o expulsam, a todos aqueles que o "recebem" – que recebem ele ou, o que dá na mesma, a toda vítima rejeitada pelos homens. A expulsão do Logos é o princípio do fim para o "reino de Satanás". Na verdade, a derrota no mundo significa a vitória sobre o mundo.[34]

Essa ideia de que a "derrota" do Filho do Homem, a entrega de seu sangue, converte-se em vitória acachapante, compreende texto e

---

[34] Ibidem, p. 179.

subtexto de alguns apocalipses (Enoque, Daniel, João, etc.). Nestes, o recebimento do "Nome acima de todos os nomes" ocorre exatamente após a entrega do Filho, conferindo a este, portador do "Nome", o poder de Julgamento. Essa linguagem, complexa e largamente imperscrutável aos "não iniciados", teve desdobramentos palpáveis na história das ideias e instituições. Nietzsche constatou aí o que entendia por uma "ideologia de escravos", uma "divindade do ressentimento", uma "desforra dissimulada dos fracos", por trás da teologia desse Deus das vítimas e excluídos. Com efeito, uma aberração frente aos valores marciais da Antiguidade, para muitos uma aberração ainda hoje em nosso mundo tragado por ideologias da ostentação, consumismo e sucesso material a qualquer preço,[35] para não falar de contrapartidas ainda piores, nas quais um único partido impõe-se sobre massas de miseráveis.

Desta feita, a violência encontrada no Apocalipse de João e, grosso modo, nos demais é a nossa própria violência em crise de indiferenciação, em crise sacrificial, fortemente sintetizada na simbologia oracular da profecia hebraica. Todavia, como se nota com certa facilidade, esse "gênero literário" tem, no advento do Reino, o seu desenlace, o seu sentido último e verdadeiro. A questão do Apocalipse se volta para a questão do Reino, e vice-versa, como se fossem as duas faces da mesma moeda escatológica. Quando, em seus

---

[35] Por exemplo, em entrevista realizada em 1989, o megabilionário Ted Turner, fundador da rede CNN de televisão, disse que o cristianismo não merecia muito crédito por ser uma "religião de perdedores" [*a religion of losers*], o que nos deixa entrever certa influência de Nietzsche em seu pensamento e formação moral. Anos mais tarde, o escritor, historiador, crítico literário e analista político Simon Leys, ao escrever uma resenha sobre *Dom Quixote*, tomado de "espírito" dos Evangelhos, responde à observação de Ted Turner nos seguintes termos: "Quanta verdade! Que definição deveras acurada! [...]. Em sua busca imortal pela fama, Dom Quixote sofreu derrotas em série. Porque se recusou obstinadamente a ajustar 'a imensidão de seu desejo [místico]' à 'pequenez da realidade [mundana]', ele estava destinado ao fracasso perpétuo. Somente uma cultura baseada numa 'religião de perdedores' poderia produzir um herói desse quilate". (LEYS, "The Imitation of Our Lord Don Quixote"). Trata-se de uma apreciação que nos conduz ao centro daquilo que Girard identificou como inteligência romanesca, uma inteligência convertida, singularmente capacitada por uma percepção aguda acerca do funcionamento do desejo. Nessa clave, vencer *verdadeiramente* significa vencer os desejos que o mundo nos impõe.

discursos escatológicos, Jesus diz que não restará pedra sobre pedra, é muito claro que não está sugerindo a presença literal do exército de seu Pai – o 'abbā do céu – descendo com suas hostes para arrasar violentamente os reinos dos homens, mas o contrário: "Quando ouvirdes falar de guerras e de rumores de guerras, não vos alarmeis: é preciso que aconteçam, mas ainda não é o fim. Pois levantar-se-á nação contra nação e reino contra reino".[36] A destruição político-nacional da Judeia, que de fato ocorreu, é colocada, nesse discurso estritamente profético, na conta das elites (governantes, sacerdotes, escribas, burocratas, etc.).[37]

Como sabemos, não houve retaliação militar por parte dos apóstolos e seguidores, mas sim um combate orientado pelo Espírito,[38] mas que, em vez de estabelecer a paz, uma paz de cemitério, acirrou a diferença entre os reinos,[39] fomentando um confronto inevitável, cuja vitória já foi anunciada.[40]

A derrota neste mundo será sentida, mas é aparente,[41] uma longa e dolorosa preparação que anuncia[42] a instalação do Reino celeste.[43] O Livro do Apocalipse segue, resumidamente, o mesmo esquema, embora valendo-se de linguagem mais evocativa, detalhada e

---

[36] Marcos 13,7-8.
[37] "Ficai de sobreaviso. Entregar-vos-ão aos sinédrios e às sinagogas, e sereis açoitados, e vos conduzirão perante governadores e reis por minha causa, para dardes testemunho perante eles."
[38] "Quando, pois, vos levarem para vos entregar, não vos preocupeis com o que havereis de dizer; mas o que vos for indicado naquela hora, isso falareis; pois não sereis vós que falareis, mas o Espírito Santo." (Marcos 13,11).
[39] "O irmão entregará o irmão à morte, e o pai entregará o filho. Os filhos se levantarão contra os pais e os farão morrer." (Marcos 13,12).
[40] "Aquele, porém, que perseverar até o fim, esse será salvo." (Marcos 13,13).
[41] "E sereis odiados por todos por causa de meu nome." Ibidem.
[42] "Quando virdes a abominação da desolação instalada onde não devia estar – que o leitor entenda – então os que estiverem na Judeia fujam para as montanhas [...]." (Marcos 13,14).
[43] "E verão o Filho do Homem vindo do céu entre as nuvens com grande poder e glória. Então ele enviará os anjos e reunirá seus eleitos, dos quatro ventos, da extremidade da terra à extremidade do céu." (Marcos 13,26-27).

hermética. Com efeito, na mútua fecundação entre Evangelhos e Apocalipse, é realmente difícil saber quem está por trás de quem: se foram os Evangelhos que informaram o relato de João ou se, contrariamente, houve um apocalipse oral, mais antigo e contemporâneo a Jesus, que semeou a composição dos trechos escatológicos nos sinópticos.

*

Chegamos, assim, ao último passo da teoria mimética em direção à sua completa absorção na revelação. A discussão da violência marcial presente no Apocalipse nos é decisiva, uma vez que aponta, como vimos, para o último foco de resistência de Girard: o sacrifício do Filho. Na publicação de *Aquele por Quem o Escândalo Vem*, em 2001, o teórico francês derrubou suas diferenças derradeiras frente à linguagem sacrificial do Novo Testamento. Esse processo de revisão, iniciado em *Eu Via Satanás*, foi concluído em autocrítica bastante esclarecedora, não só no tocante à teoria, mas, principalmente, às linguagens e teologias sobrepostas na literatura religiosa hebraico-cristã. Conforme visto anteriormente, em *Coisas Ocultas*, lançado em 1978, Girard se negava a designar, como tal, um *sacrifício* cristão, pela razão óbvia de se tratar de um termo cuja realidade caracterizava divindades forjadas no mecanismo do bode expiatório, ou seja, falsas divindades. Para ele, ou bem a revelação cristã rompia radicalmente como esse esquema, por meio de uma rejeição absoluta a qualquer conotação sacrificial, ou bem se tratava de mais uma divindade fabricada, sacrificialmente, na contratransferência simbólica de um grupo de linchadores. Todavia, com o lançamento de *Aquele por Quem o Escândalo Vem*, ele reconsidera formalmente seu antigo posicionamento.

> A intuição de Schwager só me parece justa agora, e, para homenageá-lo, vou tentar responder à pergunta que me fazem, em retrospecto, minhas próprias dívidas. Que me impedia

antigamente de ver em Jesus um "bode expiatório" que "se sacrifica" pelos homens?[44]

Trata-se do início de um capítulo em que o francês responde às considerações do teólogo suíço Raymond Schwager, SJ, com quem manteve estreitas relações acadêmicas e pessoais. Em livro publicado e em resposta a Girard, o teólogo diz que: "Todas as forças hostis a Deus se ligaram contra ele, e em seu corpo descarregaram seus maus desejos. Assim, sobre o madeiro, *levou os nossos pecados* (1 Pedro 2,24). Provisoriamente, podemos reter que a compreensão do mecanismo do bode expiatório leva com pertinência a aprofundar a compreensão da palavra do Novo Testamento".[45]

Do mesmo modo que ocorre com a violência marcial, o sacrifício dos outros, ou seja, o holocausto também sugere fortíssimos vínculos com o sagrado violento e seu corolário simbólico-narrativo. Assim, a *questão dura* – válida tanto para a guerra quanto para a expiação – seria a incorporação ou não dessa linguagem de violência numa doutrina, cujo sentido fundamental seria a redenção/libertação dos principais referentes dessa mesma linguagem. Como libertar-se do mecanismo sacrificial, falando *do sacrifício* de Jesus? Como libertar-se do heroísmo arcaico, falando *das hostes* de Deus? Percebe-se, claramente, que não é possível nem uma acomodação, afinal de contas a divindade do Cristo não se depreende da multidão unânime,[46] mas tampouco um descarte, pois há, na Paixão, um claríssimo fenômeno de bode expiatório. Com efeito, penso que a saída para tamanho dilema esteja bem azeitada no Apocalipse de João, no qual se revela um profundo agravamento das violências, divisões e discórdias a par e passo com a força salvífica do Cordeiro. A questão, para a teoria mimética, é encontrar correspondências

---

[44] GIRARD, *Aquele por Quem o Escândalo Vem*, p. 79.
[45] SCHWAGER, *Must There Be Scapegoats?*
[46] "Se a divindade de Cristo proviesse de uma sacralização violenta, as testemunhas de sua Ressurreição seriam a multidão que reclamavam sua morte, e não os raros indivíduos que proclamavam sua inocência." GIRARD, *Aquele por Quem o Escândalo Vem*, p. 87.

antropológicas seguras a essa simbologia mito-teológica. Assim, como esperado, o teórico francês fundamentará o seu alinhamento junto à ortodoxia valendo-se de um texto bíblico do qual possa retirar o maior número possível de implicações/injunções antropológicas na defesa de uma tese convincente do autossacrifício. Ele toma, então, o Julgamento de Salomão como parâmetro.

> Para fazer com que as duas prostitutas, que disputam um bebê, cheguem a um acordo, Salomão lhes propõe que o bebê seja cortado ao meio com uma espada e que cada uma fique com uma metade. Cedendo a criança à rival, a boa prostituta põe fim à rivalidade mimética, e não pelo meio proposto por Salomão, o sacrifício sangrento, que a rival já aceitou, mas por amor. Ela renuncia ao objeto da rivalidade. Faz, assim, o que Cristo recomenda, leva a renúncia tão longe quanto possível, porque renuncia ao que uma mãe tem de mais caro, seu próprio filho. Assim como Cristo morre para que a sociedade emerja dos sacrifícios violentos, a boa prostituta *sacrifica* sua própria maternidade "para que a criança viva".[47]

No trecho escolhido,[48] em vez de deixar-se esmagar pela mitologia apocalíptica em sua altíssima densidade simbólica, o teórico vale-se, astutamente, de um texto adequado aos conceitos e elaborações da teoria mimética. Depreendem-se, acima, duas formas, duas linguagens de sacrifício: em uma delas, na prostituta má, o desejo de apropriação se impõe; na outra, ocorre o contrário: ele é renunciado. Há, portanto, o sacrifício que renuncia ao objeto em nome do desejo, mesmo que isso provoque a destruição do

---

[47] Ibidem, p. 91.
[48] A história das duas prostitutas diante de Salomão está em 1 Reis 3,16-28.

primeiro, mas há, também, o reverso: o sacrifício que renuncia ao desejo em nome do objeto, em nome de seu bem-estar. O primeiro implica a impossibilidade do amor; o segundo, sua afirmação. Quando o texto lucano diz "Se alguém lhe tomar o manto, deixa-o levar também a túnica",[49] não se trata, em absoluto, de moral de escravos, de máxima para covardes, mas de um procedimento muito simples de cortar pela raiz as rivalidades miméticas, deixando para um rival em potencial o objeto de litígio. Esfria-se o desejo. Abrir mão de um desejo ardente é a maior das renúncias, o mais doloroso movimento que um psiquismo qualquer pode empreender, um *verdadeiro* sacrifício. Nesse ponto, de fato não haveria termo mais apropriado para exprimir o que se passa do que o termo "sacrifício", fielmente carregado de significados extremos de autodoação.[50] Sacrificar, em sentido evangélico, é sacrificar-se, oferecer-se amorosamente.

Nessa mesma linha, há como resolver também, como não poderia deixar de ser, a questão da guerra. Quando os Evangelhos prometem senão divisão e discórdia e quando os apocalipses anunciam sua guerra cósmica, coloca-se em pauta um sentido bem específico de conflito: aquele em que os homens não poderão mais desculpar-se nos deuses. Quando os anjos e representantes do Cordeiro combatem as potestades, eles proclamam, tomados de coragem, a verdade constrangedora sobre os poderes do mundo, fazendo-os desmoronar moral e espiritualmente. Todavia, em vez de diminuir a violência, essa "revelação", no sentido exato de apocalipse, torna incontrolável os processos de violência. O Filho foi entregue, recebeu o nome, restando somente o Julgamento.

> Deus mesmo reemprega, à custa de Si mesmo,
> o esquema do bode expiatório para subvertê-lo.

---

[49] Lucas 6,29.
[50] "Quanto mais os extremos estão afastados um do outro, mais sua união numa única palavra, paradoxalmente, sugere a superação dessa mesma oposição." GIRARD, *Aquele por Quem o Escândalo Vem*, p. 92.

> Essa tragédia não é desprovida de ironia. Suas conotações são tão ricas que a maior parte delas nos escapa. A ironia deve-se em parte à homologia dos dois sacrifícios, aos estranhos efeitos de espelho entre a violência de uns e, no outro extremo, um amor que ultrapassa nossa inteligência e nossas capacidades de expressão. O reemprego divino do bode expiatório sela uma unidade religiosa da humanidade que talvez seja preciso pensar como uma lenta e terrível viagem do primeiro sacrifício para o segundo, inacessível fora do Cristo.[51]

Temos autor, pensamento e obra estritamente vinculados ao apocalipse escatológico cristão. A última oração do trecho, acima transcrito, entrega a teoria mimética aos parâmetros do apocalipse, desafiando-a a encontrar uma "unidade" condutora da história por meio de um símbolo máximo: a entrega do Filho. Teoria mimética e apocalipse fundem-se.

*

Percorremos uma longa preparação de cenário, em que discutimos não só uma trajetória intelectual na obra de René Noël Théophile Girard (1923-2015), acompanhando, fase a fase, esforço a esforço, seus saltos teóricos, suas novas teses, como também, em nossa discussão, ingressamos nas densidades do apocalipse, nesse verdadeiro oceano simbólico, muitas vezes insólito, dentro do qual tocamos parte de sua história e simbologia, enredos e fontes. Integrar esses dois grandes blocos, pouco a pouco, tema a tema, foi tarefa que procuramos fazer ao longo desta obra, ora com mais ênfase no conjunto, ora deixando que um dos blocos se sobressaísse. Os resultados obtidos, nesse cozido intelectual, nos deixam agora a tarefa

---

[51] Ibidem, p. 93-94.

de servi-lo ao leitor, na esperança de que o façamos não digo em bandeja de prata, mas, ao menos, numa travessa em que caiba toda a porção preparada. Isso significa que pretendemos apresentar o que seria um "Apocalipse segundo Girard". Para a nossa satisfação, o teórico francês já nos preparou o prato, deixando-nos a tarefa de apreciar os ingredientes e temperos, aos quais já fomos apresentados. Ingressemos então nesse apocalipse sui generis, resultado único de toda uma vida dedicada às questões do homem e sua cultura, suas estruturas formadoras e, sobretudo, a singular diferença deste enquanto animal religioso.

capítulo 12
o apocalipse de girard: rematar clausewitz

Em empregos mais comuns, o apocalipse pode avalizar uma série de experiências traumáticas e em variados contextos. Dizer que determinada pessoa "sofreu" um apocalipse conota um sofrimento devastador, algo que a deixou em desolação, algo fatalmente arrasador: escombros/cinzas em cima dos quais será preciso reconstruir quase tudo em novas bases. Dado seu pungente caráter emocional em imaginário sobre-horrendo, o termo tornou-se, dentre outras coisas, excelente veículo para a exploração comercial. A indústria do cinema, por exemplo, nada de braçada no gênero, e vem lançando, ao rebordo de expectativas apocalípticas estapafúrdias, títulos os mais variados sobre o tema, cujos enredos vão dos OVNI's a uma mãe natureza vingativa, de bactérias devastadoras a exércitos de zumbis, de meteoros gigantescos às conspirações psicóticas de pequenos grupos, e assim por diante. Ondas quilométricas desmoronando seu colosso marinho sobre metrópoles costeiras, sob o olhar atônito das autoridades políticas, religiosas e militares, representam, via de regra, o cimo estético desse gênero cinematográfico, um deleite catártico para milhões de espectadores que saboreiam a "destruição do sistema", e no exato momento em que, comendo pipoca e tomando Coca-Cola, injetam mais alguns milhões de dólares no mesmo sistema.

Essa domesticação contemporânea do apocalipse, em nítido esvaziamento espiritual, carrega, não obstante, certa ironia inquietante, por meio da qual podemos indagar os motivos profundos desse sucesso que nunca passa, o seu apelo sempre presente. Por que, num mundo cada vez mais regido pela linguagem do conforto, segurança e prosperidade, imagens terríveis de apocalipse têm crescente rogo? A sociedade do pão e circo, sua sensibilidade própria, sua alienação característica, responderiam parte dessa pergunta, certamente; mas faltaria explicar, creio, uma realidade mais fundamental, a qual antecede e prepara o pão e circo, e que, portanto, está oculta.

Durante um colóquio sobre teoria mimética, o teólogo James Alison observou que no momento em que Jesus era supliciado pelos soldados de Pilatos, provavelmente no pátio da fortaleza Antônia, do outro lado da imensa murada dessa fortificação, a algumas centenas de metros de distância, celebrantes pascais judeus rogavam, fervorosamente, por uma nova liberação do cativeiro, mas, agora, do cativeiro romano, ou seja, pediam o aparecimento do messias, o "Servo" do Senhor, que os reconduziria ao Reino de Justiça, à Terra Prometida, exatamente como fizera Josué. Note o leitor que Josué e Jesus compreendem o mesmo nome.

Tendo-se essa cena em mente, alguém pode dizer que o que estava sendo ritualizado de um lado e do outro da muralha equivale, fielmente, ao Apocalipse. O suplício real de Jesus Nazareno também se organizava como rito, embora de estado: a punição exemplar e ritualmente conduzida de quem atentava contra o estado romano. Todavia, por trás do crime de estado, havia outro crime mais grave: blasfêmia e falsidade profética. Com efeito, nunca sabemos ao certo se a acusação capital contra Jesus justificou-se judicialmente como traição ou blasfêmia. Houve, no caso, entre templo e fortaleza, a completa consumação do arco fenomenológico apocalíptico, e os primeiros cristãos perceberam-na com exatidão: "Purificai-vos do velho fermento para serdes nova massa, já que sois sem fermento. Pois nossa Páscoa, Cristo, foi imolada".[1]

---

[1] 1 Coríntios 5,7.

As duas instituições, Templo e Estado, correspondem, sob a ótica reveladora do apocalipse, à costumeira polarização ideológica da ordem, sempre estabelecida em seus embates viciados, expressando sua hipocrisia atávica, pela qual replicam o "sistema", mesmo quando dizem o contrário. Templo e Estado odeiam-se circunstancialmente; mas, estruturalmente, adoram-se, pois filhos diletos de Satanás, Azael e Samaiaza, em repertório enóquico. Em momentos decisivos, aliam-se contra a verdade que sempre vem das vítimas, quando em fase de expulsão, acertando armistícios em nome do bem maior: a manutenção do sagrado violento, invariavelmente associada à manutenção de seus privilégios. É certo que alguém pode discordar dessa ilação, tomando-a como exagerada ou extravagante, mas, ao fazê-lo, terá de impugnar o enredo evangélico e seus desdobramentos no movimento apostólico.

Não custa lembrar, por exemplo, que foi na disputa pontual entre João Hircano II e Aristóbolo, contenda interna à dinastia dos asmoneus, os quais se impuseram como casta sacerdotal, que a Judeia recorreu ao arbítrio e à posterior dominação dos romanos. Quando Pompeu entrou no santo dos santos, em 63 AEC, em ato abominável à teologia do templo, o santuário se encontrava desocupado de seu mobiliário sagrado. O esvaziamento espiritual já ocorrera. Tinha início, com os romanos, o último ato de uma longa e arrastada decadência, cujo fim, absolutamente trágico, é o tema que ambienta o Apocalipse de João.

A duplicidade do mecanismo atrelado aos poderes do mundo se faz absolutamente visível no Novo Testamento. Judeus e romanos, inimigos figadais, tornam-se, e de modo inesperado, parceiros na condenação de um miserável profeta galileu, cujos parcos seguidores, um punhado de maltrapilhos caipiras, o abandonam na hora do martírio. No entanto, esse profeta escandalizava o sistema. Como é bem evidente, o registro de sua imolação injusta supera – via movimento apostólico – as instituições e ritualizações que pensaram vencê-lo; afinal de contas, tanto o sinédrio quanto o império romano já desapareceram há muito tempo; os cristianismos, por outro lado, continuam vivos ou mesmo vivíssimos. Todo aquele que sabe ler o Apocalipse joanino adivinhará esse desembrulhar histórico. Todavia, trata-se de um livro de "Revelação", o qual não se esgota, em absoluto, no contexto do século primeiro de nossa era. Aí reside o seu mistério, as bases do fascínio que provoca. O mesmo poderia ser dito, penso, de *Enoque*, dentre outros do mesmo gênero.

Nossas salas de cinema e certa literatura ficcional de qualidade duvidosa exploram parte desse mistério, mas, apenas, para arranhar-lhe sofregamente o significado e, não raro, invertendo-lhe a causa.[2] No entanto, é possível (e necessário) comunicar-se com o apocalipse de modo bem mais responsável.

Durante a elaboração do que viria a ser o seu último livro, *Rematar Clausewitz: além "Da Guerra"*, Girard, em parceria com o editor e pesquisador Benoît Chantre, seu interlocutor, visualizou o *nosso* apocalipse, dando-lhe indumentária apropriada ao tempo em que vivemos. Tratar apocalipticamente a modernidade, eis a questão.

> Quando na primavera de 2006 René Girard me propôs que fosse a Stanford para escrever com ele um livro sobre Clausewitz, não duvidamos da repercussão que o livro teria. Publicado em outubro de 2007, *Rematar Clausewitz: Além "Da Guerra"*[3] teve, como efeito, uma acolhida que *a priori* não parecia assegurada pela

---

[2] É notável a quantidade de filmes ditos apocalípticos em que a redenção vem, invariavelmente, do *Estado* norte-americano, o qual, em geral, se faz "bem" representado por um presidente progressista ideologicamente alinhado a um grupo de cientistas esclarecidos. Todo o processo redentor – da destruição à reconstrução – se dá por meio desse alinhamento intransigente com as "luzes" do *status quo* político-acadêmico dos EUA.
[3] A meu ver, o título da obra, *Rematar Clausewitz: além "Da Guerra"*, traduzido diretamente do original em francês, "Achever Clausewitz", não retrata bem o escopo da obra. Muito além de uma análise mimética da obra magna ("Da Guerra") do estrategista prussiano Carl von Clausewitz, o livro de Girard insere a modernidade, principalmente a europeia, nos parâmetros universais do apocalipse. Em inglês, a obra recebeu, a meu ver, um título mais expressivo e adequado: *Battling to the End* [Duelando até o Fim].

violência de sua proposta: deliberadamente apocalíptico, nosso diálogo sobre a destruição da Europa, sobre o "fracasso" do cristianismo histórico e sobre o crepúsculo do Ocidente terminava numa espécie de apologia [...]. Tratava-se, para René Girard, de provar que sua teoria podia iluminar o momento presente.[4]

*

Em seu último trabalho, o teórico francês retoma, inadvertidamente, suas origens acadêmicas de historiador, colhendo, desta feita, um objeto historiográfico: "Este é um livro singular. Propõe-se a ser uma investigação da Alemanha e das relações franco-alemãs nos dois últimos séculos".[5] O ponto de partida, os envolvimentos deveras traumáticos entre as duas potências vizinhas, França e Alemanha, desde a abertura do século XIX, elucida um início tipicamente girardiano, mas, agora, em patamar distinto: o mimetismo conflituoso, a rivalidade construída entre dois estados nacionais modernos, cujas repercussões impactaram não só a Europa, mas o mundo inteiro. De cara, nota-se que para além das rivalidades menores e medianas entre sujeitos, grupos e facções, o livro amplia a questão da mímesis conflituosa à esfera nacional/internacional: a rivalidade entre os estados nacionais europeus, os quais passaram a competir, ao longo da modernidade, pela posse do mundo e suas riquezas, projetando, a si mesmos, como centros de poder, prestígio e glória, ou seja, projetando-se como modelos invejáveis, o que só fez aumentar a quantidade de obstáculos lançados, mutuamente, entre esses mega-contendores.

Para o leitor, agora habituado às categorias da teoria mimética, e Girard escreveu *Rematar Clausewitz* para um público já

---

[4] CHANTRE, "Posfácio", p. 325.
[5] GIRARD, *Rematar Clausewitz*, p. 21.

familiarizado com seu pensamento, é relativamente descomplicado perceber que, uma vez aplicada em escala internacional ou histórica, a teoria mimética torna-se, naturalmente, instrumento de reflexão sobre as formas progressivamente letais de conflito. Assim, o impressionante avanço técnico no período escolhido, nossos últimos duzentos anos de história, inescrupulosamente aplicado ao maquinário de guerra e propaganda, ofereceu ao teórico francês o quadro completo para uma interpretação apocalíptica da história recente. De fato, ele conclui o seu primeiro parágrafo sobre "uma investigação da Alemanha e das relações franco-alemãs nos dois últimos séculos" dizendo o seguinte: "A possibilidade do fim da Europa, do mundo ocidental e do mundo como um todo. Hoje, essa possibilidade se tornou real. Este, portanto, é um livro apocalíptico".[6]

Uma vez mais, ele não foge à característica de entrar, diretamente, logo na primeira página, no assunto: no caso, o apocalipse. Todavia, de modo não menos característico, o francês principia sua reflexão sobre esse tema de maneira absolutamente insuspeita e criativa: vida e obra de um militar e estrategista prussiano do século XIX, Carl von Clausewitz (1780-1831). Como fizera com Cervantes, Shakespeare, Dostoiévski e Nietzsche, dentre outros, o francês toma uma "personalidade de gênio", um sujeito especialmente capaz de pensar a época em que viveu, intuindo-lhe as forças dominantes em jogo, os fascínios e obsessões, ocultos, porém latentes. Com base na produção intelectual dessa personalidade, sempre amparado na vida e angústias próprias ao autor que estuda, o francês busca, então, revelar um cenário histórico expressivamente maior, por vezes, todo um zeitgeist.

Com efeito, nesta altura de nossa reflexão, alguém poderá dizer que Girard não remata (finaliza) somente Clausewitz, mas faz o mesmo com todos os outros, concluindo-lhes o pensamento numa clave

---

[6] Ibidem, p. 21.

reveladora. Todavia, com o estratego prussiano, faz-se, realmente, uma finalização deliberada de sua obra.

> Clausewitz é o personagem que nos fala de sua especialidade como se ela não estivesse relacionada com o todo, quando na verdade ela contém inúmeras implicações que vão além do discurso. Ele formula aquilo que poderíamos chamar de "prussianismo" em sua forma mais perturbadora, mas sem considerar as consequências dessa *escalada para os extremos*, que não lhe assustava tanto, e cujas modalidades ajuda a pensar. O pensamento de Clausewitz se aplica ao conjunto das relações franco-alemãs, da derrota da Prússia em 1806 à queda da França em 1940. Seu livro foi escrito para aquele período em que as guerras europeias esgotavam-se de forma mimética, até chegar ao desastre. Assim, seria completamente hipócrita enxergar Da Guerra apenas como livro técnico. O que acontece no momento em que chegamos a esses extremos, cuja possibilidade é pressentida por Clausewitz e depois dissimulada por ele com considerações estratégicas? Ele não diz. E essa é a questão que nos cabe fazer hoje. Ousemos dizer então que nós, alemães e franceses, somos responsáveis pela devastação em curso, porque nossos extremos tornaram-se o mundo inteiro. Fomos nós que acendemos o rastilho.[7]

Como vimos, desde seu primeiro trabalho, é esse o método investigativo que o acompanha fielmente, durante toda a carreira: o francês toma uma figura histórica relevante, intelectualmente ativa

[7] Ibidem, p. 24-25.

e controversa, para que, no cruzamento entre pensamento, a obra, e vida dessa figura, sua biografia, consiga retirar o diagnóstico mimético de um período histórico em particular. Notemos que, nesse seu método característico, ao principiar por indivíduos e não por uma estrutura ou instituição, o teórico alinha-se metodologicamente com o apocalipse, alinhando-se, igualmente, com o pensamento bíblico. As estruturas estão lá e são atuantes, fundamentais, mas iluminam-se por indivíduos, com base na interioridade fundante da pessoa. Ademais, como o leitor intuitivo há de perceber, ao discorrer sobre as relações franco-alemãs dos últimos duzentos anos, Girard está falando de seu próprio meio social, assim integrando história pessoal ao quadro maior que analisa. Certamente, temos, em *Rematar Clausewitz*, a obra mais pessoal do francês, uma espécie de testamento de vida.

Iniciamos este livro dizendo que "o pensamento de Girard é histórico e *meta-histórico*, em vez de filosófico, pois tem nas movimentações humanas – na contextualização interrogada de seus dramas – seu modo dominante". Trata-se, com efeito, de característica bem adaptada ao conhecimento por indução, em que se experimentam as particularidades, em que se conhecem primeiramente os casos, para então obter uma aferição/sugestão de sentidos, tipos, tendências e até mesmo "leis". Assim como fez com Dostoiévski, o teórico francês usa sua lente potente, historicamente focada, na dissecação analítica de vida e obra de Clausewitz, revelando-lhe, de uma só vez, o gênio, as aflições e obsessões. O seu principal interesse não é com eventuais excentricidades, menos ainda com conhecimentos colaterais sobre épocas específicas. Girard *já* encontrou o que busca, bastando-lhe decompor as camadas contextuais que formam seu objeto investigativo, evidenciando os nexos internos, em cuja elucidação ele reafirma, etapa a etapa, a sua teoria e, agora, o *seu* apocalipse.

Igualmente ao que ocorrera em *Mentira Romântica e Verdade Romanesca*, *Dostoiévski* e *A Violência e o Sagrado*, dentre outros, Girard pensa como típico pensador escatológico, conhecendo de antemão o resultado do que busca. As experimentações que faz são meras confirmações do que está dado (e conhecido) no insight articulador, centro e destino único de seu pensamento. Dessa forma, há, igualmente, uma marcante presença dedutiva em sua obra, mas cuja realidade é ocultada pela metodologia histórico-personalista usada. A nós importa saber que, no apocalipse, temos um projeto epistêmico de fundo que se faz, grosso modo, idêntico: explorar, explicitar, fundamentar o que se conhece de antemão por meio de uma revelação (visão, insight), mas, fazendo-o no modo narrativo, qual seja, contando uma história do início ao fim, cujo protagonista ou narrador revela, fase a fase, sua aventura, como se a descortinasse no tempo, num crescendo que atinge um clímax. Temos, assim, a arquitetura do texto (indutiva) contrapondo-se à arquitetura do subtexto (dedutiva), uma avenida epistemológica de mão-dupla que privilegia tanto o iniciante quanto o iniciado.[8]

No caso de *Rematar Clausewitz*, o insight está dado: "Clausewitz teve uma intuição fulgurante sobre o curso acelerado da história [...] que seu sentido é religioso [...] e que só uma interpretação religiosa, cremos, atingirá o ponto essencial [...]. Clausewitz foi aquele que, sem se dar conta, descobriu não só a fórmula apocalíptica, mas também que essa fórmula estava ligada à rivalidade mimética [...] em que a escalada mimética, a escalada para os extremos, se impõe

---

[8] Uma "tese" de doutorado ou equivalente teria, idealmente, uma proposta semelhante, mas, na realidade, só muito raramente uma hipótese revela-se como insight. Em geral, o pesquisador defende uma ideia cujo valor se descobre no transcorrer da própria investigação, quando se confrontam os dados com a hipótese inicial, o que o fará afirmar, mais ou menos, ou negar, mais ou menos, sua hipótese primeira. Nesse sentido, um típico trabalho acadêmico vai passando por expressivos ajustes internos, à medida que os dados de pesquisa "provocam" a hipótese, alterando-lhe o feitio. No caso de Girard, seus trabalhos foram nitidamente iniciados (e construídos) sobre uma fundação teórica pronta, vista como inabalável. De fato, ele inicia suas argumentações com a "partida vencida", o que lhe rendeu elegância teórica e universalidade para poucos. Mas, por outro lado, tamanha perfeição estrutural rendeu-lhe, igualmente, a desconfiança de inúmeros cientistas de campo, para muitos dos quais, como não poderia deixar de ser, a realidade social é fundamentalmente confusa, desarrumada e fragmentada. Nesse sentido, alguém poderia dizer que Girard pensa como os anjos, o que pode ser considerado um elogio ou uma injúria, a depender da cosmovisão do sujeito.

como lei única da história".⁹ Temos, então, a proposta de nada menos que uma "lei única da história", cujo sentido seria inequivocamente apocalíptico.

Antes de prosseguirmos com o raciocínio interno à obra, em desabrochar apocalíptico, penso que seria fundamental se abríssemos um parêntese para a contextualização, agora, do próprio René Girard, sublinhando a inserção de sua biografia num dos períodos mais dramáticos e trevosos da história recente.

*

Nascido em Avinhão, na noite de natal de 1923, Girard tinha 16 anos de idade quando a França foi ocupada pelos nazistas. Anos depois, em fevereiro de 1945, momento em que o último reduto alemão na França caiu, em Colmar, Alsácia, esse jovem francês acabara de completar 21 anos de idade, ou seja, a expulsão dos alemães coincidiu quase que exatamente com seu ingresso à vida adulta. Podemos apenas imaginar o impacto traumático que a presença nazista, em solo pátrio, teve na vida do francês, principalmente por atravessar os anos decisivos à personalidade, na passagem da adolescência para o início da vida adulta. Seu amigo e colaborador Benoît Chantre vem em nosso auxílio ao tornar pública parte de um diário que Girard mantinha na época. Em seu pequeno livro, belo e comovente,¹⁰ sobre seus últimos meses com o teórico francês, Chantre revela-nos duas entradas desse diário: "*14 de junho de 1940*: 'Que Deus tenha piedade de nós' – *16 de junho de 1940*: [dois dias antes de o general de Gaulle, via radio BBC de Londres, exortar a resistência. Escrito em caixa alta]: 'A RESSURREIÇÃO VIRÁ'".¹¹ Sabemos que, em 14 de junho de 1940, os alemães entravam livremente em Paris e que dois dias mais tarde, em 16 de junho, o general Phillipe Pétain tornava-se

---

⁹ GIRARD, *Rematar Clausewitz*, p. 25-30.
¹⁰ CHANTRE, *Les Derniers Jours de René Girard*.
¹¹ Ibidem, p. 32.

primeiro ministro fantoche de uma França ocupada pelos nazistas. Ao servir-se de linguagem explicitamente religiosa num momento de extrema aflição pessoal e coletiva, o francês nos deixa entrever, em sua personalidade, certa inclinação à piedade, ainda que tenhamos, nesse caso, um provável uso figurativo de ressurreição e apelo à piedade de Deus, do que, exatamente, uma expressão deliberada de fé, uma oração/rogativa a Deus.

O próprio Girard disse, nas entrevistas que deu, que passou adolescência e primeira fase da vida adulta naturalmente inserido ao clima geral *agnóstico*, ou mesmo ateu, da intelectualidade francesa da época. Sua real conversão viria mais tarde e em etapas. Todavia, considerando-se a gravidade do momento em que vivia, em sua extrema angústia existencial, há como vislumbrar, pois sabemos que momentos de pungente aflição revelam, no coração do homem, uma consciência vocacionada a comunicar-se com o divino. De qualquer forma, a presença nazista em seu quintal,[12] a situação de submissão nacional e derrota, chamou o jovem francês, precocemente, a uma seriedade existencial próxima à experimentada pelos homens e mulheres que pensaram e intuíram o apocalipse. Chantre nos diz que o choque da ocupação nazista, em 1940, "seria a causa de sua partida aos Estados Unidos, sete anos mais tarde".[13] De fato, é indispensável que se compreenda

---

[12] Recordo-me de Martha Girard, esposa de René, contando a mim e a James Alison que, em visita aos pais de Girard, em Avinhão, penso que na década de 1950, tomou conhecimento de que havia uma bomba na casa de seus sogros, que falhara (lançada durante os bombardeios aliados), mas que ainda estava enterrada no jardim! Nessa ocasião, o próprio Girard nos contou a extrema aflição que foi, na época, atravessar a França, pois a população civil de Avinhão teve de ser evacuada no meio do fogo cruzado entre alemães e aliados. Foram momentos terríveis, dominados pela privação, exaustão física, doenças, fome e morte de amigos e parentes; momentos de apocalipse. Para que o leitor tenha uma visão histórica da realidade de apocalipse que se instalou, à época, em alguns lugares de França, sugiro a leitura de *Martyred Village: Commemorating the 1944 Massacre at Oradour--sur-Glane* de Sarah Farmer. Em 10 de junho de 1944, o vilarejo francês de Oradour-sur--Glane, cerca de 100 quilômetros ao Norte de Avinhão, teve *toda* a sua população civil, homens, mulheres e crianças, assassinada friamente por uma unidade SS.
[13] CHANTRE, *Les derniers jours de René Girard*, p. 32.

Rematar Clausewitz à luz dessa experiência brutal de guerra e exílio voluntário.

Em seu *A França contra os Robôs*, outro notável francês exilado, no caso, aqui em nosso Brasil, duas gerações mais velho que Girard, ilustrava de modo exemplar a extremidade da questão vivida por europeus, e não europeus, que enxergaram, à época, a vinda do reino das trevas.

> Com uma espécie de entusiasmo religioso, de delírio sagrado, milhões e milhões de homens na Itália, Alemanha, na Espanha, na Rússia, efetuaram a entrega de sua liberdade. Não falo daquela liberdade inferior que consiste, por exemplo, no direito de dispor livremente de seu tempo, mas da liberdade de julgar, de pensar. Orgulharam-se de pensar e julgar cegamente como o mestre adorado que julgava e pensava por eles.[14]

Neste seu artigo, datado em novembro de 1944, momento ao mesmo tempo comemorativo e libertador, Georges Bernanos, escrevendo de seu sítio em Cruz das Almas, interior de Minas Gerais, toca no ponto central: a humanidade "esclarecida" entregara-se, sem freios, à ideologia totalitária do maquinário, entregara-se ao império do lucro, à linguagem do dinheiro e, finalmente, ao conformismo do espírito, o que a condenara à decrepitude precoce. A Europa sucumbira às mais vis e tolas tentações, sucumbira à negociata fraudulenta de homens caídos, à velhacaria calculista dos "homens de Munique", como fazia questão de dizer.[15] Agora, seria

---

[14] BERNANOS, *A França contra os Robôs*, p. 139.
[15] "O espírito de Munique subsiste porque os homens de Munique se mantiveram em todos os lugares, porque eles continuaram a dominar as administrações públicas, a imprensa, o rádio, os bancos [...]. Nada se poderá fazer contra o espírito de Munique enquanto durar o sistema político, econômico e social do qual esse espírito é a expressão. O reino do Dinheiro é o reino dos Velhos." Ibidem, p. 125-6.

preciso reconstruí-la (a Europa) em bases renovadas, recuperando seu antigo espírito de liberdade, sua antiga pujança cultural.

O tom de Bernanos, em *A França contra os Robôs*, é indiscutivelmente profético, e podemos dizer que a forma como critica a modernidade, tornada instrumento – maquinário – de uma elite perversa, uma vez que pervertida pelo poder/riqueza concupiscentes, deixa-o igualmente alinhado aos apocalipses. O *Livro dos Vigias*, um dos paradigmas do apocalipse, conforme vimos, imputa a falência generalizada do cosmos aos mesmos fatores estruturais, valendo-se de linguagem semelhante, ainda que estejamos falando de um texto do século III AEC, cujas primeiras elaborações orais podem retroceder séculos mais. Isso nos é importante porque nos mostra que o "apocalipsismo" de Girard não foi único, exclusividade excêntrica de um "pensador desgarrado",[16] mas se insere num quadro mental fortemente presente em alguns luminares da época.

A questão é que Bernanos retorna a sua amada França em 1947, aos 59 anos de idade,[17] ao passo que Girard deixava-a no mesmo ano, aos 23 anos de idade. Esse contraponto nos é ilustrativo não exatamente porque queiramos forçar uma "passagem de bastão" de um para outro, nada disso, mas sim porque nos informa acerca dos distintos momentos de um mesmo arco de apocalipse. Girard herdou o mundo de Bernanos, certamente, e este herdara o mundo de 1914, justamente a geração da I Guerra, na qual, por sua vez, ouve-se o eco possante dos herdeiros do "prussianismo", ao qual Girard se refere logo na abertura de *Rematar Clausewitz*. Entre a ordem napoleônica e Hiroshima e Nagasaki ou entre estes e o 11 de setembro e a crise ambiental há distâncias significativas, mas que, não obstante, elucidam um mesmo processo histórico, um mesmo apocalipse, revelando o aprofundamento de uma crise comum, uma "crise sem-fim", mais e mais vinculada ao mundo em seu

---

[16] BELL, *Ritual: Perspectives and Dimensions*, p. 15.
[17] Ele veio a falecer logo depois, cerca de um ano e meio mais tarde.

todo, crescentemente presente em todas as sociedades do mundo, à medida que estas se encontram progressivamente interconectas pela mídia, comércio e tecnologia.

*

Como anunciado anteriormente, o insight, em *Rematar Clausewitz*, está dado, restando ao teórico francês "rematar" o teórico prussiano, ajustando-lhe o pensamento aos parâmetros do apocalipse.
O francês cita então o general:

> Numa palavra: mesmo as nações civilizadas podem ser arrebatadas por um ódio feroz [...]. Repetimos, pois, a nossa afirmação: a guerra é um ato de violência e não há nenhum limite para a manifestação dessa violência. Cada um dos adversários executa a lei do outro, de onde resulta uma ação recíproca, que, enquanto conceito, deve ir aos extremos. Tal é a primeira ação recíproca e o primeiro extremo que se nos deparam.[18]

Num esforço por delinear os dramas centrais da modernidade, sua premente inflexão apocalíptica, faz-se uso da intuição de Clausewitz acerca da natureza da guerra. O estrategista a vê, estruturalmente, como um duelo em larga escala, uma ação recíproca que tende à escalada, uma modelação fielmente espelhada inclinada ao extremo, como se fosse ampliação social, em larguíssima escala, entre dois combatentes que se modelam numa escalada ilimitada de violências, apropriando-se, mutuamente, de métodos e meios cada vez mais letais. Assim como no duelo de morte, a guerra tende a ser total,[19] destinada ao aniquilamento completo do outro. Girard frisa

---

[18] CLAUSEWITZ, *Além da Guerra*, apud GIRARD, *Rematar Clausewitz*, p. 41.
[19] "A Guerra Total é a própria Sociedade Moderna, em seu mais alto grau de eficiência." BERNANOS, *A França contra os Robôs*, p. 63.

que ao intuir a guerra nesses moldes, o prussiano deu um passo gigantesco em direção ao entendimento da história moderna, ainda que, na época de Clausewitz, isso fosse desconhecido,[20] uma realidade bélica que viria a caracterizar-se, concretamente, somente no século seguinte, com o que chamamos de guerra total.

Isso deu ao francês a certeza de que o estrategista prussiano intuiu a gênese do conflito no espelhamento mimético com o outro, o rival, cuja simetria com o sujeito/mediador se estabelece em dinâmicas que tendem ao acirramento das retaliações por meio da retribuição entre adversários fascinados pela violência, em dinâmicas que tendem à escalada dos conflitos. Trata-se, em suma, da própria teoria mimética sendo aplicada à análise das leis que regem as guerras. Girard sabe que Clausewitz pescou, embora por outros meios, mas precocemente, um dos princípios fundantes da teoria mimética:[21] o princípio da reciprocidade violenta entre gêmeos miméticos mutuamente fascinados pela violência. O ponto específico a ser tratado é a forma como esse princípio, caríssimo à teoria mimética, intuído por Clausewitz, subentende o processo agudo de militarização da vida social no Ocidente, desde o período napoleônico, num processo, em escalada, que levou ao conceito e prática de mobilização total para a guerra.

A bem da verdade, a obrigatoriedade da conscrição militar, *levée en masse*, não foi exatamente uma invenção napoleônica, mas uma

---

[20] "[...] porque as guerras reais ainda não correspondem a seu conceito: o Congresso de Viena conduzirá o continente europeu a uma relativa estabilidade, até a guerra de 1870 e a deflagração de 1914. Disse 'relativa estabilidade', porque os massacres coloniais, a organização do proletariado como 'classe combatente', a influência cultural do darwinismo social, etc. Ora, tudo isso anuncia uma catástrofe global para o século XX." GIRARD, *Rematar Clausewitz*, p. 48.

[21] "O realismo de Clausewitz lhe permite vislumbrar o princípio mimético no coração das interações humanas. Ele não vai teorizar a respeito dele, porque tem de falar de ataque e de defesa, de tática, de estratégia, de política, de modo a justificar sua presença na Escola de Guerra [...]. Nele encontro, em germe, aquilo que me interessa desde sempre, *enquanto antropólogo*: um pensamento de continuidade, não de descontinuidade; de indiferenciação, não de diferenças." Ibidem, p. 54.

implantação da Convenção Nacional, em 1793, detalhe que apenas reforça aquilo que Girard tem em mente: o irrefreável processo de indiferenciação em escala mundial, disparado a reboque da Revolução Francesa,[22] pela qual, para o bem e para o mal, homens e mulheres aproximaram-se de modo irreversível entre si, libertos dos antigos estamentos e hierarquias, desejosos de construir (novas) realidades sociais, em que as diferenças "ficam cada vez mais vacilantes, provocando essa aceleração da história a que temos assistido nos últimos três séculos".[23] O problema é que essa aceleração corresponde, invariavelmente, a uma contrapartida militar igualmente sem freios. No processo desencadeado entre estados-nações rivais extremamente poderosos, e a Europa imperialista-colonialista do século XIX foi um largo viveiro de estados rivais poderosíssimos, os quais competiam, entre si, pelo butim do mundo, ocorreu uma inevitável multiplicação de agressões mútuas, tão mais descontroladas e violentas quanto mais autojustificadas no "direito de resposta". Todos pensavam responder à agressão do rival, quando, na verdade, participavam do jogo mimético das escaladas, verdadeiro motor apocalíptico da história. *Et voilà*, temos o primeiro capítulo do apocalipse girardiano.

> Assim, a história não tardará a dar razão a Clausewitz. Foi por estar "respondendo" às humilhações do Tratado de Versalhes e à ocupação da Renânia que Hitler foi capaz de mobilizar um povo inteiro: por sua vez, é porque está "respondendo" à invasão alemã que Stalin obtém uma vitória decisiva contra Hitler. É porque está "respondendo" aos Estados Unidos que Bin Laden hoje prepara o 11 de setembro e suas sequências. De certa maneira, o primado da

---

[22] "Os homens estão, portanto, sempre simultaneamente na ordem e na desordem, na guerra e na paz. Fica cada vez mais difícil distinguir essas duas realidades que, até a Revolução Francesa, estavam codificadas e ritualizadas." Ibidem, p. 61.
[23] Ibidem, p. 55.

> ação defensiva é a aparição, dentro do conflito,
> do princípio de reciprocidade como polarida-
> de suspensa, no sentido de que a vitória não
> é imediata, mas depois será total. Aquele que
> acredita controlar a violência ao organizar a
> defesa está na verdade controlado por ela – isso
> é muito importante.[24]

Anuncia-se acima, por meio do princípio mimético da reciprocidade, que a escalada moderna dos conflitos tende ao desastre
absoluto. De fato, sabemos que a Segunda Guerra Mundial apro-
ximou-se desse tipo de desastre, tocando-lhe a bocarra aberta,
farejando-lhe o hálito fétido, uma vez que só lhe faltava, até
quase o fim, a tecnologia decisiva, "o novo aço", proveniente de
saberes de elite, os quais somente os anjos caídos podem oferecer,
uma deficiência que foi finalmente suprimida no desfecho dessa
mesma guerra com os dois ataques nucleares ao Japão, no final de
agosto de 1945. Esse jogo interno da violência, que aumenta seu
próprio poder à medida que esmaga a capacidade dos homens de
evitar esse crescimento, e não falamos somente de armamentos,
mas de propaganda, vigilância, engenharia social, drogas, tributação excessiva, dentre outras formas de controle social,[25] gera
um mundo municionado de forças formidáveis, todas igualmente
prontas à retaliação. Cria-se, portanto, a geopolítica da retaliação, *deterrance theory*, políticas de dissuasão por meio das quais
nações nucleares ou mesmo continentes podem, uma vez provo-
cados além de certo ponto, destruir-se mutuamente em questão de
horas. O medo os impede de puxar o gatilho, mas, por outro lado,
esse medo atroz desimpede algo pior: escancara o fascínio que se
cria em torno da violência, em torno de uma tecnologia destinada
à violência. A corrida armamentista é fruto desse encadeamento
macabro, mas que é moeda corrente em nosso mundo. Constrói-se

---

[24] Ibidem, p. 59.
[25] "A violência parece agora deliberada, a escalada para os extremos tem a ajuda da ciência e da política." Ibidem, p. 63.

"segurança", mera sensação de segurança, com base no medo projetado sobre o rival, o que, no final das contas, apenas fomenta a adoção de meios progressivamente mais letais, quando todos correm para tornarem-se senhores da violência última, inexpugnável, uma que alcance as estrelas. Durante uma situação de instabilidade qualquer, mesmo que momentânea, conectada a um arrefecimento drástico dos medos ou mesmo o contrário na exacerbação súbita dos ódios, essa linha tênue e intercambiável pode se romper, e um dos lados poderá, de fato, fazer uso do estoque acumulado. O apocalipse torna-se, então, palpável.

A Guerra Fria foi, em certa medida, a aplicação desse raciocínio de escalada até (quase) o extremo. Há mais por saber, no entanto. A expectativa de uma destruição mútua assegurada, entre essas forças centrais outrora em permanente conflito, deslocou a violência desses conflitos, e falamos de situações correntes de guerra, às periferias do sistema, o que só fez ensejar guerras civis e insurreições em ambientes assolados pela pobreza, violência local e subdesenvolvimento social. No impasse ideológico entre as superpotências, na impossibilidade, entre elas, de um real extravasamento de violência, deu-se um fortíssimo deslocamento, dessa pressão interna, para nações mais frágeis, tanto do ponto de vista institucional quanto econômico. Em suma, a guerra saiu da Europa, América do Norte e países ricos da Ásia, transferindo-se, em claríssima substituição, ao que passou a chamar-se Terceiro Mundo.

Realmente, o sistema interno às potestades modernas, o sagrado violento hodierno, soube reinventar-se à custa de novas vítimas: o Terceiro Mundo, sacrificando-lhe boa parcela de sua paz social. Refiro-me ao mundo em que hoje vivemos, tomado de milhares de pequenos e médios focos de guerra civil: conflitos intestinos entre facções, guerrilhas, bandos criminosos e pequenos exércitos, em relação aos quais há, em geral, baixíssimas expectativas de apaziguamento. Uma realidade avassaladora, resultado inequívoco desse novo processo de substituição vitimária, o qual não pressupõe, é sempre necessário alertar, que as nações denominadas "subdesenvolvidas" fossem, outrora, baluartes intocáveis de placidez e boa fortuna, mas sim que, desde a segunda metade do século XX, suas guerras intestinas e inter-regionais ampliaram-se tanto em escala quanto em significado geopolítico. Até então, eram ecos, meros reflexos, dos grandes conflitos entre as potências, a saber, atuavam como coadjuvantes na guerra entre as potências, quando esta se dava em territórios coloniais. Desde 1945, não houve conflitos reais entre as potências, e a guerra foi definitivamente deslocada à periferia, completamente absorvida por esta. Com efeito, os processos de libertação e independência das colônias vieram a um custo altíssimo: uma vez fora das sociedades metropolitanas, completamente destacadas como nações independentes, esses novos países (ex-colônias) puderam então cumprir, integralmente, o papel de substitutos vitimários, uma vez que, agora, as potências não mais corriam o risco de ter parte dos seus membros ameaçada por grandes perigos. Todo o peso e custo das guerras pôde ser transferido para fora das nações ricas e prósperas. Novamente, não se está dizendo que todas as ex-colônias e nem mesmo que a sua maioria tomou esse caminho, tampouco que isso foi uma constante aos que padeceram dessa contratransferência, mas sim que a abolição do sistema colonial trouxe, ao cenário pós-Segunda Guerra Mundial, a emergência de um bom número de nações institucionalmente frágeis, as quais se tornaram o destino natural das novas desordens sistêmicas internacionais. Por exemplo, o que ocorreu com a chamada Indochina, pós-descolonização francesa, foi paradigmático do que estamos falando, havendo outros casos em África, Oriente Médio e América Latina.

Todavia, como Girard haveria de concordar, esse "novo" sistema sacrificial montado no pós-guerra, em substituição ao antigo colonialismo, já começou a dar sinais de seu esgotamento, pois os fluxos migratórios em direção aos países ricos expressam, hoje, a exata medida dessa falência. Não se está a dizer, contudo, é imperioso ressaltar, que os países pobres sejam vítimas totais, em acepção pura e estrita, das nações ricas, seus dirigentes e corporações, nada disso. O pensamento mimético é sutil, complexo e revelador de paradoxos.

Não se trata de um sistema fechado, de uma ideologia. Há um todo correlacionado, o qual se estrutura tanto interna quanto externamente, revelando causas externas e internas. Em primeiro lugar, como sabemos, os países pobres são vítimas de elites locais, as quais, via de regra, obstruem ou mesmo sabotam eventuais benefícios, diretos ou indiretos (e eles existem),[26] que vêm de nações ricas e prósperas, principalmente os bons modelos, modelos libertadores. Em segundo lugar, são vítimas de sua história e condicionamentos culturais, em cujo desenlace repetem padrões de comportamento social e econômico que os mantêm aprisionados em práticas nocivas ao desenvolvimento ético, material e institucional. Em terceiro lugar, totalmente correlacionado aos dois enredos acima explicitados, e importantíssimo à teoria mimética, as próprias vítimas produzem, por sua vez, suas vítimas internas, reproduzindo e replicando, em si mesmas, o sistema vitimário. De fato, a realidade social das periferias das grandes cidades em países pobres, como no nosso Brasil, expressa *ipsis litteris* esse encadeamento vitimário, cujos frutos nefastos carregam as marcas abomináveis das vítimas locais de traficantes e outros grupos criminosos. Estes "senhores" de periferia, embora miseráveis sob inúmeros pontos de vista, exploram outros ainda mais miseráveis. Em nossa realidade nacional, podemos resumir essa situação, apocalíptica, à pertinente pergunta que faz o crítico literário João Cezar de Castro Rocha, em diálogo com a teoria mimética:[27] "Por que tratamos os migrantes [mais pobres que nós] que chegam a nossos países da mesma forma como sempre fomos tratados [pelos mais ricos] do outro lado da fronteira?"[28]

---

[26] Como, por exemplo, ocorre em profusão na África, onde chefes locais e ditadores controlam o afluxo de donativos e ajuda financeira internacional, os quais, via de regra, são expropriados de seus destinatários primeiros e realocados ao patrimônio pessoal desses chefes, suas famílias e clãs. "[...] a maior parte do dinheiro doado acabava nas contas privadas que os líderes mantinham em bancos suíços." WILSON, *The Rape of Zimbabwe*, p. 135.
[27] "Segundo o prognóstico apocalíptico de René Girard em *Rematar Clausewitz*, no plano político social contemporâneo, e não só na América Latina, a onipresença da mediação interna gera uma violência arcaica que já não produz o sagrado, mas somente multiplica o conflito." CASTRO ROCHA, *Culturas Shakespearianas*, p. 324-5.
[28] Ibidem, p. 322.

Voltemos, então, ao apocalipse em Girard.

> Os massacres de civis a que assistimos são fracassos sacrificiais, devido à impossibilidade de acabar com a violência por meio da violência, de expulsar violentamente a reciprocidade. Como a polarização em torno das vítimas tornou-se impossível, as rivalidades miméticas são liberadas contagiosamente, sem que jamais se possa prendê-las. Quando dois grupos "tendem para os extremos", a resolução costuma fracassar: vimos o drama iugoslavo, e também o de Ruanda. Temos muito a temer hoje em relação ao confronto entre xiitas e sunitas no Iraque e no Líbano. O enforcamento de Saddam Hussein apenas contribuiu para acelerá-lo. Bush, nesse sentido, é a própria caricatura daquilo que falta ao homem político, incapaz de pensar de maneira apocalíptica. Ele só conseguiu uma coisa: acabar com a coexistência, já precária, entre irmãos que sempre foram inimigos. O pior agora é provável no Oriente Médio, onde os xiitas e os sunitas tendem para os extremos. Essa escalada também pode acontecer entre os países árabes e o mundo ocidental.[29]

Fica claro como o teórico francês pensa a questão da guerra em seus parâmetros universais. Todos esses pequenos e médios conflitos, alguns extremamente virulentos, os quais passaram a substituir, por ora, o grande conflito mundial, não fazem outra coisa a não ser acelerar a falência generalizada do recurso universal ao bode expiatório. A multiplicação de caos social e vítimas aleatórias, perseguidas e massacradas nos confins do mundo, as

---

[29] GIRARD, Rematar Clausewitz, p. 64.

valas-comuns dos lugares esquecidos, é martirológio moderno, de fato, ecumênico, tão mais evidente quanto mais se tenta racionalizá-lo, politicamente, em cada caso em particular. Com efeito, a entrada do apocalipse implica a retirada do político. Pequenos acordos e soluções parciais, intervenções cirúrgicas, como dizem os especialistas, tornam-se, nesse quadro agravado, paliativos inócuos, e isso no melhor dos casos. Não há mais vitoriosos palpáveis nesse tipo de conflito, exceto a própria violência, "o vai e vem dos atentados e das 'intervenções' norte-americanas e demais potências só pode acelerar-se, na medida em que um responde ao outro. E a violência continuará o seu caminho".[30]

É preciso que o leitor não perca de vista, na leitura que se faz das análises geopolíticas de Girard, as fases e os modos de seu encadeamento teórico. O desejo mimético tende à rivalidade, mas, igualmente, tende a sua resolução com o bode expiatório, conforme vimos à exaustão. Esse jogo fechado, pelo qual se testemunha a instalação do sagrado, desde o aumento das rivalidades internas numa sociedade primitiva, seguido de uma crise sacrificial em que se acumulam os escândalos, para, finalmente, alcançar uma resolução via expiação, matéria-prima do pensamento e instituições arcaicas, funcionou muito bem, obrigado, por dezenas de milhares de anos; na verdade, durante tempos incontáveis, caso pensemos que se trata do mecanismo fundador da cultura instalado no seio das comunidades pré-históricas, lá gestado e desenvolvido; uma realidade que retrocede aos períodos paleolíticos.[31]

A partir da Paixão, sua revelação transmitida no movimento apostólico, um processo que se confunde com a criação da Igreja primitiva e ampliação de sua mensagem nos domínios do império romano, esse sistema arcaico e imemorial de esvaziamento de tensões aqui denominado de mecanismo do bode expiatório ficou, segundo

---

[30] Ibidem, p. 64.
[31] RIGHI, *Pré-História & História*.

Girard, irreversivelmente abalado. As soluções vitimárias tornaram-se, com o tempo, menos e menos solucionáveis, uma deficiência corrente que foi progressivamente se desqualificando, sobretudo, no Ocidente, em suas instituições e pensamento.[32] No despertar da modernidade, essa desqualificação crescente do sagrado se deu em paralelo a uma integração mundial iniciada pelas grandes navegações: a deficiência do sacrifício foi se alastrando sobre as demais culturas, chegando a um ponto deveras dramático durante a chamada Revolução Industrial, ponto de partida de *Rematar Clausewitz*.

> Na minha opinião, só o cristianismo consegue explicar [esse fenômeno], porque há mais de dois mil anos ele mostrou a inanidade dos sacrifícios, por mais que isso desagrade àqueles que querem crer em sua utilidade. Cristo retirou dos homens suas muletas sacrificiais, e deixou-os diante de uma escolha terrível: ou crer na violência, ou não crer mais nela. O cristianismo é a descrença.[33]

*

Ao dizer que "o cristianismo é a descrença", o teórico francês lança um destemido desafio cosmológico: se as religiões são, em primeiro lugar, imensos sistemas de contenção da violência *pela* violência, por meio das quais foi possível constituir e depois organizar, ritual

---

[32] Esse processo de desqualificação do mecanismo vitimário tornou-se historicamente bem visível no final do medievo e início da modernidade com a explosão dos chamados movimentos heréticos e os concomitantes contramovimentos repressivos, ao redor dos quais foram ensaiadas soluções sacrificiais que só fizeram aumentar a força dos não conformistas, não o contrário, como seria o esperado caso o mecanismo sacrificial estivesse funcionando de modo eficiente. "Ensinam-se às crianças que se parou de caçar as bruxas porque a ciência se impôs aos homens. Quando é o contrário: a ciência se impôs aos homens porque, por razões morais, religiosas, parou-se de caçar bruxas." GIRARD, *Quando Começarem a Acontecer essas Coisas*, p. 111.

[33] Ibidem, *Rematar Clausewitz*, p. 64.

e mitologicamente, o que reconhecemos por sociabilidade humana, então, sua gradual dissolução na modernidade representaria, sobretudo, um risco seriíssimo à sobrevivência.[34] Isso nos deixa, em tese, num impasse terrível. Não temos mais como salvar a religião, uma vez que esta vem perdendo de modo irreversível seu atributo central, no esboroamento de sua mola-mestra, qual seja, o sacrifício. Por outro lado, sem o anteparo da religião, sem a sua estrutura milenar de pesos e contrapesos, sem sua sabedoria institucional, não conseguiremos sobreviver socialmente, uma vez que perderemos o controle, em definitivo, de nossas violências intestinas. É nesse quadro, antropologicamente fundamentado em crescentes processos de rivalidade, que surge o apocalipse segundo Girard. É óbvio que o francês se alinha ao apocalipse cristão, mas o faz segundo os desdobramentos últimos da teoria mimética. Em certo sentido, a coragem de enxergar as consequências derradeiras de seu pensamento leva-o a consagrar o apocalipse como retrato fiel da trajetória humana.

> Essa realidade [de contenção] constitui a grandiosidade de todas as religiões, com a exceção do cristianismo, que aboliu a função provisória do sacrifício. Cedo ou tarde, ou os homens renunciarão à violência sem sacrifício, ou destruirão o planeta; ou estarão em estado de graça ou em pecado mortal. Pode-se, portanto, dizer que, se a religião inventa o sacrifício [do Outro], o cristianismo leva-o embora.[35]

Engana-se o leitor que enxerga, na passagem, um triunfalismo cristão por parte do francês, como se Girard estivesse a dizer que

---

[34] "É esse o preço da descoberta de um princípio da violência. É por isso que existe uma interpretação antropológica do pecado original: o pecado original é a vingança, uma vingança interminável. Ele começa com o assassinato do rival. E a religião é aquilo que nos permite viver com o pecado original. É por isso que uma sociedade sem religião destruirá a si própria." Ibidem, p. 65-66.

[35] Ibidem, p. 66.

o cristianismo é melhor que as demais religiões. Embora bastante comum, inclusive entre girardianos,[36] esse tipo de leitura perde o essencial. Em modo marcadamente apocalíptico, o teórico está sublinhando a alteridade do Logos do Deus das vítimas, sua incompatibilidade com as estruturas do mundo. Pouco mais adiante, no mesmo livro, ele dirá, solenemente, que o cristianismo histórico, sobretudo ele, também não se salvará enquanto religião.[37] Portanto, não se trata de forçar uma alegada superioridade desta ou daquela religião sobre as demais, mas dizer que as religiões, os grandes sistemas religiosos, estão, em certo sentido, estruturalmente, mas não integralmente, fadados ao fracasso, e que o cristianismo deveria ter sido o primeiro, dentre os sistemas, a tomar ciência disso.

O assunto é complexo, polêmico e cheio de armadilhas aos apressados em emitir pronunciamentos definitivos, aos que imaginam respostas fáceis. Penso que o pastor, teólogo e biblista Robert Hamerton-Kelly, aqui apresentado, amigo e colaborador

---

[36] Em conversa com um teólogo de renome, que dizia adotar Girard, ouvi que o teórico francês, ao sugerir uma superioridade intrínseca do cristianismo, deixava poucas saídas para um diálogo construtivo com outras religiões, ao que respondi que, em primeiro lugar, seria preciso fazer uma leitura mais cuidadosa sobre o sentido exato dessa "superioridade" e que, em segundo, o francês também dissera, em livro, que percebia uma superioridade sensível das religiões hindus frente às demais religiões, no "superior" entendimento que tinham do desejo como força construtora de toda a realidade social. O interessante, no entanto, era notar que, embora de fato afirmasse isso, em *O Sacrifício*, Girard jamais fora chamado a prestar esclarecimentos sobre tamanha tendenciosidade religiosa. O teólogo, aparentemente contrariado, interrompeu a conversa e saiu. De qualquer forma, em inúmeras ocasiões, o teórico francês, em tom decididamente jocoso, disse que a questão da "superioridade" só incomodaria o mundo acadêmico caso estivesse atrelada ao cristianismo. Ademais, o próprio Girard nos diz, em livro, o seguinte: "Por muito tempo tentei pensar o cristianismo como uma posição de superioridade, e tive de renunciar a isso. Hoje tenho a convicção de que é preciso pensar a partir do interior do próprio mimetismo." Ibidem, p. 144-45.

[37] "Hoje está claro que, quanto mais progredimos na História, mais regredimos ao ponto alfa. O cristianismo histórico – e aquilo que somos obrigados a chamar de *seu "fracasso"* – não é nada além do que a aproximação acelerada do fim dos tempos. Assim, não é mais apenas a reciprocidade que devemos interrogar, mas o sagrado a que ela conduz: um sagrado esvaziado pelas intervenções do judaísmo e do cristianismo, e ainda mais perigoso por ter sido desvalorizado." Ibidem, p. 140.

de Girard em Stanford, elaborou uma resposta precisa a essa questão absolutamente dramática, mas fundamental, enquanto pensava sobre o momento dificílimo pelo qual passa, atualmente, a teologia islâmica.

> Toda grande religião é grande à medida que decodifica sua própria mitologia de violência sagrada. Ao fazer isso, as grandes religiões revelam o ardil do assassinato, tornando-o progressivamente ineficaz, o que acaba enfraquecendo o controle religioso tradicional da violência [...]. Ao destruir-se a si mesmo como religião, está fundamentalmente *salvando-se como fé*.[38]

Torres Queiruga caminha na mesma direção ao dizer, em *Repensar a Revelação*, com base principalmente na profecia, que "Israel compreender-se-á a si mesmo *a partir de sua fé*",[39] em seus piores momentos de derrota, de fracasso nacional e religioso. Nessa chave teológica mais alta, "destruir" a religião implica destruí-la tão somente como obstrutora da fé, ressignificando-a como religião liberta do sagrado violento, o que, em sentido formativo, implica subvertê-la enquanto tal.

Ingressando no Apocalipse de João, em seu desfecho, temos uma passagem absolutamente desconcertante aos parâmetros da Antiguidade: na visão da Jerusalém celeste, capítulo 21 do Apocalipse, há uma descrição relativamente detalhada dessa cidade espiritual, na verdade um imenso santo dos santos. Todavia, no final da descrição, num anticlímax que surpreende a muitos (teólogos, crentes, descrentes e acadêmicos), afirma-se então que "não vi *nenhum templo* nela, pois o seu templo é o Senhor, o Deus Todo-Poderoso

---

[38] HAMERTON-KELLY, "An Introductory Essay", p. 19.
[39] TORRES QUEIRUGA, *Repensar a Revelação*, p. 51.

e o Cordeiro".[40] Sabendo-se que o Apocalipse se passa, figurativamente, no santo dos santos e que a Jerusalém celeste é apresentada como contrapartida celestial do santo dos santos,[41] o espaço mais recôndito e sagrado do Templo, qual seria o sentido de afirmar a supressão de quaisquer templos na Jerusalém dos Anjos? A resposta parece fácil, mas, na realidade, não o é. Sim, temos o célebre "Não sabeis que sois um templo de Deus e que o Espírito de Deus habita em vós?",[42] uma exortação à realidade fundamentalmente espiritual do "templo", de qualquer templo, especialmente o mais importante de todos, os nossos corpos. Todavia, ao privar deliberadamente a Jerusalém celeste de templos, tenhamos em mente a instituição, o Apocalipse nos informa acerca de uma incompatibilidade profunda entre a Jerusalém dos Anjos e as religiões do mundo. Como não poderia deixar de ser, há, nessa revelação, uma ironia profunda e mesmo devastadora aos parâmetros religiosos do arcaico: no Final dos Tempos, na adoção integral da Jerusalém angélica, a Cidade de Deus se seculariza. Antes que alguns leitores rasguem as vestes, escandalizados com tamanha blasfêmia, peço-lhes que entendam o sentido específico de "secularização" usado, abertamente explicitado no Apocalipse.

> Para entrarem na Cidade pelas portas. Ficarão de fora os mágicos, os impudicos, os homicidas, os idólatras e todos os que amam e praticam a mentira.[43]

O assunto é dificílimo e creio que não teríamos como destrinchá-lo por completo no momento. A nós interessa saber que o Apocalipse

---

[40] Apocalipse 21,22.
[41] "No Livro do Apocalipse, João viu a arca restaurada ao santo dos santos (Apocalipse 11,19), viu quatro cavalos partirem do templo (Apocalipse 6,1-8), viu o Homem em meio a sete candelabros, a menorá (Apocalipse 1,12), ouviu o Espírito prometer aos fiéis que receberiam o maná escondido (Apocalipse 2,7). *João estava descrevendo a restauração do primeiro templo.*" BARKER, *Introdução ao Misticismo do Templo*, p. 127.
[42] 1 Coríntios 3,16.
[43] Apocalipse 22,15.

de Girard, na distinção que nele se faz entre religião e fé, tratando a segunda como sublimação da primeira, como seu destino escatológico, tratando-a também, em linguagem histórico-antropológica, como superação do sistema vitimário, introduz uma possibilidade de redenção humana muitíssimo estreita, agora condicionada, exclusivamente, à escatologia apocalíptica. É esse o sentido mais vital e orgânico de Girard como pensador eminentemente apocalíptico. Nessa esfera, o próprio conceito de história parece diluir-se, decompor-se sob a força escatológica da revelação. Cristo torna-se senhor dos tempos.

> A Paixão revela os mecanismos vitimários: ela se enrola "nas voltas" do pecado original e faz com que elas apareçam à luz do dia. Cristo impõe assim uma alternativa terrível: ou segui-lo, renunciando à violência, ou acelerar o fim dos tempos. Nos dois casos, ele nos coloca diante do pecado original, e nos obriga a encarar esse "abismo". Que significa isso, senão que o cristianismo tem o religioso arcaico como seu único horizonte? Essa é a verdade apocalíptica que ninguém quer enxergar.[44]

A passagem explicita que a aceleração dos tempos, inevitável diante da recusa universal – das nações – ao *Via Christi*, provoca uma *regressão* histórica. À medida que o tempo avança nas sociedades modernas, irreversivelmente enfraquecidas do sagrado, leia-se do *sacer* primitivo, mais as questões urgentes ao arcaico, os desafios de sobrevivência tipicamente pré-históricos, retornam com força imprevisível, mas, agora, para o assombro de um mundo que se crê civilizado, que se crê liberto do sacrifício. As questões tratadas em *A Violência e o Sagrado* voltam revigoradas, são reatualizadas, mas no caixilho de uma modernidade com armas de destruição em

---

[44] GIRARD, *Rematar Clausewitz*, p. 141.

massa, uma humanidade depositária de técnicas desassossegadoras de manipulação digital, biológica e ambiental.

Do mesmo modo que as sociedades arcaicas tinham de vigiar a violência em seus mínimos detalhes, arrancando-lhe qualquer motivo de descontrole, igualmente, as sociedades pós-modernas têm de investir mais e mais tempo e energia em aparatos de vigilância, uma vez que, hoje, mesmo pequenos grupos podem causar grandes estragos. Todavia, em sociedades desprovidas do sagrado violento, quais sejam, aquelas crescentemente conscientes das vítimas, esse recrudescimento da vigilância só faz aumentar tensões internas que não têm como ser mais dissipadas catarticamente. O resultado, anunciamos, é o aumento generalizado de pequenos e médios conflitos que tomam comunidades inteiras e se espalham dos lugares mais vulneráveis aos menos vulneráveis, ao mesmo tempo que os poderes reforçam suas linhas de defesa e redobram a aposta em novas técnicas de controle e destruição.

Retomemos brevemente Bernanos:

> A Técnica pretenderá cedo ou tarde formar colaboradores arregimentados de corpo e alma para seu Princípio, isto é, que aceitarão sem discussões inúteis sua concepção de ordem, da vida, suas Razões de Viver. Num mundo inteiramente votado à Eficiência, ao Rendimento, não será importante que cada cidadão seja consagrado desde seu nascimento aos mesmos deuses?[45]

Não creio que Bernanos, embora católico, temesse um retorno generalizado ao paganismo *stricto sensu*, mas, claramente, preocupava-se com o ímpeto escravizador do arcaico, visivelmente renovado nos

---

[45] BERNANOS, *A França contra os Robôs*, p. 98-99.

projetos totalitários do século XX, em cujos ventres a existência foi instrumentalizada, vista como engrenagem de maquinários horrendos. Em sociedades dominadas pela violência, pelo risco de sua irrupção desenfreada, a escravização do outro passa a se impor nos sistemas de desejo. Escravizar/escravizar-se torna-se socialmente aceitável e mesmo desejável, especialmente durante crises sociais agudas, em que o apelo à restauração imediata da ordem legitima concentrações de poder e práticas de violência até então consideradas inaceitáveis. De fato, Bernanos foi testemunha viva desse processo, dessa recaída no arcaico, em Espanha, durante a guerra civil entre republicanos e franquistas,[46] da qual participou. Na mesma época, o historiador galês Christopher Dawson, igualmente tomado de espírito apocalíptico, face à tragédia aterradora que se precipitava sobre a Europa, uma verdadeira *hora das trevas*, também viu a "Besta" de múltiplas cabeças solta, para o desespero do homem comum.

> O traço mais típico do sistema totalitário contra o qual lutamos é a pretensão de controlar a mente dos homens, bem como seus corpos, e, para reforçar tal reivindicação, mobiliza todos os recursos na nova magia negra do sugestionamento das massas e da propaganda. Trava guerra não só com meios militares e econômicos, mas com armas espirituais dirigidas contra a mente e a vontade das pessoas que se lhe opõem – não somente contra elas, mas contra todos os povos cujas simpatias possam afetar o resultado do combate – o que quer dizer todos os povos do mundo.[47]

As atrocidades cometidas na Segunda Guerra Mundial, na Guerra Civil Espanhola, nas repressões bolcheviques contra dissidentes, na

---

[46] Idem, *Os Grandes Cemitérios sob a Lua*.
[47] DAWSON, *O Julgamento das Nações*, p. 80.

Armênia, nas colônias africanas, etc., são sintomáticas de uma ampla realidade social em agudíssima crise sacrificial. À medida que o recurso ao bode expiatório foi perdendo sua *quase*-natural consensualidade espontânea no transcorrer da modernidade, afetando diversos ambientes sociais, as forças políticas totalizantes, alçadas ao poder em momentos de crise, tomaram para si o papel da *religio* arcaica, um passo temeroso que as fez incorporar funções sacrificiais em ambientes sociais parcialmente libertos das linguagens do sacrifício. Tamanho impasse foi condutor de imensos expurgos, verdadeiros genocídios, na esperança vã que se criou de restabelecer consenso social/nacional/ideológico via catarse sacrificial. Nada poderia ter sido mais humanamente desastroso, uma vez que se compensou a falta de espontaneidade catártica, de real envolvimento sacrificial, de um mundo que não mais acreditava em "bruxas", com quantidades absurdas de vítimas. Os ódios nacionais e ideológicos criados nessa baciada de equívocos viram-se, em questão de poucos anos, pegos numa armadilha satânica. Não houve catarse duradoura, não houve reparação sacrificial, apenas genocídio.

Diferentemente do contexto arcaico, que fora dominado pelo mito, e que, portanto, criava uma real legitimidade em seus expurgos, as hostes modernas, que se organizaram para perseguir raças, povos e dissidentes ideológicos, fizeram-no tendo de esconder o que de fato faziam. Por exemplo, se os nazistas realmente acreditassem na malignidade essencial do "Der Jude", não teriam se preocupado em esconder, ao máximo, a medida política chamada de solução final.[48] Eles esconderam o mais que puderam esses crimes, porque, no fundo, sabiam que cometiam crimes! A ideologia nazista, em sua vocação nitidamente arcaizante, não obstante, anacrônica, forçava-os a reinstalar um sagrado violento que não mais se acomodava facilmente no seio da modernidade; queriam acreditar em algo que sabiam não ser crível fora da ideologia nazista. Com isso, sabiam

---

[48] Solução essa sob a incumbência das SS, decidida em encontro secreto, completamente fora do escrutínio público, em janeiro de 1942.

que ou bem o mundo inteiro se nazificaria ou bem os crimes que cometiam seriam expostos ao mundo, revelando-lhes a crueldade monstruosa. Felizmente, prevaleceu o segundo. O resultado interno, todavia, foi esse desastre que, tão logo revelado ao mundo, tornou-se um trauma profundo na consciência do povo alemão. Isso significa que, antes de odiarem os judeus, o nazismo odiava a preocupação com as vítimas, instalada no imaginário e sensibilidade modernos. Essa negação violenta de uma realidade moral e espiritualmente presente gerou o apocalipse hitlerista. Vejamos o que Girard tem a dizer sobre o assunto:

> O objetivo espiritual do hitlerismo, na minha opinião, era arrancar a Alemanha em primeiro lugar, a Europa em seguida, à vocação que lhe é atribuída pela tradição religiosa: a preocupação com as vítimas. Por razões táticas evidentes, o nazismo em guerra tentava dissimular o genocídio. Penso que, se tivesse triunfado, o teria tornado público, a fim de demonstrar que, graças a ele, a preocupação com as vítimas já não era o sentido irrevogável de nossa História. Supor, tal como faço, que os nazis viam claramente, na preocupação com as vítimas, o valor dominante do nosso mundo, não será sobrestimar a sua perspicácia dentro da ordem espiritual? Não creio. Neste domínio, apoiavam-se no pensador que descobriu a vocação vitimária do cristianismo, no plano antropológico, Frederico Nietzsche.[49]

Está claro que se tratava de situação de tudo ou nada. A imposição nazista do sagrado violento sobre a Europa moderna só se viabilizaria por meio de vitória militar total e irrestrita, na reinstalação do

---

[49] GIRARD, *Eu Via Satanás*, p. 212.

gênio guerreiro germânico, com a concomitante destruição de todos os valores e símbolos de uma cultura preocupada com as vítimas. Esse desacorrentamento da violência, o desagrilhoamento da "Besta", teria o objetivo primeiro de reinstalar a violência sagrada no ventre da cultura europeia. De fato, em seus domínios internos, em suas vísceras, o nazismo foi indiscutivelmente anticristão, característica essa confirmada por quem vivia, à época, na Alemanha.[50,51]

Essa guerra total dos impérios contra a realidade do santo dos santos, contra a doação amorosa de Deus-e-o-Cordeiro, é o que se retrata, precisamente, no Apocalipse. Trata-se da guerra que a violência move contra a verdade, ou seja, um conflito entre dois modos existenciais, dois Reinos irreconciliáveis, duas formas opostas de Expiação. Ou bem a violência suprime violentamente a verdade, o que tornará esta ainda mais verdadeira em sua denúncia, em sua diferença própria, ou bem a verdade converte a violência, tornando-a menos violenta ou mesmo dissipando-a. A vitória da violência remete, circunstancialmente, ao martírio; a vitória da

---

[50] Por exemplo, em seu relato absolutamente tocante e indispensável, Victor Klemperer, um socialista-judeu, professor universitário, especialista em linguagem, um homem que sobreviveu ao III Reich, nos diz: "A única coisa que faltava era um chefe supremo, um Führer. 'Só um homem que fosse mais que um guerreiro ou um simples organizador poderia transformar essa força secreta, adormecida, em um instrumento vivo, poderoso e flexível'. Se esse líder genial fosse encontrado, ele haveria de criar um novo espaço territorial para os alemães, enviando para a Sibéria 35 milhões de tchecos e outros povos não germânicos. O espaço europeu ficaria liberado para o povo alemão, que o merecia por direito, dada a superioridade que possui, *apesar do sangue 'infestado pelo cristianismo' há dois mil anos...*" (KLEMPERER, *LTI – A Linguagem do Terceiro Reich*, p. 69). Nesse trecho, Klemperer, investigando as bases ideológicas do nazismo, parafraseia e cita o autor alemão Max René Hesse, especificamente, sua obra *Partenau*, em que fica claro como havia um pangermanismo latente e abertamente hostil ao cristianismo na base simbólica e ideológica do nazismo. De fato, sabemos que o ingresso aos escalões das SS e Gestapo estava vetado a quem tivesse compromisso com o catolicismo e outras denominações cristãs.

[51] "A apresentação [os desfiles paramilitares do partido nazista] não era mero exercício, mas uma dança arcaica e uma marcha militar [...]. Aos gritos as pessoas pressionavam para se achegar bem perto da tropa. Os braços selvagemente estendidos pareciam agarrar algo, e os olhos de um jovem, como duas labaredas, revelavam um estado de êxtase religioso." Ibidem, p. 59.

verdade, irrevogavelmente, à conversão. Portanto, no plano teológico, a verdade sempre vence.

É essa a vitória do Apocalipse, realidade já presente num plano, o celestial, mas ainda por se consolidar em outro, o terrestre. A vitória espiritual já ocorreu simplesmente porque, nesse plano, a violência nada pode contra a verdade. Na realidade criadora do santo dos santos, a violência desmancha, derrete, frente ao amor incomensurável do Criador. É por isso que, ao contrário do que vulgarmente se imagina, o apocalipse é, via de regra, um pensamento destinado à esperança irrestrita na verdade, o que implica, necessariamente, um afastamento radical dos métodos e meios de violência.

Não por acaso, a epígrafe que Girard escolhe para *Rematar Clausewitz* vem de Pascal, em que se lê: "Estranha e longa é a guerra com que a violência tenta oprimir a verdade. Nenhum esforço da violência consegue debilitar a verdade, mas apenas fortalecê-la. Todas as luzes da verdade nada podem para deter a violência, e só conseguem deixá-la ainda mais irritada".[52] Não se trata, todavia, de jogo sem vencedores, antagonismo interminável entre polos contrários e equivalentes. Pascal remata, dizendo: "o curso da violência é limitado pela ordem divina, que dirige seus efeitos para a glória da verdade que ela ataca, e a verdade, por sua vez, subsiste eternamente, e ao final triunfará [...]."[53] Esse entendimento só é possível à luz do apocalipse, pelo qual somos informados de que a reparação – a Expiação/Julgamento/Discernimento – foi feita e a sentença lavrada, restando às mulheres e homens alinharem-se à decisão tomada. A posse completa desse discernimento expressa-se naquilo que a teoria mimética chama de *consciência romanesca*, com a qual iniciamos esta obra. Essa consciência nos revela a impossibilidade de escapar do mimetismo, restando-nos a liberdade de negar-lhe os piores modelos, reformando-nos com base nos melhores.

---

[52] PASCAL, *Cartas da Província*, XII.
[53] Ibidem.

O Senhor-e-o-Cordeiro é o modelo Um, o modelo-criador. De fato, o quadro se resume a um conflito entre modelos, os quais são expressos em simbologia cósmica ou meta-histórica, conotações paradigmáticas de alcance universal, como é o caso de modelos derivados como "Reino de Deus" e "Reino das Trevas", o primeiro associado à religião da verdade; o segundo, à religião da guerra. Mas que verdade é essa?

> Privados do sacrifício, temos de encarar uma alternativa inevitável: ou reconhecemos a verdade do cristianismo, ou contribuímos para a escalada para os extremos ao recusar a Revelação. Ninguém é profeta em sua própria terra, porque terra nenhuma quer enxergar a verdade de sua violência. Toda terra sempre tentará dissimulá-la, a fim de manter a paz. E a melhor maneira de manter a paz é fazer a guerra. Foi por isso que Cristo sofreu o destino dos profetas. Ele se aproximou dos homens levando a violência deles à loucura, desnudando-a. De certo modo, era impossível que ele tivesse sucesso. O Espírito, por outro lado, continua sua obra no tempo. É ele que nos faz compreender que o cristianismo histórico fracassou, e que os textos apocalípticos agora, mais do que nunca, terão muito a nos dizer.[54]

Nosso fracasso histórico, afinal de contas, as violências se alastram insidiosamente, disseminando-se sociedades adentro, famílias adentro, instituições adentro, deixando-nos frente ao apocalipse, refluxo inevitável de nossos crimes, cuja reparação solicita a intervenção de autoridades maiores. A presença do Espírito é indissociável da perspectiva apocalíptica, e, ao garanti-la, Girard torna-se

---

[54] GIRARD, *Rematar Clausewitz*, p. 174-5.

inapelavelmente um pensador inserido no apocalipse, confirmando, assim, nossa hipótese. Nesse momento, temos, então, um teórico moderno transfigurado em apologeta apocalíptico, fundamentalmente inclinado ao universo místico de um pensamento que discorre sobre a desestruturação das potestades do mundo, sua inevitável falência, por conta do caos que promove, após a destituição das "Bestas", após a exposição e destruição de sua fonte de poder: "É por isso que o movimento do apocalipse consiste em inverter todas as fundações humanas: unidade da vítima voluntária; dualidade da guerra; explosão iminente da totalidade. Não são mais os homens que fabricam os deuses, é Deus que veio tomar o lugar da vítima. Os profetas e os salmos preparam essa interpretação fundamental da vinda de Deus, que se confunde com a Cruz. A vítima, aqui, é divina antes mesmo de ser sacralizada. O divino vem antes do sagrado. Ele restabelece os direitos de Deus".[55]

Cumpre-se a meta. Podemos dizer que ao restabelecer, via apocalipse, a anterioridade substancial do Logos do Deus da vítima sobre o *sacer* tribal, o sagrado forjado nas relações humanas, fabricado em nosso caldeirão mimético, nossa própria imagem e semelhança autoprojetada, bezerro de ouro *par excellence*, Girard redescobre a transcendência do Filho, encontrando a paz intelectual que tantas vezes lhe escapara, rematando, por assim dizer, sua própria obra. Muito além de Clausewitz, Girard remata o seu pensamento, encerrando uma longa peregrinação investigativa originada no romance moderno, reencaminhada em direção à tragédia, aos mitos e ao arcaico, avançada aos limites da hominização, para então ser recuperada nos profetas, na tradição bíblica e, sobretudo, nos Evangelhos e Apocalipse, uma linha investigativa em que o apocalipse esteve sempre presente, desde seu primeiro livro, *Mentira Romântica*, mas que, de coadjuvante, passou a ocupar espaços maiores, até assumir a "voz" de uma trombeta que proclama a entrega do destino do mundo ao Cordeiro. Nesse

---

[55] Ibidem, p. 175.

momento, a antropologia religiosa de Girard, fundamentada nos alicerces da teoria mimética, firmada em seus encadeamentos internos, abre-se para uma teologia mística,[56] ao encontro da qual nunca fora preparada. Podemos apenas especular quais teriam sido os frutos desse casamento tardio, rebentos que certamente viriam caso o teórico francês não tivesse sofrido os AVC(s) que, em 2010, interromperam-lhe bruscamente obra e pensamento.

Sabemos apenas que tencionava escrever um trabalho sobre Paulo, nos mesmos moldes em que fizera com outros autores, o que apenas nos confirma os prováveis frutos desse casamento interrompido, mas consumado.

---

[56] "É preciso então arriscar tudo e revelar a vocação do homem: essa não violência que é puramente divina. Trata-se então de juntar-se a Deus. A verdadeira teologia é uma teologia mística." Idem, *Deus: uma Invenção?*, p. 113.

conclusão
novas possibilidades de estudo em teoria mimética

A teoria mimética poderá dar auxílio permanente num mundo periclitante, fundamentalmente religioso, instável e perplexo consigo mesmo. A religiosidade humana é sinal fundante, realidade social que nos acompanha para muito além dos registros históricos. Penso que a teoria mimética tem valor inestimável para a compreensão do moderno, justamente porque bem compreende o arcaico, ressinalizando-o em nossas tribos digitais, em nossa fragilidade sistêmica. Com efeito, teoria mimética e apocalipse precisam dialogar mais e melhor.

Em 1978, pouco depois de lançar *Coisas Ocultas*, Girard dizia a interlocutores céticos, não obstante credulamente apoiados nas teorias de secularização, à época em voga, que em breve teriam desagradáveis surpresas com o retorno tempestuoso do religioso. Mal havia pronunciado essa prédica fora de moda, irrompeu a chamada Revolução Iraniana, e o mundo ocidental, à época certo da lenta, mas irreversível dissolução das religiões, viu-se, novamente, obrigado a lidar com a "insensatez". Ironicamente, à custa de outra insensatez, a nossa própria, Girard pode fazer sucesso com esse livro, o qual lhe deu a oportunidade de explicar, em detalhes, e para um público não acadêmico, sua questão de fundo: nós humanos, miméticos que somos, também somos, irremediavelmente, religiosos. Nossa religiosidade extrapola quaisquer denominações específicas, escorregando e invadindo as atividades humanas em todos os seus campos: artístico, científico, político, econômico, estético, esportivo, etc. Desejo mimético e religiosidade são uma só e mesma realidade, a saber, a inclinação irrefreável para o universo do *ser*.

O Ocidente precisou que um antigo rival acordasse-o de seu entorpecimento, o qual, não bastasse a impertinência da lembrança tardia e indigesta, ainda ousou jogar-lhe na cara o pecado da idolatria ao dinheiro e outros vícios na matéria. De repente, o Ocidente, mesmo "sem religião", óbvia mas convincente falácia, percebeu-se religiosamente odiado; pior, percebeu-se religiosamente atrelado à matéria. Todavia, isso também pode significar uma abertura, uma libertação, uma vez que não se está aferindo, aqui, o certo e o errado, mas constatando-se a irresistível permanência do religioso em qualquer âmbito.

*

Em seus livros sobre a antiga religiosidade hebraica em associação com o cristianismo primitivo, nos quais se esmiúçam os modos narrativos e símbolos específicos dessa cosmovisão, Margaret Barker, por vezes, nos sugere que a consumação de uma profecia também acarretava, com base em elementos esperados, uma realidade inesperada, misteriosa, absolutamente desconcertante às expectativas padrão, o que dava à correta interpretação – da profecia – um papel tão ou mais importante que o da visão. Não bastava receber a profecia, pois se fazia necessário interpretá-la com destreza, tarefa para poucos. Barker chega a afirmar que "o esperado tornando-se o inesperado é tema da história cristã".[1] Na profecia, transe e inteligência caminhavam juntos.

A vinda esperada do Messias libertador, um novo Joshua/Josué, o qual, tal como o Josué original, o conquistador de Canaã, libertaria os judeus das mãos do inimigo opressor, de fato, encarnou-se num homem chamado Josué/Jesus. Isso significa que o nome Jesus/Josué associava-se fortemente, ao menos no imaginário popular,

---

[1] BARKER, *Christmas – The Original Story*, p. 75

à libertação política,[2] algo que se torna nitidamente evidente em relação às expectativas que se tinha para como Jesus Nazareno, conforme disposto no cântico *Magnificat*, oração atribuída a Maria, durante a anunciação/visitação: "Agiu com a força de seu braço. Dispersou os homens de coração orgulhoso. Depôs poderosos de seus tronos".[3] Ora, sabemos, ao findar a leitura dos Evangelhos, que Jesus Nazareno não fez proeza nenhuma com a força de seu braço, muito menos depôs os poderosos de seus tronos, pois o que fez foi algo incomensuravelmente maior, porém inesperado. Sim, o esperado e o inesperado, agindo de mãos dadas.

> O filho de Maria, porém, seria chamado de Jesus por outro motivo: salvaria seu povo de seus *pecados*, não de seus inimigos [...], conforme fora declarado em Mateus: "ele salvará o seu povo dos seus pecados".[4]

Isso significa que o papel central de Jesus, sua atribuição primeira, era o de expiador dos pecados do povo, curador e recriador da ordem por meio da expiação sumo sacerdotal, exatamente como celebrado na figura do Cordeiro-e-o-Senhor do Apocalipse de João. Antes e acima de quaisquer deliberações políticas, havia a vivificação do ritual expiatório no santo dos santos. Todo o resto dependia desse rito. Isso nos importa sobremaneira, uma vez que coloca o apocalipse na perspectiva primeira de uma teologia, não de uma política, embora esta sempre tenha o seu papel a cumprir. Penso o mesmo para a teoria mimética, e seria muito bom se os seus eventuais seguidores a entendessem, em primeiríssimo lugar, como insight profundo acerca do homem e sua trajetória, como teoria vinculada à cosmologia e inteligência dos Evangelhos.

*

---

[2] Ibidem.
[3] Lucas 1,51-52.
[4] BARKER, *Natal: a história original*, p. 186

Nesse quadro bastante real, assim penso, a teoria mimética dará valiosas contribuições aos interessados em compreender, em profundidade, o que se passa. Todas as épocas são religiosas; a questão é entender como o sagrado violento faz o deslizamento, *glissement*, de seu repertório fatalmente acusatório e persecutório sob novas representações, encarnando novos "movimentos" destinados, não obstante, a resultados que nada tem de novos: violência entre irmãos, acusações estéreis, comportamento homicida, enfim, "a rota antiga dos homens perversos", como nos afirma Jó e nos reconfirma Girard. Os extremos políticos bem sabem como usar esses símbolos e seus apelos. Adoram os "mitos" e os "grandes ideais", fanatizam-se pela personalidade de líderes, apropriam-se do poder em detrimento do próximo, o irmão ideologicamente odiado.

O apocalipse tem muito a nos ensinar sobre esse descaminho, tão antigo quanto a humanidade, uma vez que, por meio do apocalipse, recomenda-se um desvelamento profundo da interioridade do homem e as estruturas que o dominam, expressão de exercícios espirituais específicos,[5] uma ascese profética; porém, infelizmente, o apocalipse vem sendo, em geral, uma das primeiras vítimas dos propagadores do descaminho, os quais, desafortunadamente, por ignorância, usam-no para incitar guerras e expurgos, usam-no como material ideológico destinado a fanatizar sujeitos emocionalmente vulneráveis; enfim, usam-no como instrumento de manipulação mental. Do mesmo modo, a teoria mimética corre o risco de ser instrumentalizada por senhores que dela nada mais querem a não ser um meio eficaz de "previsão social", ferramenta para a engenharia social.

---

[5] "Somente depois do desvelamento da interioridade, torna-se possível realizar duas ações consideradas especiais na experiência dos EE [Exercícios Espirituais Inacianos]: ativar as capacidades, os dons, as possibilidades, os recursos desconhecidos, as riquezas ou, conforme dizia Inácio de Loyola, os desejos; e, destravar as feridas, os fracassos." (RIBEIRO, "O Espírito do Pastor", p. 151). A autora faz referência específica aos exercícios inacianos, mas podemos dizer que por trás da apocalíptica, da produção textual, havia uma preparação espiritual/moral semelhante: oração, estudo e discernimento.

Na reunião que se fez entre teoria mimética e apocalipse, uma reunião que exprime sinteticamente a trajetória pessoal e intelectual de Girard, houve um experimento em teoria da história, antropologia e teologia, pelo qual pudemos avaliar a força hermenêutica incomensurável de uma teoria-insight que confere ao desejo um potencial infinito de ser.

"Eu sou Aquele-que-é, Aquele-que-era e Aquele-que-vem",[6] a saber, sou o humano, naturalmente presente, historicamente situado e teologicamente orientado, saibam disso ou não.

[6] Apocalipse 1,8.

posfácio
tinha um apocalipse no meio do caminho – e também no princípio

João Cezar de Castro Rocha

A hermenêutica de Escher

Neste livro, *Sou o Primeiro e o Último – Estudo em Teoria Mimética e Apocalipse*,[1] Maurício Righi firma seu nome como um dos mais criativos intérpretes da obra fundamental do pensador francês René Girard. Ora, basta considerar o impacto crescente da teoria mimética nas mais diversas áreas de conhecimento, assim como a vasta fortuna crítica a ela dedicada, para avaliar a relevância da reflexão do jovem historiador brasileiro.

De fato, o primeiro encontro de Righi com as ideias de Girard foi mediado pelas preocupações do historiador das religiões no contexto do Oriente Próximo pré-histórico. Refiro-me ao ensaio *Pré-história & História*, no qual levou adiante "uma investigação das instituições arcaicas mais intimamente associadas ao religioso e aos 'campos do sagrado'".[2] Preocupado com o fenômeno urbano como um dos elementos de formação do longo processo que se denomina

---

[1] Originalmente uma Tese de Doutorado, recebeu em 2019 o Prêmio CAPES de Tese, na área de Ciência da Religião e Teologia.
[2] Mauricio Righi. *Pré-história & História: as Instituições e as Ideias em seus Fundamentos Religiosos*. São Paulo, É Realizações, 2017, p. 52.

cultura, o autor enfrentou o desafio de propor uma hipótese relativa à gênese mesma da urbanização por meio de um estudo de caso: nada menos do que o sítio arqueológico de Çatalhöyük, muito provavelmente a mais antiga civilização urbana conhecida; sítio próximo ao que hoje é a cidade turca de Konya.

A relação com a teoria mimética salta aos olhos: o templo como edificação matriz, o sacrifício como forma de controle da escalada da violência. Associação tornada ainda mais palpável pela presença, na Universidade Stanford, do arqueólogo responsável pelas escavações em Çatalhöyük, Ian Hodder.[3] Ele e René Girard colaboraram, pois, como recorda Jean-Pierre Dupuy: "Hodder pensava justamente que o autor de *A Violência e o Sagrado* poderia ajudá-lo a interpretar algumas de suas descobertas. Fez-se o contato, e dele resultou uma colaboração de vários anos".[4] Nesse território palmilhado por pesquisadores de ponta, Maurício conseguiu oferecer uma contribuição própria, em alguma medida anunciando o norte deste novo livro:

> Com efeito, o próximo apocalipse poderia envolver realmente a terra inteira, e os céus e os mares desta terra reunindo em escala e intensidade inéditas, bem maiores do que as do último grande apocalipse, agregados político-religiosos devastadores, cujas implicações destrutivas sobre o meio ambiente e social, a depender da intensidade, não podemos nem sequer avaliar.[5]

Entenda-se a força do gesto: trata-se de radicalizar a centralidade do elo inextricável entre a violência (mimética) e o sagrado (violento); conúbio que não pode senão engendrar um entendimento propriamente apocalíptico da condição humana. Em outras

---

[3] O sítio arqueológico foi descoberto por James Mellaart na década de 1960.
[4] Jean-Pierre Dupuy. "Os paradoxos do sagrado". In: Mauricio Righi, op. cit., p. 21.
[5] Ibidem, p. 325.

palavras, demonstrada a fecundidade da teoria mimética para a reavaliação de temas históricos espinhosos, Maurício inverte os termos da equação, sugerindo que o pensamento girardiano pode ser reinterpretado à luz da reconstrução histórica do problema que o autor deste livro situa no centro irradiador da própria teoria mimética: o apocalipse – aqui entendido como símbolo, motivo e concepção particular do tempo.

Nas palavras do autor:

> É preciso dizer, em primeiríssimo lugar, que apocalipse e teoria mimética, ambos, fixam moradas extraordinárias, decididamente insólitas aos que gostam do preto no branco, que se locupletam no pensamento binário. [...] Isso não é pouca coisa, mas é o que se espera neste [...] nosso estudo em teoria mimética e apocalipse: um grande encontro ocorrerá, estabelecido, creio, num mútuo reconhecimento cosmológico, sublinhando a confluência orgânica e a interdependência estrutural entre duas hermenêuticas poderosíssimas.[6]

Eis o eixo da exegese apresentado neste livro. Outra vez, Maurício radicaliza uma percepção que, embora aqui e ali esteja anunciada, nunca havia sido sistematizada, e muito menos exaustivamente estudada. Desse modo, à noção da importância da imaginação apocalíptica no pensamento girardiano, o autor acrescenta uma análise dos principais livros de René Girard, a fim de demonstrar que o apocalipse sempre esteve no cerne das preocupações do criador da teoria mimética. E isso desde seu primeiro livro, *Mentira Romântica e Verdade Romanesca* (1961), culminando em seu último título, *Rematar Clausewitz* (2007), no qual o tom apocalíptico e inclusive

---

[6] Ver, neste livro, p. 23-24.

apologético foi plenamente assumido. Numa declaração cuja eloquência justifica o esforço de Maurício Righi, o pensador francês reconheceu: "A apologética, sobretudo quando é apocalíptica, não tem outra finalidade além de abrir os olhos daqueles que não querem ver".[7] Desse modo, muito mais do que apenas tocada por uma imaginação apocalíptica, a obra girardiana seria vocacionalmente determinada por uma orientação apocalíptica, inclusiva apologética.

(A teoria mimética, você sabe, às vezes exige redundâncias.)

O duplo e a unidade em René Girard

O exame feito por Maurício Righi é definitivo: se, por exemplo, em *A Violência e o Sagrado* (1971) o motivo apocalíptico parece represado, pelo menos não é explicitado, já em *Coisas Ocultas desde a Fundação do Mundo* (1978) o motivo retorna à cena e desde então só fez tornar-se mais e mais dominante. A proximidade da experiência da finitude – encontro marcado ao qual ninguém escapa, pois os que lá estão por nós esperam sem pressa aparente –, pensa Maurício, não deixou de exercer influência considerável na reflexão girardiana.

Atenção!

Aqui, Maurício dá a volta ao parafuso – e sua ousadia merece ser destacada:

> Na reunião que se fez entre teoria mimética e apocalipse, uma reunião que exprime sinteticamente a trajetória pessoal e intelectual de Girard, houve um experimento em teoria da história, antropologia e teologia, pelo qual

---

[7] René Girard,. *Rematar Clausewitz: Além Da Guerra*. São Paulo, É Realizações, 2011, p. 131.

> pudemos avaliar a força hermenêutica incomensurável de uma teoria-insight que confere ao desejo um potencial infinito de ser.[8]

Isto é, o autor deste livro reúne leitura minuciosa, e fecunda, de textos do pensador francês, e observação atenta, e fecunda, dos contextos de sua biografia. Assim, a experiência traumática da ocupação alemã e da colaboração do General Phillipe Pétain, no malfadado regime de Vichy, marcou profundamente o jovem estudante da École Nationale de Chartes: "Podemos apenas imaginar o impacto traumático que a presença nazista, em solo pátrio, teve na vida do francês, principalmente por atravessar os anos decisivos à personalidade, na passagem da adolescência para o início da vida adulta".[9] De igual modo, a conversão, melhor dito, a reconversão ao catolicismo é iluminada por um drama pessoal:

> Girard experimentou, realmente, uma conversão. Como chegou a dizer inúmeras vezes, foi convertido em etapas, num primeiro momento pela própria obra em seu encontro com Dostoiévski, mas que, na sequência, passaria por imersões desabaladas frente à aproximação crescentemente intensa com as chamadas Escrituras, dando à sua obra sinais manifestos de um envolvimento além da mera intelectualidade, a saber, um envolvimento desejoso da própria linguagem e experiência religiosas.[10]

Contudo, não se atribua ao autor deste livro o resgate anacrônico de um ingênuo biografismo.

Nada disso!

---

[8] Ver, neste livro, p. 429.
[9] Ver, neste livro, p. 396.
[10] Ver, neste livro, p. 27-28.

Muito pelo contrário, ao adotar esse método, Maurício revela-se um leitor agudo do segundo livro de René Girard, em geral pouco discutido, *Dostoiévski: do Duplo à Unidade* (1962). Nesse ensaio, ele realizou com o escritor russo idêntico percurso analítico, heterodoxo tanto na década de 1960 quanto nos dias de hoje, combinando exegese textual e estudo biográfico. O efeito de esclarecimento recíproco é impressionante: Girard reconstrói com brilho o processo de conversão romanesca do autor Dostoiévski, e ao mesmo tempo acompanha as vicissitudes do homem Fiódor.[11] O resultado é um ensaio único em sua capacidade de transitar da vida à obra e desta àquela sem reducionismo algum.

(Duplo analítico, pois: *Sou o primeiro e o único* afirma a unidade de propósito com *Dostoiévski*.)

Temos, portanto, uma hipótese forte e um método seguro no livro que você tem em mãos. De um lado, a vocação apocalíptica surge como autêntico alfa e ômega da teoria mimética. De outro, à interpretação detalhada dos textos, alia-se a sensibilidade para as circunstâncias existenciais do pensador.

Há mais.

Maurício não se contenta em identificar a onipresença do tema do apocalipse na obra girardiana – o que, por si só, já seria uma conquista. Ele vai além e reconstrói, em capítulos de grande interesse, as bases simbólicas e históricas do apocalipse, e isso por meio do resgate de contextos diversos e de um gênero literário praticamente esquecido, a apocalíptica. Não se trata de definir a teoria mimética como um desdobramento desse gênero, porém, isso sim, trata-se de enriquecer a compreensão do pensamento girardiano

---

[11] Um único exemplo do método girardiano: "Há, no fundo da metamorfose da arte dostoievskiana, uma verdadeira conversão psicológica da qual as *Memórias do Subsolo* permitirão que destaquemos novos aspectos". René Girard, *Dostoiévski: do Duplo à Unidade*. São Paulo, É Realizações, 2011, p. 46.

no âmbito daquela tradição – uma das tantas coisas ocultas pela modernidade de recorte iluminista. A etimologia da palavra, ἀποκάλυψις, "revelação" em grego, esclarece a dimensão do projeto: "Defendemos, no entanto, que Girard envolve-se pessoalmente nessa compreensão, nessa desconstrução mitológica de proporções cósmicas, atingindo sua expressão máxima no que chamamos aqui de *apocalipse-revelação*".[12]

Hora de concluir este breve posfácio, pois o mais importante é passar logo ao texto.

Uma última palavra – porém.

O historiador Maurício Righi conclui seus dois livros aqui mencionados recorrendo a um movimento gêmeo,[13] ou seja, cuidadosamente voltados ao passado longínquo, por vezes mesmo pré-histórico, nem por isso seus olhos negligenciam o tempo presente.[14] Seu propósito é bem o oposto; afinal, se alfa e ômega se tocam, o jovem historiador parece determinado a emendar o fracasso de certo narrador, atando com êxito as pontas que esclarecem os conflitos e os impasses do calor da hora com lentes de um tempo muito, muito distante.

(Será mesmo um tempo assim tão distante?)

---

[12] Ver, neste livro, p. 137.
[13] Maurício Righi é autor de um terceiro título: *Theodore Darlymple – A Ruína Mental dos Novos Bárbaros*. São Paulo, É Realizações, 2015.
[14] "Penso que a teoria mimética tem valor inestimável para a compreensão do moderno, justamente porque bem compreende o arcaico, ressinalizando-o em nossas tribos digitais, em nossa fragilidade sistêmica. Com efeito, teoria mimética e apocalipse precisam dialogar mais e melhor". Ver, neste livro, p. 425.

posfácio
a invasão (um ensaio dramático)
Martim Vasques da Cunha

> High water risin', six inches 'bove my head
> Coffins droppin' in the street
> Like balloons made out of lead
> Water pourin' into Vicksburg, don't know what
> I'm goin' to do
> "Don't reach out for me," she said
> "Can't you see I'm drownin' too?"
> It's rough out there
> High water everywhere.
>
> Bob Dylan, "High Water (for Charley Patton)"

1.

Logo em seu primeiro livro, *Pré-História & História – as instituições e as ideias em seus fundamentos religiosos* (2017), o historiador Maurício G. Righi nos apresentou a uma forma inusitada de ver o percurso da condição humana. Inspirado na teoria mimética de René Girard (1923-2015) e na reconstrução histórica do galês Christopher Dawson (1889-1970), entre outros, ele argumenta que o ser humano realiza uma peregrinação civilizacional. Começa com o *homo urbanus*, habitante das cidades construídas sobre sacrifícios repletos de mortes hediondas, ao *homo necans*, o caçador que precisa matar para sobreviver neste mundo cruel, e termina com o *homo spiritualis*, o sujeito que controla o Mal dentro de si porque decide imitar algum Deus o qual o faça superar os seus vícios e conquistar a virtude que ainda habita no seu coração. Righi tem pontos em comum com o escritor Claudio Magris, o qual, no ensaio *The Fair of Tolerance*, escreve que, para manter a unidade social, a tolerância só será justa se for observada a existência de *princípios não negociáveis*. São as *leis não escritas dos deuses* meditadas por Sófocles na *Antígona*, aquilo que não se pode negar a existência de forma nenhuma porque formam a *base* da realidade objetiva, na qual o ser humano vive. Quem negar isso, cairá naquele alçapão da loucura que Dostoiévski descreveu tão bem como "tudo é permitido", no qual o caos torna-se uma instituição. Para Magris, essas "leis não escritas" são compreendidas sempre à luz da razão humana e consistem nesse centro de experiência comum que compõe e solidifica a cultura ocidental. É justamente essa experiência permanente para todos que o ensaísta triestino identifica como a verdadeira "laicidade". Ser "laico" não significa ser *contra* a religião; significa respeitá-la como uma experiência factual que molda outras culturas; significa usar a luz da razão humana para compreender que existem outras coisas além da nossa vã filosofia; significa que, para a religião cristã, que moldou o continente, deve-se respeitar qualquer *outra* religião, e esta não pode desrespeitar os *princípios não negociáveis* (e vice-versa). Ora, o que o autor de *The Fair of Tolerance* defende é o contrário do que afirma, por exemplo, um iluminista como Voltaire. Para o francês, a tolerância só pode existir se a religião for vista como uma mera superstição. Já tanto para Righi quanto para Magris, o fenômeno religioso é justamente o fundamento da *verdadeira* tolerância – a que obriga o ser humano a dominar a si mesmo, sob quaisquer circunstâncias extremas. Portanto, jamais pode se negar que a *única* igualdade democrática dos nossos tempos é a prática do Mal, a existência do *mysterium iniquitatis*, do berço ao túmulo.

2.

O *leitmotiv* do percurso é constante na obra de Righi e na de seu inspirador maior, René Girard. Isso se evidencia no segundo livro do historiador brasileiro, *Sou o Primeiro e o Último – estudo em teoria mimética e apocalipse* (2019). No caso de Girard, vivenciamos este percurso no próprio pensamento desse autor instigante, que elaborou uma grande obra e que praticamente beira à monomania, na qual ele explica que jamais desejamos por nós mesmos e sim porque imitamos os desejos dos outros – ou seja, quem admiramos, invejamos, nos apaixonamos, etc. É o famoso *desejo triangular*, cujo conceito seminal foi desenvolvido na estreia como crítico literário de primeira categoria (em *Mentira romântica e verdade romanesca*, de 1962), depois foi além com os estudos antropológicos no assustador *A violência e o sagrado* (1972) e, ao sintetizar as duas linhas de trabalho, adentrou também na densa selva da hermenêutica bíblica, em especial a do Novo Testamento, com descobertas surpreendentes sobre como a vinda de Cristo seria a revelação do Deus encarnado na Terra e de toda a matriz de violência da cultura humana – as tais "coisas ocultas desde a fundação do mundo", título de um famoso livro seu de entrevistas publicado em 1978 e que o transformou em personalidade fora do mundo acadêmico. O ponto de virada, em todos esses escritos, é a noção de que o mimetismo deixa de ser triangular a partir de um momento que podemos chamar de "salto civilizacional", transformando-se em algo ainda mais trágico: o *desejo metafísico*, no qual um sujeito de temperamento possessivo pode sufocar qualquer tipo de individualidade, quando passa a querer ser cada um dos seus alvos, como se estivessem presos em uma coleira invisível. Como bem descreveu Robert Hamerton-Kelly em *Violência Sagrada – Paulo e a hermenêutica da Cruz* (2012), um livro essencial para entender a escola de pensamento da qual Righi faz parte, "o desejo é imitativo e apropriativo". Ele só existe se for mediado por alguém que também possa ser um modelo para outra pessoa; mas se a mediação se estreita entre dois sujeitos que, direta ou indiretamente, desejam a mesma coisa, a tensão aumenta de intensidade e, assim, temos três estágios. O primeiro é quando o desejo imita o desejo do outro pelo objeto. O segundo é o *self* do indivíduo que passa a substituir o objeto pelo desejo do outro; e o terceiro ocorre ao notarmos que, ao substituir o objeto, "o *self* busca não apenas possuir o desejo do outro, mas seu *próprio* desejo, na medida em que o encontra mimeticamente no outro, uma vez que o *self* e o outro se tornam duplos". Deste ponto em diante, a tensão se torna crescentemente intolerável, os duplos se aceleram na sua indiferenciação, assemelhando-se cada vez mais em espiral descendente "à medida que as diferenças entre eles começam a progressivamente a desaparecer". A imitação de mão única revela ser uma imitação de mão dupla que, posteriormente, alcançará seu estado crítico – e então, com as distinções borradas, "as identidades humanas se aglutinam e os monstros aparecem", com a chegada da inevitável "crise sacrificial", na qual alguém será punido pela avalanche diabólica dos desejos. Aqui reside, portanto, a raiz de um comportamento que, se ampliarmos na trajetória da história humana, devemos chamá-lo de "apocalíptico." Em *Sou o Primeiro e o Último*, Righi parte da tese de que a obra de René Girard anseia por ser decifrada numa chave não só apocalíptica em si, mas sobretudo num conteúdo com este mesmo tom que, ao fim e ao cabo, seria uma releitura da revelação cristã, a qual recebemos desde a vinda e a ressurreição de Jesus de Nazaré. Por meio de uma leitura cerrada não só dos livros girardianos mais famosos como também de outras pérolas pouco lidas – como o ensaio sobre Dostoiévski lançado em 1971, o fundamental *Eu Via Satanás Cair do Céu Como um Raio* (1997) e a última *magnum opus*, *Rematar Clausewitz* (2011) –, o brasileiro prova que há uma "inteligência bíblica" na análise de Girard sobre o comportamento humano, uma inteligência que resume uma "caminhada silenciosa" cujo principal *insight*, ainda que em alguns momentos bastante subterrâneo, foi "usar os Evangelhos para fazer ciência". Isto implicou ver, sob um novo prisma (e aqui Righi teve inspiração imediata de uma declaração informal feita por Hamerton-Kelly), que o conjunto total dos escritos de René Girard seria indissociável do homem, indissociável de sua existência concreta e dramas pessoais, do fato de ter sido um acadêmico e da relação que isto teve com sua produção intelectual. Para Righi, percebê-lo foi semelhante a sentir "o sopro que Elias escutou após a tormenta", algo que foi "abrindo espaços" na vida interior de Girard, especialmente "no transcorrer de um momento particularmente difícil de sua existência, até que florescesse, finalmente, numa espécie de 'conversão'". E é então que o historiador brasileiro tem o seu próprio *insight* – e o eixo do seu novo livro: para ele, "houve um processo contínuo de assimilação apocalíptica que invadiu o pensamento do teórico francês, processo iniciado desde o final dos anos 1950, conduzindo-o rumo a uma escatologia progressivamente conectada ao apocalipse dos Evangelhos e ao Apocalipse de João, elementos estes reconhecidamente ligados às admoestações de Jesus sobre a fundação mentirosa do mundo, justamente as coisas ocultas fundadas no 'reino de Satanás'".

3.

Uma das características principais da modernidade é a apropriação que o "reino de Satanás" fez daquilo que foi classificado por Righi de "inteligência bíblica". Aqui, o elemento essencial é a inversão de sentido rumo a uma imaginação apocalíptica, que vê tudo a convergir para uma catástrofe inevitável, em vez de ir para outra espécie de apocalipse – um apocalipse moldado pelo *summum bonum* [Bem Supremo], cuja principal intenção é nada mais nada menos que garantir a salvação da alma dos verdadeiros cristãos, os quais prevaleceram enquanto viviam neste "vale de lágrimas". Para Righi, o que a obra de Girard faz é restaurar essa derradeira Soberania do Bem, se usarmos a expressão de Iris Murdoch. Contudo, nem sempre foi assim, em especial entre os *scholars* da "república invisível", que comanda o verdadeiro mundo das ideias. Tomemos o caso de Eric Voegelin e seus discípulos, entre eles o mais brilhante de todos, Ellis Sandoz, especialmente no seu grande livro *Political Apocalypse: a study of Dostoievsky's Great Inquisitor* (2008). Na sua acepção, um "apocalipse político" é a experiência histórica que tem seu conteúdo de significado retirado daquilo que chamamos de "Livros da Revelação" na Bíblia. No Antigo Testamento, temos o de Daniel; no Novo, temos o livro que deu o nome ao gênero literário hoje chamado de "apocalíptica" – e que lida com o desvelamento das primeiras e das últimas coisas que estruturam a nossa realidade objetiva, em especial nas suas perspectivas metafísica e escatológica. A literatura deste tipo é abundante no curso da História – e foi uma das correntes principais de pensamento entre a Idade Média e o Renascimento, especialmente entre as polêmicas ocorridas por causa da Reforma Protestante. Um dos pensadores mais célebres desse período foi o teólogo Joaquim de Fiore (1131-1202), cujas preocupações apocalípticas permearam a sua interpretação de que a História teria um sentido definido. Este tipo de comportamento coincidiu com a imanência da escatologia cristã e também com a ascensão radical do secularismo na Civilização Ocidental. Dessa maneira, o apocalipse político encontrou expressões notáveis da sua perspectiva idiossincrática nos vários movimentos gnósticos que surgiram nos anos posteriores, chegando ao seu clímax após a Revolução Francesa, com sua obsessão pelas ideologias do progressismo, utopianismo e ativismo revolucionário, todas incorporadas nos ensinamentos dos séculos XIX e XX. O detalhe sinuoso de como o "reino de Satanás" infectou essa perspectiva é que, para ser identificado como tal, o apocalipse deve ter os seguintes elementos. Em primeiro lugar, ele é geralmente percebido e articulado em tempos de extrema angústia e tensão nervosa; é repleto de avisos de sofrimentos e maldades sem precedentes, e sempre encoraja os seus leitores a perseverarem na fé e justiça divinas. Em segundo, ele cria uma especulação histórica que divide o curso dos eventos em uma sequência de períodos temporais, representando-os como se fossem polos em um campo de batalha, onde as forças agudas e duais do bem e do mal – entre Deus e Belial e seus demônios – atuam simultaneamente no presente e no futuro. Em terceiro, é igualmente profético e escatológico em seu conteúdo; no contexto bíblico, pode ser distinguido de outros relatos proféticos e escatológicos pelos seguintes fatores: (a) a profecia apocalíptica é dada em um alcance temporal que é extremamente amplo, com uma duração de séculos, em vez de se estender no futuro imediato, além de ocorrer num escopo espacial que transcende as preocupações cotidianas, para enfim atingir proporções cósmicas; (b) a escatologia apocalíptica não se preocupa somente com o fim derradeiro da História, mas, já que foi concebida com um senso mortal de que o curso das coisas chegará ao seu término, lida em especial com os eventos e as evidencias de que, em breve, teremos um acontecimento esclarecedor. E, finalmente, (c) o apocalipse representa a dinâmica da História tanto como algo que permite ao ser humano exercer a sua liberdade plena como a possibilidade do homem de se render à vontade de Deus, em um processo histórico que culminará na intervenção direta do Messias para alcançarmos a eternidade no Reino dos Céus.

4.

Outro exemplo de apocalipse com perspectiva negativa, um apocalipse orientado não pelo *summum bonum*, mas sim pelo *summum malum* [Mal Supremo], é o que encontramos nos minuciosos estudos do *scholar* americano Richard Landes, desta vez com outro nome: *expectativa apocalíptica*. Trata-se de um tipo de discurso que sempre começa com o nosso modo de percebermos o tempo – que, no caso, ainda guarda uma forte influência da chamada "filosofia da História" de Santo Agostinho, descrita especificamente em seu tratado *A Cidade de Deus*. Apesar da sua reflexão ser a resposta mais responsável já feita sobre o fato de que ninguém sabe o que acontecerá quando o Fim dos Tempos finalmente chegar (pois ele pode ocorrer a qualquer momento, sem nenhum aviso), ainda assim Agostinho moldou a nossa consciência – e, em especial, a consciência daqueles que se autodenominam "intelectuais" – de uma maneira tão paradoxal que, ao contrário do que o bispo de Hipona pretendia, aprendemos a suspender nossos juízos morais e a evitar decisões que envolvam uma distinção nítida entre o Bem e o Mal. De acordo com o autor de *Confissões*, vivemos no *saeculum*, o mundo do tempo-espaço, da história e seus sofrimentos, onde vivemos a existência humana encarnada. Este *saeculum* é um *corpus permixtum*, um mundo extremamente confuso e permissivo, onde o Bem e o Mal estão misturados, no qual até mesmo uma instituição como a Igreja Católica compartilha da confusão entre esses dois, incapaz de atender à sua vocação escatológica. O peso deste mundo é evidente quando nos deparamos com a inveja, a *libido dominandi* (vontade de poder) e a traição dos nossos semelhantes, o que parece nos condenar a uma vida de decepções constantes. Apesar de nunca afirmar quando exatamente testemunharemos o Fim dos Tempos, Agostinho diz que isso acontecerá algum dia, e com absoluta certeza, uma vez que, ora, as Escrituras previram-no no Apocalipse de São João. Até lá, somos obrigados a viver com o Mal, representado sobretudo pela violência sagrada e injustiça. Agostinho também acreditava na providência divina – ou seja, Deus poderia intervir quando quisesse para impedir o crescimento do Mal. Mesmo assim, com a passagem do mundo medieval para o moderno, a crença numa providência divina perdeu força na psique do homem, e a teodiceia – a justificativa na existência de um Deus bom e caridoso em um *cosmos* dominado pelo *mysterium iniquitatis* – foi sendo devidamente questionada, até chegarmos num momento em que nada mais sobrou, exceto o "desencantamento" que soçobrou em nossos corações. Isso não impediu que a expectativa apocalíptica continuasse nas mentes modernas por um bom tempo, transformando-se assim numa espécie de "transcrição oculta" [*hidden transcript*] no comportamento cotidiano, em especial nas áreas da cultura, política e tecnologia. Nesta percepção dividida entre o "tempo normal" que pensamos viver e o "tempo apocalíptico", que tomou conta do nosso inconsciente, também descobrimos que a maioria das pessoas opera entre uma transcrição pública e outra oculta. A primeira seria aquele tipo de atitude em que tentamos aceitar a predominância da ordem social e a segunda seriam as narrativas jamais articuladas de forma explícita, em que nós apenas falamos de modo sussurrado e anônimo, igual ao seguinte ditado etíope – "*Quando o grande senhor passa por nós, a mulher do camponês acena com a cabeça em respeito e peida silenciosamente*". Pois bem: a expectativa apocalíptica é uma "transcrição oculta", é esse "peido silencioso". Não queremos admiti-la, mas lá está ela, viva, forte e cada vez mais resiliente. É uma *liturgia cíclica* que não queremos acreditar que ainda comanda nossas ações mais banais. A diferença essencial entre ter esse tipo de expectativa na época de Agostinho e neste século XXI é o fato de que, com a ausência de uma percepção ativa da presença de Deus nas coisas deste mundo, passamos a acreditar que o Mal só pode ser

vencido se um evento definitivo resolver esse desequilíbrio, numa
revelação final da justiça divina que, por falta de alguém que faça o
trabalho corretamente, substitua o papel divino. A partir daí, seguir-
-se-á um período maravilhoso, os mil anos que trarão paz, harmonia
e doçura entre os seres humanos, algo que Agostinho jamais imagi-
nou quando escrevia sobre o *saeculum* em *A Cidade de Deus*.
A força dessa transcrição oculta é tamanha que, como o evento
milenar nunca aconteceu (e, ao que parece, jamais acontecerá), a
noção apocalíptica do tempo acentuou-se cada vez mais entre nós,
contagiando toda a sociedade, indo de suas franjas – com os desa-
justados e excluídos – até atingir o topo da hierarquia – como é o
caso da elite política que hoje domina o globo terrestre. É então que
surge, aqui, um problema grave: enquanto a expectativa e o discurso
apocalípticos se mantiverem na periferia da sociedade, serão perfeitamente administráveis. Todavia, quando se transformam numa
epidemia, aquilo que julgávamos conhecer como a esfera pública, a
coisa será rompida sem nenhum aviso. E assim os seguintes comportamentos, descritos abaixo por Richard Landes em *Heaven On Earth:
The Varieties of Millennial Experience* (2012), antes estritamente
marginais, passam a se tornar dominantes, sem que o resto da
população possa fazer nada a respeito, uma vez que também está
completamente mergulhada no contágio dessa transcrição oculta.
A ordem dos eventos ocorre da seguinte maneira: em primeiro lugar,
há a perda de uma comunidade geral, mais orgânica, que acompanha a entrada a uma comunidade mais íntima, mais particular,
fechada em si mesma. Seus integrantes passam a ter um sentimento
de conexão espiritual, de um propósito em comum, de um compromisso cósmico – e assim tornam-se crentes num grupo que continuará inalterado, mesmo quando ficar evidente que o evento derradeiro
não aconteceu. Depois, o crente apocalíptico passa a viver em
constante ato de individualismo radical, rompendo com o passado e,
ao mesmo tempo, submetendo-se da mesma forma ao novo grupo,
em particular ao líder do movimento, completamente inspirado na
transcrição oculta. Isso cria, entre eles, uma vulnerabilidade psicológica – em especial, quando se põe a mais completa confiança nas
mãos desses líderes – que, paradoxalmente, permite aos outros

membros do grupo apocalíptico ter a certeza de que podem guiar os que estão fora da comunidade e os quais, se insistirem nesse tipo de atitude, certamente se apresentarão como fracos ou como vítimas de uma "lavagem cerebral". Em terceiro lugar, quanto menor for o horizonte temporal desses grupos, muito mais intensa se torna a expectativa apocalíptica. Cada episódio deste tipo é algo semelhante ao do porco que passa a ser bem alimentado para depois ser levado ao abatedouro – sua morte é o ponto final que enfim revelará a sua função neste planeta. A tensão psíquica resultante deste tipo de atitude é entre a cautela e a paixão e, para quem é de fora, tudo o que parece ser irracional e insano é, para quem está dentro da comunidade, pleno de ardor e propósito – e assim a intransigência do crente cresce cada vez mais, conforme a decepção surge como fato inevitável. E, em quarto lugar, a proximidade do momento apocalíptico induz a um comportamento exaltado e extremo, que vai do ascetismo radical à generosidade extravagante, passando por atos violentos (como licenciosidade sexual, quebra de tabus, consumo de alucinógenos e até mesmo assassinato). Eis um pêndulo psicológico que também observamos nas estruturas sociais dominadas pela expectativa apocalíptica – e que guarda semelhanças assustadoras com a violência sagrada do mimetismo descrito por René Girard. São estruturas que, de uma maneira ou outra, profundamente antiautoritárias (pelo menos a respeito de onde existem as velhas autoridades), geralmente começam como igualitárias radicais (na ode contra a propriedade privada e a favor da propriedade coletiva) e, imersas no desconhecimento de que não há liberdade sem um *mínimo* de ordem, acabam por se tornarem, conforme as circunstâncias, em sociedades ainda mais autoritárias e repleta de desigualdades ainda mais extremas entre os seus membros.

5.

Para superar o apocalipse do *summum malum* e, enfim, começar a contemplar o apocalipse do *summum bonum*, torna-se fundamental

passar por outro percurso – o da *conversão*. Aqui estamos falando
de um dos conceitos mais caros à obra de Girard – algo pelo qual o
próprio teórico francês atravessou para que suas ideias não ficassem
petrificadas numa espécie de racionalismo estéril, imune à realidade
concreta. E é nesse ponto que a inteligência bíblica do apocalipse
começa a ser vista como se fosse uma invasão do eterno em nosso
cotidiano dominado pelo "reino de Satanás". Sem essa entrada do
mundo invisível no visível, em nossa percepção, não teríamos como
entender que a conversão é viver a "virtude do risco" – ou seja, colocar-se diante da obra a ser escrita não como observador imparcial,
mas sim como um pesquisador ativo. A própria tese de Girard passou
pelo teste, ao percebermos que o apocalipse começa a se manifestar
no final de *Mentira Romântica e Verdade Romanesca*, alcançando
seu desvelamento derradeiro nas páginas sobre o poeta Friedrich
Hölderlin, em *Rematar Clausewitz*. O fundamento desta conversão
girardiana está em outro *insight* revelador (e completamente incorporado por Righi em seu livro): o de que é verdade que o *Logos* está,
sim, desmoronando-se no mundo, apesar de tudo o que foi feito nas
belas construções culturais, mas há também um equívoco enorme
ao não percebermos que essa mesma evidência "se encontra distor-
cida e perturbada por uma enorme ilusão, e essa é a mais estranha
e durável ilusão de todo o pensamento ocidental". Com sua habitual
(e dolorosa) lucidez, Girard explica esse devaneio civilizacional da
seguinte maneira (a ser encontrada no ensaio "A subversão do mito
pelos Evangelhos", disponível na antologia *Política e Apocalipse*):
"A ilusão segundo a qual o *Logos* grego de Heráclito e o *Logos*
judaico-cristão são a única e a mesma coisa. Essa ilusão já está presente no pensamento medieval, o qual vê o *Logos* de Heráclito como
uma antecipação do *Logos* de João. Está presente na escola histórica
da modernidade, que vê o *Logos* joanino como cópia e usurpação
do *Logos* grego. Está, ainda, presente em Heidegger, o primeiro que
tentou separar o *Logos* grego do judaico-cristão, mas que não teve
êxito ao ver a mesma violência em ambos. Essa assimilação do *Logos*
judaico-cristão em função do grego é muito mais do que um simples
equívoco, certamente, pois é um fato da nossa história; é, na verdade, o fato intelectual capital da nossa história".

6.

O fato de que os dois *Logoi* não podem ser o mesmo *Logos* fica evidente quando Girard confirma sua conversão dentro de sua obra, quando assume seu erro em relação ao uso equivocado do conceito de sacrifício. Essa "distração invencível" se mantém diante dos nossos olhos cheios de escamas, porque não queremos perceber que "o *Logos* judaico-cristão, o Cristo como *Logos*, é realmente a verdade que não está aqui"; ele é "a verdade que é sempre expulsa, negada e rejeitada" e que "constitui a formulação mais direta de tudo que está agora em jogo em nossa crise cultural, na desintegração do *Logos* grego e cultural. Esse *Logos* grego é o *Logos* construído sobre a violência e o mal-entendido gerado por essa violência humana, é o *Logos* da expulsão, ao passo que o Logos judaico-cristão é a verdade expelida, ou, ainda melhor, a *própria* verdade, mas que ainda é expulsa e rejeitada". Enfim, no mundo dominado pelo Reino de Satanás, nem mesmo o apocalipse consegue ter um sentido objetivo e benéfico e, portanto, sua essência real será igualmente expelida do debate público e da consciência individual, por mais talentoso que seja o estudioso do assunto. E não se trata apenas da pureza da "expectativa apocalíptica" que está em risco. Trata-se do *summum bonum*, o Bem Supremo, que foi *sacrificado* da própria realidade tal como a conhecemos. E, nesse ponto, nem Girard passou imune a esse delírio; contudo, o tempo lhe deu a "inteligência bíblica" para corrigir-se. Em *Coisas Ocultas Desde a Fundação do Mundo*, por exemplo, o francês afirma, sem hesitar, que a vinda do Cristo denuncia o mecanismo mimético do mundo da violência (o *nosso* próprio mundo), e o resolve por meio da renúncia a qualquer espécie de ação que interfira na vontade de Deus – no caso, a de se mostrar como um poder que recusa a manutenção do desejo violento, que não é responsável por qualquer ato que o homem possa cometer contra si mesmo, pois Deus não tem culpa de nada, já que o ser humano mata porque quer esquecer que mata. No meio desse raciocínio, temos uma bomba atômica epistemológica: no caso, a visão que Girard tem sobre o cristianismo histórico, considerado por ele como uma versão deturpada de algo que, na falta de nome melhor, é chamado de "cristianismo sacrificial". Segundo a sua leitura dos Evangelhos, a paixão de Cristo não teria sido um sacrifício. Jesus teria de morrer de qualquer maneira, porque se continuasse a viver neste mundo, o do Reino de Satanás, seria obrigado a praticar algum ato terrível para permanecer nele. Contudo, antes que nos apressemos a julgar o argumento, chamando-o prontamente de "herético", devemos lembrar de que o termo *sacrifício* tem um sentido peculiar na obra de Girard; para ele, "sacrifício" é o resultado chocante do mecanismo mimético, o momento em que as disputas que destroem a sociedade chegam a um ápice que só será resolvido através da morte de um inocente – o "bode expiatório" – expelido da consciência humana por meio da construção deliberadamente artificial de um mito (hoje em dia seria a tal da "narrativa"). Dessa forma, como o Cristo não é um bode, pois é a única vítima na história que tinha plena consciência de seus atos, a Paixão não pode ser considerada um "sacrifício" *lato sensu*, simplesmente porque era a sua função, conforme a vontade do Pai, denunciar a violência da qual se funda *toda* a cultura humana. Para o alívio de muitos e, talvez, do próprio francês, Girard consideraria outra forma de ver a morte de Jesus como um "sacrifício diferenciado", num livro de entrevistas, publicado anos depois, *Evolução e conversão* (2011). Ali se lê: "Uma vez que o sentido do sacrifício como imolação, assassinato, é o antigo, decidi que o termo 'sacrifício' deveria aplicar-se ao primeiro tipo, o sacrifício criminoso. Hoje mudei de ideia. A distância entre as duas atitudes permanece infinita, não resta dúvida; e é a diferença entre o sacrifício arcaico, que se volta contra um terceiro, tomando-o como vítima daqueles que estão lutando, e o sacrifício cristão, que é a renúncia de toda afirmação egoísta, inclusive da vida, se necessário, a fim de não matar". Não satisfeito com o núcleo da sua reviravolta pessoal, Girard afirma que, enquanto estivermos neste mundo, não teremos como nos desviar do triste fato da "inabilidade do ser humano para evitar a violência se sacrificar os outros". É justamente por isso que Cristo veio ao mundo – para nos libertar dessa terrível necessidade. Assim, em termos teóricos, Girard resolveu seu problema existencial, ao usar o termo "sacrifício" para nomear o ato de sacrificar a si mesmo como fez Cristo. Torna-se viável dizer que, a seu próprio modo imperfeito, o primitivo, o arcaico, é profético em relação ao Cristo. Não se pode encontrar diferença maior: de um lado, o sacrifício como assassinato; de outro, o sacrifício como disposição para morrer, a fim de não tomar parte naquela primeira modalidade de sacrifício. Opõem-se radicalmente um ao outro, sendo, contudo, inseparáveis. Inexiste um espaço não sacrificial intermediário, de onde possamos descrever tudo com um olhar neutro. A história moral da humanidade é a passagem do primeiro sentido para o segundo, realizada por Cristo, mas não pela humanidade, que fez de tudo para escapar desse dilema e, sobretudo, para não vê-lo.

7.

É muito provável que Girard chegou a esta descoberta lendo ninguém menos que William Shakesperare (1564-1616), como fica evidente naquela que é sua *summa theologica*: *Shakespeare – Teatro da Inveja* (1990). Neste livro, temos uma explanação global e completa do percurso que vai do desejo triangular à crise sacrificial, passando pela recorrência do desejo metafísico, à criação do "bode expiatório", até o momento em que vislumbramos Girard ter as primeiras percepções de um apocalipse benéfico, apesar do crescimento implacável da violência sagrada em um mundo no qual a escalada aos extremos tornou-se regra com o extermínio em massa de seres humanos – algo que veremos plenamente articulado em *Rematar Clausewitz*. Essa nova intuição – que tenta criar um percurso do *Logos* grego ao *Logos* judaico-cristão – está descrita no capítulo específico dedicado à peça *Hamlet* (1599/1602), na qual lemos que, segundo Girard (talvez mimetizando o próprio Shakespeare), "o grande artista é um magneto", pois "consegue canalizar nossos impulsos miméticos para onde quiser". O que isso significa na prática – e, em termos precisos, na nossa vida cotidiana? Tudo gira em torno de uma única palavra obsessiva – a consequência derradeira do Reino de Satanás que contaminou nossa inteligência bíblica: *vingança*. Tal como Shakespeare, Girard percebe que essa atitude negativa em relação ao outro é o que provavelmente a torna "a verdadeira natureza do mundo moderno". E, aqui, qualquer tipo de arte, seja o cinema, a literatura ou o teatro, torna-se aparentemente inútil. Afinal, o que fazer quando o *Logos* cristão foi violentamente expulsado, de uma vez por todas, do ambiente dominado pelo *Logos* grego, que esconde, por meio da catarse esteticista, a vingança recíproca que domina todas as relações humanas? Girard afirma que Shakespeare antecipou esse movimento com uma presciência notável – e *Hamlet* foi um esboço do que o futuro nos reservaria. Afinal, a trama de vingança no seio de uma família real mimetiza não só a vingança que consome os membros das famílias que tentam viver normalmente suas pequenas vidas, mas mimetiza, sobretudo, as relações internacionais entre as grandes nações e os impérios, entre os poderes e os potentados. O drama do príncipe da Dinamarca é o primeiro indício do nosso drama apocalíptico, resumido em *Teatro da Inveja*, no qual "o progresso tecnológico tornou as nossas armas de guerra tão destrutivas que seu uso poria abaixo qualquer propósito racional de agressão. Pela primeira vez na história ocidental, o medo primitivo da vingança se torna novamente inteligível. O planeta inteiro tornou-se equivalente a uma tribo primitiva, mas não há, dessa vez, um culto sacrificial que possa afastar e transfigurar a ameaça. Ninguém quer iniciar um ciclo de vingança que possa literalmente aniquilar a humanidade, mas ninguém quer desistir totalmente da vingança. Como Hamlet, estamos em cima do muro, divididos entre a vingança total e nenhuma vingança, incapazes de decidir, incapazes de renunciar a ela. À luz dessa ameaça monstruosa, todas as instituições se dissolvem, 'os degraus das escolas, os Estados, os membros das corporações', todas as relações humanas, 'as coisas cairão logo em conflito'. A justiça perde seu nome e 'os seres íntimos com máscara se acham mui vistosos'. A empresa está doente". Portanto, num mundo onde o silêncio tem o impacto de um trovão, *A Tempestade* (1610-1611) se torna a despedida ideal de William Shakespeare – e a conciliação dos conflitos apresentados em suas criações, em especial *Hamlet*. É uma peça de mistério religioso, no sentido de que, no final, teremos a revelação de uma descoberta que nos levará a outro mundo, um mundo onde, talvez, não exista mais o "Reino de Satanás". Ela também apresenta um interessante enigma: *A Tempestade*, apesar de ser o fim da obra shakesperiana, encontra-se no início do Primeiro Folio de 1623, com base no qual os estudiosos fazem suas análises. Qual seria a razão enigmática disso? O protagonista da peça é Próspero, um homem velho, sábio, conhecedor das artes misteriosas do espírito e exilado numa ilha distante com sua filha Miranda, muito provavelmente o *alter-ego* mimético de Shakespeare. A comparação é pertinente, porque Próspero se prepara para montar sua própria peça de teatro no centro narrativo do drama, uma peça em que se vingará de seus inimigos, Antônio e Alonso. Invocando a tempestade do título, Próspero provoca o naufrágio desses dois personagens, os responsáveis por sua expulsão do ducado de Milão, fazendo-os cair no território de sua ilha, onde ele governa os elementos mágicos da natureza, simbolizados em duas entidades contrastantes: o bom Ariel e o maléfico Caliban. Junto com Antônio e Alonso salvam-se também Ferdinando, filho de Antônio (que se apaixonará por Miranda), Sebastião, Gonzalo, e dois patifes que tentarão assassinar Próspero, Estefano e Tríuculo, provando, como sempre, que a violência sagrada existe até mesmo nos lugares mais distantes. A história pregressa é ainda mais complicada: quando era duque de Milão, Próspero se preocupava mais com o conhecimento apreendido de livros do que com o governo em si. O povo o estimava, mas não era assim que os olhos dos opositores o viam. Entre eles, seu irmão, Antônio, que, unindo--se com Alonso, rei de Nápoles e inimigo de Próspero, expulsou o duque, jogando-o ao mar com Miranda, num barco furado. Gonzalo foi o único a ajudar, abrigando Próspero com cobertas, comida e, em especial, muitos livros. Serão estes objetos, cujos assuntos vão desde magia até poesia, que darão a Próspero a oportunidade de controlar os elementos da ilha onde se exilou. Afinal de contas, ele não é um simples mago. Sim, Próspero é um grande artista, um artista que aprendeu o jogo da espera e que preparará, em tempo devido, a peça por onde acertará as contas com seus inimigos. A peça é, na verdade, uma obra mimética, alocada dentro da verdadeira peça que se chama *A Tempestade*. Aqui Shakespeare trabalha com a metalinguagem elevada à última potência – e o que testemunhamos é o rascunho de um texto que diz a sua verdade de forma indireta. Próspero sabe disso mais do que ninguém. É ele o articulador de tudo, o diretor, o ator, o dramaturgo, controlando todos com a sabedoria que adquiriu somente com o tempo. Seu plano não será um fim em si mesmo, mas apenas um meio para algo maior. No entanto, os espectadores (e os leitores) ainda desconhecem isso. Shakespeare brinca com nossa expectativa apocalíptica, fazendo-nos imaginar que acontecerá outra tragédia de vingança (semelhante a *Hamlet*), e que tudo terminará mal. Em boa parte da peça, ele realmente insiste nesse aspecto, criando uma série de situações dramáticas que parecem insolúveis, naquela espiral mimética que faria Girard ficar alucinado de felicidade para provar o seu ponto teórico como, por exemplo, o encontro entre Ferdinando e Miranda sendo impedido por Próspero; a prisão de Antônio e Alonso; e o plano de assassinato de Estéfano e Trínculo, sob a influência de Caliban. Não à toa, Caliban e Ariel são os espíritos da natureza sob o comando de Próspero. Ariel será libertado de seu domínio logo depois do término do plano, por causa da sua bondade intrínseca. Já Caliban é um pequeno demônio, filho da bruxa Sycorax, que controlava as forças da ilha, perdendo-as para Próspero. A maldade de Caliban é ínfima perto da de Ricardo III, Macbeth e do Rei Cláudio de *Hamlet* – e, se repararmos bem, é uma maldade incompetente. Caliban não consegue nada, exceto incitar dois patifes a cometer um homicídio já previsto pela própria vítima. No seu afã para fazer o mal, Caliban não percebe que sua existência se deve àquele que o dominou. Próspero o deixou vivo porque precisava dele para o futuro, porque sabia, antes de todos, que o demônio era "*this thing of darkness I acknowledge mine*". Graças a essa declaração, muitos pesquisadores modernos pensam que Próspero representa Deus em *A Tempestade* e, nessa lógica, Shakespeare estava se comparando mimeticamente ao Todo-Poderoso. Nada mais errado: tanto Shakespeare como Próspero concordam que são apenas instrumentos de compreensão do nosso mundo e que deveriam transmitir esse entendimento idiossincrático aos outros.

Não há nenhum documento provando que Shakespeare disse isso, mas ninguém escreve por acaso 36 peças que são, se vistas em uma sequência ordenada e correta, o aprofundamento de um mesmo questionamento – e que seria nada mais nada menos que a relação conflituosa entre o ser humano e o Infinito, entre o que está na nossa frente, diante dos nossos olhos repletos de escamas, e o que podemos fazer para compreender tal mistério. Por isso, Próspero usa o seu conhecimento como uma maneira de revelação para sua própria alma. Uma vez terminado este tópico na sua evolução espiritual, é hora de educar aqueles que estão à sua volta e que o afetaram profundamente. Eis então que surge a tempestade, a qual dá início à peça de Shakespeare e à do personagem principal. Sabemos que uma tempestade simboliza uma mudança brusca, uma mudança pela qual os outros personagens terão de passar por um percurso de educação espiritual que pode levá-los para a luz ou para as trevas. A sorte deles é que tinham Próspero como guia. Este velho senhor é, talvez, o mais correto personagem shakespeariano, com seu contínuo estudo sobre as coisas dos mundos, ensinando-o a atar as duas pontes de uma vida: a do início e a do fim, a do Alfa e a do Ômega. Assim, sua preocupação maior não é com o plano em si, mas sim como executá-lo. Isto é a dificuldade que todo o artista deve contornar, segundo Girard, e é bom lembrar que Próspero produzirá sua obra-prima com a vida dos outros. A humanidade se tornou seu palco mimético, os seres humanos seus atores e o seu verdadeiro inimigo não será o povo que cospe batatas no Globe Theater, mas sim algo imperceptível e que nem sempre soubemos quem seria. O verdadeiro inimigo de Próspero – e o inimigo que será o aliado de Wiliam Shakespeare – é o *tempo*. É daí que Northrop Frye nos dá a chave para entender o símbolo da mudança brusca em *Sobre Shakespeare*: "Conforme o tempo passa, '*A Tempestade*' vai se tornando a peça mais assombrada que conheço: desconfio que até o nome correspondente ao termo latino '*tempestas*' que, assim como derivado francês '*temps*', significa tanto '*espaço de tempo*' como '*tempo atmosférico*'. Isso ocorre porque Próspero, enquanto mágico [e artista], tem de ser um observador rigoroso do tempo: o conhecimento sobre as estrelas lhe diz qual é a hora de contar a Miranda sobre seu passado ['*The very minute bids thee ope thine ear*' – Chegou o momento exato de abrir teu ouvido]. Ele também diz a Miranda que sua estrela da sorte está em trajetória ascendente e, se não agir nesse momento, perderá a chance para sempre." O tempo correto das ações sempre foi um tema recorrente e secreto em Shakespeare. Lembremos de Hamlet agindo fora de sincronia ao matar a pessoa errada (o assassinato em si é algo que não tem correção nenhuma no tempo, daí a tragédia da vingança) e deixando escapar quem seria o alvo; lembremos de Macbeth aprisionado nas rédeas do tempo por causa da conquista de um poder que nunca seria seu; lembremos de Ofélia se atirando no rio, e, porque antecipou sua morte, não teve um funeral cristão; e lembremos do próprio Shakespeare que sempre nos faz refletir sobre como "a roda do tempo traz suas vinganças". Em suma: ninguém deve praticar a vingança como maneira de reparar o desconcerto do mundo. Isto é um atributo de Deus e dos infinitos instrumentos dispostos para mover a história *dele*, esta interessante peça de teatro que é a *nossa* vida. Próspero sabe que o seu conhecimento é uma maneira de iluminar a consciência dos homens, mesmo os seus maiores inimigos. Reconhece isso em Ariel, um simples espírito que, mesmo sob o seu comando, se compadece dos medos de Antônio e Alonso, presos na masmorra. E então decide que "a ação mais rara está na virtude e não na vingança". Liberta os inimigos e, enfim, faz os seus "atores" se encontrarem juntos no jardim para a reconciliação definitiva. Mas, antes, ao aceitar a união de Ferdinando e Miranda (que se conheceram em menos de quatro horas, o que indica a astúcia do tempo), Próspero faz o discurso que prepara a sua despedida e dá sentido não só à sua vida como também à existência de quem o ouviu (e o leu): *Nossa festa acabou. Nossos atores que eu avisei não serem mais que espíritos, derreteram no ar, no puro ar: e como a trama vã desta visão, as torres e os palácios encantados, templos solenes, como o globo inteiro, sim, tudo o que ele envolver, vão sumir, sem deixar rastros. Nós somos o estofo de que se fazem sonhos, e esta vida é encerrada no sono.* Eis a conclusão derradeira: poucas palavras para resumir, de modo tão absoluto, a condição humana. "Nós somos o estofo de que se fazem sonhos, e esta vida é encerrada no sono" [*We are such stuff as dreams are made of, and our little life is rounded with a sleep*]. Um verdadeiro sábio passaria o resto da sua existência meditando sobre esta frase – mas finalmente temos de agir. Como fazer isto? Em sua última peça, Shakespeare nos dá algumas dicas, pois é de uma generosidade inigualável, o anti mimetismo artístico encarnado. Ele nos avisa de que tudo o que se passa neste mundo e tudo o que nos rodeia é ilusão. Desistimos de lutar com dignidade contra as estruturas que fundamentam o Reino de Satanás. Essa luta, contudo, não é uma luta de transformação do mundo, mas uma luta para compreender os mecanismos dele, e assim conhecê-lo melhor para conhecer a nós mesmos. O conhecimento é tudo o que nos resta – o *verdadeiro* conhecimento, aquele que nos ensina a fascinação do que é difícil, que nos leva para um outro mundo, um mundo onde o sono da realidade se foi. O desejo mimético apropriativo envenena as pessoas que pararam de lutar e as contamina com esses enganos. Na vida do espírito, é preciso ser muito forte para encarar a luz que existe por trás da verdade. E, infelizmente, não temos outro tempo a não ser o que vivemos neste globo terrestre. Assim, um homem do espírito – como Próspero? como Girard? – deve transmitir o seu conhecimento aos seus semelhantes e aos seus queridos para que estes possam ter alguma iluminação. Uma luz que invade a nossa consciência, mas depois a reconforta. Com o seu plano enfim terminado, Próspero anuncia então o seu adeus. Joga seus livros no oceano e pede ao público que o liberte: *Os meus encantos se acabaram. E as minhas forças, que restaram, são fracas, e eu sei verdadeiro que ou cá me fazem prisioneiro, ou podem me mandar para o lar. Não me obriguem a ficar – já que ganhei o meu ducado e quem fez mal foi perdoado. Nesta ilha que é só deserto, lançando-me encontro esperto. Quebrem os meus votos vãos, com a ajuda de suas mãos; minhas velas, sem suas loas, já murcham as propostas boas, que eram de agradar. Não tenho mais arte, espírito ou engenho: meu fim será desesperação senão tiver sua oração, que pela força com que assalta obtém mercê por toda falta. Quem peca e quer perdão na certa, por indulgência me liberta.* O resto não é somente silêncio – o resto depende somente de nós.

Infelizmente, o desejo mimético, quando fascinado pela violência, prefere a facilidade da perversão e faz do bem o seu contrário. Ele fez um nó em nossas mentes e espíritos. Foi por essa razão que temos a linguagem do *Logos* – a única forma de nos comunicar com alguma verdade objetiva e fazer disso algo mais duradouro, eterno – e assim criarmos uma arte que transmita conhecimento. Contudo, somos seres corrompidos num mundo corrompido, paradoxalmente criado por um Deus que ainda procura alguma pureza, mesmo que tenha sido completamente expulsa. Misteriosamente, como nossa chance é ínfima, se algum dia essa pureza surgir, é porque algo foi perdido. A renúncia ao desejo é saber que, às vezes, nem sempre uma perda é uma derrota e nem sempre uma vitória significa, realmente, ganhar. Pois a perda é o nosso bem mais precioso.

8.

Foi isso que o poeta alemão Friedrich Hölderlin aprendeu quando viu que ficaria para sempre, até o fim dos seus dias, naquele quarto localizado na torre do marceneiro Ernst Zimmer, em meados de 1806. Antes desse triste evento, ele era um dos sujeitos mais brilhantes daquilo que, posteriormente, ficou conhecido na história da filosofia como o "idealismo alemão" – seus companheiros nas universidades de Tübingen e Jena foram ninguém menos que Hegel, Fichte e Schelling. Entre 1782 e 1805, Hölderlin escreveu poemas líricos, épicos e apocalípticos, nos quais apresentava não apenas uma filosofia do conhecimento como também uma filosofia da História que, entre suas frestas, era nítida que "tentava pensar *sobre* o mundo e tentava pensar *o* mundo", nas palavras de Antonio Cícero em seu ensaio "Hölderlin e o destino do homem". Apesar de não deixar uma obra filosófica por si, a poesia hölderliana inspirou vários escritos de Martin Heidegger e, claro, a reflexão apocalíptica de René Girard, discutida em *Rematar Clausewitz*. Contudo, os seus versos refletiram, de fato, sobre o significado e o conhecimento dos mistérios deste palco que se tornou o mundo diante dos olhos que desejavam retirar as escamas. Sua verdadeira busca era, numa via poética, pelo encontro da unidade do conhecimento, uma espécie de intuição que seria algo completamente diferente da intuição intelectual que seus colegas idealistas acreditavam existir somente no sujeito, esquecendo-se, é claro, que a realidade também se articula nos objetos concretos externos. Hölderlin sabia que, segundo Cícero, "para o conhecimento humano discursivo [...] ser possível, é necessário em primeiro lugar que o sujeito (que julga) e o objeto (que é julgado) tenham sido separados. No próprio objeto, é preciso também que o sujeito do objeto tenha sido separado do objeto do juízo. O juízo, portanto, separa o que estava originalmente unido na intuição intelectual. Que é a intuição intelectual? A intuição *sensível* ou *empírica* é a sensação. Intuição *intelectual* seria um conhecimento intuitivo, um conhecimento imediato, não discursivo, não dianoético, mas noético". Os termos "separação", "cisão", "metade", e "unidade" vivem em constante tensão, seja na alma do jovem Friedrich, seja na técnica dos seus versos. Na explicação dada por Cícero, "a unidade absoluta entre sujeito e objeto não é a da relação de identidade [entre o eu consciente e o objeto exterior]. [...] A palavra 'eu' exprime a autoconsciência. Quem diz 'eu' fala de si próprio: é um sujeito que toma a si próprio como objeto. Ele se divide, portanto, em sujeito e objeto: opõe-se a si enquanto, de um lado, sujeito, e de outro lado, objeto. No entanto, ele se reconhece como idêntico ao seu oposto. De certo ponto de vista é, portanto, diferente de si; de outro, ele é idêntico a si. Que significa isso? Que é relativamente diferente de si e relativamente idêntico a si. Logo, sua identidade não é a unidade absoluta do ser. O *eu* não somente pode como necessita separar-se de si: e tal coisa, longe de ferir a sua essência, é o que a realiza". Enfim, o projeto epistemológico de Hölderlin estará fadado ao fracasso porque, ao superar a divisão, também reconhece que é impossível alcançar uma unidade. Mas ele persiste. Cria então uma filosofia da História que combina as divisões binárias do conhecimento humano com uma terceira possibilidade, próxima da utopia idealista que seus contemporâneos tanto sonhavam e que, naquela época, era simbolizada pela Revolução Francesa e, anos depois, pelo surgimento de Napoleão Bonaparte.

Segundo Antônio Cícero, teríamos três épocas históricas que estariam relacionadas com uma recuperação do que seria a intuição total da unidade do ser. A primeira época "é a do pensamento intuitivo, em que o homem se integra com o ser e natureza; a segunda, a da modernidade, em que o pensamento judicativo, que cinde o ser ou a natureza, acaba por predominar sobre o pensamento intuitivo e desprezá-lo a tal ponto que praticamente o sufoca, de modo que este apenas subsiste entre poucos, particularmente entre poetas e artistas que se encontrem engajados na produção de suas obras; a terceira, futura, em que o ser humano realiza uma integração superior com a natureza, sem abdicar da razão e da liberdade, conquistadas através da cisão produzida pelo pensamento judicativo. Se a primeira época é anterior à cisão judicativa, a segunda surge em consequência dessa cisão. A cisão, como se disse, ocorre necessariamente – e apenas – no pensamento judicativo. Contudo, como, tendo em mente as importantes consequências que atribui ao predomínio contemporâneo desse modo de pensamento, Hölderlin, por comodidade expositiva, isto é, por uma questão de abreviação, ênfase e generalização, exprime-se frequentemente como se a época moderna mesma fosse cindida e como se nela a humanidade se houvesse separado ou se perdido do ser ou da natureza [...]". Ou seja, nem a própria linguagem estabelecida pelo poeta para explicar a sua visão de mundo consegue dar conta de pensar *o* mundo ou pensar *sobre* o mundo. Este impasse chegará a níveis civilizacionais – e, por que não?, *apocalípticos* – nos versos proféticos de Hölderlin, em especial aqueles escritos entre 1790 e 1805, quando sofria o colapso das suas relações eróticas não e só com os amigos de pensamento, pois também com sua amante Susanne Gontard, que, mesmo sendo casada, o procurava constantemente. A morte dela, causada por pneumonia, só acelerou a tal da esquizofrenia diagnosticada por médicos sabichões da época, entre eles um tal de Johann von Autenrieth, que resolveu testar a sua nova invenção – uma máscara de ferro que aprisionava o rosto do doente para que ele não pudesse mais gritar – justamente no pobre Friedrich, quando este foi internado a mando da própria família porque descobriram-no vagando pelas estradas que ligavam as fronteiras da França com a Alemanha, a contemplar ruínas gregas que ainda sobravam naquele território. Em *Rematar Clausewitz*, René Girard explica, de forma cristalina, que o período posterior a este evento traumático – por certo, um pequeno apocalipse na biografia particular deste poeta – não pode ser tratado como se fosse um "momento de delírio", como se julgava naqueles anos, mas sim como um momento de extrema lucidez. A "tristeza de Hölderlin" foi, na verdade, o epicentro espiritual do que aconteceu naquele ano de 1806, momento em que Hegel afirma que vira Napoleão passar a cavalo pelas ruas de Jena, constatando então que o imperador francês era a encarnação suprema do "espírito do mundo"; e também quando, ao mesmo tempo, o general prussiano Carl Von Clausewitz principiava suas primeiras elaborações de um mundo dominado pelo "deus da guerra". Ao ser acolhido pelo marceneiro Zimmer – já que sua própria família o abandonou ao acaso –, Hölderlin decide (ou é *forçado* a decidir) retirar-se do mundo, vivendo em uma torre que havia na casa daquele antigo leitor do seu grande poema da juventude, *Hyperion* (1797-99). E ali permaneceu por quarenta anos, até a sua morte, ocorrida em 1843, aos 69 anos de idade, em Tübingen (por uma dessas ironias macabras do destino, os médicos deram-lhe apenas mais três anos de vida após a sua internação na clínica de Autenrieth).

Girard coloca esses três fatos em perspectiva de tempo apocalíptico, descrevendo as visitas que Hölderlin recebia em seus aposentos, como se ele fosse uma curiosidade arqueológica de uma era que, talvez, jamais existiu, e "seu anfitrião dizia que ele passava dias inteiros recitando suas obras, ou até prostrado em total silêncio. Hölderlin deixara de crer no Absoluto, o que não tinha acontecido com seus amigos de outrora: Fichte, Hegel e Schiller. Mas nunca deu sinais de uma demência excessiva. Temos de estar à altura de seu silêncio". De fato: este silêncio, esta tristeza semelhante a uma alegria secreta, é a restauração de uma transcendência que consegue ficar imune ao desejo intensificado pela vingança global e pelo deus da guerra, e que nos consome se permanecer num "ponto indivisível", a ser visto somente por quem procura a unidade do ser na encarnação do Cristo. Na obra final de Girard, a renúncia (voluntária ou forçada?) de Hölderlin foi um ato "sublime" porque, em sua torre, ele resistiu "à atração irresistível que os outros exercem sobre nós e que sempre conduz à reciprocidade violenta" – e a maior prova de sua "falsa loucura" – ou uma loucura com "método", para nos remeter ao Hamlet de Shakespeare – era "o modo cerimonioso como recebia todos os visitantes em sua torre em Tübingen" que "consistia precisamente em colocá-los à distância. Imitar o Cristo mantendo o outro à justa distância é sair da espiral mimética: *não imitar mais, para não ser mais imitado*". É neste ponto que o grande teórico do desejo mimético dá um salto triplo (ou seria apocalíptico?) no seu percurso de conversão e, no final da vida, nos ajuda a contemplar a face áspera da realidade, a única face que vale a pena olhar sem temor e sem tremor, ao garantir que, dessa maneira, "Hölderlin pressente que a Encarnação é o único meio de que dispõe a humanidade para enfrentar o saudabilíssimo silêncio de Deus: Cristo interrogou esse silêncio na Cruz, depois ele mesmo imitou a retirada de seu Pai juntando-se a ele na manhã de sua Ressurreição. Cristo salva os homens 'quebrando o seu cetro solar'. Ele se retira no exato momento em que poderia dominar. Assim, ele faz com que experimentemos *o risco da ausência de Deus*, a experiência moderna por excelência – porque esse é o momento da tentação sacrificial, da possibilidade de regressão para os extremos –, mas também uma experiência redentora. Imitar o Cristo é recusar importar-se como modelo, é sempre apagar-se diante dos outros. Imitar Cristo é fazer de tudo para não ser imitado." E arremata, com aquela inteligência bíblica que tenta nos se desvencilhar das seduções do "reino de Satanás": "É, portanto, o silêncio de Deus que se faz ouvir no silêncio do poeta. A morte dos deuses, que tanto assustará Nietzsche, confunde-se com uma retirada essencial, na qual Cristo nos convida a ver o rosto da divindade. A teoria mimética nos permitiu deduzir que a Encarnação veio realizar todas as religiões, cujas muletas sacrificiais tinham-se tornado ineficazes: também ela perscruta a retirada dos deuses, mas a esclarece de maneira antropológica. É [como diria Hölderlin em seu poema 'Patmos', no qual mimetiza a linguagem do Apocalipse de São João] por ser 'difícil de prender' que o deus 'salva' 'onde há perigo', isto é, na época do sagrado pervertido. O que o Cristo na Cruz experimenta, se não esse silêncio? O que experimentam por sua vez seus discípulos no caminho de Emaús, senão a retirada do Filho que partiu para junto de seu Pai? Quanto mais cresce o silêncio de Deus – e com ele o risco de um agravamento da violência, de um preenchimento desse vazio por meios puramente humanos, mas agora privados do mecanismo sacrificial –, mais a santidade se impõe como o reencontro da distância do divino".

9.

Vistos dentro da moldura de uma teoria mimética que abandona de vez a racionalidade das grandes soluções para incorporar, em seu núcleo, uma inteligência apocalíptica que aceita o Bem Supremo como norte, os casos concretos do Próspero shakespeariano e de Friedrich Hölderlin se tornam orientações para uma ação efetiva no tecido social. Entretanto, no mundo contemporâneo, onde a cisão do *Logos* judaico-cristão e do *Logos* grego já é um fato incorporado para sempre em nossa cultura, esses atos somente se revelam como recusas, como retiradas – enfim, como *renúncias*. E, recentemente, nenhuma renúncia marcou tanto a sociedade atual como a que foi feita pelo papa Bento XVI no dia 10 de fevereiro de 2013. Independentemente dos motivos obscuros que cercaram essa atitude, o que ainda não ficou claro para todos nós é o impacto duradouro dessa invasão do eterno que alterou, de modo subterrâneo, o nosso cotidiano – e que só será compreendida futuramente se a entendermos dentro da mesma perspectiva apocalíptica aplicada por René Girard para entender corretamente o que foi a "tristeza de Hölderlin". Os dois fatos são similares e simétricos – e ambos foram considerados como uma espécie de "loucura" pela maioria dos contemporâneos. Afinal, como alguém pode abandonar um cargo para o qual foi eleito até o final da vida – ou, melhor, até o final dos tempos, se o sujeito durar até lá? Pois foi o que fez Bento XVI, alegando, em seu discurso de renúncia (reflexo exato de outro papa desistente, Celestino V, colocado no inferno por Dante Alighieri e considerado pelo florentino como um "derrotado" por causa deste ato), que após ter examinado repetidamente "minha consciência diante de Deus, cheguei à certeza de que minhas forças, pela idade avançada, não se adaptam mais ao exercício, de modo adequado, do ministério de Pedro. Estou bem consciente de que esse ministério, por sua essência espiritual, deve ser exercido não somente através das obras e das palavras, mas também sofrendo e orando. Contudo, no mundo de hoje, sujeito a rápidas mudanças e agitado por questões de grande relevância para a vida da fé, para governar a barca de são Pedro e anunciar o Evangelho, também é necessário um vigor seja do corpo, seja da alma, vigor que, nos últimos meses, em mim diminui de modo tal que devo reconhecer minha incapacidade em administrar bem o ministério a mim confiado". E, de novo, temos aqui, em palavras límpidas, a noção de que a perda é o nosso bem mais precioso. Bento XVI, com sua retirada, recupera também o verdadeiro sentido do que significa viver no meio do *mysterium iniquitatis*, o mistério do Mal que atinge – ou melhor, *formata* – a nossa imaginação apocalíptica. Graças a ela, somos jogados sem aviso dentro do "tempo que resta", na maravilhosa frase de Giorgio Agamben, e que seria permeado pelo *katechon*. Esta expressão, retirada da Segunda Epístola aos Tessalonicenses atribuída ao apóstolo Paulo, significa indistintamente "algo-alguém-alguma coisa" que detém um poder e que "contém-retém-freia-atrasa" o definitivo triunfo do Espírito da impiedade (apelidado entre nós de "O Anticristo"), travando assim "o seu aniquilamento pela força da boca do sopro do Senhor". Aparentemente, presume-se que os poderes que exerceriam esta função seriam o do Estado (em especial, na variação imperial ou "globalista") e o da Igreja, mas é neste ponto que podemos presumir que o Estado e a Igreja fazem igualmente parte do *katechon*; na verdade, há um campo de forças e tensões sobrepostas, que se acumulam e se dissolvem, às vezes de forma consciente, outras vezes de maneira imperceptível à consciência humana. Esta "rede", fortemente conectada em seus nós górdios, dá a certeza de que o resto do tempo só será plenamente resolvido em um grande evento apocalíptico de proporções inimagináveis.

Entretanto, por causa justamente do poder do *katechon*, que freia tal desenlace definitivo, percebemos que as crises mundiais (políticas, sociais, espirituais) se tornam progressivamente permanentes, sem nenhuma solução evidente. Segundo Massimo Cacciari, em seu essencial *O Poder Que Freia* (2017), o que era antes a síndrome de Prometeu, o herói revoltado contra os deuses (ou "o Deus") que não o compreendem na sua agonia pelo conhecimento definitivo que explicaria tudo (o "gnosticismo" atormentado da modernidade), agora é a Era do irmão deste titã, Epimeteu, que abriu a caixa da sua esposa Pandora e esqueceu lá dentro a virtude da esperança, para algum dia (quem sabe?) encontrarmos alguma coisa, seja lá o que for. Pois bem: a renúncia de Bento XVI recupera essa esperança que parecia tão perdida num mundo consumido pelo desejo e que só nos leva à escalada de extremos da violência sagrada. E faz isso por meio do recuo que também restaura a verdadeira noção de que vivemos, independentemente dos nossos cataclismas, em um *mistério*. Aqui, temos dois significados para esta palavra. O primeiro é o que Maurício G. Righi usa em *Sou o Primeiro e o Último*, a partir dos estudos históricos de Margaret Barker, no qual registram-se indícios de que o cristianismo primitivo teria sido remanescente de uma tradição perdida e cifrada, chamada de "misticismo do templo", referente à experiência mística originada na construção do Primeiro Templo de Jerusalém, em cerca de 950 a.C, cujos principais elementos de contemplação são o "santo dos santos", "a criação do primeiro dia", "o servo sofredor" e, por fim, o sacrifício do "dia da expiação" que, de uma forma ou outra, preparava aquilo que esses fiéis acreditaram ser um prenúncio visto por São João no seu Livro do Apocalipse. O segundo significado é o que é aplicado por Giorgio Agamben em *Bento XVI e O Mistério do Mal* (2014), no qual "o mistério não é um segredo" (como defende Barker) e sim, muito pelo contrário, "algo que se diz e se manifesta" por meio de um "drama místico", cuja "sabedoria de Deus se expressa" dessa maneira porque ela retrata nada mais, nada menos que "o drama histórico da paixão, isto é, um evento realmente acontecido, que os não iniciados não entendem e os fiéis compreendem para sua salvação". Trata-se de um "drama sacro em que estão em jogo a salvação e a danação dos homens, um drama que se pode ver e entender (como acontece para os iniciados) ou ver e não entender (caso dos danados)", um mistério que fundamenta o curso da nossa História, um "teatro em que também os apóstolos desenvolvem um papel (1 Coríntios 4,9: 'Nós nos tornamos um teatro para o século, os anjos e os homens)". Assim, a renúncia de Bento XVI sintetiza, do mesmo modo "sublime" o que René Girard descreveu como a "tristeza de Hölderlin", os dois tipos de mistérios registrados respectivamente por Margaret Barker e Giorgio Agamben, além de acrescentar um toque teatral agradável ao Próspero de *A Tempestade*, imitando sobretudo o exemplo do Cristo que se esvazia de um mundo que certamente jamais compreenderá tal ato de "loucura" e tamanha "invasão" do eterno no nosso cotidiano. Talvez o pontífice já profetizara essa atitude na encíclica *Spe Salve* (2007), cuja meditação sobre a esperança reserva um singelo momento sobre o verdadeiro significado do Juízo Final, no qual notamos o término da mudança definitiva de eixo do apocalipse do *summum malum* para o do *summum bonum*, mesmo quando tudo parece indicar o contrário: "Deus revela a sua face precisamente na figura do servo sofredor que partilha a condição do homem abandonado por Deus, tomando-a sobre si. Esse sofredor inocente tornou-se esperança--certeza: Deus existe, e Deus sabe criar a justiça de um modo que nós não sabemos conceber mas que, pela fé, podemos intuir. Sim, existe a ressurreição da carne. Existe uma justiça. Existe a 'revogação' do sofrimento passado, a reparação que restabelece o direito. *Por isso a fé no Juízo Final é primariamente e sobretudo esperança – aquela esperança, cuja necessidade se tornou evidente justamente nas convulsões dos últimos séculos*. Estou convencido de que a questão da justiça constitui o argumento essencial – em todo o argumento mais forte – a favor da fé da vida eterna. A necessidade meramente individual de uma satisfação – que nos é negada nesta vida – da imortalidade do amor que anelamos é certamente um motivo importante para crer que o homem seja feito para a eternidade; mas só em conexão com a impossibilidade de a injustiça da história ser a última palavra é que se torna plenamente convincente a necessidade do retorno de Cristo e da nova vida". (grifos meus)

10.

Na invasão do eterno que o bom apocalipse ainda precisa nos preparar, temos a sensação muito aguda de que: ou vivemos no núcleo de um vulcão prestes a entrar em erupção ou estamos então no meio de uma enchente que devastou uma cidade inteira. Terá sido assim que Friedrich Hölderlin se sentiu quando o doutor Autenrieth forçou uma máscara de ferro a ser encaixada em seu rosto, num distante dia 11 de setembro de 1805 (numa dessas coincidências que só a imaginação apocalíptica nos dá de presente)? Ou terá sido assim que Bento XVI decidiu ao sair do cargo mais poderoso de uma igreja que não atendia mais à sua vocação escatológica? Ou, se quisermos ir além, por que Shakespeare criou Próspero, o personagem que seria um resumo de sua própria vida como homem e como artista? Cada decisão individual, cada obra de arte são pequenos apocalipses na vida de uma sociedade – e o artista e o profeta não passam de tentadores repentinos que fazem o suficiente para sobreviverem à fúria renovada e primitiva do sol a incidir sua luz nas paisagens desoladas onde vemos rastejar os bravos e os fortes. Neste aspecto, os profetas são os únicos que se erguem íntegros diante destas feridas expostas. E só podemos considerar como um dado de alguma Providência o fato de que os três maiores representantes do profetismo hebreu – Isaías, Jeremias e Ezequiel – simbolizam indubitavelmente uma notável progressão das intenções divinas em relação ao destino humano – intenções que influenciam o nosso presente. O livro de Isaías se divide em quatro partes, mas a que nos interessa no momento é a do Deutero-Isaías, que fala sobre o Servo Sofredor. Quem seria ele? Israel mostra-se como a amada que abandona seu amante (ninguém menos que Deus), e este, irado, não hesita em destruí-la como a todos os seus poderes. O Servo é prenunciado como um rei que colocará a ordem divina dentro do mundo corrompido, a ordem da alma do indivíduo em harmonia com a ordem de Deus, transformando aqueles que governará em homens com a mesma integridade espiritual. Ao mesmo tempo, intensificará o sofrimento daqueles que seguem com firmeza a mesma lei. Contudo, a restauração da ordem não será fácil. Ela terá de enfrentar, simultaneamente, destruição e carinho, ira e amor. O que está claro nos escritos de Isaías é que existe um combate entre os reis da terra – caracterizados como anunciadores de um Leviatã e também do único rei possível, que é Deus, em um prenúncio do *katechon*. A função de Isaías é avisar que *Yahveh* voltará a impor a sua ordem, custe o que custar. Mas, para isso, o Servo Sofredor, que também é o representante da fúria e do amor de Deus, vem com o silêncio da justiça e a dor da ingratidão. O Servo Sofredor pode ser um prenúncio de Cristo – as semelhanças são assustadoras –, mas fica claro que o próprio Isaías também se vê na mesma posição. Deus o colocou como o Servo que suportará os pecados de Israel ao trocar *Yahveh* pelos deuses pagãos e do império. No ritmo histórico que se refletirá na consciência do ser humano atormentado pela ansiedade provocada pela violência sagrada, temos um nítido exemplo do intenso conflito entre a "inteligência bíblica" e o fascínio provocado pelo "reino de Satanás", que abriria a alma do homem para um Deus que, aos poucos, lhe daria o dom da individualidade.

O símbolo do Servo ainda é muito impreciso para saber quem ele está realmente representando: se Isaías ou alguém que aparecerá no futuro. Mas já podemos vislumbrar uma das características que marcam a vida de alguém que escolhe o bom apocalipse – o fato de que essa pessoa tem de consumir dentro de sua alma todas as dores, os sofrimentos e os pecados dos outros seres humanos. O mundo converge com suas trevas para a consciência deles, como se fossem um espelho convexo ou até mesmo uma bússola – para ser exato, o *omphalos* do cosmo, o verdadeiro centro do mundo. Este escolhido será um constante protegido de Deus, mas sua existência terá como marca de fogo cravada na alma, a ingratidão, a solidão e a terrível certeza de que não há mais futuro para a próxima geração, se ninguém escutar os seus avisos. É o que fica cristalino ao lermos o Livro de Jeremias, em que Deus diz ao profeta que ele deve recusar qualquer espécie de convívio em comum com os integrantes do povo de Israel. Eis a crueldade que espera o homem que recusa o desejo mimético e, consequentemente, a política na qual quer atuar: solidão atrás de solidão, sem nenhuma trégua possível, em que ele fica impossibilitado de ter uma família porque seu fardo é muito pesado. Jeremias é o autêntico *omphalos* – o exílio o consome dentro do coração e dentro da sua alma, e não à toa que o próprio Deus fará questão que ele sinta o que é o sofrimento divino na sua própria carne, como provam as suas lamentações. Se Isaías fica paralisado na ansiedade de um Servo Sofredor que também será o Rei dos Reis, Jeremias admite que a realidade do mundo de Israel é somente de aflição porque o seu povo abandonou a Deus. Contudo, Jeremias também sabe que Deus somente os abandona por causa do Seu sofrimento ao ver a displicência dos israelitas, ao idolatrarem não só os deuses do império, mas também ao recusarem a lei invisível do espírito, preferindo-a à lei escrita e petrificada da Torá. Jeremias carrega a aflição divina na sua alma com uma sobriedade impressionante; e faz isso porque sabe que, no fim, Deus nunca deixará de ser fiel ao seu povo – mas será ele que terá de pagar o preço por esta fidelidade, tanto no seu corpo, quanto na solidão que corrói a sua vida. Esse preço se torna *a* responsabilidade caracterizadora do Livro de Ezequiel, o qual, entre os profetas, é o que concretizará o exílio como ato de purgação fora de Israel. Aqui, é Deus quem dá a ordem do banimento completo a essa sentinela do espírito. Notem que as atitudes de Isaías, Jeremias e Ezequiel frente aos desígnios divinos mostram uma ascensão na consciência humana, ao aceitar o reino do exílio como natural à sua condição. Na verdade, eles revivem nos seus espíritos a própria condição de Israel que, para escapar do *Sheol* do Egito, teve de passar por quarenta anos de peregrinação no deserto e agora, ao se verem novamente em um *Sheol* dentro de sua terra, têm de fugir usando os meios do espírito sem, contudo, negar a realidade em que vivem. Quem realizará a retirada por meio dos símbolos de uma experiência concreta, que se traduz na abertura da alma individual à ordem de um Deus que se preocupa com o ser humano, serão justamente esses três profetas. Mas essa abertura não será gratuita, com o único intuito de salvar uma humanidade que pode abandonar de novo o seu Deus; sua principal função é dar responsabilidade ao ser humano de seus próprios atos, principalmente às virtudes e aos vícios da alma, que são os mais importantes e perigosos, e é neste ponto que o símbolo da sentinela representado por Ezequiel surge como a cristalização da *unidade* do Ser inserindo-se na *unidade* do sujeito frente ao *mysterium iniquitatis* – ponto essencial para uma ação política completa e, sobretudo, íntegra. Mas como ele pode avisar seus compatriotas se não pertence mais à mesma terra – se é um exilado? O fato é que é no próprio exílio, exposto à invasão do eterno, que o profeta se sente mais próximo dos seus compatriotas. Agora, ele não é mais o homem que carrega a aflição divina; é também o homem que carrega a responsabilidade por cada alma que não percebeu o Mal que os invadia em suas máscaras. Ezequiel é a prova de que o profeta deve ter sua ação dirigida para impedir que o Mal se alastre em proporções monstruosas. E é justamente a ansiedade da existência – que fica quase asfixiada entre a violência sagrada e a renúncia sublime – que explode na consciência sensível de um homem como São João, o discípulo amado de Jesus Cristo. Ele a pressente com seus próprios olhos – mas também não determina quando acontecerá de fato o desenlace disso tudo. Estamos falando, é claro, do seu famoso *Apocalipse*, o Livro das Revelações, que fecha a Bíblia (e este ensaio), objeto das mais inusitadas especulações. Contudo, existem mais três documentos importantes, que são suas epístolas. Na primeira, a mais longa, João ensina a perenidade do mundo: "*O mundo e suas cobiças passam, mas aquele que faz a vontade de Deus permanece para sempre*" (João 1,17). Esta vontade seria a de andar na luz, já que não há trevas em Deus, porque Ele é amor. Mas João não define o que seria esse amor – prefere chamar seus discípulos de "filhinhos" e repetir incessantemente que o mundo é um lugar muito perigoso. Sua fé não tem a virilidade de um Paulo, até porque ela deveria permanecer um tanto infantil, uma vez que é bem provável que ele estava realmente educando crianças ou pessoas muito jovens na doutrina cristã. Mas citamos as epístolas porque o que vem a seguir mostra uma outra face do que seria o amor cristão, uma face muito perturbadora, uma face áspera. A questão que surge quando lemos o Apocalipse é: *Como o mesmo homem que escreveu que Deus é amor pode escrever também um livro em que a ira divina se mostra de maneira implacável?* Obviamente, não se trata de um livro escrito exclusivamente por João; o Apocalipse é uma revelação - para ser mais exato, a descrição simbólica da Revelação Final. Suas imagens transfiguram a realidade e colocam a possibilidade da resolução da violência sagrada como algo nulo, em que, da mesma forma que os demais profetas hebreus, todos ficam apáticos, esperando pelo ressurgimento do Messias para restaurar a ordem. Como já sabemos, o Apocalipse foi escrito no final da vida de João, quando ele estava exilado na ilha de Patmos, na Grécia - e se o exílio foi um fator importante para o registro deste fato, certamente foi porque João já havia aceitado as trevas deste mundo como algo intrínseco à sua própria condição, não só como homem, mas também como testemunha da vinda e do retorno de Cristo. Quem deseja escapar da violência sagrada deve sempre ver o mundo com desconfiança, mas nunca negá-lo; a diferença entre João e os outros profetas escatológicos é que, no caso desses últimos, eles criam outra realidade, que pode ser substituída por uma nova e assim todos os nossos problemas seriam resolvidos; já no caso de João, seus símbolos ainda possuem um íntimo contato com a realidade do ser humano, sempre em busca de uma ligação íntima com Deus. O fim pode estar próximo e ser cruel, mas nunca deixará de ser justo - e *bondoso*. A vingança divina - um dos dons exclusivos de Deus, já dizia o Deuteronômio - altera qualquer projeto de ação humana que queira refletir-se nas leis eternas. Altera não porque Deus não goste de que o homem aja no mundo que Ele criou; altera porque o fim, apesar da sua invasão impressionante, ainda não está definido. A fúria do cordeiro, que volta para retribuir aos injustos a crucificação de seu corpo, paralisa o mecanismo do "reino de Satanás" graças a uma completa revolução espiritual, em que surgirão os novos homens. Entretanto, estamos na expectativa desta revolução para descobrirmos, finalmente, o que fazer e nos prepararmos para tal consumação, ainda que, a cada ano que passa, os homens que a praticam sintam que estão cada vez mais estrangeiros no mundo onde vivem e onde são obrigados a escapar constantemente de suas armadilhas. Finalmente, são por esses e outros motivos que *Sou o Primeiro e o Último*, de Maurício G. Righi, marca um ponto importante no percurso para entender a expectativa apocalíptica que ainda contamina, para o bem ou para o mal, cada ação no nosso cotidiano repleto de extremos. Sem dúvida, o historiador brasileiro se torna também um "tentador repentino", mas, desta feita, para contemplar o brilho hermético das grandes estrelas que permanecem no firmamento, independentes da natureza humana comum a todos – e que repentinamente ameaça arrefecer. Na invasão do eterno que contemplamos e – por que não? – ansiamos na frieza luminosa da pele dos que ainda têm a pretensão de manter a violência sagrada neste mundo. O belo trabalho de Righi é um espelho que nos obriga a ver, sem nenhum disfarce, o deus caído, perfeito e náufrago no núcleo do fogo.

São Paulo, outubro de 2019

referências bibliográficas

Bibliografia (I)

GIRARD, René; ANTONELLO, Pierpaolo; CASTRO ROCHA, João C. *Evolução e Conversão: Diálogos sobre a Origem da Cultura*. São Paulo: É Realizações, 2011.
_____. *Dostoiévski: do Duplo à Unidade*. São Paulo: É Realizações, 2011.
_____. *A Conversão da Arte*. São Paulo: É Realizações, 2011.
_____. *Mentira Romântica e Verdade Romanesca*. São Paulo: É Realizações, 2009.
_____. *Mensonge Romantique et Vérité Romanesque*. Paris: Hachette (Pluriel), 1985.
_____. *A Rota Antiga dos Homens Perversos*. São Paulo: Paulus, 2009.
_____. *A Voz Desconhecida do Real: uma Teoria dos Mitos Arcaicos e Modernos*. Lisboa: Instituto Piaget, 2002.
_____. *Eu Via Satanás Cair do Céu como um Raio*. Lisboa: Edições Piaget, 2002.
_____. *A Violência e o Sagrado*. São Paulo: Paz e Terra, 1998.
_____. *Things Hidden Since the Foundation of the World*. Stanford, CA: Stanford University Press, 1987.
_____. *Des Choses Cachés depuis la Fondation du Monde*. Paris: Grasset, 1982.
_____. *Coisas Ocultas desde a Fundação do Mundo*. São Paulo: Paz e Terra, 2009.

_____. "Generative Scapegoating". In: HAMERTON-KELLY, R. (ed.) *Violent Origins: Ritual Killing and Cultural Formation*. Stanford, CA: Stanford University Press, 1987.

_____. *Shakespeare: Les Feux de L'Envie*. Paris: Grasset, 1990.

_____. *Shakespeare: Teatro da Inveja*. São Paulo: É Realizações, 2010.

_____. *Anorexia e Desejo Mimético*. Lisboa. Edições & Texto Grafia, 2008.

_____. "The Evangelical Subversion of Myth". In: HAMERTON-KELLY, R. (ed.). *Politics & Apocalypse – Studies in Violence, Mimesis and Culture*. East Lansing: Michigan State University Press, 2007, p. 29-50.

_____. *Quando Começarem a Acontecer essas Coisas: Diálogos com Michel Treguer*. São Paulo: É Realizações, 2011.

_____. *Deus: Uma Invenção?* São Paulo: É Realizações, 2011.

_____. *Rematar Clausewitz: Além da Guerra – Diálogos com Benoît Chantre*. São Paulo: É Realizações, 2011.

_____. *A Crítica no Subsolo*. São Paulo: Paz e Terra, 2011.

_____. *O Bode Expiatório*. São Paulo: Paulus, 2004.

_____. *Aquele por quem o Escândalo Vem*. São Paulo: É Realizações, 2011.

_____. *O Sacrifício*. São Paulo: É Realizações, 2011.

_____; SERRES, Michel. *O Trágico e a Piedade: Discurso de Posse de René Girard na Academia e Discurso de Recepção*. São Paulo: É Realizações, 2011.

_____. *Oedipus Unbound*. Stanford, CA. Stanford University Press, 2014.

_____. *Géométries du Désir*. Paris: Ed. De L'Herne, 2011.

_____. *The Double Business Bound: Essays on Literature, Mimesis and Anthropology*. Baltimore: Johns Hopkins University Press, 1978.

Bibliografia (II)

AGOSTINHO, (Santo). *Sobre o Sermão da Montanha*. Campo Grande, MS: Edições Santo Tomás, 2003.

ALBRIGHT, William F. *From the Stone Age to Christianity – Monotheism and the Historical Process.* Eugene, OR: Wipf & Stock Publishers, 2003.

ALISON, James. *Fé Além do Ressentimento – Fragmentos Católicos em Voz Gay.* São Paulo: É Realizações, 2010.

_____. *O Pecado Original à Luz da Ressurreição – A Alegria de Sentir-se Equivocado.* São Paulo: É Realizações, 2011.

_____. "Criação Consumada e o Livro do Apocalipse – Algumas Questões sobre Ordem, Desordem e o Gênero 'Apocalíptica'". *Paper.* Palestra sobre Apocalipse e Margaret Barker. São Paulo: É Realizações, 2019.

ANSPACH, Mark R. *Anatomia da Vingança: Figuras elementares da Reciprocidade.* São Paulo: É Realizações, 2012.

ASHTON, John. *Understanding the Fourth Gospel.* Oxford: Oxford University Press, 2008.

ASSMANN, Jan. *Cultural Memory and Early Civilization – Writing, Remembrance, and Political Imagination.* Cambridge: Cambridge University Press, 2012.

BAHRANI, Zainab. *Rituals of War: The Body and Violence in Mesopotamia.* Nova York: Zones Books, 2008.

BAILEY, Gil. *Violence Unveiled. Humanity on the Crossroads.* Nova York: The Crossroad Publishing Company, 1995.

BARKER, Margaret. *Introdução à Teologia do Templo.* São Paulo: Filocalia, 2018.

_____. *Introdução ao Misticismo do Templo.* São Paulo: Filocalia, 2017.

_____. *King of the Jews: Temple Theology in John's Gospel.* Londres: SPCK, 2014.

_____. *Natal: A história original.* São Paulo: FIlocalia, 2019.

_____. *The Gate of Heaven – The History and Symbolism of the Temple in Jerusalem.* Sheffield: Sheffield Phoenix Press, 2008.

_____. *The Lost Prophet: The Book of Enoch and its Influence on Christianity.* Sheffield: Sheffield Phoenix Press, 2005.

_____. *The Mother of the Lord – The Lady in the Temple*, vol. 1. Londres: Bloomsbury T&T Clark, 2012.

_____. *The Older Testament: The Survival of Themes from the Ancient Royal Cult in Sectarian*

Judaism and Early Christianity. Sheffield: Sheffield Phoenix Press, 2005.

_____. *The Great High Priest – The Temple Roots of Christian Liturgy*. Edimburgo: T&T Clark, 2003.

_____. *The Revelation of Jesus Christ*. Edimburgo: T&T Clark, 2000.

_____. *The Great Angel: A Study of Israel's Second God*. Westminster: John Knox Press, 1992.

BECKER, Adam H; REED, Annette Y (eds.). *The Ways that Never Parted – Jews and Christians in Late Antiquity and the Early Middle Ages*. Tübingen: J. C. B. Mohr, 2003.

BELL, Catherine. *Ritual: Perspectives and Dimensions*. Nova York: Oxford University Press, 1997.

BENDA, Julien. *A Traição dos Intelectuais*. São Paulo: Editora Peixoto Neto, 2007.

BERNANOS, George. *A França Contra os Robôs*. São Paulo: É Realizações, 2018.

BERNANOS, George. *Os Grandes Cemitérios sob a Lua*. São Paulo: É Realizações, 2018.

BOEHNER, Philotheus; GILSON, Etienne. *História da Filosofia Cristã*. São Paulo: Vozes, 2003.

BOGAERT, Pierre-Maurice; et al. *Dicionário Enciclopédico da Bíblia*. São Paulo: Edições Loyola, 2013.

BREMMER, Jan N. *Greek Religion and Culture, the Bible and the Ancient Near East*. Boston: Brill, 2008.

BRITO, Ênio J. C. "Das Profundezas do Paleolítico: os contatos com os transcendentes". *REVER – Revista de Estudos da Religião* (PUC-SP), vol. 14, n. 2, 2014, p. 188-95.

BULTMANN, Rudolf. "Ist die Apokalyptik die Mutter der christlichen Theologie?" In: BULTMANN, R. *Exegetica*. Tübingen: J. C. B. Mohr, 1965, p. 466-500.

BURCKHARDT, Jacob. *Judgments on History and Historians*. Nova York: Routledge, 2007.

BURKERT, Walter. *Babylon, Memphis and Persepolis: Eastern Contexts of Greek Culture*. Cambridge, MA: Harvard University Press, 2004.

_____. *Structure and Myth in Greek Mythology and Ritual*. Berkeley: University of California Press, 1982.

_____. *The Orientalizing Revolution: Near Eastern Influence on Greek Culture in the Early Archaic Age*. Cambridge: Harvard University Press, 1995.

CCC, Covenant Christian Coalition. *The Complete Apocrypha – With Enoch, Jasher, and Jubilees.* Covenant Press, 2018.

CASTORIADIS, Cornelius. *The Imaginary Institution of Society.* Cambridge: The MIT Press, 1987.

CASTRO ROCHA, João C. *Culturas Shakespearianas: Teoria Mimética e os Desafios da Mímesis em Circunstâncias Não Hegemônicas.* São Paulo: É Realizações, 2018.

_____. "Estética e ética: ou a conversão da arte". In: GIRARD, René. *A Conversão da Arte.* São Paulo: É Realizações, 2011, p. 11-18.

CHANTRE, Benoît. *Les Derniers Jours de René Girard.* Paris: Bernard Grasset, 2016.

_____. "Posfácio – Clausewitz e Girard no Coração do Duelo". In: GIRARD, René; CHANTRE Benoît. *Rematar Clausewitz: além "Da Guerra".* São Paulo: É Realizações, 2011.

CHARLESWORTH, James H (ed.). *The Old Testament Pseudepigrapha* – (2 vol.). Peabody, MA: Hendrickson Publisher, 2010.

CLASTRES, Pierre. *A Sociedade Contra o Estado.* São Paulo: Ubu Editora, 2017.

_____. *Arqueologia da Violência – Pesquisas de Antropologia Política.* São Paulo: Editora Cosac & Naify, 2004.

CLAUSEWITZ, Carl von. *Da Guerra.* São Paulo: Martins Fontes, 2010.

CLIVE, Erich H. *1177 B.C. The Year Civilization Collapsed.* Princeton: Princeton University Press, 2014.

CLOTTES, Jean. *What is Paleolithic Art? Cave Paintings and the Dawn of Human Creativity.* Chicago: The University of Chicago Press, 2016002E

COLLINS, John J. *Apocalypse, Prophecy and Pseudepigraphy: On Jewish Apocalyptic Literature.* Grand Rapids, MI: William B. Eerdmans Publishing Company, 2015.

_____. *Seers, Sibyls & Sages in Hellenistic-Roman Judaism.* Nova York: Brill, 1997.

_____. *The Apocalyptic Imagination: An Introduction to Jewish Apocalyptic Literature.* Grand Rapids, MI: William B. Eerdmans Publishing Company, 2016.

CONGDON, David W. "Eschatologizing Apocalyptic: an Assessment of the Present Conversation on Pauline Apocalyptic". In: DAVIS, Joshua B e DOUGLAS, Harink (eds.) *Apocalyptic and the Future of Theology*. Eugene, Or: Cascade Books, 2012, p. 118-36.

COUTSOUMPOS, Panayotis. "Jesus the Messiah/ Christos and John's Christology". Academia.edu, 2019.

CROSSAN, John Dominic. *The Historical Jesus: The Life of a Mediterranean Jewish Peasant*. São Francisco: Harper San Francisco, 1992.

CULLMANN, Oscar. *The Christology of the New Testament*. Philadelphia: The Westminster Press, 1963.

DALLMAYR, Fred. *Margins of Political Discourse*. Nova York: State University of New York Press, 1989.

DAVIES, Philip R. "In Search of 'Ancient Israel'". *Journal for the Study of the Old Testament (148)*. Sheffield: JSOT, 1992.

DAWSON, Christopher. *O Julgamento das Nações*. São Paulo: É Realizações, 2018.

_____. *A Formação da Cristandade: Das Origens na Tradição Judaico-Cristã à Ascensão e Queda da Unidade Medieval*. São Paulo: É Realizações, 2014.

_____. *Dinâmicas da História do Mundo*. São Paulo: É Realizações Editora, 2010.

_____. *Enquiries Into Religion and Culture*. Washington, D.C.: The Catholic University of America Press, 2009.

_____. *The Age of the Gods: A Study in the Origins of Culture in Prehistoric Europe and Ancient Egypt*. Washington D.C.: The Catholic University of America Press, 2012.

DAY, John. *God's Conflict with the Dragon and the Sea*. Cambridge: Cambridge University Press, 1985.

_____. *Yahweh and the God and Goddesses of Canaan*. Sheffield: Sheffield Academic Press, 2002.

DUNN, James D. G. *Jesus and the Spirit: A Study of the Religious and Charismatic Experience of Jesus and the First Christians as Reflected in the New Testament*. Grand Rapids, MI: William B. Eerdmans Publishing Company, 1997.

DUNN, James D. G e ROGERSON, John W. (eds.) *Commentary on the Bible*. Grand Rapids, MI: William B. Eerdmans Publishing Company, 2003.

DUPUY, Jean-Pierre. "Os Paradoxos do Sagrado". In: RIGHI, Maurício G. *Pré-História & História – As*

Instituições e as Ideias em seus Fundamentos Religiosos. São Paulo: É Realizações, 2017, p. 15-24.

DUPUY, Jean-Pierre. *La Marque du Sacré*. Paris: Carnets Nords, 2008.

DURKHEIM, Émile. *As Formas Elementares da Vida Religiosa: O Sistema Totêmico na Austrália*. São Paulo: Martins Fontes, 2003.

ELLENS, J. Harold. *The Son of Man in Gospel of John*. Sheffield: Sheffield Phoenix Press, 2009.

EVANS, Richard J. *A Chegada do Terceiro Reich*. São Paulo: Crítica, 2017.

_____. *Terceiro Reich no Poder*. São Paulo: Crítica, 2017.

EVANS-PRITCHARD, Edward. "Social Anthropology: Past and Present – The Marett Lecture". *Man*, (50), 1950, p. 118-24.

FARMER, Sarah. Martyred Village: *Commemorating the 1944 Massacre on Oradour-sur-Glane*. Los Angeles: University of California Press, 1999.

FÍLON, (de Alexandria). *Da Criação do Mundo e outros Escritos*. São Paulo: É Realizações, 2015.

FLUSSER, David. *O Judaísmo e as Origens do Cristianismo*, vol. III. Rio de Janeiro: Imago, 2002.

FRANCK JUNIOR, Wilson e FURTADO, Letícia de Souza. "O Linchamento de Guarujá e a Violência Mimética de René Girard". *IURISPRUDENTIA: Revista da Faculdade de Direito da Ajes*, Ano 3, n. 5, 2014, p. 107-34.

FRANKFORT, Henri. *Kingship and the Gods: A Study of Ancient Near East Religion as the Integration of Society and Nation*. Chicago: The University of Chicago Press, 2012.

FRANKFURTER, David. "The Legacy of Sectarian Rage: Vengeance Fantasies in the New Testament". In: BERNAT, David A e KLAWANS, Jonathan (eds.) *Religion and Violence: The Biblical Heritage*. Sheffield: Sheffield Phoenix, 2007.

FRAZER, James. *The Golden Bough: A Study in Magic and Religion*. Londres: Penguin Books, 1996.

FRIZZO, Antônio C. "A Trilogia Social: estrangeiro, órfão e viúva no Deuteronômio e sua recepção na Mishná". *Tese de Doutorado*. Departamento de Teologia, PUC-RJ, 2009 (Tese de Doutorado).

GALBIATI, Enrico e ALETTI, Aldo. *Atlas Histórico da Bíblia e do Antigo Oriente – Da Pré-História à Queda de Jerusalém no ano 70 d.C*. Petrópolis: Vozes, 1991.

GARCÍA MARTINEZ, "Escatologizacíon de los Escritos Proféticos em Qumrán". *Estudios* Bíblicos 44, 1986, p. 101-16.

GARCÍA MARTINEZ. "La Apocalíptica y Qumrán". *Simposio* Bíblico *Español*. Córdoba, 1885.

GILSON, Etienne. *A Filosofia na Idade Média*. São Paulo: Martins Fontes, 2001.

GOLSAN, Richard J. *Mito e Teoria Mimética*. São Paulo: É Realizações, 2014.

GMIRKIN, Russell E. *Berossus and Genesis, Manetho and Exodus: Hellenistic Histories and the Date of the Pentateuch*. Londres: T&T Clark, 2006.

HAMERTON-KELLY, Robert. "An Introductory Essay". In: HAMERTON-KELLY, R. (ed.) *Politics & Apocalypse – Studies in Violence, Mimesis, and Culture*. East Lansing: Michigan State University Press, 2007, p. 1-28.

_____. *Violência Sagrada: Paulo e a Hermenêutica da Cruz*. São Paulo: É Realizações, 2011.

HANSON, Paul D. *The Dawn of the Apocalyptic*. Philadelphia: Fortress, 1975.

HARRISON, Jane. *Prolegomena to the Study of Greek Religion*. New Jersey: Princeton University Press, 1991.

HENGEL, Martin. *The Son of God*. Londres: SCM Press, 1976.

HENRY, Jules. *Jungle People: A Kaingang Tribe of the Highlands of Brazil*. Nova York: Vintage Books, 1964.

JAMES, M. R. *The Aprocryphal New Testament*. Oxford: Oxford University Press, 1924.

JONHSNON, A. R. *The One and the Many in the Israelite Conception of God*. Cardiff, 1961.

KÄSEMANN, Ernst. "On The Subject of Primitive Christian Apocalyptic". *NTQT*, 1969, p. 82-137.

KEELEY, Lawrence H. *A Guerra Antes da Civilização: O Mito do Bom Selvagem*. São Paulo. É Realizações, 2011.

KLEMPERER, Victor. *LTI – A Linguagem do Terceiro Reich*. Rio de Janeiro: Contraponto, 2009.

KNIBB, Michael A. "The Exile in the Literature of Intertestamental Period", *Heytrop Journal 17*, 1976, p. 253-72.

KOPENAWA, D. e ALBERT, B. *A Queda do Céu – Palavras de um Xamã Yanomami*. São Paulo: Companhia das Letras, 2018.

KÖSTENBERG, Andreas J. *A Theology of John's Gospel and Letters: Biblical Theology of the New Testament.* Grand Rapids: Zondervan, 2009.

KOVACS, Judith e ROWLAND, Christopher. *Revelation – Blackwell Bible Commentaries.* Blackwell Publishing, 2004.

KROEBER, Alfred L. "Letter to the Editor". *The American Anthropologist,* (53), n. 2, 1951, p. 279-83.

LADD, George E. *The New Testament and Criticism.* Grand Rapids: Eerdmans, 1967.

LANIAK, Timothy S. *Shepherds After my Own Heart: Pastoral Traditions and Leadership in the Bible.* IVP Academic, 2006.

LEYS, Simon. "The Imitation of Our Lord Don Quixote". *The New York Book Reviews,* 1998.

LONERGAN, Bernard. Insight – *Um Estudo do Conhecimento Humano.* São Paulo: É Realizações, 2010.

LONGMAN III, Tremper e ENNS, Peter (eds.) *Dictionary of the Old Testament: Wisdom, Poetry & Writings.* Nottingham: Inter-Varsity Press, 2008.

LUMPKIN, Joseph B. *The Books of Enoch: The Angels, The Watchers and The Nephilim.* Blountsville, AL: Fifth State, 2011.

LUTERO, Martinho. *Works of Martin Luther,* vol. VI. Philadelphia: Holman and the Castile Press, 1916.

MARROW, S. B. "Apocalyptic Genre and Eschatology". *The World in the World.* Cambridge, Mass. 1973.

MARSHALL, Howard. *The Origins of New Testament Christology.* Downers Grove: InterVarsity Press, 1976.

McKENNA, Andrew J. (org.) *Violence and Difference: Girard, Derrida and Deconstruction.* Chicago: University of Illinois Press, 1992.

McKENNA, Andrew J. (org.) *René Girard and Biblical Studies (Semeia 33).* Decatur, GA: Scholars Press, 1985.

MERQUIOR, José G. *O Marxismo Ocidental.* São Paulo: É Realizações, 2018.

MILBANK, John. *Teologia e Teoria Social: Para Além da Razão Secular.* São Paulo: Edições Loyola, 1995.

MORESCHINI, Claudio. *História da Filosofia Patrística.* São Paulo: Edições Loyola, 2004.

MOYISE, Steve. (ed.) *Studies in the Book of Revelation*. Edimburgo: T&T Clark, 2001.

MULLOY, John J. "Posfácio – Continuidade e Desenvolvimento no Pensamento de Christopher Dawson". In: DAWSON, Christopher. *Dinâmicas da História do Mundo*. São Paulo: É Realizações, 2010, p. 551-618.

MURRAY, Robert. *The Cosmic Covenant: Biblical Themes of Justice, Peace and the Integrity of Creation*. Gorgias, 2007.

_____. "Jews, Hebrews, and Christians: Some Needed Distinctions". *Novum Testamentum* (24.3), 1982, p. 194-208.

NICKELSBURG, G. "The Apocalyptic Message of 1 Enoch 92-105". *CBQ (39)*, 1977, p. 309-28.

NIETZSCHE, Friedrich. *A Gaia Ciência*. São Paulo: Companhia das Letras, 2017.

_____. *Aurora: Reflexões Sobre os Preconceitos Morais*. São Paulo: Companhia das Letras, 2016.

NIEWIADOMSKI, Józef. "'Denial of the Apocalypse' versus 'Fascination with Fatal Days': Current Theological Discussion of Apocalypse Thinking in the Perspective of Mimetic Theory". In: HAMERTON-KELLY, R. (ed.). *Politics & Apocalypse – Studies in Violence, Mimesis and Culture*. East Lansing: Michigan State University Press, 2007, p. 51-68.

NISSINEN, Martti. *Writings From the Ancient World: Prophets and Prophecies in the Ancient Near East*. Atlanta, GA: Society of Biblical Literature, 2003.

OUGHOURLIAN, Jean-Michel. *Genèse du Désir*. Paris: Carnets Nord, 2007.

OTERO, Aurelio dos Santos. *Los Evangelios Apócrifos*. Madri: Biblioteca de Autores Cristianos, 2017.

PAINTER, John. *The Quest for the Messiah: The History, Literature and Theology of the Johannine Community*. Edimburgo: T & T Clark, 1992.

PASSOS, João Décio e USARSKI, Frank (eds.). *Compêndio de Ciência da Religião*. São Paulo: Paulinas/Paulus, 2013.

PATTERSON, Richard D. *Nahum, Habakkuk, Zephaniah: An Exegetical Commentary*. Biblical Studies Press, 1998.

PERRET, Geoffrey. *A Country Made by War: From the Revolution to Vietnam – The Story of*

America's Rise to Power. Nova York: Random House, 1989.

PHILOSTRATUS, Flavius. *The Life of Appolonius de Tyanna*. Cambridge: Harvard University Press, 1912.

PIÑERO, Antonio. "Enoch as Mediator, Messiah, Judge, and Son of Man in The Book of Parables. Academia.edu, 2019.

PORTEN, Bezalel (ed.). *The Elephantine Papyri in English: Three Millennia of Cross-Cultural Continuity and Change, Second Revised Edition*. Williston, VT: Society of Biblical Literature, 2011.

_____. *Archives from Elephantine*. Berkeley: University of California Press, 1968.

RADCLIFFE, T. J. "The Coming of the Son f Man: Mark's Gospel and the Subversion of the Apocalyptic Imagination". In: DAVIES, B. *Language, Meaning and God*. Londres: Chapman, 1987, p. 176-89.

RATZINGER, Joseph. *Eschatology: Death and Eternal Life*. Washington: Catholic University of America Press, 1900.

RIBEIRO, Célia M. "O Espírito do Pastor – A Espiritualidade Inaciana no Ministério do Papa Francisco." *Tese de Doutorado*. Departamento de Ciência da Religião, PUC-SP, 2018.

RIGHI, Maurício G. "Uma Reabertura Apocalíptica em Nosso Conhecimento". In: BARKER, Margaret. *Introdução à Teologia do Templo*. São Paulo: Filocalia, 2018, p. 7-18.

_____. "Makrothymía e Anochēs – Comentários sobre (in)tolerância em perspectiva mimética". *REVER – Revista de Estudos da Religião* (PUC-SP), vol. 17, n. 3, 2017, p. 43-58.

_____. *Pré-História & História – As Instituições e as Ideias em seus Fundamentos Religiosos*. São Paulo: É Realizações, 2017.

ROSSBACH, Stefan. "Understanding in Quest of Faith: The Central Problem in Eric Voegelin's Philosophy". In: HAMERTON-KELLY, R. (ed.). *Politics & Apocalypse – Studies in Violence, Mimesis and Culture*. East Lansing: Michigan State University Press, 2007, p. 219-62.

ROSSBACH, Stefan. *Gnostic Wars: The Cold War in the Context of a History of Western Spirituality*. Edimburgo: Edimburgh University Press, 1999.

ROWLAND, C. *The Open Heaven: A Study of Apocalyptic in Judaism and Early Christianity*. Nova York: Crossroad, 1982.

_____. "The Book of Revelation". In: KECK, L. (ed.) *The New Interpreter's Bible*. Nashville: Abingdon, 1998, p. 503-736.

RUSSELL, D.S. *The Method and Message of Jewish Apocalyptic*. Londres: SCM Press, 1971.

SACCHI, Paolo. *Jewish Apocalyptic and Its History*. Sheffield: Sheffield Academic Press, 1990.

SCHÄFER, Peter. *The History of the Jews in Antiquity: The Jews of Palestine from Alexander the Great to the Arab Conquest*. Nova York: Routledge, 1995.

SCHNEEMELCHER, Wilhelm (ed.) *New Testament Apocrypha*, vol. 1. Louisville, KE: John Knox Press, 1991.

SCHÜRER, Emil. *The History of Jewish People in the Age of Jesus Christ*. Edimburgo: T&T Clark, 1973.

SCHWAGER, Raymond. *Must There Be Scapegoats? Violence and Redemption in the Bible*. Nova York: HarperCollins, 1987.

SCOTT-BAUMANN, Alison. *Ricouer and the Hermeneutics of Suspicion*. Londres: Continuum, 2009.

SMITH, Jonathan Z. "Wisdom and Apocalyptic". In: PEARSON, Birger A. (ed.) *Religious Sincretism in Antiquity: Essays in Conversation with Geo Windegren*. Santa Barbara, CA: University of California Press. 1975.

THEISSEN, Gerd. *A Religião dos Primeiros Cristãos: Uma Teoria dos Cristianismo Primitivo*. São Paulo: Paulinas, 2009.

TORRES QUEIRUGA, Andrés. *Repensar a Ressurreição – A Diferença Cristã na Continuidade das Religiões e da Cultura*. São Paulo: Paulinas: 2010.

_____. *Repensar a Revelação – A Revelação Divina na Realização Humana*. São Paulo: Paulinas, 2010.

TUZIN, Donald F. *The Voice of the Tambaran: Truth and Illusion in Ilahita Arapesh Religion*. Berkeley, CA: University of California Press, 1980.

TYLOR, Edward. *Primitive Culture: Researches into the Development of Mythology, Philosophy, Religion, Language Art and Custom*. Londres: John Murray, 1920.

VAN SETTERS, J. "The Religion of the Patriarchs in Genesis". *Biblica 61*, 1980, p. 220-33.

VASCONCELOS, Milton Gustavo. *Do Sacrifício à 'Pena dos Modernos': Como a Ideia Cristã de Pena Moldou o Direito Penal no Ocidente*. Tese de Doutorado. Porto Alegre: PUC-RS, 2017.

VERMES, Geza (ed.). *The Complete Dead Sea Scrolls in English*. Londres: Penguin Classics, 2004.

_____. *The Dead Sea Scrolls: Qumran in Perspective*. Londres, 1978.

VINOLO, Stéphane. *René Girard: Épistemologie du Sacré*. Paris: L'Harmatan, 2007.

VOEGELIN, Eric. *A Crise e o Apocalipse – História das Ideias Políticas*, vol. VIII, São Paulo: É Realizações, 2019.

_____. *Ordem e História – O Mundo da Pólis*, vol. II. São Paulo: Edições Loyola, 2009.

_____. *Ordem e História – Israel e a Revelação*, vol. I. São Paulo: Edições Loyola, 2009.

WESTCOTT, Brooke F. *The Gospel According to St. John*. Forgotten Books, 2012.

WHITE, Hayden. "Ethnological 'Lie' and Mythical 'Truth'". *Diacritics* (8), 1978, p. 2-9.

WILLIAMS, James. *The Girard Reader*. Nova York: The Crossroad Publishing Company, 2000.

WILSON, Ricky. *The Rape of Zimbabwe*. Nova York: iUniverse, 2006.

WINTER, Irene J. "Touched by the Gods: Visual Evidence for the Divine Status of the Rulers in the Ancient Near East". In: BRISCH, Nicole (ed.). *Religion and Power: Divine Kingship in the Ancient World and Beyond. Oriental Institute of Seminars, n. 4*. Chicago: Oriental Institute of the University of Chicago, 2012, p. 75-102.

WITHERINGTON, Ben. *The Many Faces of the Christ: The Christologies of the New Testament and Beyond*. New York: The Crossroad Publishing, 1998.

índice analítico

Aliança
  cósmica
    restabelecimento da, 259
Angeologia, 251
Antiapocalipsismo
  de parte da exegese moderna, 354
Antigo
  colonialismo, 405
  Testamento
    narrativas proféticas do, 118
    textos canônicos do, 234
Antiguidade
  contexto religioso-político da, 203
  oriental, 248, 254
    cidades-santuário da, 249
    cosmogonias da, 371
    cosmologia de fundo da, 248
    valores marciais da, 378
Antropologia, 429, 434
  bíblica, 121
  de campo, 106
  estruturalista, 152
  fundamental, 165
  literária, 40
  mimética, 323, 353
  fundamentos evangélicos da, 326
  política, 43
  religiosa, 26, 27, 39, 63, 152, 326-27
    da primeira metade do século XIX, 43
  religiosa de René Girard, 423
  revelada, 283
  social, 42
Apocalipse, 23, 25, 54, 56-57, 71, 93, 129, 141, 169, 192, 255, 307, 322, 346, 352
  acentos belicosos do, 352
  bases antropológicas do, 161
  bases fundacionais do, 368
  bases reflexivas do, 277
  bases simbólicas do, 275, 277
  campo cosmológico do, 265
  caráter subversivo do, 258
  cegueira espiritual conduz ao, 301
  cerne do, 251
  chaves proféticas do, 95
  coloca a questão da desordem, 199
  como chave-hermenêutica, 273
  como conhecimento subversivo, 236
  como corrente de pensamento, 223, 277
  como degeneração do cosmos, 112
  como estrutura permanente da história, 355
  como experiência místico-visionária, 308
  como gênero, 361
  como hermenêutica, 356
  como hermenêutica adequada a todo e qualquer momento histórico, 268
  como interpretação sistêmica do cosmos-mundo, 269
  como narrativa de esperança, 357
  como pensamento de ruptura, 200, 201, 202

como resposta reflexiva, 281
como revelação, 246
cristão, 175, 297, 410
definição de, 32
definição sintética de, 243
de João, 35
de René Girard, 358
desenvolvimento do, 222
dogmática do, 265
domesticação contemporânea do, 387
dos Evangelhos, 35
e antropologia mimética, 357
e escatologia, 275
em Colossenses, 354
em sentido original, 173
enóquico, 349
enredo do, 256
entendimento medieval e sacrificial de, 177
e o mundo contemporâneo, 428
epistemologia do, 28
e política, 236
e profetismo, 156
e queda existencial, 83
e questão do mal, 258
e retorno da profecia, 230-31
escatológico cristão, 384
e temas bíblicos, 33
e teoria mimética, 23, 340, 433
etimologia de, 219
e transgressões universais, 157
e violência, 358
faz emergir vozes nunca antes ouvidas, 280
hebraico, 113
judeu, 364
linguagem do, 265

moderno, 83, 95
narrativa incendiária da vida social, 258
oral, 380
origens simbólicas do, 247
paralelismo perfeito do, 268
parâmetros conceituais do, 357
parâmetros do, 384
parâmetros mais amplos do, 223
pensamento ligado ao, 181
raízes do, 157
raiz teológico-política do, 219
resgate do, 287
revelação, 137, 437
revela o que esteve oculto, 346
sentido de, 214
sentido exato de, 77
sentido último do, 366
sua essência, 186
tecido narrativo do, 30
terminologia do, 137
textos paradigmáticos do, 199
triunfalismo do, 376
universo militarizado do, 367
violência embutida no, 372
visão do, 98
Apocalipsismo, 223
de Girard, 399
Apocalíptica
a literatura que deu vazão às correntes do apocalipse, 273
como gênero narrativo, 220
como um tipo de literatura religiosa, 220
livros de revelação, 222

Apologética, 328
Apologia, 33, 422
Arcaico, 99
funcionamento medular do, 110
Assassinato
coletivo, 126
fundador, 92, 184
Ateísmo, 240
Autocompreensão apostólica, 329
Autossacrifício, 123, 363, 377, 382
sacrifício subvertido em, 351
bode expiatório, 32, 103, 109, 203
definição de um, 122
geração de, 146
mecanismo do, 356, 408
mecanismo fundador do, 126
paz consagrada pelo, 167
perfeito, 183-84
Capitalismo, 156
Ciências
humanas e modernidade, 29
Civilização
do maquinário, 313
Compreensão apocalíptica, 302
Comunidade
joanina, 287
pré-histórica, 408
Conhecimento
profético, 343
revelado, 273
Consciência
romanesca, 62
Contágio, 140
de sangue impuro, 260
mimético, 117, 121, 336
violento, 332
Conversão, 34
antropologia da, 121, 153

conceito de, 27
de René Girard, 397
romanesca, 45, 68
processo de, 68
teologia da, 376
Corrida
armamentista, 403
Cosmogonia
oficial, 281
Cosmologia
da expiação-criação, 232
de combate aberto, 361
Criação
estrutura da, 268
Crise
de indiferenciação, 114, 118, 378
moderna, 55
sacrificial, 114, 143, 146, 185, 378, 408, 417
Cristianismo, 78, 194-95, 241, 375, 409
correntes primitivas do, 296
dos primeiros séculos, 283
elementos centrais do, 310
primitivo, 232, 308
teologia do, 309
Cristo
significado completo do ministério do, 328
Crítica
literária, 314
Cruz
antropologia da, 153
escatologia da, 338
revelação da, 356
Cultura
religiosa
hebraica, 287
Demonologia
apocalíptica, 270
Desafio
cosmológico, 409

Desconhecimento, 106, 127, 143
contrapartida moral do, 129
mitológico, 355
Desejo
apelos do, 62
apocalipse do, 61
caráter mimético do, 40
criador de identidades, 141
crise na derrocada do, 70
de apropriação, 259, 382
funcionamento mimético do, 99
história do, 98
mediação do, 53
metafísica do, 39
metafísico, 58
mímesis do, 39, 60, 126, 141
mimético, 35, 122
definição de, 32
dinâmicas do, 153
imaterialidade fundamental do, 346
percurso completo do, 54
teoria do, 67, 73
natureza mimética do, 26, 75
natureza triangular do, 39
tipologia do, 60
transfiguração do, 57
triangularidade do, 51
violento, 61
Dessacralização
conceitual do cosmológico arcaico, 160
processo de, 159
Destruição, 294
Deuteronômio
correntes do, 258

ideologia do, 265
teologia dominante do Antigo Testamento, 226
Dialética
de Hegel, 189-90
hegeliano-marxista, 194
Digitalização
da existência, 314
Discurso
cosmológico, 255
escatológico, 261
Drama
de Jó, 202
Duplo, 79, 122, 128
vínculo, 73
Ecularização, 413
Epistēmē
apocalíptica, 189
Escalada
para os extremos, 272
Escândalo, 324, 339, 408
bíblico, 325
Escatologia, 33, 35, 57, 65, 125, 256, 307, 364
antropologicamente orientada, 176
apocalíptica, 172, 257
como o centro do apocalipse, 32
definição de, 32, 258
de Girard, 168
e apocalipse, 273
e apocalíptica, 307
e inteligência revelada, 65
guinada para a, 165
imanentista, 308
revelada na vítima, 351
sentido último da, 274
Escaton, 274, 352, 372
alfa e o ômega da revelação, 275
Escrituras
espírito das, 164
terminologia associada às, 326

Esnobismo, 58
Esoterismo, 149
Estruturalismo, 152
   crítica ao, 164
Eternidade, 32
   chegada da, 32
Eterno
   retorno, 280
Ethos
   da guerra, 373
   guerreiro, 374
   moderno, 312
Etnologia
   textual, 105
Eu
   desmistificação do, 50
   fantasia da
      autossuficiência do, 78
   moderno, 48
Eucaristia, 351
Evangelhos
   como reflexão sobre o sacrifício, 179
   contornos escatológico-apocalípticos dos, 283
   extensão apocalíptica dos, 211
   inteligência antropológica dos, 186
   novidade dos, 352
   propósito desmistificador dos, 170
   sensibilidade antissacrificial dos, 331
Existência
   mistério da, 268
Fenomenologia
   celeste, 251
   religiosa, 87
Ficção
   científica
      e apocalipse, 256

Filosofia, 314
   política
      corrente liberal e antiapocalíptica da, 191
Fundações
   sacrificiais, 147
Genocídio, 417
   intertribal, 114
Guerra
   Civil Espanhola, 416
   como extensão do rito, 361
   Fria, 404
   imaginário da, 353
   juízo escatológico de, 362
   leis que regem a, 401
   linguagem da, 353
   mobilização total para a, 401
   santa, 361, 363
      modelo hebraico de, 377
      sociedade mobilizada para a, 368
hebraísmo,
   idealização de um novo, 225
Hebraísmo, 240, 273
   apocalíptico, 298
Hegelianismo
   bases do, 81
Helenismo
   e suas categorias mentais, 291
Hermenêutica
   apocalíptica, 237
Herói, 109
   culpabilidade absoluta do, 120
Heroísmo
   guerreiro, 195
História
   cultural, 41
   ideia cíclica de, 29
   incorporada nos escritos apocalípticos, 350

interpretação
   apocalíptica da, 161
   invadida pela eternidade, 257
   pós-Paixão, 138
   universal, 28
Holocausto, 381
Homem
   moderno, 75, 87, 96
Hominídeo, 166
Hominização
   limites da, 422
   processo de, 153
Humano
   impotência crônica do, 256
Ideologia
   de escravos, 378
   nazista, 417
Ídolo, 134
Iluminismo, 58
Imaginação
   apocalíptica, 216
Imaginário
   apocalíptico, 271
   arcaico, 353
   bélico, 373
   do apocalipse, 373
   mítico, 126
   mitológico, 107
   v, 362
Imitação
   ritual, 130
Impureza, 115, 248
Individualismo, 78
   moderno, 78
Insight, 39, 105, 395, 400
   definição de, 87
   de visão [profético], 269
Inteligência
   antropológica, 150
   apocalíptica, 79, 96
   de Jesus, 332
   dos Evangelhos, 427
   evangélica, 329
   romanesca, 45, 61, 96
Interdito, 167

Interdividualidade, 142
Intransigência
  antissacrificial, 350
Intuição
  romanesca, 44, 51
Irmãos
  gêmeos
    figura mítica dos, 117
Jesus
  alusões enóquicas nas advertências de, 212
  ministério profético de, 212
Judaísmo, 262
Julgamento
  validade universal do, 268
Katechon, 176
Leis
  ancestrais
    obediência às, 253
Leitura
  métodos de, 30
  não sacrificial, 171
Liberalismo, 25, 58, 121
Liberdade
  irreversibilidade da, 93
  vocação para a, 254
Libertação
  mensagem de, 254
  narrativas de, 373
Linchamento, 330, 336
  coletivo, 132
Linguagem
  apocalíptica, 348, 363
  do arcaico, 366
  do combate, 369
  mitológica, 304
  mitológica de guerra, 352
  sacrificial do Novo Testamento, 380
Linguagens
  de sacrifício, 382
Literatura
  apocalíptica, 221, 266
  apocalítica, 243
  enóquica, 262

gnóstica, 271
joanina, 270
moderna, 95
profética, 244
romanesca, 85, 96, 327
Logos
  de Heráclito, 168, 170, 291
  de João, 168
  do Filho do Homem, 291
  do Pai, 169
  joanino, 287
Maiêutica
  histórica, 62
Mal, 140
  dissolução entrópica do, 272
  e apocalipse, 158
  origens do, 172
  questão do, 258, 260
  reparação do, 365
Maquinário
  ideologia totalitária do, 398
Martírio, 363
Martirológio
  moderno, 408
Marxismo, 69, 162, 192
Masoquismo, 74
Materialismo, 348
  histórico, 25, 121
Mecanismo
  expiatório
    universalidade do, 176
  sacrificial, 114
  vitimário, 35, 92, 106, 114, 134, 323, 341-42, 352, 406, 414
  como ponto zero da cultura, 131
  definição de, 32
  e sociabilidade humana, 152
  fundamento primeiro da ordenação social, 106

lógica interna do, 326
manutenção do, 121
revelação do, 119, 173
Méconnaissance, 355
Mediação
  conceito de, 46
  ênfase na, 46
  instabilidade da, 58
  interna, 55
  na literatura moderna, 46
  sentido da, 54
Mediador, 46, 48, 59, 75
  divindade do, 57
  em Cervantes, 52
  obstaculizador, 86
Mentalidade
  cristã dos primeiros séculos, 283
Metafísica
  do subsolo, 78
Milenarismo, 311
Mímesis
  conflituosa, 162
  dimensão matricial da, 154
  do desejo, 332
  e violência, 155
Misticismo
  intramundano, 191
Mito, 109, 127, 133, 361, 417
  chave do, 280
  e sexualidade, 133
  positivista, 311
  universos dominados pelo, 204
Mitologia, 118
  apocalíptica, 382
  de violência sagrada, 412
Modelo, 324
  tornado rival, 139
Modernidade, 53, 97, 141, 326
  com armas de destruição em massa, 415

conceitos caros à, 49
crítica à, 353
despertar da, 409
entender
  apocalipticamente
  a, 390
ethos guerreiro no seio
  da, 196, 199
produz mitologias, 311
superação girardiana
  da, 99
Monarquia
  teocrática, 146
Mundo
  arcaico, 302
  helenístico, 284
Narrativa
  neotestamentária
  inteligência
    antropológica da,
    325
Niilismo, 80
Novo Testamento
  fundo apocalíptico do,
  211
Obstáculo, 73, 95
  e modernidade, 98
  intransponível, 89
Ocidentalismo, 91
Ocidente
  vocação antropológica
  do, 148
Ordálio, 113
Orgulho, 76, 84, 91
Oriente
  próximo
    anterioridade
    civilizacional do, 287
Ortodoxia
  cristã, 169
Pacifismo, 374
Paganismo, 415
  retorno ao, 415
Paixão, 335, 347, 408, 414
  conforme refletida nos
    textos do Evangelho,
    186

de Jesus Nazareno, 179
e fenômeno de bode
  expiatório, 381
experiência da, 160
faz parte de nosso
  horizonte cultural, 337
leitura apostólica da, 153
mitos do relato da, 339
revela o mecanismo
  vitimário, 355
sentido antropológico
  e trans-histórico da,
  341
sentidos mais profundos
  e universais da, 312
significados
  escatológicos da, 276
significados existenciais
  e históricos da, 153
Paradoxo, 165, 259, 284,
  405
Paroxismo
  vitimário, 337
Parricídio, 91
  tema do, 92
Parúsia, 277, 292
Patrística, 244, 283
Pensamento
  apocalíptico, 222
  bíblico, 394
  de resistência, 200
  estrutura ternária de,
  271
  filosófico
    circularidades do, 163
  girardiano
    sentido francamente
    apocalíptico do, 334
  mimético, 405
  mitológico, 143, 157
  revolucionário, 191, 194
  ritual, 128, 157
Perfil
  monástico, 105
Período
  napoleônico, 401
Pharmakós, 127

Pólis
  racionalidade política
    da, 163
  razões político-
    religiosas da, 164
Pós-estruturalismo, 152
Positivismo, 78, 121
  crítica ao, 162
Pós-modernidade, 189
Primeiras
  comunidades
    cristãs, 296
Primeiro
  Templo
    aparato litúrgico-
      teológico do, 265
    hebraísmo do, 233-34
    mística do, 245
    profecia do, 246
    sistema do, 223, 225
    teologia do, 245, 352
Processo
  de indiferenciação, 116,
    120
  em escala mundial, 402
Profecia, 244
  como dom número um,
    222
  hebraica, 357
Profetismo
  de Israel, 156
  hebraico, 137
  superioridade
    hermenêutica do, 119
  visionário, 214
Protoescatologia, 123
Psicanálise, 25, 121, 162,
  314
  crítica à, 140
Psicologia
  do subsolo, 74
  interdividual, 38, 142
Pureza, 115
Queda
  angélica, 173
  definição apocalíptica
    de, 149

Quietismo, 298
Racionalismo, 121
　oitocentista, 165
　vulnerável, 164
Radicalismo
　apocalíptico, 368
Reciprocidade, 134
　mimética, 95
　princípio mimético da, 403
　violenta, 401
Reflexão
　antissacrificial, 130
　cosmológica, 364
Reino
　aceitação ou não do, 178
　Celeste
　　como centro escatológico, 147
　da Violência, 185
　questão do, 378
　realidade do, 178
　recusa da oferta do, 182-83
Relativismo, 25
Religião
　base antropológica da, 163
　origens da, 126
Religio
　arcaica, 417
Religiosidade
　hebraica antiga, 426
　humana, 425
　latente, 27, 55
Religioso
　arcaico, 138
　ressignificação do, 147
　retorno do, 425
　teoria do, 152
Reparação
　sacrificial, 417
　visão redentora da, 300
Repertório
　narrativo
　　de textos hebraicos e cristãos, 150

Resistência
　teológica, 364
Resolução
　vitimária, 330
Ressacralização
　da sociabilidade humana, 160
Ressentimento
　acúmulo de, 114
　divindade do, 378
　pessoal, 156
Ressurreição
　de Jesus, 278
Retribuição
　violenta, 298
Revelação, 320, 328, 395, 408
　completa, 326
　cristã, 64, 308
　fundamentos antropológicos da, 314
Revolução
　Francesa, 402
　Iraniana, 425
Rito, 109, 127, 133, 167, 361, 388
　expiatório, 133, 371
Rival, 72, 87, 324
Rivalidade, 122, 331, 391
　mimética, 80, 325
Romantismo, 58
Ruminação
　de textos, 105
Sacralização
　da vida social, 163
　dos poderes do mundo, 240
Sacrifício, 106, 371
　agente de violência, 106
　como a própria gênese das instituições humanas, 108
　como mecanismo de contenção, 127
　como progenitor das divindades, 125

　conceito de, 160
　da existência cristã, 165
　deficiência do, 409
　do outro, 106
　dos outros, 381
　em clave apocalíptico-cristã, 350
　e sociedades arcaicas, 108
　instituição universal do, 108
　religião inventa o, 410
　sentido do, 125
　substituto, 106
Sadismo, 74
Sagrado
　desconstruir o, 160
　dos românticos, 149
　entendimento do, 168
　instalação do, 408
　violento, 161, 180, 412
　imposição nazista do, 418
Satã
　como acusador, 266
Secularização
　sentido específico de, 413
Segunda Guerra Mundial, 405, 416
Segundo
　Templo, 228
Sensibilidade
　teológica, 264
Simbolismo
　arcaico, 272
　complexidade do, 295
Simbologia
　bélica, 362
　escatológica, 262
　hebraica, 270
　mística, 266
　mito-teológica, 382
　oracular comum, 296
　oracular da profecia hebraica, 378
　religiosa, 87

Sistema
  judiciário
    moderno, 112
  sacrificial
    desconstruir o, 351
Socialismo, 156
Sociedade
  arcaica, 108, 155
  de Édipo, 204
  de Jó, 205
  moderna
    arcaizante, 167
  pós-moderna, 415
Solução
  vitimária, 409
Substituição
  vitimária, 404
Substituto
  vitimário, 405
Subversão
  apocalíptica, 353
Sujeito
  mimético, 260
Super
  humanidade, 254
Suspeita
  ideologia da, 209
Técnica
  apocalíptica, 273
Tecnificação
  da vida, 314
Templo
  antiga teologia do, 259
  herodiano de Jerusalém, 265
  imaginário do, 244
  pureza do, 289
  teologia do, 262, 302, 340
Teogonia
  da concupiscência, 261
Teologia, 61, 149, 354, 429, 434
  anselmista, 161
  celeste, 263
  do "Filho do Homem", 263
  cristã
    dos primeiros tempos, 271
    em termos eminentemente antissacrificiais, 177
  da história, 232
  do templo, 252
  mística, 423
  moderna, 308
  nova
    do "Deus das vítimas", 375
  revelada, 250
Teoria
  da história, 429, 434
  apocalíptica, 357
  mimética, 24, 44, 54, 62, 72, 81, 89, 131, 154, 237, 239, 334, 336, 380, 427
    apreensões antropológicas da, 340
    base estritamente antropológica da, 164
    categorias da, 391
    como insight profundo acerca do homem, 427
    como teoria do invisível, 346
    como teoria-insight, 429, 435
    conceitos da, 67
    conceitos e elaborações da, 382
    da história, 25
    desdobramentos lógicos da própria, 168
    desenvolvimento interno à, 34
    deslocamento apocalíptico da, 325
    e análises geopolíticas, 408
    e apocalipse, 137, 159, 241, 314, 429, 434
    e contágio de sangue impuro, 260
    e estruturalismo, 155
    e imaginação apocalíptica, 119
    e liberdade, 259
    e misticismo, 164
    e modernidade, 25
    em progressão apocalíptica, 144
    e o mundo contemporâneo, 425
    e psicanálise, 132
    e religião, 111
    inteligência romanesca da, 30
    metodologia da, 31
    orientação apocalíptico-escatológica da, 28
    parâmetros da, 352
    ponto zero da, 338
    termos antropológicos da, 342
    trânsito para o apocalíptico da, 165
Terceiro
  Mundo, 404
Theosis, 171
Tragédia, 118
Transcendência, 111, 134-35, 171
  desviada, 56
  falsa, 347
Triângulo
  mimético, 52
Unanimidade
  catártica, 331
  mecanismo de, 136
  mimética, 336

Vingança, 352
  desejo de, 298
  processos de, 111
Violência, 29, 63, 97, 111
  abandono universal da, 177
  apocalíptica, 365
  arbitrária, 348, 349
  como elemento estruturante da sociabilidade humana, 361
  como experiência de base, 29
  como herança permanente, 359
  controle da, 112
  e apocalipse, 364
  e desejo, 143
  encontrada no Apocalipse de João, 378
  escalada da, 155
  externalização da, 360
  extrema, 294
  física, 365
  fundadora, 143
  generalizada, 106
  iminente, 333
  impulso para a, 138
  institucional, 365, 373
  jogo interno da, 403
  jogo paradoxal da, 113
  libertação integral da, 178
  marcial, 380-81
  militar, 353
  pela violência, 107
  potencialmente incontrolável, 127
  psíquica, 365
  realidade antropológica da, 115
  reparadora, 364
  sacrificial, 166
  sagrada, 174
  simbólica, 365
  tecnologia destinada à, 403
Visão
  apocalíptica plasticidade das, 342
  escatológica, 229
Vítima, 109
  designação arbitrária de, 135
  reconciliadora, 167
  sacralizada, 172
  vulnerável, 331
Zumbis
  e sabedoria inconsciente, 115

índice onomástico

Agamben, Giorgio, 465-67
Albert, Bruce, 366
Alison, James, 14-15, 70, 125, 141, 159, 263, 271, 301, 303, 328, 388, 397
Anspach, Mark R., 107, 113
Antonello, Pierpaulo, 150-51, 160
Assmann, Jan, 279-80
Bach, Johann Sebastian, 30
Bahrani, Zainab, 301
Barker, Margaret, 18, 171, 206, 208, 213-15, 219, 224-25, 227, 231, 235-36, 245-47, 251-56, 258-59, 261-62, 264, 266, 268-70, 287-88, 291-92, 294, 296-97, 301, 304-05, 322, 344-45, 348, 350, 352, 364, 367-68, 370-72, 413, 426, 427, 466-67
Baudelaire, Charles, 266, 375
Bell, Catherine, 399
Benda, Julien, 254
Bernanos, Georges, 254, 266, 312-13, 398-400, 415-16

Bielínski, Vissarion, 71, 83
Bovary, Emma, 58
Bultmann, Rudolf, 306, 307-09, 312, 358
Burckhardt, Jacob, 285
Burkert, Walter, 279, 285-86
Bush, George W., 156, 407
Castoriadis, Cornelius, 189, 191
Castro Rocha, João C., 40, 150-51, 160, 406
Cervantes, Miguel de, 50, 52-54, 57, 392
Chantre, Benoît, 17, 390-91, 396-97, 503
Clastres, Pierre, 43
Clausewitz, Carl von, 17, 25, 28, 33, 181, 355, 358, 375, 390-96, 398-402, 406-07, 409, 414, 420-22, 433-34, 442, 449, 452, 459, 462, 503
Cline, Eric H., 286
Clottes, Jean, 117
Collins, John J., 18, 208, 213, 216, 222, 236, 238, 246, 251, 273, 364-65, 374
Congdon, David W., 306, 309, 311

Crossan, John Dominic, 304, 307-08
Cunha, Martim Vasques da, 14, 439
Dallmayr, Fred, 194
Dante Alighieri, 465
Darlymple, Theodore, 437
Dawson, Christopher, 42, 194, 207, 416, 439
Dostoiévski, Fiódor, 28, 33, 38, 50, 53, 55, 57-60, 67-69, 71-81, 83, 85-95, 97-98, 138, 185, 266, 392, 394, 435, 436, 440, 442
Dupuy, Jean-Pierre, 360, 432
Durkheim, Émile, 136, 152
Dylan, Bob, 439
Escher, Maurits Cornelis, 431
Evans-Pritchard, Edward Evan, 41-42
Farber, J. Joel, 233
Fichte, Johann Gottlieb, 459, 462
Flaubert, Gustave, 50, 53, 58
Flusser, David, 211, 212, 217, 232

Foucault, Michel, 209
Franck Junior, Wilson, 132
Frankfort, Henri, 224
Frankfurter, David, 364
Frazer, James, 27, 105, 149, 152
Freud, Sigmund, 47, 50, 92, 105, 132-33, 139, 149, 209
Frizzo, Antônio C., 13, 233, 250
Furtado, Letícia de Souza, 132
Gilson, Etienne, 240
Gmirkin, Russell E., 232-35
Golsan, Richard J., 39, 165, 167, 346
Guimarães Rosa, 266
Habacuque, 344
Hamerton-Kelly, Robert, 28, 34-35, 37, 136, 163, 192, 217, 236-37, 241, 243, 257, 274, 276, 278, 289-90, 298, 310, 319, 411-12, 441-42
Harrison, Jane, 27, 152
Hegel, Georg Wilhelm Friedrich, 81, 189-90, 194, 196, 459, 462
Henry, Jules, 106, 114
Hitler, Adolf, 156, 359, 402
Hodder, Ian, 432
Hölderlin, Friedrich, 449, 459-64, 467-68
Hubert, Henri, 125
Jesus Cristo, 15, 35, 70, 125, 132, 136-37, 145, 153, 158, 161, 170, 173-74, 177-85, 211-18, 224, 227-28, 230-32, 235-36, 247, 249, 251, 261-68, 270-72, 275-76, 278, 284, 287-89, 292-94, 296, 299,

301-05, 308, 310, 324, 326-29, 331-39, 341, 343-45, 350, 352, 360, 364, 368-69, 372, 377, 379-81, 388, 426-27, 442-43, 451, 471
Karamázov, Fiódor Pavilovitch, 92-93
Käsemann, Ernst, 296, 306-07
Klemperer, Victor, 419
Kopenawa, Davi, 366
Kroeber, Alfred Louis, 43
Laden, Bin, 402
Landes, Richard, 445, 447
Laniak, Timothy S., 207
Lawrence, Fred, 236
Lefort, Guy, 152
Lévi-Strauss, Claude, 106, 149
Lienhardt, Godfrey, 108
Lonergan, Bernard, 39
Lowie, Robert, 106, 113
Magris, Claudio, 440
Malinowski, Bronisław, 106, 279
Mao Tsé-Tung, 156
Mauss, Marcel, 125
Merquior, José Guilherme, 194, 196
Milbank, John, 193
Moreschini, Claudio, 283
Mulloy, John J., 42
Murdoch, Iris, 443
Murray, Robert, 27, 290
Neugebauer, Otto, 285
Nietzsche, Friedrich, 195-96
Niewiadomski, Józef, 236, 311
Orígenes, 244
Oughourlian, Jean-Michel, 151-52
Palaver, Wolfgang, 236
Pascal, Blaise, 420
Patterson, Richard D., 223
Patton, Charley, 439

Pavlovitch, Pavel, 54
Pétain, Phillipe, 396, 435
Philostratus, Flavius, 330
Pietrachévski, 71
Proust, Marcel, 39, 47, 49-50, 53, 58, 60, 62, 185
Queiruga, Andrés Torres, 62, 307-10, 412
Radcliffe-Brown, 106
Ranieri, John, 236
Ricoeur, Paul, 209
Righi, Mauricio G., 16-17, 177, 211, 216, 219, 240, 246, 257, 408, 431-32, 434, 437, 439-43, 449, 466, 473
Rossbach, Stefan, 236
Rousseau, Jean-Jacques, 71
Sacchi, Paolo, 18, 190, 193, 197-98, 202-03, 216, 219, 220, 222, 226, 252, 255, 257, 259-60
Schiller, Friedrich, 71, 462
Schwager, Raymond, 380-81
Schweitzer, Albert, 315
Scott-Baumann, Alison, 209
Seters, Van, 227
Shakespeare, William, 29, 185, 392, 452-58, 463, 468
Smith, Jonathan Z., 225
Stalin, Josef, 156, 402
Stendhal, 50, 52-53, 58, 60, 96
Strindberg, August, 266
Theissen, Gerd, 293
Thiel, Peter, 236
Tocqueville, Alexis de, 96
Trussótzki, 83
Turner, Victor, 106, 108, 149, 378
Tuzin, Donald F., 129, 280
Tylor, Edward, 27, 152

Vaux, Roland de, 218
Vieltchâninov, 83
Voegelin, Eric, 191, 368
Voltaire, 29
Weber, Max, 349
Westcott, Brooke F., 294
White, Hayden, 167
Williams, James, 37, 39, 44, 85
Wilson, Ricky, 406
Winter, Irene, 249

biblioteca René Girard*
coordenação João Cezar de Castro Rocha

Dostoiévski: do duplo à unidade
René Girard

Anorexia e desejo mimético
René Girard

A conversão da arte
René Girard

René Girard: um retrato intelectual
Gabriel Andrade

Rematar Clausewitz: além *Da Guerra*
René Girard e Benoît Chantre

Evolução e conversão
René Girard, Pierpaolo Antonello e João Cezar de Castro Rocha

Violência sagrada
Robert Hamerton-Kelly

O tempo das catástrofes
Jean-Pierre Dupuy

Édipo mimético
Mark R. Anspach

"Despojada e despida": a humilde história de Dom Quixote
Cesáreo Bandera

René Girard: do mimetismo à hominização
Stéphane Vinolo

Quando começarem a acontecer essas coisas
René Girard e Michel Treguer

Aquele por quem o escândalo vem
René Girard

O pecado original à luz da ressurreição
James Alison

O Deus escondido da pós-modernidade
Carlos Mendoza-Álvarez

O sacrifício
René Girard

O trágico e a piedade
René Girard e Michel Serres

Deus: uma invenção?
René Girard, André Gounelle e Alain Houziaux

Violência e modernismo
William A. Johnsen

Espertos como serpentes
Jim Grote e John McGeeney

Anatomia da vingança
Mark R. Anspach

Mito e teoria mimética
Richard J. Golsan

Além do desejo
Daniel Lance

Teoria mimética: conceitos fundamentais
Michael Kirwan

O Rosto de Deus
Roger Scruton

Mímesis e invisibilização social
Carlos Mendoza-Álvarez e José Luís Jobim

* A Biblioteca reunirá cerca de 60 livros e os títulos acima foram os primeiros publicados.

Do mesmo autor, leia também:

Nos últimos duzentos anos, o estudo das nossas origens tem sido clareado pelo desvelamento do fascinante mundo pré-histórico, e nos últimos trinta, a arqueologia tem percebido a necessidade de se associar às ciências da religião para investigar em profundidade as suas descobertas. Este diálogo, no entanto, tem se detido em certos impasses, como o de decidir o que é prioritário na definição da religiosidade humana: se os ritos ou os mitos. Em vez de aderir a um destes reducionismos, Maurício G. Righi concentra a sua análise no arcabouço gerador de ambas as manifestações, e assim observa os fundamentos religiosos tanto das instituições como das ideias humanas. Adotando a teoria mimética como pano de fundo, ele alcança os resultados notáveis de identificar a continuidade entre o mundo do sagrado arcaico e o mundo dos templos e palácios da Antiguidade e de apontar os desafios e as perspectivas abertos pelo reconhecimento de que aquela mesma religiosidade permanece em nós.

facebook.com/erealizacoeseditora

twitter.com/erealizacoes

instagram.com/erealizacoes

youtube.com/editorae

issuu.com/editora_e

erealizacoes.com.br

atendimento@erealizacoes.com.br